A VIDA DE H.P. LOVECRAFT

S.T. Joshi

copyright Hedra
edição brasileira© Hedra 2014
tradução© Bruno Gambarotto

título original A Dreamer and a Visionary: H.P. Lovecraft in his Time
primeira edição Primeira edição
agradecimentos a S.T. Joshi, pelo auxílio em todas as etapas da edição, a Donovan K. Loucks (The H.P. Lovecraft Archive) e a Marcello Simão Branco pela cessão gentil de seus estudos sobre a história das publicações lovecraftianas no Brasil.

edição Jorge Sallum e Luis Dolhnikoff
assistência editorial Luan Maitan
revisão Denise Pessoa
capa Julio Dui

Grafia atualizada segundo o Acordo Ortográfico da Língua Portuguesa de 1990, em vigor no Brasil desde 2009.

EDITORA HEDRA LTDA.
R. Fradique Coutinho, 1139 (subsolo)
05416-011 São Paulo SP Brasil
Telefone/Fax +55 11 3097 8304

editora@hedra.com.br
www.hedra.com.br

Foi feito o depósito legal.

A VIDA DE H.P. LOVECRAFT

S.T. Joshi

Bruno Gambarotto (*tradução*)

1ª edição

hedra

São Paulo_2014

Sumário

Para David E. Schultz

Desde a mais tenra infância
sou um sonhador e um visionário.
— H.P. Lovecraft, "A tumba".

Prefácio

Não creio que muito precise ser dito sobre o escopo e propósito geral deste volume. Procurei investigar e delinear com algum detalhe a vida de Howard Phillips Lovecraft, produzir um comentário a suas principais obras e oferecer ao menos o esboço do pensamento filosófico que estrutura sua vida e obra. Todas essas questões já estão tratadas com mais detalhe em outros lugares, porém os leitores podem ver algum interesse em sua fusão neste volume.

Tenho me dedicado ao estudo da obra de Lovecraft por duas décadas e meia, e nesse ínterim contraí mais dívidas de gratidão a meus colegas do que possa retribuir ou mesmo registrar. Quando comecei a nutrir interesse acadêmico em Lovecraft, fui orientado por Dirk W. Mosig, J. Vernon Shea e George T. Wetzel; outros colegas, como R. Boerem, Kenneth W. Faig, Jr., Richard L. Tierney, Scott Connors, Matthew H. Onderdonk, Peter Cannon e David E. Schultz também me auxiliaram muitíssimo. A Necronomicon Press, de Marc A. Michaud, ofereceu-me incontáveis oportunidades de expandir meus interesses por campos em que, doutra forma, não teria me aventurado.

Muito de meu trabalho sobre Lovecraft foi levado a cabo na John Hay Library, da Brown University, que conta com o maior acervo de e sobre Lovecraft no mundo. Seu bibliotecário assistente, John H. Stanley, tem sido de inestimável ajuda em um sem-número de formas, assim como as bibliotecárias Jennifer B. Lee e Jean Rainwater.

Também produzi uma parte considerável do trabalho na Rhode Island Historical Society, na Biblioteca Pública de Nova York, na Biblioteca da Universidade de Nova York e na Biblioteca da Universidade de Columbia, entre outros.

O manuscrito deste volume foi lido na íntegra por Kenneth W. Faig, Jr., e Steven J. Mariconda, os quais (Faig em especial) contribuíram com úteis sugestões. Outros fatos, de maior ou menor relevância, foram fornecidos por Donald R. Burleson, Stefan Dziemianowicz, Perry M. Grayson, T.E.D. Klein, Dan Lorraine, Donovan K. Loucks, M. Eileen McNamara, M.D., Marc A. Michaud, Sam Moskowitz, Robert M. Price, David E. Schultz, A. Langley Searles e Richard D. Squires.

NOTA SOBRE AS FONTES

Devido à pronta disponibilidade da maioria das obras de Lovecraft, não vejo a necessidade de mencionar edições de seus contos, ensaios e poemas neste livro ou mesmo de produzir uma bibliografia. As obras de Lovecraft são mormente citadas das edições abaixo listadas; toda a informação bibliográfica dos trabalhos dedicados a Lovecraft está dada nas notas.

A ficção e a poesia de juventude de Lovecraft (1897–1905) constam em minha edição de *Juvenilia* (1984). Os trabalhos não ficcionais de juventude (periódicos de ciência e tratados) não foram publicados, mas em boa parte podem ser encontrados na John Hay Library, da Brown University.

Os quatro volumes citados a seguir, editados por mim, contêm a grande maioria das histórias e revisões de Lovecraft:

◁ *The Dunwich Horror and Others* (1984)

◁ *At the Mountains of Madness and Other Novels* (1985)

◁ *Dagon and Other Macabre Tales* (1986)

◁ *The Horror in the Museum and Other Revisions* (1989)

A ficção restante de Lovecraft está em *Miscellaneous Writings* (1995), editado por mim. A poesia de Lovecraft está em minha edição de *The Ancient Track: Complete Poetical Works* (2001).

Os artigos e ensaios de Lovecraft não são tão facilmente acessíveis, porém uma seleção abrangente se apresenta em *Miscellaneous Writings*. São muitas as edições de seleções publicadas pela Necronomicon Press dedicadas a essa faceta de sua obra. Destas, destacamos:

◁ *The Conservative: Complete* (1976)

◁ *Writings in The United Amateur* (1976)

◁ *The Californian* (1977)

- *Uncollected Prose and Poetry* (1978–82; 3 vols.)
- *In Defense of Dagon* (1985)
- *Autobiographical Writings* (1992)

Outras edições contendo ensaios são os vários volumes de prosa variada editados por August Derleth, *Marginalia* (1944), *Something about Cats and Other Pieces* (1949), *The Shuttered Room and Other Pieces* (1959), e *The Dark Brotherhood and Other Pieces* (1966), bem como a edição de *To Quebec and the Stars* (1976), de L. Sprague de Camp.

Em virtude da grande quantidade de cartas de Lovecraft e das valiosas informações que elas contêm, tenho tido o cuidado de citar com precisão esses documentos. A fonte primária para as cartas de Lovecraft continua sendo *Selected Letters* (1965–76; 5 vols.; abreviada como SL), embora muitas cartas tenham sido editadas e adaptadas. Nosso volume foi ele próprio amparado por uma grande quantidade de transcrições preparadas pela Arkham House ao longo dos anos, e em muitos casos essas transcrições trazem versões completas das cartas. Abreviei as citações dessas transcrições como AHT. Outro volume fundamental é *Lord of a Visible World: An Autobiography in Letters* (2000), editado por David E. Schultz e por mim, contendo muitas das cartas autobiográficas nas quais me baseio.

Os manuscritos de muitas das cartas de Lovecraft estão a disposição na John Hay Library, da Brown University, o repositório maior de obras de e sobre Lovecraft. As cartas de Lovecraft para August Derleth e outros documentos relevantes estão na State Historical Society of Wisconsin, em Madison.

ABREVIATURAS UTILIZADAS NAS NOTAS

- AHT = transcrições das cartas de Lovecraft publicadas pela Arkham House;
- JHL = John Hay Library, Brown University (Providence, Rhode Island);
- SHSW = Sociedade Histórica Estadual de Wisconsin (Madison, WI);
- SL = Cartas selecionadas (1965–76; 5 vols.)

1

Aristocracia inglesa sem misturas

Genealogista esforçado, porém esporádico, Howard Phillips Lovecraft foi capaz de ir muito além, no que tocava ao quinhão paterno de sua ancestralidade, das notas coligidas por sua tia-avó Sarah Allgood. Pesquisas genealógicas posteriores fracassaram na confirmação de boa parte dessas informações, em especial as referentes aos Lovecraft anteriores à chegada ao Novo Mundo, no início do século XIX. Segundo as anotações de Allgood, o nome Lovecraft ou Lovecroft não aparece em documentos anteriores a 1450, quando inúmeras cartas heráldicas mostram a presença de Lovecroft em Devonshire, nas proximidades de Teign. A linhagem direta de Lovecraft não surgirá até 1560, com John Lovecraft.

O ramo paterno ganha interesse imediato somente com Thomas Lovecraft (1745–1826), o qual, ao que tudo indica, viveu vida dissoluta, a ponto de ter sido forçado, em 1823, a vender a propriedade ancestral da família, Minster Hall, nas imediações de Newton Abbot. Segundo Lovecraft (ou as anotações que consultou), o sexto filho de Thomas Lovecraft, Joseph S. Lovecraft, decidiu emigrar em 1827, levando consigo para Ontário, Canadá, sua mulher, Mary Mulford, e seus seis filhos, John Full, William, Joseph, Jr., George Aaron e Mary. Sem quaisquer oportunidades ali, Joseph seguiu sem muito rumo para o sul, até a região em torno de Rochester, Nova York, onde não antes de 1831 se fixou como carpinteiro e tanoeiro.

De parte do pai, o avô de Lovecraft era George Lovecraft, provavelmente nascido em 1818 ou 1819.[1] Em 1839 ele se casaria com Helen Allgood (1821–1881) e viveria boa parte de sua vida em Rochester como fabricante de arreios para cavalos. De seus cinco filhos, dois morreram na primeira infância; os outros três eram Emma Jane (1847–1925), Winfield Scott (1853–1898) e Mary Louise (1855–1916). Winfield casou-se com Sarah Susan Phillips e deu à luz Howard Phillips Lovecraft.

Lovecraft parece ter se dedicado com mais afinco a recuperar a ancestralidade materna, porém mais uma vez suas conclusões não são de todo confiáveis. Em vários momentos de sua vida Lovecraft remontou seu ramo materno tanto ao reverendo George Phillips (morto em 1644), que em 1630 deixaria a Inglaterra a bordo do *Arbella* e se fixaria em Watertown, Massachusetts, como a Michael Phillips (1630?–1686), de Newport, Rhode Island. De todo modo, Asaph Phillips, provavelmente tataraneto de Michael, rumou para o interior e por volta de 1788 estabeleceu-se em Foster, na região centro-oeste do estado, próximo da fronteira com Connecticut. Asaph e sua mulher, Esther Whipple, tiveram oito filhos, dos quais todos, incrivelmente, sobreviveriam à infância. O sexto deles, Jeremiah Phillips (1800–1848), construiu um moinho d'água no rio Moosup, em Foster, e morreu em 20 de novembro de 1848, quando seu casaco solto se prendeu ao mecanismo de moagem e o arrastou para dentro dele. Tendo a mulher de Jeremiah, Roby Rathbun Phillips, morrido mais cedo, em 1848, seus quatro filhos ficaram órfãos. Eram eles Susan, James, Whipple e Abbie. Whipple Van Buren Phillips (1833–1904) é o avô materno de Lovecraft.

Whipple cursou a East Greenwich Academy (então chamada The Providence Confidence Seminary), provavelmente antes da morte de seu pai, Jeremiah. Em 1852 passou a viver com o tio James Phillips (1794–1878) em Delavan, Illinois, uma *temperance town* que sua família fundara;[1] ele retornaria no ano seguinte a Foster devido a problemas de adaptação com o clima local. Casou-se com a prima de primeiro grau Robin Alzada Place (1827–1896),[2] em 27 de janeiro de 1856, estabelecendo-se numa propriedade fundada pelo pai de Robin, Stephan Place. Sua primogênita, Lillian Delora (1856–1896), nasceu menos de três meses depois. Viriam ainda quatro outras crianças: Sarah Susan (1857–1921), Emeline (1859–1865), Edwin Everett (1864–1918) e Annie Emeline (1866–1941). A mãe de Lo-

1. *Temperance towns* são pequenas cidades fundadas com financiamento do Movimento de Temperança nas quais (seguindo a bandeira do movimento) era proibido, parcial ou totalmente, o uso de álcool. [N. do T.]

vecraft, Sarah Susan, nasceu, como sua própria mãe, na propriedade dos Place.

Em 1855 Whipple adquiriu um armazém em Foster e o administrou por dois anos; em seguida, segundo se supõe, ele vendeu o armazém e suas mercadorias obtendo um bom lucro, e a partir daí iniciou uma carreira de empresário e especulador de terras. Nessa mesma época ele se mudou para a cidadezinha de Coffin's Corner, uns poucos quilômetros ao sul de Foster, onde construiu "um moinho, uma casa, um auditório e casas para seus empregados";[3] tendo comprado todas as terras do vilarejo, renomeou-o Greene (em homenagem a Nathanael Greene, herói da Guerra de Revolução em Rhode Island). É incrível pensar num rapaz de 24 anos tendo basicamente a posse de um vilarejo inteiro, mas não resta dúvida de que Whipple foi um homem de negócios dinâmico e ousado, que ganharia e perderia fortunas inteiras em sua agitada vida.

Um colapso financeiro em especial, em 1870, o fez vender a propriedade dos Place em Foster e mudar-se para Providence. Whipple permaneceu a princípio na região oeste de Providence — na margem oeste do rio Providence, área do atual distrito financeiro —, já que seus escritórios ficavam perto dali. Seus negócios o levaram a viajar bastante pela Europa, em especial França (onde esteve na Exposição de Paris de 1878), Inglaterra e Itália.

Na época, Whipple Phillips era um homem de avultados recursos, e além de construir a casa de número 194 da Angell Street, entre 1880 e 1881, ele deu início ao que seria seu mais ambicioso projeto: a fundação da Owyhee Land and Irrigation Company, no condado de Owyhee, na ponta sudoeste do estado de Idaho, "que tinha por objeto a construção de uma barragem no Snake River & a irrigação das plantações & pomares da região".[4] Kenneth W. Faig, Jr., produziu uma extraordinária pesquisa de recuperação dos detalhes desse empreendimento, e não posso fazer mais do que resumir seus achados.[5]

A companhia foi unificada em Providence como Snake River Company já em 1884, com Whipple na cadeira de presidente e seu sobrinho Jeremiah W. Phillips como secretário e tesoureiro. Inicialmente a companhia lidava com terras e gado, mas não demorou muito para que Whipple voltasse sua atenção à construção de uma barragem — não no rio Snake, como Lovecraft erroneamente acreditava, mas sobre um tributário, o rio Bruneau.

O trabalho na barragem começou no outono de 1887 e foi completado no início da década de 1890. Whipple adquiriu uma balsa a vapor em 1887 e fundou um vilarejo próximo a ela no Snake River, batizando-o Grand View. Ele também construiu um Grand View Hotel, a ser administrado por seu filho Edwin. Foi quando adveio a catástrofe. Em 5 de março de 1890, a barragem foi completamente destruída pela cheia do rio; foram perdidos U$ 70.000. Uma nova obra foi iniciada no verão de 1891 e terminada em fevereiro de 1893.

É claro que Whipple jamais permaneceu no local; ao que tudo indica, ele só o visitou em algumas oportunidades. Veremos que, quando não estava em Idaho, ele despendia tempo e esforços consideráveis (especialmente após 1893) na criação de seu então único neto, Howard Phillips Lovecraft.

A Owyhee Land and Irrigation Company enfrentou algumas dificuldades financeiras por volta de 1900 e, em 12 de março de 1901, foi a leilão em Silver City. Whipple Phillips foi um dos cinco compradores, mas os bens da companhia tinham sido avaliados em 25 de maio de 1900 em apenas U$ 9430. O golpe fatal veio no início de 1904, quando a barragem foi mais uma vez destruída. Lovecraft diz que esse segundo desastre "praticamente enterrou a família Phillips financeiramente & apressou a morte de meu avô — aos 70 anos, de apoplexia".[6] Whipple Phillips morreu em 28 de março de 1904; após sua morte, três outros indivíduos compraram sua parte na Owyhee Land and Irrigation Company e a renomearam Grand View Irrigation Company, Ltd.

É evidente que a companhia em Owyhee era a principal preocupação de Whipple em seus anos finais, não obstante tivesse participações em Providence e outras localidades, como atestam suas viagens. Não resta dúvida de que ele perdeu, contudo, uma quantia considerável em seu investimento em Idaho. Apesar de tudo, a figura que surge de Whipple Phillips é a do homem de negócios amplamente eficiente — ousado, inovador e talvez um pouco afeito a riscos —, mas também a de um homem de cultura que se ocupava seriamente do bem-estar pessoal, intelectual e financeiro da família como um todo.

A tia mais velha de Lovecraft, Lillian Delora Clark, cursou o Wheaton Female Seminary (hoje Wheaton College), em Norton, Massachusetts, ao menos no período de 1871 a 1873. Lovecraft afirma que "ela também cursou a State Normal School, e por algum tempo foi professora",[7] mas não se tem registro de sua presença na Normal School. Lovecraft era orgulhoso dos talentos artísticos da mãe e da tia e dizia que Lillian tivera "quadros nas exposições do Providence Art Club".[8]

Lovecraft fala pouco de seu tio, Edwin Everett Phillips, e não parece ter tido qualquer proximidade com ele. Edwin auxiliou o pai no empreendimento em Idaho, mas retornou a Providence em 1889 e tentou — sem muito sucesso, ao que parece — entrar no mundo dos negócios por conta própria. Em 1894, ele se casou com Martha Helen Mathews; em algum momento os dois se divorciaram, e depois retomaram o casamento em 1903. Ao longo de sua vida, Edwin teve uma série de estranhos empregos e afinal fundaria a Edwin E. Phillips Refrigeration Company. Seu único envolvimento digno de nota com Lovecraft e a mãe do escritor seria, como veremos, não pouco infeliz.

Annie Emeline Phillips, a tia mais nova de Lovecraft, era nove anos mais nova do que Susie. Lovecraft observa que ela "era ainda uma jovem quando comecei a me dar conta dos acontecimentos ao redor. Ela era querida das rodas sociais dos jovens & trazia a principal nota de alegria a um ambiente doméstico conservador".[9] Nada sei de sua educação.

Podemos finalmente voltar nossa atenção a Sarah Susan Phillips, nascida em 17 de outubro de 1857. Infelizmente muito pouco se sabe de seus anos de juventude. Lovecraft diz que, como Lillian, ela cursou o Wheaton Female Seminary, mas sua presença na instituição só se prova em relação ao ano letivo de 1872–73. Desse período até a época de seu casamento, em 1889, não existem registros de sua vida. Clara Hess, amiga dos Lovecraft, faz uma descrição de Susie, provavelmente datada de fins da década de 1890:

> Ela era muito bonita e atraente, com um semblante belo e incrivelmente branco — o que, dizia-se, era obtido mediante a ingestão de arsênico, embora, caso haja alguma verdade nessa história, não possa afirmar. Ela era também uma pessoa muito nervosa.[10]

Em outra oportunidade, Hess observa: "Ela tinha um nariz de formato peculiar que muito me fascinava, conferindo-lhe uma expressão bastante investigativa. Howard parecia-se bastante com ela".[11]

O pouco que sabemos de Winfield Scott Lovecraft antes de seu casamento advém da pesquisa conduzida recentemente por Richard D. Squires, da Wallace Library, do Rochester Institute of Technology.[12] Winfield nasceu em 26 de outubro de 1853, ao que tudo indica na casa de George e Helen Lovecraft, no número 42 da Rochester Street, em Rochester. George Lovecraft era na época um "agente viajante" da Ellwanger & Barry Nursery, um grande negócio da cidade. A família frequentava a Grace Episcopal (hoje St. Paul) Church [Igreja Episcopal da Graça, atual Igreja Episcopal de São Paulo]. Esses fatos talvez fossem de alguma relevância para Winfield, uma vez que ele próprio era um vendedor cujo casamento celebrou-se na Igreja São Paulo de Boston, não obstante sua noiva fosse batista.

Entre 1871 e 1873, Winfield trabalhou como ferreiro para a fábrica de carruagens James Cunningham & Son, por muitos anos a maior empregadora de Rochester. Nessa época ele viveu com outro tio, John Full Lovecraft, numa casa na Marshall Street. Por volta de 1874, todos os registros de Winfield Scott Lovecraft em Rochester desapareceram.

Lovecraft afirmou em diversas ocasiões que seu pai fora educado em uma escola militar, mas o local dessa escola não foi encontrado; parece certo que Winfield não cursou West Point, como uma conferência dos registros de alunos atesta. É possível que não tenha sido uma academia militar formal (existiam poucas desse gênero na época), mas uma escola que enfatizasse o treinamento militar. De qualquer modo, o mais provável é que ela fosse da região — de algum lugar do estado de Nova York, talvez das cercanias de Rochester.

Em algum momento, Winfield mudou-se para Nova York, de acordo com o endereço declarado em sua certidão de casamento. Há indicações de que tenha dividido um quarto com o primo Frederick A. Lovecraft (1850–1893). Crê-se que trabalhou na Gorham & Co., Silversmiths, de Providence, na época um dos maiores negócios da cidade. A evidência desse trabalho não vem de qualquer afirmação de Lovecraft, mas de um comentário da mulher dele, Sonia, em suas memórias, de 1948.[13] Não é claro quando e como Winfield começou a trabalhar para a Gorham (supondo que o tenha feito), e a razão de, mesmo trabalhando como caixeiro-viajante, ele constar do registro de moradores de Nova York na época de seu casamento, em 12 de junho de 1889.

É igualmente um mistério como ele conheceu Sarah Susan Phillips e como eles se apaixonaram. Susan não parece ter sido uma "mocinha da sociedade", como sua irmã Annie, e Winfield não era um vendedor de rua, o que significa que provavelmente ele não a encontrou dessa forma; nem, caso tenha encontrado, a moral social da época teria permitido que os dois permanecessem em contato. Os Phillips eram, afinal de contas, parte da aristocracia de Providence.

O fato de a cerimônia de casamento ter ocorrido na St. Paul Episcopal Church em Boston pode ou não ser digno de nota. Já vimos que a família de Winfield era ligada à Igreja episcopal; e, muito embora houvesse muitas igrejas episcopais em Providence onde a cerimônia pudesse ter ocorrido, o fato de Winfield ter planejado estabelecer-se com a família na região de Boston pode ter feito da St. Paul uma escolha natural. Teria sido certamente estranho para um membro da família Phillips de Providence, então associada à fé batista, celebrar um casamento numa igreja episcopal da cidade. Descarto a possibilidade, portanto, de que o casamento não tenha sido aprovado pelos pais de Susie, pois não há evidências reais desse fato. Embora tivesse 31 anos quando se casou, Susie foi a primeira das filhas de Whipple Phillips a se casar; como ela ainda vivia sob seu teto, não é provável que ele tenha dado permissão para ela se casar com alguém que ele não aprovasse.

Lovecraft, tão atento à pureza racial, gostava de declarar que sua "ancestralidade era de uma aristocracia inglesa sem misturas";[14] e se incluímos um ramo galês (Morris) de parte do pai e um irlandês (Casey) de parte da mãe, a afirmação tem alguma verdade. Seu ramo materno era, a bem da verdade, mais célebre que o paterno, e encontramos Rathbone, Mathewson, Whipple, Place, Wicox, Hazard e outras antigas famílias da Nova Inglaterra por trás de Susie Lovecraft e de seu pai, Whipple Van Buren Phillips. O que não encontramos — como Lovecraft algumas vezes lamentou — é o que equivalha a qualquer distinção intelectual, artística ou imaginativa. De todo modo, embora não tenha herdado a astúcia de Whipple Phillips nos negócios, Lovecraft de alguma maneira desenvolveu os dotes literários que resultaram numa fascinação secundária de parte da mãe, do pai, do avô e de outros membros de sua família, próximos e distantes.

NOTAS

[1] O censo de 1850, produzido por volta de junho de 1850, declara George Lovecraft com a idade de 31 anos. Ver Kenneth W. Faig, Jr., "Lovecraft's Ancestors", in *Crypt of Cthulhu* nº. 57 (St. John's Eve 1988): 19.

[2] HPL escreve o primeiro nome de sua avó materna como "Rhoby", mas este aparece Robie no pilar central do túmulo dos Phillips no Swan Point Cemetery, em Providence.

[3] HPL a Frank Belknap Long, 26 de outubro de 1926 (SL II.88).

[4] HPL a F. Lee Baldwin, 13 de janeiro de 1934 (SL IV.344).

[5] Ver Kenneth W. Faig, Jr., "Whipple Y. Phillips and the Owyhee Land and Irrigation Company", *Owyhee Outpost* nº. 19 (maio de 1988): 21–30.

[6] HPL a F. Lee Baldwin, 31 de janeiro de 1934 (SL IY.351).

[7] HPL a Maurice W. Moe, 1° de janeiro de 1915 (SL 1.6).

[8] HPL a Rheinhart Kleiner, 16 de novembro de 1916 (SL 1.29).

[9] SL 1.33–34 (v. nota 8).

[10] Clara Hess, in August Derleth, "Lovecraft's Sensitivity" (1949); reimpresso em *Lovecraft Remembered*, ed. Peter Cannon (Sauk City, WI: Arkham House, 1998), p. 32.

[11] *Ibid.*, pp. 34–35.

[12] Ver Richard D. Squires, *Stern Fathers 'neath the Mould: The Lovecraft Family in Rochester* (West Warwick, RI: Necronomicon Press, 1995).

[13] Sonia H. Davis, *The Private Life of H.P. Lovecraft*, ed. S.T. Joshi (West Warwick, RI: Necronomicon Press, edição revisada, 1992), p. 7.

[14] HPL a Edwin Baird, 3 de fevereiro de 1924 (SL 1.296).

2

Um genuíno pagão

(1890–97)

Em abril de 1636 Roger Williams deixou a colônia da baía de Massachusetts e seguiu em direção ao sul, estabelecendo-se primeiramente na margem leste do rio Seekonk e, mais tarde, quando Massachusetts reivindicou direitos sobre o território, na margem oeste. Williams batizou o lugar de Providence. A razão imediata de ele procurar um novo território era, claro, a liberdade religiosa: sua fé batista não convivia bem com a teocracia puritana da baía de Massachusetts. O separatismo religioso presente no nascimento de Rhode Island deixou um legado permanente de separatismo político, econômico e social no estado.

Embora Roger Williams tenha negociado com os índios por seu pedaço de terra em Providence, o convívio com a população nativa de Rhode Island não foi dos melhores. A Guerra do Rei Filipe (1675–76) foi devastadora para ambos os lados, em particular para os nativos (Narragansett, Wampanoang, Sakonnet e Niantic), que foram praticamente extintos, com seus pobres sobreviventes restritos virtualmente a uma reserva nas imediações de Charleston. A reconstrução dos assentamentos destruídos em Providence e nas demais localidades era lenta, porém certa; dali em diante os colonos brancos não se preocupariam mais com a liberdade religiosa ou conflitos com nativos, mas com o desenvolvimento econômico. No século XVIII, os quatro irmãos Brown (John, Joseph, Nicholas e Moses) estiveram entre os principais empreendedores das colônias. Registre-se, contudo, o fato de o estado ter sido um dos mais importantes no tráfico negreiro antes e depois da revolução, com seus muitos veleiros mercantes (alguns deles privados) transportando centenas de milhares de escravos, a maioria das Índias Ocidentais. Relativamente poucos acabaram em Rhode Island; a maioria dos que ali permaneceram trabalharam nas grandes plantações da região sul do estado.

Para incômodo dos sentimentos conservadores de Lovecraft, Rhode Island era a ponta de lança da revolução. Seus habitantes eram mais unidos a favor da independência do que os de outras colônias. Stephen Hopkins, governador da província de Rhode Island por boa parte do período entre 1755 e 1768, foi um dos signatários da "Declaração da Independência". Separatista até o fim, no entanto, Rhode Island recusou-se a enviar delegados à Convenção Constitucional e foi a última das treze colônias a ratificar a Constituição federal.

Roger Williams fundara a igreja batista em Rhode Island — a primeira dos Estados Unidos — em 1638. Por mais de dois séculos o estado permaneceu em sua maioria batista, porém outras seitas estabeleceram-se ali ao longo do tempo. Eram quacres, congregacionistas, unitaristas, episcopalianos, metodistas e outros pequenos grupos. Uma colônia de judeus fez-se presente já no século XVII, mas sua população era pequena e acabou se deixando assimilar pelos ianques. Os católicos romanos começaram a ganhar destaque apenas na metade do século XIX. Seu número aumentou ao longo de sucessivas ondas de imigração: os franco-canadenses durante a Guerra Civil (estabelecendo-se principalmente no vilarejo de Woonsocket, na região nordeste do estado), os italianos a partir de 1890 (fixando-se nas cercanias do Federal Hill, na zona oeste de Providence), e os portugueses pouco tempo depois. É perturbador, porém não surpreendente, perceber o crescimento das disparidades sociais e o desprezo aos estrangeiros alimentado entre os ianques ao longo do século XIX. O Know-Nothing Party,[1] com sua postura antiestrangeira e anticatólica, dominou o estado na década de 1850. Rhode Island permaneceu politicamente conservadora até a década de 1930, e a família de Lovecraft votou nos republicanos durante toda a sua vida. Se Lovecraft chegou algum dia a votar, também

1. O Know-Nothing Party foi um movimento nativista norte-americano de orientação contrária ao influxo imigratório, sobretudo de irlandeses católicos. O grupo destacou-se do Partido Republicano em 1845 e, a partir de 1855, foi rebatizado Native American Party, tendo entre suas lideranças o ex-presidente Millard Fillmore (1850–53). Sem emplacar seu candidato nas eleições presidenciais de 1856 e dividido quanto à questão da escravidão, o movimento perdeu força e desapareceu no final da década. [N. do T.]

votou quase invariavelmente nos republicanos até 1932. O principal jornal do estado, o *Providence Journal*, permanece conservador até os dias de hoje, muito embora o estado seja majoritariamente democrata desde os anos 1930.

Newport, na ponta sul da Aquidneck Island, conquistou ascendência inicial sobre o que viria a ser Rhode Island, e Providence não a ultrapassaria em importância até a Guerra de Independência. Por volta de 1890, Providence era a única cidade de porte considerável no estado; sua população era de 132.146 habitantes, o que a tornava a 23ª maior do país. Suas principais marcas topográficas são as sete colinas e o rio Providence, que se divide em dois em Fox Point e segue, a leste, no rio Seekonk e, a oeste, no rio Moshassuck. Entre esses dois rios está o East Side, a mais antiga e economicamente exclusiva região da cidade, especialmente na elevada eminência do College Hill, que se ergue na margem leste do Moshassuck. A região oeste do Moshassuck é o West Side — área que concentra os serviços da cidade, com um distrito residencial mais recente. A norte está o subúrbio de Pawtucket, a noroeste North Providence, a sudoeste Cranston, e a leste — do outro lado do Seekonk — os subúrbios de Seekonk e East Providence.

Instalada no pináculo do College Hill, a Brown University — fundada em 1764 (como King's College) sob os auspícios batistas — domina a paisagem, e mais recentemente tem se expandido pelas cercanias coloniais. É a região mais antiga da cidade em termos de estruturas que sobreviveram ao tempo, embora nada exceda a metade do século XVIII. Lovecraft se sentiria tocado pelo esforço de restauração das casas coloniais do College Hill, empreendido a partir da década de 1950 sob a tutela da Providence Preservation Society. A restauração levou a Benefit Street em particular a ser lembrada como um dos mais belos entrechos de arquitetura colonial dos Estados Unidos.

A leste do College Hill há um imponente conjunto de residências datado de não antes de meados do século XIX e dotado de belos gramados e jardins. Esse, e não a área colonial, é o verdadeiro lar da aristocracia e plutocracia de Providence. No extremo leste dessa área, margeando o Seekonk, está o Blackstone Boulevard, cujos lares exuberantes ainda concentram a antiga riqueza ianque. Na ponta norte do Blackstone Boulevard está o Butler Hospital for the Insane [Hospital Butler para Loucos], aberto em 1847. Justaposto ao Butler Hospital ao norte está o imenso Swan Point Cemetery [Cemitério Swan Point] — talvez de localização não tão deslumbrante quanto o Mount Auburn, em Boston, porém um dos cemitérios topograficamente mais belos do país.

Howard Phillips Lovecraft nasceu às nove da manhã[1] em 20 de agosto de 1890, no número 194 (em 1895–96 renumerado para 454) da Angell Street, no que era a ponta leste do East Side de Providence. A sequência e os detalhes das viagens e residências da família no período de 1890 a 1893 são bastante confusos. Aparentemente, Winfield e Susie Lovecraft instalaram-se em Dorchester, Massachusetts (subúrbio de Boston), tão logo se casaram, em 12 de junho de 1889. O casal foi a Providence no final da gravidez de Susie e, ao que tudo indica, mudou-se de volta para Dorchester umas poucas semanas ou meses depois do nascimento de Howard, para depois instalar-se na região de Auburndale (também na região metropolitana de Boston), em 1892. Talvez tenha havido outras residências temporárias. Lovecraft diz em 1934:

> Minhas primeiras lembranças datam do verão de 1892 – pouco antes de meu segundo aniversário. Passávamos férias em Dudley, Mass., & recordo a casa com sua caixa-d'água assustadora no sótão & meus cavalinhos de balanço no topo das escadas. Lembro-me também das tábuas de madeira dispostas para facilitar a passada nos dias de chuva – & uma ravina cheia de árvores, & um garoto com um pequeno rifle permitindo que eu puxasse o gatilho enquanto minha mãe me segurava.[2]

Dudley está na região centro-oeste de Massachusetts. Em Auburndale os Lovecraft permaneceram por um breve período com a poetisa Louise Imogen Guiney e sua mãe. Supôs-se que algumas cartas de Guiney a F.H. Day, datadas de maio, junho e julho de 1892, aludiam aos Lovecraft; no entanto, pesquisas mais recentes de Kenneth W. Faig, Jr., revelam que as pessoas em questão eram visitantes alemães. O próprio Lovecraft afirma que "ficamos [nos Guiney] durante o inverno de 1892–93",[3] e à falta de evidências contrárias somos compelidos a aceitar seu testemunho.

Lovecraft diz que Guiney (1861–1920) "fora educada em Providence, onde conhecera minha mãe anos antes".[4] Há um pouco de mistério em torno disso. Guiney foi educada na Academy of the Sacred Heart no número 736 da Smith Street em Elmhurst, Providence, frequentando a escola do ano em que foi inaugurada, 1872, até 1879; mas Susie, como vimos, cursou o Wheaton Seminary em Norton, Massachusetts, pelo menos durante o período de 1871–72. Embora Henry G. Fairbanks, especialista em Guiney, afirme que a Sacred Heart aceitava tanto protestantes quanto católicos,[5] acho improvável que Susie tenha sido mandada para lá. Não obstante, é preciso aceitar que Susie e Guiney de algum modo se conheceram nessa época. É possível que Lovecraft tenha exagerado o grau do contato de sua mãe com Guiney; ou talvez sua mãe mesmo o tenha feito. Ela deve ter reforçado a ligação com Guiney assim que percebeu o desenvolvimento de Lovecraft como escritor.

As memórias de Lovecraft em Auburndale — em especial na casa de Guiney — são claras e numerosas:

> Lembro-me particularmente do subúrbio tranquilo e penumbroso como o vi em 1892 [...] A sra. Guiney tinha um fantástico grupo de cães são-bernardo, todos batizados com nomes de poetas e autores. Um cavalheiro já combalido que tinha o clássico nome Brontë era meu companheiro & favorito, sempre em minha carruagem enquanto minha mãe a fazia correr por ruas & avenidas. Brontë permitia que eu colocasse meu punho em sua boca sem mordê-lo, & rosnava para me proteger sempre que um estranho se aproximava.[6]

Outra lembrança de Lovecraft era a da paisagem da cidade vista de uma ponte da ferrovia:

> Consigo me ver como uma criança de setenta centímetros na ponte da ferrovia em Auburndale, Mass., olhando para baixo, através do centro comercial da cidade, e sentindo a iminência de alguma maravilha que não seria capaz nem de descrever, nem de conceber inteiramente — e nunca houve momento posterior de minha vida em que sensações desse gênero não existissem.[7]

Suas primeiras inspirações literárias datam do mesmo período:

> Aos dois anos já era muito falante e conhecedor do alfabeto, que lia em meus caderninhos & livros infantis, & [...] completamente *louco por métrica*! Não sabia ler, porém repetia qualquer poema, mesmo o mais simples, em sua devida cadência. *Mamãe Ganso* era meu clássico favorito, & a sra. Guiney me fazia repetir continuamente partes dele; não que minha execução fosse necessariamente digna de nota, mas minha idade dotava minha performance de algo único.[8]

Guiney parece ter se apegado à criança; ela repetidamente perguntava: "De quem você gosta?", ao que Lovecraft respondia com sua vozinha infantil: "Louise Imogen Guiney!"[9]

Lovecraft teve um breve encontro com um ilustre amigo de Guiney, Oliver Wendell Holmes — um dos muitos contatos fugazes com escritores renomados que ele teria ao longo de sua vida: "Oliver Wendell Holmes ia com alguma frequência a esses encontros [na casa de Guiney], e numa ocasião (esquecida deste observador) é dito que levou ao venerável colo o futuro discípulo da *Weird Tales*".[10] Holmes (1809–1894) já estava em idade avançada e era, de fato, amigo próximo de Guiney; sem dúvida, Holmes não teve tempo de recordar seu encontro com o futuro mestre da ficção fantástica.

As primeiras residências e viagens de Lovecraft foram ditadas pelos negócios do pai. O último prontuário paterno o registra como "viajante comercial", e Lovecraft frequentemente afirma que os interesses comerciais de seu pai mantiveram a ele e sua família na região de Boston durante o período de 1890 a 1893. Há pouca razão para duvidar de Lovecraft quando diz que "minha imagem dele é vaga":[11] Winfield viveu com a família apenas durante os primeiros dois anos e meio da vida de Lovecraft, talvez até menos do que isso, pois suas viagens de negócios o levavam para bem longe por longos períodos.

A doença de que Winfield Scott Lovecraft foi acometido em abril de 1893 e que o forçou a permanecer no Butler Hospital, em Providence, até sua morte, em julho de 1898, merece ser examinada em detalhe. Nos registros do Butler Hospital consta o que segue:

> Por um ano ele apresentou obscuros sintomas de doença mental — fazendo e dizendo coisas estranhas às vezes; também perdeu peso e empalideceu. Ele deu sequência a seus negócios, contudo, até 21 de abril, quando sofreu um colapso numa parada em Chicago. Ele correu de seu quarto gritando que a camareira o insultara e que, no andar de cima, alguns homens estavam ofendendo sua mulher. Permaneceu extremamente violento e barulhento durante os dois dias seguintes, porém finalmente se acalmou com o uso livre de sedativos, o que possibilitou seu recolhimento ao hospital. Não conseguimos obter a história de sua enfermidade específica.

Perto da morte de Winfield, em 1898, o prontuário o diagnosticava com "paralisia geral"; o atestado de óbito traria como *causa mortis* "paresia geral". Em 1898 (e ainda hoje) os termos são praticamente sinônimos. O que não se conhecia então — até 1911 — era a ligação entre a paresia geral e a sífilis. Embora paresia geral fosse uma espécie de chapéu para uma grande variedade de doenças, a médica M. Eileen McNamara, estudando o prontuário de Winfield, conclui ser alta a probabilidade de ele ter sofrido de sífilis terciária. Winfield apresentou praticamente todos os sintomas de sífilis terciária tal como identificados por Hinsie e Campbell em seu *Psychiatric Dictionary* (4ª ed., 1970):

> (1) demência simples, o tipo mais comum, com a deterioração do intelecto, dos afetos e do comportamento social; (2) forma paranoica, com fantasias persecutórias; (3) forma expansiva ou maníaca, com fantasias de grandeza; ou (4) forma depressiva, não raro com fantasias de absurdo niilista.[12]

O prontuário traz pelo menos os três primeiros sintomas: (1) em 28 de abril de 1893, "o paciente [...] irrompeu violentamente nesta manhã — correu de um lado para o outro gritando do lado de fora do prédio e atacou um guarda"; (2) em 29 de abril de 1893, "diz que três homens — um deles um negro — estão no quarto de cima tentando violentar sua mulher"; em 15 de maio de 1893, "acredita que sua comida está envenenada"; em 25 de junho de 1893, "olha para os funcionários como inimigos e os acusa de roubar suas roupas, relógio, cordões etc."; (3) sob a rubrica "problema mental": "vangloria-se de seus muitos amigos; do sucesso de seus negócios e, principalmente, de sua força — pedindo ao relator que veja quão perfeitamente desenvolvidos são seus músculos". Para o quarto sintoma — depressão —, os registros não são claros o suficiente para fazer conjecturas.

Se, então, partimos da noção de que Winfield contraíra sífilis, a questão passa a ser como. Aqui, é lógico, não podemos sair do campo da conjectura. McNamara lembra que "o período de latência entre a inoculação e o desenvolvimento da sífilis terciária é de dez a vinte anos", de modo que Winfield "pode ter sido infectado entre os dezoito e os 28 anos, bem antes de seu casamento, aos 35".[13] Infelizmente, nada se sabe justo sobre esse período da vida de Winfield. É difícil duvidar de que ele tenha contraído sífilis de uma prostituta ou de alguma outra parceira anterior ao casamento, tanto na época em que cursava a academia militar quanto em seus tempos de "viajante comercial", se de fato nos referimos a seus 28 anos. (A conjectura de o próprio Lovecraft ter tido sífilis congênita é desfeita pelo fato de o teste de Wassermann, feito durante a fase final de sua doença, ter dado negativo.)

O desenvolvimento da doença de Winfield resulta num doloroso relato. Depois dos primeiros meses as entradas ficam cada vez mais esporádicas; por vezes, entre um comentário e outro, passam seis meses. São ocasionais os sinais de melhora; às vezes Winfield parece arrefecer, e perto do fim de 1895 julgou-se que lhe restavam alguns dias de vida. Algumas poucas vezes lhe foi permitido caminhar pelo pátio ou tomar ar no jardim. Sua condição realmente começou a deteriorar-se na primavera de 1898. Em maio Winfield constipou-se, exigindo lavagens intestinais de três em três dias. Em 12 de julho a febre era de 39 graus, e o pulso estava em 106 batimentos por minuto, com convulsões frequentes. Em 18 de julho ele "passava de uma convulsão a outra", e no dia seguinte foi declarado morto.

O trauma vivido por Susie Lovecraft durante esse excruciante período de cinco anos — sem que os médicos soubessem tratar de maneira adequada a doença de Winfield e com períodos de falsas esperanças, quando o paciente parecia recuperar-se apenas para decair ainda mais física e mentalmente — só pode ser imaginado. Quando a própria Susie deu entrada no Butler Hospital, em 1919, seu médico, F.J. Farnell, "achava que os sinais do problema apresentaram-se por quinze anos; e que, no total, a anormalidade existira por pelo menos 26 anos."[14] Não é à toa que o surgimento de sua "anormalidade" data de 1893.

O problema, é claro, é se ou como Lovecraft veio a conhecer a natureza e a extensão da doença do pai. Ele tinha dois anos e oito meses quando o pai foi acometido da crise, e sete anos e onze meses quando o pai morreu. Se com dois anos e meio ele já recitava poesia, deve ter no mínimo percebido que alguma coisa de estranho acontecera — por que outra razão ele e a mãe teriam subitamente se mudado de volta de Auburndale para o lar materno em Providence?

Parece claro, a partir das observações de Lovecraft, que ele fora mantido deliberadamente desinformado acerca da natureza específica da doença do pai. Alguém pode se perguntar, naturalmente, se a própria Susie sabia da doença com alguma precisão. O primeiro comentário de Lovecraft sobre o caso surge em uma carta de 1915: "Em 1893 meu pai foi acometido de um ataque que o paralisou completamente, devido à insônia e à sobrecarga do sistema nervoso, e que o prendeu ao hospital pelos cinco anos restantes de sua vida. Ele nunca mais voltou à consciência".[15] A esta altura, não é preciso dizer que praticamente tudo na frase é falso. Quando Lovecraft se refere a um "ataque que o paralisou completamente", ou ele se recorda de alguma mentira que lhe foi dita (ou seja, que o pai estava paralisado), ou ele havia compreendido equivocadamente o termo médico "paralisia geral" ou algum relato que escutara. O prontuário confirma que Winfield sofria de estafa ("tem se envolvido ativamente em negócios há muitos anos e nos últimos dois tem trabalhado em excesso"), e sem dúvida Lovecraft fora informado disso; e a observação sobre Winfield ter perdido a consciência pode ter sido a desculpa que lhe foi dada para que não visitasse o pai no hospital.

Uma questão importante é se Lovecraft alguma vez visitou o pai no hospital. Ele nunca diz explicitamente que não foi, mas sua afirmação posterior de que "nunca [esteve] num hospital até 1924"[16] decerto sugere que ele próprio acreditava (ou dizia aos outros) que nunca estivera. Recentemente especulou-se que Lovecraft de fato visitou o pai no hospital; não há, contudo, evidência documental da visita. Penso que essa inferência deve advir do fato de que em duas ocasiões — 29 de agosto de 1893 e 29 de maio de 1894 — Winfield tenha sido levado ao "pátio" e ao "banho de sol"; porém não há razão para acreditar que Lovecraft, contando seus três ou quatro anos, sua mãe ou qualquer outra pessoa tenham lhe feito visitas naquelas ocasiões ou em qualquer outra.

Talvez mais importante do que todas essas questões seja a imagem e os símbolos do pai que Lovecraft mantém em sua maturidade. Observando que, "Nos Estados Unidos, a linhagem dos Lovecraft fez algum esforço no sentido de evitar a a nasalização ianque", ele prossegue:

> Meu pai foi constantemente advertido para não usar americanismos de linguagem e vulgaridades provincianas de maneiras e moda — tanto que ele era geralmente visto como um inglês a despeito de seu nascimento em Rochester, Nova York. Só consigo me lembrar de sua articulação britânica, extremamente precisa e cultivada.[17]

Não precisamos ir longe para encontrar a fonte da própria anglofilia de Lovecraft — seu orgulho do Império Britânico, seu uso das variantes ortográficas britânicas e seu desejo de estreitamento dos laços políticos e culturais entre Estados Unidos e Inglaterra. Com aproximadamente seis anos,

> quando meu avô contou-me sobre a Revolução Americana, causei espanto em todos ao adotar uma posição dissidente [...] Grover Cleveland era o legislador de meu avô, mas eu era fiel a Sua Majestade, Vitória, rainha da Grã-Bretanha & Irlanda & imperatriz da Índia. "Deus salve a rainha!" era meu bordão.[18]

Seria ir longe demais sugerir que o pai de Lovecraft tenha induzido o filho a tomar o lado britânico na Revolução Americana; mas é óbvio que a parte materna da família, formada de orgulhosos ianques, não partilhava dessa postura. Winfield Townley Scott diz que uma "amiga da família" referia-se a ele como um "inglês pretensioso".[19] A amiga parece ter sido Ella Sweeney, uma professora que conhecia os Lovecraft desde sua viagem de férias a Dudley em 1892. Mesmo pessoas externas ao círculo familiar imediato de Lovecraft pareciam ver com alguma irritação a postura britânica de Winfield.

É comovente escutar Lovecraft falar sobre sua memória mais genuína do pai:

> Só consigo me lembrar de meu pai — uma figura imaculada em seu casaco preto

& colete & calças risca de giz. Tinha o hábito infantil de bater-lhe nos joelhos & gritar: "Papai, você parece um jovenzinho!". Não sei de onde tirei aquela frase; mas eu era bobo & sabia chamar a atenção, & era dado a repetir as coisas que via que faziam a graça dos meus pais.[20]

Essa litania das roupas do pai — "sua imaculada figura em casaca preta, colete, plastrão e calças em risca de giz" — é encontrada numa carta mais antiga, e Lovecraft acrescenta com sentimento: "Eu mesmo vesti alguns de seus antigos peitilhos e colarinhos, deixados todos intocados por sua doença e morte prematuras".[21]

Winfield Scott Lovecraft foi enterrado em 21 de julho de 1898 no túmulo dos Phillips no Swan Point Cemetery, em Providence. Há bastante razão para crer que o jovem Howard foi ao velório. O simples fato de ele ter sido enterrado ali (como Kenneth W. Faig aponta)[22] denota a generosidade de coração de Whipple Phillips e talvez até indique que Whipple pagara pelas despesas médicas de Winfield; as posses de Winfield estavam avaliadas em U$ 10.000 na época de sua morte, e seria improvável ter lhe restado tanto se tivessem sido utilizadas para o pagamento de hospital em período integral por mais de cinco anos.

O efeito imediato da hospitalização de Winfield Scott Lovecraft foi o de trazer o menino Howard, com seus dois anos e meio, para mais perto do que nunca da influência da mãe, das duas tias (ambas, ainda solteiras, residentes no número 454 da Angell Street), da avó Robie e, especialmente, do avô Whipple. Era natural que a influência da mãe fosse inicialmente dominante.

De sua parte, Whipple Van Buren Phillips mostrou-se um substituto mais que satisfatório para o pai que Lovecraft jamais conheceu. A simples afirmativa de Lovecraft de que "meu amado avô [...] tornou-se o centro de todo o meu universo"[23] é tudo que precisamos saber. Whipple curou seu neto do medo do escuro desafiando-o, aos cinco anos de idade, a atravessar uma sequência de quartos escuros da Angell Street; ele lhe escrevia cartas enquanto viajava a trabalho; e até contava contos fantásticos improvisados ao menino.

E assim, com Whipple virtualmente tomando o lugar de seu pai, Howard e a mãe pareciam levar uma vida suficientemente normal; realmente, com as finanças de Whipple ainda em alta, Lovecraft levou uma infância idílica, para não dizer mimada.

Ao que tudo indica, ele começou a ler aos quatro anos, e um de seus primeiros livros teria sido *Contos de fadas*, dos Irmãos Grimm. No ano seguinte, ele descobriu um livro seminal para seu desenvolvimento estético: as *Mil e uma noites*. O efeito do livro sobre Lovecraft foi imediato e marcado:

Quantos árabes de sonho as *Mil e uma noites* não criaram! Preciso saber, pois desde meus cinco anos sou um deles! Na época ainda não encontrara a mitologia greco-latina, porém tive nas *Mil e uma noites* de Lang uma porta de entrada para luminosas paisagens de maravilha e liberdade. Foi quando inventei para mim mesmo o nome de Abdul Alhazred e fiz minha mãe me levar a todas as lojas de bricabraque oriental e produzir para mim um cantinho árabe em meu quarto.[24]

Em outra oportunidade, no entanto, Lovecraft ofereceria um registro diferente (e provavelmente mais acurado) da cunhagem do nome Abdul Alhazred:

Não consigo realmente me lembrar de onde tirei Abdul Alhazred. Há uma vaga lembrança que o associa a alguém mais velho — o advogado da família, segundo me parece, mas não consigo me lembrar se pedi que inventasse um nome árabe para mim, ou se apenas pedi que me dissesse o que achava de uma escolha que antes eu mesmo fizera.[25]

O advogado da família era Albert A. Baker, tutor legal de Lovecraft até 1911. A alcunha (se de fato era sua) era uma escolha particularmente infeliz do ponto de vista da gramática árabe, já que resulta numa reduplicação do artigo (Abd*ul Al*hazred). De todo modo, o nome pegou.

Talvez as *Mil e uma noites* não tenham conduzido definitivamente Lovecraft ao caminho da ficção fantástica, mas tampouco impediram seu progresso nessa direção. Embora apenas uma quantidade relativamente pequena de contos trate propriamente do sobrenatural, há relatos em abundância sobre criptas, tumbas, grutas, cidades desertas e outros elementos que marcariam significativamente a paisagem imaginativa de Lovecraft.

O que finalmente assentou o caminho de Lovecraft rumo ao fantástico foi sua inesperada descoberta da *Balada do velho marinheiro*, de Coleridge, em edição ilustrada por Gustave Doré, com a qual ele topou na casa de um amigo da família aos seis anos de idade. Aqui está a impressão que o poema e as figuras causaram no menino:

Fantasia [...] a descoberta de um belo e grande livro, do tamanho de um atlas, encostado a um consolo de lareira & tendo na capa letras douradas nas quais se lia "ilustrações de Gustave Doré". O título não importava — pois não conhecia eu de casa a mágica diva e soturna das ilustrações de Doré para Dante e Milton? Abri o livro — & dei com a figura demoníaca de um navio-cadáver de velas em farrapos sob uma lua fantasmagórica! Viro a página [...] Deus! Um navio espectral, quase transparente, em cujo convés um esqueleto & um cadáver lançam dados! A essa altura estou deitado sobre o tapete de pele de urso & pronto para folhear o livro todo [...] do qual jamais ouvira falar [...] um mar repleto de serpentes em decomposição, & o fogo da morte dançando no negrume do ar [...] grupos de anjos & demônios [...] formas enlouquecidas, distorcidas, moribundas[...] homens mortos erguendo-se de sua putrefação & sem vida ocupando o cordame úmido de uma barca destruída pelo destino [...][26]

Quem poderia resistir a tamanho encanto? No entanto, se o *Velho marinheiro* era a principal influência *literária* no primeiro desenvolvimento do gosto de Lovecraft pelo fantástico, um terrível acontecimento pessoal pode ter sido igualmente significativo: a morte, em 26 de janeiro de 1896, de sua avó materna, Robie Alzada Place Phillips.

Era, talvez, não tanto a perda de um membro da família — de quem Lovecraft não parece ter sido especialmente próximo —, mas seu efeito sobre os membros remanescentes da família, que tanto afetou o garoto:

A morte de minha avó afundou minha casa em sombras das quais ela nunca chegou a emergir de fato. Os trajes negros de minha mãe & tias me assustavam & repeliram a ponto de eu furtivamente pregar pedaços de pano claro ou papel em suas vestes para meu alívio. Elas tinham de fazer uma cuidadosa inspeção de seus trajes antes de receber visitas ou sair!

Partindo da mistura de seriedade e comicidade com que, vinte anos depois, Lovecraft narra esses eventos, fica claro que eles o marcaram profundamente. O desfecho é quase literalmente um pesadelo:

E foi assim que minha primeira alegria foi reprimida. Comecei a ter pesadelos os mais terríveis, povoados de *coisas* que chamava de "criaturas da noite" — *night-gaunts*, palavra composta que eu mesmo inventei. Costumava desenhá-los quando acordava (talvez a ideia dessas figuras tenha surgido de uma edição de luxo de *Paraíso perdido* com ilustrações de Doré, que descobri um dia na saleta leste). Nos sonhos elas sempre queriam me fazer girar pelo espaço numa velocidade louca, me irritando e impelindo com seus tridentes detestáveis. Lá se vão quinze anos — sim, até mais — desde que vi pela última vez uma "criatura da noite", mas mesmo hoje, quando em estado de vigília & vagando por um mar de pensamentos infantis, sinto um arrepio de medo [...] & instintivamente *luto para ficar acordado*. Era minha prece, nos idos de 1896 — todas as noites — ficar acordado & evitar as criaturas da noite![27]

E assim começa a carreira de Lovecraft como um dos grandes sonhadores — ou, para cunhar um termo que dê conta do fenômeno, *nightma-*

rers, sonhadores de pesadelos — da história da literatura. Embora levasse dez anos desde essa carta, e trinta anos completos passados tais sonhos, para que ele se valesse das criaturas da noite em seu trabalho, já é evidente que os sonhos da infância já contêm muitas sementes conceituais e imagísticas de seus contos maduros: o fundo cósmico; a natureza fantástica de suas entidades malignas (numa carta posterior ele as descreveria como "coisas negras, duras e emaciadas com caudas sem pelos e farpadas, asas de morcego e *sem rosto*"),[28] tão diferentes dos demônios convencionais, dos vampiros e fantasmas; e a incontornável passividade da vítima-protagonista, à mercê de forças infinitamente mais poderosas que ela. Levaria, é claro, um bom tempo até que Lovecraft desenvolvesse sua teoria e prática da ficção fantástica; mas com sonhos como esse vividos com tão pouca idade, sua carreira como escritor de terror chega a parecer um destino inevitável.

A família de Lovecraft — em particular a mãe — deve, contudo, ter se preocupado com sua saúde física e mental tão logo surgiram esses sonhos, bem como com o que pode ter parecido um padrão mais geral de comportamento depressivo ou melancólico. Lovecraft fala com frequência em seus anos finais de uma viagem à região oeste de Rhode Island em 1896, e parece provável que essa viagem para terras ancestrais fosse, pelo menos em parte, uma tentativa da família de livrá-lo dos pesadelos e de seu mal geral.

Em conformidade com a infância livre de quaisquer restrições e maiores cuidados, Lovecraft teve pronto acesso ao "depósito sem janelas do terceiro andar"[29] da Angell Street, onde ficava a coleção de volumes do século XVIII — então considerados pelos contemporâneos um passado sem qualquer relevância. Lovecraft levou-os a sério, em particular os volumes de poesia e belas-letras. Essa predileção pelo século XVIII levou indiretamente a um interesse literário e filosófico de ainda maior importância: a antiguidade clássica. Aos seis anos de idade, Lovecraft leu o *Wonder-Book*, de Hawthorne (1852), e os *Tanglewood Tales* (1853), e declarou-se "arrebatado pelos mitos gregos mesmo em sua forma germanizada" ("A Confession of Unfaith"). De Hawthorne, ele passou gradualmente ao imortal reconto dos mitos greco-romanos de *The Age of the Fable* (1855), de Thomas Bulfinch.

Lovecraft chegou aos antigos propriamente ditos nessa mesma época, e de tal forma que seu amor crescente pelo mito clássico uniu-se ao apreço já existente pela prosódia do século XVIII. A biblioteca de seu avô dispunha de uma edição de Ovídio traduzida por Garth — aquela belíssima tradução de 1717 de *As metamorfoses* reunida por sir Samuel Garth e que incluía a contribuição de poetas como Dryden, Congreve, Pope, Addison e Gay. Não é surpreendente que "o equilibrado ritmo decassílabo parecia tanger algum acorde em meu cérebro, e dessarte liguei-me a tal medida".[30]

Whipple Phillips também ajudou a alimentar o amor de Lovecraft por Roma:

> Ele também havia adorado meditar em meio às ruínas da antiga cidade, & trouxe da Itália uma profusão de mosaicos [...] pinturas e outros objetos de arte cujo tema era mais comumente latino que italiano. Sempre usou um par de mosaicos nas abotoaduras de seus punhos de camisa — uma delas, a imagem do Coliseu (tão *pequena* e tão *fiel*); a outra, do Fórum.[31]

A sala de estar no térreo da Angell Street tinha um busto romano sobre um pedestal dourado. Sem dúvida, tudo isso era a razão parcial de Lovecraft sempre ter preferido a cultura romana à grega, embora outros fatores estéticos, filosóficos e de temperamento tenham eventualmente colaborado para isso.

A curto prazo, o efeito da leitura de Hawthorne, Bulfinch e do Ovídio de Garth foi que

> meu nome próprio à maneira de Bagdá e suas afiliações desapareceram de todo, uma vez que a mágica de sedas e cores se desfez ante aquela das alamedas aromáticas do templo, da verdura crepuscular povoada de faunos e do belo Mediterrâneo azul. ["A Confession of Unfaith"]

Uma consequência ainda mais importante foi que Lovecraft se tornou escritor.

Ele remonta o início de sua escrita aos seis anos de idade, sob o seguinte comentário: "Minhas tentativas de versificação, a primeira das quais datada de meus seis anos de idade, adquiriram a forma de um metro de balada cru, com rimas internas, e eu cantava os feitos de deuses e heróis".[32] No contexto, isso parece sugerir que Lovecraft começou a escrever versos antes de sua descoberta da antiguidade clássica, mas que sua fascinação pelo mundo antigo o conduziu a uma composição poética renovada, pautada então por temas clássicos. Desse verso pré-clássico nada restou, e a primeira obra poética que de fato temos é a "segunda edição" de *The Poem of Ulysses; or, The Odyssey: Written for Young People.* Esse elaborado livrinho data de 8 de novembro de 1897, segundo o prefácio, e temos de crer que a "primeira edição" remonta a um período anterior do mesmo ano, anterior ao sétimo aniversário de Lovecraft, em 20 de agosto de 1897.

Na página de direitos autorais, ele escreve: "Agradecimentos à *Odisseia* de Pope e à *Mitologia* de Bulfinch e à série *Half Hour* da Harpers". E então, para o conforto do leitor, "Homero foi quem primeiro escreveu o poema". Não fui capaz de determinar de que livro da série *Half Hour*, da Harpers, a passagem trata; em "A Confession of Unfaith" Lovecraft o descreve como "um livrinho da biblioteca privada de minha tia" (isto é, Lillian D. Phillips). É incrível pensar que Lovecraft tivesse lido toda a *Odisseia* de Pope com sete anos de idade; mas fica imediatamente claro que, em seu poema de 88 versos, não havia como ter se apoiado na tradução de 14 mil versos de Pope, tanto metricamente quanto em termos de guia para o enredo. Assim começa o poema de Lovecraft:

The night was darke! O readers, Hark!
And see Ulysses' fleet!
From trumpets sound back homeward bound
He hopes his spouse to greet[2]

Isto não é Pope; a bem da verdade, o metro é claramente decalcado do *Velho marinheiro* de Coleridge. Em 1926 Lovecraft observa que "meu 'verso' aos seis anos era bem ruim, e eu já havia recitado poesia o suficiente para então sabê-lo"; o que ajudou na melhora de sua prosódia foi um estudo muito cuidadoso de *The Reader*, de Abner Alden (1797), sobre o qual diz ser "tão total e absolutamente a coisa que estava procurando que o ataquei com uma violência quase selvagem".[33] Depois de um mês ou mais, ele produziu "The Poem of Ulysses".

Para dizer o mínimo, o trabalho é um notável exemplo de concisão: em 88 versos Lovecraft comprimiu os 12 mil da *Odisseia* de Homero. Alcança tal compressão omitindo com destreza as passagens relativamente inessenciais da história — em particular os primeiros quatro livros em sua totalidade (as aventuras de Telêmaco) e, talvez surpreendentemente, o livro 11 (a descida ao Hades) — e, o mais importante, contando a história inteira em sequência cronológica, da fuga de Odisseu de Troia a seu retorno para Ítaca, e não da forma elaborada e tortuosa da narrativa de Homero.

---

2. "A noite escura! — Ó leitor, escuta!/ E marca de Ulisses a esquadra!/ Das trompas no caminho de volta pelas ondas/ Ele espera ouvir da esposa a saudação." [N. do T.]

Segundo vários catálogos encontrados na quarta capa de seus escritos de juventude, Lovecraft produziu paráfrases similares da *Ilíada* e da *Eneida*, bem como itens do gênero "Mythology for the Young" ["Mitologia para os Jovens"] (talvez uma paráfrase de algum livro de Bulfinch) e "An Old Egyptian Myth Prepared Specially for Small Children" ["Um Antigo Mito Egípcio Preparado Especialmente para Crianças Pequenas"] (mais uma vez possivelmente extraído de Bulfinch, já que o capítulo 34 de *The Age of Fable* discute alguns mitos egípcios, especialmente os de Ísis e Osíris).

A antiguidade clássica era, contudo, mais que uma experiência literária para Lovecraft; era uma experiência pessoal e praticamente religiosa. Entre 1897 e 1899, ele estudou atentamente as relíquias clássicas do museu da Rhode Island School of Design (o *college* situado ao pé do College Hill, quase todo situado na Benefit Street), e pouco tempo depois se familiarizou com outros museus de arte antiga em Providence e Boston. O resultado foi uma paixão arrebatadora pelo mundo clássico e então um tipo de epifania religiosa. Que Lovecraft o conte a sua maneira inimitável:

> Quando contava meus sete ou oito anos era eu um perfeito pagão, tão embebido da beleza dos gregos que cultivei uma fé sincera, na medida do possível, nos antigos deuses e espíritos da natureza. Tive por verdade quase literal construir templos a Pã, Apolo, Diana e Atena, e ao cair da tarde procurei por dríades e sátiros nos bosques e campos. Certa feita cri ter visto uma dessas criaturas silvanas dançando sob carvalhos no outono; um tipo de "experiência religiosa" tão verdadeira a seu modo quanto os êxtases subjetivos de qualquer cristão. Se um cristão me disser que sentiu a realidade de seu Jesus ou Javé, posso responder-lhe que vi o Pã de cascos bifurcados e as irmãs da hespéride Faetusa. ["A Confession of Unfaith"]

Isso certamente denuncia a mentira em Bulfinch, que solenemente declara no começo de seu *The Age of the Fable*: "As religiões dos antigos gregos e romanos estão extintas. As ditas divindades do Olimpo não têm um só adorador entre os vivos".

Ao escrever a passagem acima, Lovecraft estava claramente desejando mostrar que seu ceticismo e anticlericalismo tinham origens bem recuadas no tempo; porém, pode-se culpá-lo de algum exagero. Antes em seu ensaio ele relata que "fui versado nas lendas da Bíblia e de são Nicolau na idade de aproximadamente dois anos, e a ambas dediquei uma aceitação passiva não especialmente distinta de uma agudeza crítica ou de uma compreensão entusiasmada". Ele então conta que, pouco antes de completar cinco anos, fora informado da inexistência do Papai Noel e que, então, opôs a ela a questão "por que Deus também não é um mito?" "Não muito depois disso", prosseguindo, ele foi colocado na catequese da Primeira Igreja Batista, mas tornou-se um iconoclasta tão pestífero que lhe foi permitido parar de frequentar as aulas. Em outra oportunidade, contudo, ele diz que esse incidente ocorreu quando tinha doze anos. Quando examinamos o desenvolvimento filosófico de Lovecraft, o mais provável é que o incidente nas aulas da catequese tenha ocorrido quando contava doze, e não cinco anos.

Quando tinha seus sete anos, Lovecraft já havia começado a ler, já iniciara a escrever poesia e prosa de não ficção e vira surgir o que se revelaria um amor de toda a vida pela Inglaterra e o passado. Mas seu apetite imaginativo não estava completo, pois ele afirma que no inverno de 1896 ainda outro interesse emergiria: o teatro. A primeira peça a que assistiu foi "um dos esforços menores de Denman Thompson",[34] *The Sunshine of Paradise Alley*, fascinando-se por uma cena ambientada num cortiço. Pouco tempo depois ele estaria desfrutando as peças "benfeitas" de Henry Arthur Jones e Arthur Wing Pinero; mas no ano seguinte seu gosto seria depurado ao assistir a sua primeira peça de Shakespeare, *Cimbelino*, na Providence Opera House. Ele armou um pequeno teatro de brinquedo em seu quarto, pintou o cenário à mão e encenou *Cimbelino* por semanas. O interesse de Lovecraft pelo drama continuou esporadicamente pelo menos por algo entre quinze e vinte anos; por volta de 1910 ele assistiria à companhia de Robert Mantell em sua montagem de *King John* em Providence, com o jovem Fritz Leiber, Sr., como Faulconbridge. Lovecraft também era um grande entusiasta do cinema, e ao longo de sua vida encontraremos alguns filmes específicos influenciando alguns de seus mais importantes escritos.

Dos três anos em diante — enquanto pouco a pouco seu pai definhava física e mentalmente no Butler Hospital —, o jovem Howard Phillips Lovecraft deparou com um estímulo intelectual e imaginativo após o outro: primeiro as antiguidades coloniais de Providence, depois os *Contos de fadas* dos Grimm, então as *Mil e uma noites* e a *Balada do velho marinheiro*, de Coleridge, em seguida as belas-letras do século XVIII e o teatro de Shakespeare, e por fim Hawthorne e Bulfinch e o mundo clássico. É uma sequência impressionante, e muitos desses estímulos se estenderiam por toda a sua vida. Mas resta ainda uma influência que transformaria definitivamente Lovecraft no homem e escritor que conhecemos: "Então deparei com EDGAR ALLAN POE!! Perdi o prumo, e aos oito anos vi o céu azul de Argos e da Sicília obscurecido pelas exalações miasmáticas da tumba!”.[35]

NOTAS

[1] HPL a Annie E.P. Gamwell, 19 de agosto de 1921 (SL I.147).

[2] HPL a J. Vernon Shea, 4 de fevereiro de 1934 (SL IV.354).

[3] HPL a Bernard Austin Dwyer, 3 de março de 1927 (SL II.107).

[4] HPL a Rheinhart Kleiner, 16 de novembro de 1916 (SL 1.32).

[5] Henry G. Fairbanks, *Louise Imogen Guiney: Laureate of the Lost* (Albany, NY: Magi Books, 1972), p. 2.

[6] SL I.32 (nota 4).

[7] HPL a August Derleth [janeiro de 1930] (SL III.100).

[8] SL 1.33 (nota 4).

[9] HPL a Rheinhart Kleiner, 16 de novembro de 1916 (AHT; não consta de SL).

[10] HPL a Edwin Baird, 3 de fevereiro de 1924 (SL 1.296).

[11] HPL a Maurice W Moe, 1° de janeiro de 1915 (SL 1.6).

[12] Citado por Kenneth W. Faig, Jr., *The Parents of Howard Phillips Lovecraft* (West Warwick, RI: Necronomicon Press, 1990), p. 11.

[13] M. Eileen McNamara, M.D., “Winfield Scott Lovecraft’s Final Illness”, *Lovecraft Studies* n°. 24 (outono de 1991): 14.

[14] Winfield Townley Scott, “His Own Most Fantastic Creation: Howard Phillips Lovecraft”, in *Lovecraft Remembered*, p. 16. Os prontuários de Sarah Susan Lovecraft não existem mais; contudo, Scott os consultou por volta de 1944.

[15] SL I.6 (nota 11).

[16] HPL a J. Vernon Shea, 29 de maio de 1933 (SL IV.191).

[17] HPL a Maurice W Moe, 5 de abril de 1931 (SL III.362).

[18] SL I.34 (nota 4).

[19] Scott, “His Own Most Fantastic Creation”, p. 11.

[20] SL IV.355 (nota 2). O mesmo caso é encontrado em carta de HPL a Rheinhart Kleiner, 16 de novembro de 1916 (AHT).

[21] SL III.362 (nota 17).

[22] Faig, *Parents*, p. 7.

[23] SL I.33 (nota 4).

[24] HPL a Robert E. Howard, 16 de janeiro de 1932 (SL IV.8).

[25] HPL a Robert E. Howard, 16 de janeiro de 1932 (AHT).

[26] HPL a J. Vernon Shea, 8 de novembro de 1933 (manuscrito, JHL).

[27] SL I.34–35 (nota 4).

[28] HPL a Virgil Finlay, 24 de outubro de 1936 (SL V.335).

[29] HPL a August Derleth, 9 de setembro de 1931 (SL IV.407).

[30] SL I.7 (nota 11).

[31] SL I.33 (nota 4).

[32] SL I.7 (nota 11).

[33] SL II.108 (nota 3).

[34] SL I.36 (nota 4).

[35] SL II.109 (nota 3).

3

Bosques sombrios e cavernas insondadas

(1898–1902)

LOVECRAFT DATA DE 1897 seu primeiro trabalho de prosa ficcional,[1] e em algum lugar o identifica como "The Noble Eavesdropper" ["O nobre bisbilhoteiro"], do qual tudo que sabemos é que ele diz respeito a um menino que escuta mais do que devia sobre um terrível conclave de seres subterrâneos em uma caverna".[2] Como o trabalho não sobreviveu, seria pura conjectura apontar quaisquer de suas fontes literárias; mas a influência das *Mil e um noites* (a caverna de Ali Babá e as demais histórias envolvendo cavernas) pode ser presumida. Uma fonte ainda mais provável, talvez, seria seu avô Whipple, o único membro da família que parece ter sido afeito ao fantástico. Como Lovecraft diz numa carta da maturidade:

> Nunca escutei contos fantásticos orais senão de meu avô — que, observando meu gosto pela leitura, costumava inventar de improviso todo tipo de história de aventura sobre bosques sombrios, cavernas insondadas, horrores alados (como as "criaturas da noite" dos meus sonhos, sobre as quais costumava falar-lhe), velhas bruxas com caldeirões sinistros, & "profundos, baixos e lamentosos sons". Obviamente, boa parte de suas imagens saía dos primeiros romances góticos — Radcliff, Lewis, Maturin, &c. — dos quais ele parecia gostar mais que de Poe e outros fantasistas.[3]

Aqui estão alguns dos componentes (cavernas insondadas, profundos, baixos e lamentosos sons) do imaginário de "The Noble Eavesdropper". Mas Lovecraft diz que esse é o único conto que escreveria antes de ler Poe.

Na virada do século, Poe ganhava lentamente um lugar de eminência na literatura norte-americana, embora ainda tivesse de enfrentar os ataques de Henry James e outros. A admiração de Baudelaire, Mallarmé e outros escritores europeus pressionou críticos europeus e norte-americanos a fazer uma nova apreciação de seu trabalho.

Não tive acesso à edição de Poe conhecida por Lovecraft, então com oito anos; tratou-se, provavelmente, de uma edição escolar. A bem da verdade, é difícil discernir qualquer influência decisiva de Poe nas várias histórias de juventude de Lovecraft que restaram — "The Little Glass Bottle" ["A garrafinha de vidro"], "The Secret Cave; or John Lees Adventure" ["A caverna secreta; ou A aventura de John Lee"], "The Mystery of the Graveyard; or A Dead Man's Revenge" ["O mistério da tumba; ou A vingança de um homem morto"], ou "The Mysterious Ship" ["O navio misterioso"]. Nenhuma dessas primeiras histórias é datada, com exceção de "The Mysterious Ship" (claramente datada de 1902), mas devem ter sido escritas entre 1898 e 1902, provavelmente mais no início que no fim do período. Talvez o único conto de interesse genuíno seja "The Mystery of the Graveyard" — que contém não apenas um subtítulo ("or A Dead Man's Revenge"), como também um subsubtítulo ("A Detective Story"). É a mais longa das histórias juvenis de Lovecraft, e no fim do manuscrito ele anotaria (obviamente muito tempo depois): "Evidentemente escrito em fins de 1898 e início de 1899". O fato de ser rotulada como "uma história de detetive" não deveria nos levar a pensar na influência de "The Murders in the Rue Morgue" ["Os assassinatos da rua Morgue"], de Poe, ou de qualquer outra de suas histórias de detetive, não obstante Lovecraft as tenha lido. Mesmo o mais rápido passar de olhos por essa história maluca, histriônica e de prender a atenção permite apontar sua fonte predominante: a *dime novel*.

A primeira *dime novel* foi publicada em 1860, quando a editora mais tarde chamada Beadle & Adams reimprimiu, em um volume de 128 páginas de seis por quatro polegadas, um romance de Ann Sophia Winterbotham Stephens. O fato de ser uma reimpressão era digno de nota, pois permitia à editora dizer que ali estava "um livro de um dólar por dez centavos".[4] Beadle & Adams foi a editora líder na publicação das *dime novels* até seu fechamento, em 1898, tendo sido eliminada do mercado pelas práticas editoriais inovadoras e ousadas da Street & Smith, que entrou no mercado das *dime novels* em 1889.

Não se deve presumir que as *dime novels* eram apenas de suspense e ação, ainda que muitas fossem; elas eram *westerns* (Deadwood Dick, da Beadle & Adams; Diamond Dick, da Street & Smith), histórias de detetive ou espionagem (Nick Carter, da Street & Smith; Old King Brady, da Frank Tousey) e mesmo contos de edificação moral (Horatio Alger, Jr., escreveu prolificamente para a Street & Smith nos anos 1890). Suas marcas registradas eram o preço, o formato (capas de papel, 128 páginas ou menos) e, em geral, o estilo narrativo envolto em ação. A série líder era, é claro, a de dez centavos — um *dime* —, embora houvesse um conjunto mais amplo de livros menores, as chamadas *nickel libraries* — ou "bibliotecas de um níquel" — vendidas a cinco centavos para um público mais jovem.

É um dos grandes paradoxos de toda a carreira literária de Lovecraft que ele conseguisse, de um lado, absorver os mais elevados frutos estéticos da cultura ocidental — as literaturas grega e latina, Shakespeare, a poesia de Keats e Shelley — e ao mesmo tempo frequentar as baixezas dos mais baratos exemplares da ficção popular. Ao longo de sua vida Lovecraft defendeu vigorosamente o valor *literário* do conto fantástico (diferentemente de alguns críticos Modernos, que sem qualquer critério celebram o bom e o ruim, o esteticamente burilado e o mecanicamente produzido, como representantes da "cultura popular" — como se houvesse qualquer mérito no que as massas de gente semiletrada gostavam de ler) e, inflexível e corretamente, recusava-se a considerar o fantástico das *dime novels* e revistas de conteúdo apelativo como literatura genuína; isso, contudo, não o impediu de beber vorazmente desses produtos menores. Lovecraft sabia que estava lendo lixo, mas lia do mesmo jeito.

Entre as séries de *dime novels* que ele dizia ler estavam *Pluck and Luck* (Tousey, 1898 e s.), *Brave and Bold* (Street & Smith, 1903 e s.), Frank Reade (Tousey, 1892–98, 1903 e s.), *Jesse James Stories* (Street & Smith, 1901 e s.), Nick Carter (Street & Smith, 1886 e s.) e Old King Brady (primeiramente publicada na New York Detective Library [Tousey, 1885–99] e depois, como seu filho Young King Brady, em *Secret Service* [1899–1912]).

Old King Brady talvez seja a mais interessante do grupo para nossos intuitos, pois o herói de "The Mystery of the Graveyard" é certo King John, descrito como "um famoso detetive do oeste". Old King Brady não é uma personagem do oeste, mas era um detetive. Ademais, Beadle tinha uma série de detetives, Prince John (escrita por Joseph E. Badger, Jr.), no início dos anos 1890. Não sei se King John — mesmo nos termos de seu nome — é uma espécie de fusão de Old King Brady e Prince John, mas é certamente um detetive das *dime novels*.

E "The Mystery of the Graveyard" é uma *dime novel* em miniatura, pura e simplesmente. A ação é ligeiríssima. Em doze capítulos relativamente curtos (algo como cinquenta palavras), lemos uma história de horror envolvendo sequestro, uma passagem secreta por uma tumba e outros detalhes audaciosos. King John não apenas resolve o mistério como acaba se casando com a mulher sequestrada.

"The Mysterious Ship" é a última das peças de juventude remanescentes e, de longe, a mais frustrante. Essa história — que consiste de nove capítulos bem curtos, alguns de 25 palavras e nunca indo além de 75 — é tão seca e abreviada que levou L. Sprague de Camp a pensá-la como "um esboço, não um conto".[5] Parece improvável, dados os elaborados procedimentos "editoriais" levados a cabo por Lovecraft nessa história. Em primeiro lugar, aqui encontramos o primeiro trabalho *datilografado* de Lovecraft a sobreviver ao tempo, um texto de doze páginas numa pequena encadernação. Ele não poderia ter sido datilografado na Remington 1906 que prestaria serviços a Lovecraft por toda a vida, mas em alguma geringonça semelhante que tivesse pertencido a seu avô ou mesmo a seu pai. Ademais, há um tipo de capa em gaze com o desenho de um navio a caneta e outro desenho de um navio na capa de trás. Na página de rosto está impresso "The Royal Press, 1902". É óbvio que Lovecraft almeja um tipo de concisão dramática nessa narrativa; mas o resultado é mera confusão em relação ao que acontece exatamente.

Além de descobrir Poe e dar um impulso a sua carreira literária, que ainda engatinhava, Lovecraft também se viu, naquele ano de 1898, fascinado pela ciência. Esse era o terceiro componente do que ele certa feita descreveria como sua natureza tripartite: amor ao estranho e fantástico, amor ao antigo e permanente e amor à verdade abstrata e à lógica científica.[6] Talvez não seja incomum que essa tenha sido a última paixão a emergir em sua mente juvenil, não obstante seja ainda incrível que tenha surgido tão cedo e sido abraçada com tanto vigor. Primeiramente, Lovecraft topou com a seção dedicada aos "Instrumentos filosóficos e científicos" no fim do *Dicionário Webster*, e pouquíssimo tempo depois ele já tinha um kit de química completo e começava seus experimentos. Como no caso de seu entusiasmo com as *Mil e uma noites*, o gosto pela química levou sua família a dar-lhe todo e qualquer instrumento químico de que precisasse. O primeiro livro que leu sobre o assunto foi *The Young Che-*

mist (1876), de John Howard Appleton, professor de química na Brown University e amigo da família.

O resultado imediato da descoberta da ciência foi uma torrente de prosa literária. Lovecraft deu início a *The Scientific Gazette* em 4 de março de 1899. O primeiro número — de uma só página — ainda existe e contém um divertido relato: "Houve uma grande explosão no Laboratório de Providence nesta tarde. Enquanto se conduzia um experimento, um pouco de potássio explodiu, causando grande estrago a todos". Por incrível que pareça, essa revista era inicialmente *diária*, porém "logo descambou para um semanário".[7] Nenhum número subsequente restou até o novo número vol. I, nº. 1 (12 de maio de 1902), e devo suspender a discussão até o próximo capítulo.

Lovecraft também escreveu alguns breves tratados de química. Havia uma série em seis volumes com o título geral *Chemestry*, da qual quatro restaram: *Chemestry* (dez centavos); *Chemestry, Magic & Electricity* (cinco centavos); *Chemestry III* (cinco centavos); e *Chemestry IV* (quinze centavos). Esses volumes discutem coisas como argônio, pólvora, uma pilha de células de carbono, gases, ácidos, telúrio, lítio, explosivos, "experimentos explosivos" e assuntos similares. Há também um pequeno texto intitulado *A Good Anaesthetic* (cinco centavos). A julgar pela escrita, esses trabalhos todos provavelmente remontam a 1899. Outros trabalhos já perdidos incluem *Iron Working* (cinco centavos), *Acids* (cinco centavos), *Explosives* (cinco centavos) e *Static Electricity* (dez centavos).

Aparentemente, o primeiro interesse científico de Lovecraft suscitou alguma experimentação prática, caso o relato seguinte — oferecido a W. Paul Cook por um dos vizinhos de Lovecraft — remonte a esse período. É uma das mais agradáveis e celebradas anedotas que nos foram legadas. Deixemos Cook contá-la em seu estilo inimitável:

> Aquela região [de Providence, em que Lovecraft vivia] era então campo aberto, com partes meio pantanosas aqui e ali e umas poucas casas. Um dia uma vizinha, sra. Winslow Church, notou que alguém começara um incêndio no mato, e o incêndio havia queimado uma área considerável e estava chegando a sua propriedade. Ela saiu para investigar e encontrou o pequeno Lovecraft. Ela lhe passou uma reprimenda por ter causado tamanho incêndio e por talvez ter colocado em perigo a propriedade de outras pessoas. Ele respondeu com muita tranquilidade: "Eu não estava causando *tamanho incêndio*, queria produzir fogo metro a metro". Essa é a historinha nas palavras em que ela chegou a mim. Significa pouco, ex-

ceto pelo fato de mostrar sua paixão pela precisão (para ficarmos com o homem que conhecemos posteriormente) — mas esse é um caso de Lovecraft.[8]

A anedota não tem, como disse, data; mas a menção ao campo aberto sugere que ela ocorreu enquanto Lovecraft vivia na Angell Street, já que a região já estava em construção no início de sua adolescência.

Outra descoberta que Lovecraft fez nessa mesma época, esta já estranha, foi a anatomia — ou melhor, os fatos da anatomia relacionados especificamente ao sexo. Aqui está um registro disso:

> No que se refere aos justamente celebrados "fatos da vida", não esperei por informação oral e exauri o assunto em sua inteireza com a seção médica da biblioteca familiar (à qual tinha acesso, embora não fosse especialmente loquaz acerca desse lado de minhas leituras) quando tinha oito anos — atravessando a *Anatomia* de Quain (inteiramente ilustrada & diagramada), a *Fisiologia* de Dunglison, &c., &c. Isso devido a minha curiosidade & perplexidade acerca das estranhas reticências & embaraços das palavras dos adultos, & as estranhamente inexplicáveis alusões & circunstâncias na literatura padrão. O resultado foi o próprio oposto do que os pais geralmente temem — pois, em vez de suscitar um interesse anormal & precoce em sexo (como a curiosidade insatisfeita poderia ocasionar), essa pesquisa virtualmente eliminou meu interesse no assunto. Toda a matéria ficou reduzida a um mecanismo prosaico — um mecanismo que eu antes desprezei ou pelo menos julguei sem qualquer interesse dada a sua natureza puramente animal & sua separação de coisas como o intelecto & a beleza —, & todo o drama estava ausente.[9]

Essa é uma afirmação deveras importante. Primeiramente, quando Lovecraft diz não ter esperado por "informação oral", ele está sugerindo (talvez sem sequer perceber) que sua mãe não lhe falara sobre os "fatos da vida" — pelo menos não aos oito anos de idade e talvez em idade nenhuma. Mesmo seu avô não o teria feito. É interessante notar que na época Lovecraft estava tão agudamente cônscio das "estranhas reticências & embaraços das palavras dos adultos" que entendeu que algo não lhe era dito; pelo menos até a idade de oito anos e talvez depois, ele era uma criança solitária que passava boa parte do tempo em companhia de adultos. E como alguém que já fosse um leitor prolífico (e leitor de material raramente dado aos muito jovens), ele pode ter ficado rápida e igualmente ciente das anomalias de alguns desses livros. Quanto a sua declaração de que o conhecimento da matéria matou seu interesse em sexo: essa certamente é a impressão que Lovecraft transmitia aos amigos, correspondentes e mesmo para sua mulher. Ele não parece ter tido nenhum envolvimento romântico durante o ensino médio nem em qualquer outro momento anterior a 1918 (e mesmo esse é um caso de inferência). Levou três anos para que Sonia Greene convencesse Lovecraft a casar-se com ela — e era evidente que a vontade partia dela. Há muita especulação em torno da vida sexual de Lovecraft, mas não creio que haja campo suficiente para opiniões além do testemunho dado por ele próprio — e sua mulher.

De todo modo, o entusiasmo inicial de Lovecraft pela química e a fisiologia o levaria a interesses posteriores em geografia, geologia, astronomia, antropologia, psicologia e outras ciências que ele estudaria ao longo da vida. Ele talvez tenha permanecido um amador em todos esses ramos do conhecimento, mas sua absorção de alguns deles — especialmente astronomia — era prodigiosa, em se tratando de um homem de letras; e eles o ajudaram a construir fundações vigorosas para seu pensamento filosófico e dariam estrutura a alguns de seus mais importantes trabalhos de ficção.

Lovecraft diz que começou a aprender latim por volta de 1898.[10] Em outra oportunidade ele diz: "Meu avô me ensinara previamente [ou seja, antes de seu ingresso na escola] bastante latim".[11] O que sugere que ele tenha começado seus estudos de latim antes de frequentar a Slater Avenue School no outono de 1898. Era natural para um garoto tão apaixonadamente envolvido com o mundo clássico aprender latim, embora ter começado tão cedo — e, lógico, dominá-lo em tão poucos anos sem muita instrução formal — fosse uma realização extraordinária mesmo num tempo em que o conhecimento do latim era bem mais comum do que hoje.

Perceberemos que a poesia de Virgílio, Horácio e Juvenal deixou duradoura impressão em Lovecraft, e que o epicurismo de Lucrécio o influenciaria decisivamente nos primórdios de seu pensamento. Um importante exemplo da influência clássica nos escritos juvenis de Lovecraft é o poema intitulado "Ovid's Metamorphoses" ["As Metamorfoses de Ovídio"].

Essa obra de 116 versos é nada mais, nada menos do que uma tradução em pentâmetros jâmbicos dos primeiros 88 versos das *Metamorfoses*, de Ovídio. A data de composição da peça é, infelizmente, duvidosa; porém, consultando os vários catálogos de trabalhos encontrados em seus demais escritos de juventude, pode-se inferir que remonta ao período entre 1900 e 1902.

O primeiro aspecto digno de nota sobre essa tradução é quão diferente ela é da de Dryden (que traduziu o primeiro livro das *Metamorfoses* no "Ovídio de Garth"). Lovecraft tenta uma tradução mais literal, verso a verso, permanecendo próximo ao latim tanto quanto possível. Ele produz duas subdivisões em seu ensaio, com os títulos "A criação do mundo" (vv. 5–84) e "A criação do homem" (vv. 85–116). Há, é preciso dizer, divisões semelhantes e cabeçalhos em Dryden, mas seu primeiro ("A idade de ouro") aparece tão logo o poema de Lovecraft termina.

Há outro aspecto interessante sobre "Ovid's Metamorphoses": a possibilidade de que seja um fragmento. O manuscrito tem cinco páginas, e o texto segue até o fim da quinta página. Poderia Lovecraft ter traduzido mais do texto de Ovídio? Poderia essa porção de texto ter se perdido? Penso que a probabilidade é grande: esse item, ao preço de 25 centavos, não é muito mais longo que "The Poem of Ulysses", com preço de cinco centavos. Talvez não seja despropositado pensar que Lovecraft tenha traduzido todo o primeiro livro de Ovídio (779 versos em latim). A tradução, tal como existe, decerto se encerra com uma clara quebra no texto latino, uma vez que no verso 89 Ovídio está prestes a começar o relato das quatro idades do homem; mas ainda creio que havia mais desse trabalho do que chegou até nós.

O ano de 1898 foi agitado para Lovecraft: ele descobriu Poe e a ciência; começou a aprender latim e a frequentar a escola; e teve seu primeiro colapso nervoso. Em carta posterior ele se refere à situação como um "quase colapso";[12] não sei o que isso significa. Outro "quase colapso" ocorreu em 1900. É certo que nada parecia fisicamente errado com o garoto, e não há registro de qualquer entrada sua num hospital. A história e a natureza da condição nervosa inicial de Lovecraft são assuntos muito delicados e discutíveis, sobretudo porque só temos suas palavras a respeito disso, a maioria das quais escrita muitos anos depois dos fatos.

Lovecraft relata: "Não herdei um bom sistema nervoso, já que meus parentes próximos de ambos os lados eram dados a dores de cabeça, esgotamento nervoso e colapsos". Ele segue citando o caso do avô (que tinha "terríveis e incompreensíveis dores de cabeça"), da mãe (que "não ficava longe no páreo") e do pai. E acrescenta:

> Minhas próprias dores de cabeça e irritabilidade nervosa e tendência ao cansaço começaram com minha própria existência — eu, também, era um bebezinho de mamadeira acometido de estranhas doenças e com pouca capacidade de assimilar nutrientes.[13]

Desmamar cedo as crianças era uma prática comum na virada do século e depois; mas o comentário de Lovecraft sugere que seu desmame ocorreu ainda mais cedo que de costume.

Posteriormente ele faria uma importante afirmação:

> Meu próprio estado nervoso na infância produziu uma tendência à coreia, embora sem chegar a um nível elevado. Meu rosto era vez por outra tomado de movimentos inconscientes & involuntários — & quanto mais tentava pará-los, mais frequentes eles ficavam.[14]

Lovecraft não data com precisão esses ataques semelhantes à coreia, mas o contexto sugere que tenham ocorrido antes dos dez anos. Tudo isso levou J. Vernon Shea a suspeitar que ele pudesse ter sofrido de coreia de Sydenham (ou dança de são vito), uma doença nervosa que "se manifesta em tiques e rictos faciais incontroláveis", mas que na puberdade desaparece gradualmente.[15] Certeza quanto ao assunto é, claro, impossível, mas penso que a probabilidade de tal hipótese ser verdadeira é grande. E embora Lovecraft sustente na carta citada que "a seu tempo a tendência se desfez" e que o ingresso no ensino médio "fez que eu mudasse", não faltarão aqui oportunidades de referir possíveis ocorrências do que seriam sintomas de coreia em diversos períodos da vida de Lovecraft, mesmo na maturidade.

Se, então, é verdade que Lovecraft sofreu algum tipo de "quase colapso", parece bastante provável que a morte do pai, em 19 de julho de 1898, tenha alguma coisa a ver com isso. O efeito em sua mãe pode ser apenas imaginado. É o caso, então, de apresentarmos um resumo das relações entre Lovecraft e a mãe na época, tanto quanto somos capazes de montá-la a partir de seus fragmentos.

Não resta dúvida de que a mãe de Lovecraft mimava e superprotegia o filho. Esta última postura parece ter se desenvolvido mesmo antes da hospitalização de Winfield, em 1893. Winfield Townley Scott conta a seguinte história:

> Em suas férias de verão em Dudley, Massachusetts [...] a sra. Lovecraft recusou-se a jantar na sala de jantar para não deixar o filho dormindo sozinho por uma hora no andar de cima. Quando uma amiga professora, a srta. Ella Sweeney, tomou o delicado jovenzinho para andar, ela foi orientada pela mãe de Howard a curvar-se um pouco, caso contrário deslocaria o braço do menino. Quando Howard pedalava o triciclo pela Angell Street, a mãe caminhava a seu lado, deixando uma mão sobre seu ombro.[16]

Lovecraft diz que "brinquedos, livros e outros prazeres infantis eram virtualmente ilimitados" na época;[17] o que quer que quisesse ele parecia conseguir.

Neste ponto cabe a menção a um interessante trecho testemunhal oferecido pela mulher de Lovecraft. Em suas memórias, de 1948, Sonia H. Davis diz:

> Naquela época era moda as mães começarem a fazer "enxovais" para as filhas antes mesmo de elas nascerem; assim, quando a sra. Winfield Scott Lovecraft estava esperando o primeiro filho, ela tinha esperança de que fosse uma menina; e o projeto não foi interrompido quando deu à luz seu menino. O enxoval cresceu gradualmente, para que um dia fosse dado à mulher de Howard [...]
>
> Quando bebê, Howard parecia uma linda menininha. Aos três anos, tinha uma cabeça repleta de cachinhos loiros que seriam o orgulho de qualquer garotinha [...] e ele os usou até os seis anos. Quando por fim reclamou e quis cortá-los, a mãe levou-o ao barbeiro e chorou amargamente enquanto a tesoura "cruel" os cortava.[18]

Penso que se deve aceitar esse registro quase integralmente, embora considere que já se fez demais com ele — bem como com o fato aparente de que Susie vestia o filho com vestidinhos na infância. O celebrado retrato de Lovecraft em 1892 junto dos pais mostra-o com os cachinhos e o vestido, como outra imagem provavelmente captada na mesma época.[19] O próprio Lovecraft tece comentários sobre os cachinhos, dizendo que era aquele "maná dourado" que parcialmente levaria Louise Imogen Guiney a chamá-lo de "Pequena Aurora".[20] Mas outra fotografia, provavelmente tirada aos sete ou oito anos,[21] apresenta-o como um garoto normalíssimo de cabelo curto e com roupas adequadas. Na verdade, não se pode precisar quando Susie deixou de vestir Lovecraft com roupas de menina; mas mesmo que ela o tenha feito até os quatro anos do menino, isso não teria sido especialmente inusitado.

Há ainda duas evidências a serem citadas como prova, embora o que signifiquem não seja inteiramente claro. R.H. Barlow, em suas notas breves sobre Lovecraft (quase todas produzidas em 1934, mas algumas feitas claramente depois), escreve: "As histórias da sra. Gamwell sobre como por algum tempo HPL insistiu em dizer 'eu sou uma menininha'".[22] Annie Gamwell não teria feito essa observação depois do início de 1897, quando se casou e mudou-se da casa de Angell Street; e o contexto do comentário de Barlow (ele acrescenta o detalhe de como Lovecraft fazia jorrar Tennyson de cima da mesa) poderia remeter o acontecimento a algo por volta de 1893. Então há uma carta de Whipple Phillips a Lovecraft, datada de 19 de junho de 1894: "Vou lhe contar mais sobre o que vi quando eu chegar se você for um bom menino e *vestir calças*".[23] Whipple sublinha as últimas duas palavras. A implicação é, eu imagino, que Lovecraft não gostava muito de vestir calças na época.

A despeito de tudo o que vimos acima, vejo pouca evidência de confusão de gênero na vida posterior de Lovecraft; se vale alguma coisa, ele demonstrava um sempre pronto e resoluto preconceito contra "bichinhas" e homossexuais. Susie pode ter querido uma menina, e pode ter preservado sua ilusão por algum tempo, mas Lovecraft cedo em sua juventude demonstrou-se inflexível e tornou evidente que era um garoto com interesses de garoto. Foi ele, afinal de contas, que aos seis anos quis cortar seus cachinhos.

Além de ser excessivamente solícita com o filho, Susie também tentou moldá-lo de formas que ele considerou irritantes ou mesmo odiosas. Por volta de 1898 ela tentou inscrevê-lo em aulas de dança infantil; Lovecraft "detestou a ideia" e, recém-iniciado nos estudos de latim, respondeu com uma frase de Cícero: "*Nemo fere sallat sobrius, nisi forte insanit!*" ("Quase nenhuma pessoa sã dança, a não ser que tenha enlouquecido").[24] É certo que Lovecraft desenvolvera alguma habilidade para conseguir as coisas a sua maneira, pois — como ocorrera com suas aulas de catecismo (provavelmente no ano anterior), as quais lhe foi permitido abandonar — ele evidentemente escapou das aulas de dança. Não conseguiu, contudo, escapar das aulas de violino, que duraram dois anos inteiros, entre os sete e os nove anos.

Contudo, as aulas ocorreram inicialmente a seu pedido:

> Minhas tendências rítmicas levaram-me a um amor à melodia, e eu estava sempre assoviando & murmurando canções a despeito das convenções & da boa criação. Eu era tão preciso no tempo & no tom, & apresentava tamanha exatidão semiprofissional & progresso em minhas cruas tentativas que meu pedido por um violino quando tinha sete anos foi aceito, & eu fui colocado sob a instrução da melhor professora de violino para crianças na cidade — a sra. Wilhelm Nauck. Por dois anos fiz tamanhos progressos que a sra. Nauck encheu-se de entusiasmo & disse que eu devia seguir a carreira musical — MAS ao longo daquele período o tédio da prática havia afetado terrivelmente meu sempre sensível sistema nervoso. Minha "carreira" estendeu-se até 1899, sendo seu auge um recital público no qual toquei um solo de Mozart ante uma plateia de consideráveis proporções. Logo após isso, minha ambição & gosto se desfizeram a um só tempo, como um castelo de cartas [...] comecei a detestar música erudita pelo esforço que ela me

custava; & passei a detestar o violino com todas as minhas forças! Nosso médico, conhecendo meu temperamento, recomendou-me o fim imediato das aulas de música, o que rapidamente se fez.[25]

Há quem quisesse remontar o segundo "quase colapso" de Lovecraft ao fim dessas aulas, mas ele diz claramente que o primeiro ocorreu em 1898 e o segundo em 1900. De qualquer forma, Lovecraft continuou manifestamente a viver sob considerável tensão nervosa — uma situação em parte aliviada e em parte piorada pela primeira tentativa de ida à escola regular, da qual ele se afastou depois do primeiro ano (1898–99). De fato, sua observação casual em 1929 — "passei o verão de 1899 com minha mãe"[26] em Westminster, Massachusetts — pode nos levar a especular sobre a razão de tal viagem e a imaginar se havia alguma motivação relativa a sua saúde. Estou inclinado a ligar a viagem ao trauma do primeiro ano escolar e também às aulas de violino, que provavelmente acabaram no verão de 1899.

De tudo que já foi dito, fica claro que Lovecraft teve uma primeira infância solitária, em companhia apenas dos adultos da família. Muitas de suas atividades infantis — leitura, escrita, trabalhos científicos, prática musical, e mesmo as idas ao teatro — eram antes de tudo ou exclusivamente solitárias, e ouvimos falar quase nada sobre amigos de infância até a entrada formal na vida escolar. Todas as cartas que discutem sua infância sublinham a relativa solidão e o isolamento:

Você notará que não tenho feito referências a amigos de infância & coleguinhas — não os tinha! As crianças que conheci não gostavam de mim, & eu não gostava delas. Estava acostumado à companhia de adultos & à conversação, & a despeito do fato de me sentir terrivelmente ignorante diante dos mais velhos, não tinha nada em comum com a levada infantil. O modo como gritavam & se agitavam me deixava perplexo. Detestava a mera brincadeira, & pulavam por todos os lados — em meus momentos de descanso sempre quis o *enredo*.[27]

Uma confirmação disso vem das lembranças da prima de segundo grau de Lovecraft Ethel M. Phillips (1888–1987), posteriormente sra. Ethel Phillips Morrish. Ethel, dois anos mais velha que Lovecraft, viveu com os pais, Jeremiah W. Phillips (filho de James Wheaton Phillips, irmão de Whipple) e sua mulher, Abby, em diversos subúrbios de Providence durante a década de 1890, e era enviada para brincar com Howard. Ela confessou em uma entrevista dada em 1977 que não ligava muito para o primo, considerando-o excêntrico e distante. Ficava particularmente irritada por ele não saber como um balanço funcionava. Mas guarda uma linda imagem de Lovecraft, por volta dos quatro anos, virando as páginas de um livro monstruosamente grande com modos muito solenes e adultos.[28]

Lovecraft oferece uma interessantíssima e breve notícia de algumas das brincadeiras solitárias a que se dedicava quando criança:

> Meus brinquedos favoritos era os *bem pequenos*, que permitissem sua disposição em cenários bem amplos. Como gostava de fazer, dispunha sobre uma mesa inteira uma cena completa, que desenvolvia de modo a formar uma paisagem ampla [...] por vezes acrescida de montes de terra e argila. Tinha todo tipo de *vilarejos de brinquedo* com pequenas casas de madeira ou cartolina, & combinando vários deles construía muitas vezes *cidades* de considerável complexidade & extensão [...] Árvores de brinquedo — que tinha em número infinito — eram usadas visando a efeitos variados para formar partes da paisagem [...] mesmo *florestas* (ou a fronteira presumida da floresta). Alguns tipos de tijolos faziam muros & cercas vivas, & também usava os blocos para construir prédios públicos mais amplos [...] Meu povo era geralmente do tipo de soldadinhos de chumbo & eram grandes — a bem da verdade, grandes demais para as construções de que a princípio dispunham, mas tão pequenos quanto os podia ter. Aceitava alguns como eram, mas minha mãe modificava para mim, com uma faca & pincel, os trajes de muitos deles. Muito interesse se acrescia às cenas com edifícios de brinquedo especiais, tal como moinhos, castelos &c.

Mas havia mais que uma paisagem estática; com seu inveterado tino para enredos e sua noção de tempo, história e espetáculo, Lovecraft conduzia enredos históricos com cidades em miniatura. Ele acrescenta um aspecto digno de nota: "Histórias de terror eram frequentes, embora (e isso é curioso) nunca tenha tentado construir cenários fantásticos ou extraterrestres. Eu era realista demais para me preocupar com a fantasia em sua forma pura".[29] Lovecraft não fornece uma data explícita para o começo desse exercício fascinante, mas suspeito que remonta a seus sete ou oito anos.

Ainda que solitário, ele não se dedicava apenas a atividades em ambientes fechados. O ano de 1900 viu o surgimento de seu amor pela bicicleta, que ele manteria por toda uma década. Mais tarde diria que era na época um "verdadeiro centauro da bicicleta".[30]

O ingresso de Lovecraft na Slater Avenue School (primeiramente localizada no cruzamento nordeste da Slater Avenue com a University Avenue, onde a St. Dunstan Prep School hoje está) mudou tudo isso, pelo menos em certa medida. Ele ingressou pela primeira vez em 1898, na "série mais avançada da escola primária" (talvez a quarta ou quinta),[31] mas aparentemente abandonou a escola no fim do ano de 1899.

Lovecraft não parece ter retornado a Slater Avenue até o ano letivo de 1902–03. Nesse meio-tempo lhe foi permitido, como antes, satisfazer a curiosidade intelectual a seu modo: é improvável que a família não tenha percebido que o menino gostava de livros e não precisava de muito incentivo para investigar qualquer assunto que lhe despertasse a imaginação.

Lovecraft diz que descobriu *The Frozen Pirate* (1887), de W. Frank Russell, um romance de tons histriônicos e sensacionalistas sobre a Antártica, com oito ou nove anos de idade, e que esse livro o levou a escrever alguns contos fantásticos baseados no mesmo tema. Parece provável que esse romance — juntamente com, talvez, o pouco menos histriônico, porém artisticamente mais bem-acabado, *Narrative of Arthur Gordon Pym*, de Edgar Allan Poe — tenha conduzido o interesse de Lovecraft à geografia, particularmente a antártica, um interesse que o levou não só a muitos trabalhos de ficção tanto no início quanto já em sua carreira madura, mas também a muitos trabalhos de não ficção.

Em várias ocasiões Lovecraft diz que seu interesse pela Antártida teria começado em 1900 ou 1902. Estou inclinado a aceitar a primeira data, pois numa carta de juventude ele diz: "A expedição Borchgrevink, que se apresentava como um marco no avanço ao Polo Sul, estimulou muito esse estudo".[32] O grande feito do norueguês Carsten Egebert Borchgrevink foi estabelecer o primeiro acampamento no verdadeiro solo antártico. Ele navegara da Inglaterra em agosto de 1898, estabelecera o acampamento em fevereiro de 1899, permanecendo ali ao longo de toda a noite antártica (maio a julho de 1899), caminhara pela plataforma de gelo Ross em 19 de fevereiro de 1900 e retornara à Inglaterra no verão de 1900.

Não é surpreendente que o interesse de Lovecraft tenha sido despertado pela expedição Borchgrevink, pois essa era a primeira viagem de peso à Antártica desde a década de 1840. É também por essa razão que dois dos três tratados sobre a exploração antártica que Lovecraft escreveu na época — *Voyages of Capt. Ross, R.N.* (1902), *Wilkes' Explorations* (1902), e *Antarctic Atlas* (1903) —[33] discutem aquelas expedições de 1840: não havia outras na memória recente sobre as quais ele pudesse ter escrito. Na verdade, pergunto-me se as datas de escritura oferecidas por Lovecraft (em 1936) são totalmente corretas: gostaria de datá-las de um período ainda anterior, digamos 1900. Os dois primeiros desses tratados devem ter discutido as expedições quase simultâneas do norte-americano Charles Wilkes (1838–40), que deu nome ao continente, e do inglês James Clark Ross (1839–41), que deu nome à plataforma de gelo Ross.

Talvez pareça estranho que Lovecraft não tivesse escolhido escrever sobre as expedições de Borchgrevink e também de Robert Scott (1901–02), tão frescas elas provavelmente estavam em sua memória, em lugar das expedições de 1840, cujas descobertas seriam parcialmente superadas pelo trabalho daqueles exploradores. C.L. Moore, amigo missivista, chegou a ver uma cópia de *Wilkes' Explorations* no final de 1936,[34] embora não tenha sido encontrada entre os papéis de Lovecraft depois de sua morte, uns poucos meses depois. *Antarctic Atlas* deve ter sido um interessante trabalho, consistindo presumidamente e sobretudo de um mapa do continente; porém, tão pouca exploração da massa terrestre havia sido produzida na época que amplas regiões do continente ainda eram desconhecidas e não nomeadas.

Lovecraft diz em "A Confession of Unfaith" que "meu 'livro' pretensioso chamado *Poemata Minora*, escrito quando tinha onze anos, era dedicado 'aos deuses, heróis e ideais dos antigos'; em sua lira, tangiam-se as notas da desilusão e do tédio do mundo sobre os lamentos do pagão subtraído de seu panteão antigo". *Poemata Minora, volume II* é o mais bem-acabado e esteticamente satisfatório trabalho de primeira juventude. Os cinco poemas sustentam a comparação com toda a sua poesia posterior, embora seja uma indicação não tanto do mérito desses poemas de juventude quanto da mediocridade dos posteriores.

Os poemas de *Poemata Minora* revelam considerável originalidade, e poucos podem ser recuperados a partir de modelos específicos da poesia antiga. Lovecraft cultivava o prazer incansável de citar a quarta estrofe e final de "Ode to Selene or Diana" como protótipo de sua desarmonia com a idade moderna.

> *Take heed,* Diana, *of my humble plea.*
> *Convey me where my happiness may last.*
> *Draw me against the tide of time's rough sea*
> *And let my spirit rest amid the past.*

Poemata Minora, volume II é um agradável e mínimo produto, absolutamente digno dos 25 centavos que Lovecraft cobrava por ele. É possível que *Volume I* tenha sido igualmente sólido, já que, a título de publicidade, este é anunciado no *Volume II* pelos mesmos 25 centavos. Mas esse foi, por algum tempo, o produto final do classicismo de Lovecraft. Embora ele continuasse a basear-se nos antigos para deles obter inspiração estética e mesmo filosófica, um novo interesse suspenderia todos os demais por algum tempo e levaria a revisão de toda a sua visão de mundo. Pois foi no verão de 1902–03 que Lovecraft descobriu a astronomia.

NOTAS

[1] HPL a R.H. Barlow, 25 de junho de 1931 (manuscrito, JHL).

[2] HPL a J. Vernon Shea, 19–31 de julho de 1931 (manuscrito, JHL).

[3] HPL a J. Vernon Shea, 4 de fevereiro de 1934 (SL IV.354).

[4] Edmund Pearson, *Dime Novels* (Boston: Little Brown, 1929), pp. 4.ss.

[5] L. Sprague de Camp, *Lovecraft: A Biography* (Garden City, NY: Doubleday, 1975), p. 33.

[6] HPL a Rheinhart Kleiner, 7 de março de 1920 (SL I.110).

[7] HPL a Rheinhart Kleiner, 16 de novembro de 1916 (SL I.37).

[8] W. Paul Cook, *In Memoriam: Howard Phillips Lovecraft* (1941), in *Lovecraft Remembered*, p. 112.

[9] SL IV.355–56 (nota 3).

[10] HPL a Maurice W Moe, 1° de janeiro de 1915 (SL I.8).

[11] HPL a Robert E. Howard, 25–29 de março de 1933 (SL IV.172).

[12] HPL a August Derleth, 4 de março de 1932 (SL IV.26).

[13] HPL a Maurice W Moe, 5 de abril de 1931 (SL III.368).

[14] HPL a Richard F. Searight, 5 de março de 1935; *Letters to Richard F. Searight* (West Warwick, RI: Necronomicon Press, 1992), p. 51.

[15] J. Vernon Shea, "Did Lovecraft Suffer from Chorea?", *Outré* nº. 5 (maio de 1977): 30–31.

[16] Scott, "His Own Most Fantastic Creation", p. 12.

[17] SL III.367 (nota 13).

[18] Davis, *Private Life*, p. 8.

[19] Ver frontispício a SL II.

[20] SL I.32 (nota 7).

[21] Frontispício de *Something About Cats and Other Pieces* (1949).

[22] R.H. Barlow, *On Lovecraft and Life* (West Warwick, RI: Necronomicon Press, 1992), p. 18.

[23] Manuscrito, JHL.

[24] SL I.35 (nota 7).

[25] SL I.29–30 (nota 7).

[26] HPL a Elizabeth Toldridge, 29 de maio de 1929 (SL II.348).

[27] SL I.35 (nota 7).

[28] Entrevista de Ethel Phillips Morrish a Paul R. Michaud, agosto de 1977.

[29] HPL a J. Vernon Shea, 8 de novembro de 1933 (manuscrito, JHL).

[30] HPL a J. Vernon Shea, 10 de fevereiro de 1935 (SL V.104).

[31] SL I.36 (nota 7).

[32] SL I.37 (nota 7).

[33] Ver HPL a Maurice W. Moe, 18 de setembro de 1932 (SL IV.67), sobre os títulos; HPL a Marion F. Bonner, 26 de abril de 1936 (SL V.237), para datas. Nessa última carta o título do segundo tratado é *Ross's Explorations*.

[34] C.L. Moore a HPL, 6 de outubro de 1936 (manuscrito, JHL): "Obrigado pelo privilégio de ler aquela antiga publicação da Royal Atlas Company, 'Wilks' Exploration' [*sic*] [...] Estou devolvendo 'Wilks' Exploration' com tristeza no coração [...]". A Royal Atlas Company deve ter sido outro dos selos de impressão juvenis de Lovecraft.

4

E a desconhecida África?

(1902–08)

> As sensações mais fortes de minha existência são as de 1896, quando descobri o mundo grego, e de 1902, quando descobri a miríade de sóis e mundos do espaço infinito. Às vezes penso que esse último acontecimento foi ainda mais importante, pois a grandeza daquela concepção crescente do universo ainda me arrebata de um modo difícil de se repetir. Fiz da astronomia meu principal estudo científico, obtendo telescópios cada vez maiores, colecionando não menos do que 61 livros sobre astronomia e escrevendo copiosamente sobre o assunto na forma de artigos especiais e mensais na imprensa local. ["A Confession of Unfaith"]

Esse comentário, feito por volta de 1921, é indicação suficiente do grau em que a descoberta da astronomia afetou toda a visão de mundo de Lovecraft. Investigarei as ramificações filosóficas de seus estudos astronômicos mais tarde; aqui vale a pena examinar como ele chegou à ciência e quais os produtos literários que esses estudos engendraram. No inverno de 1902 Lovecraft frequentava a Slater Avenue School, contudo seus depoimentos levam a crer que ele tropeçou na astronomia por si mesmo. A maioria de seus volumes de astronomia foi herdada da coleção da avó materna, Robie Phillips; alguns deles eram manuais escolares antigos e básicos que remontavam às décadas de 1870 e 1880. São livros muito antigos para terem sido utilizados na Slater Avenue ou na Hope Street High School (Lovecraft jamais teve aulas de astronomia na Hope Street, não obstante fossem oferecidas), e pelo menos alguns devem ter vindo da biblioteca de Robin.

Como ocorrera com muitos de seus interesses anteriores, a família de Lovecraft mostrou-se muito generosa em fornecer os materiais necessários para seu estudo da astronomia. Ele adquiriu três telescópios sucessivos, o último um Bardon de três polegadas de Montgomery Ward, que custou cinquenta dólares. Ainda possuía esse telescópio em 1936. Seu novo entusiasmo levou-o rapidamente a escrever — neste caso, uma quantidade até então inédita de escrita. Ele não parece ter começado a escrever sobre astronomia antes do fim do verão de 1903; quando o fez, porém, fez com vontade.

Entre os tratados que Lovecraft produziu nessa época está "The Science Library", uma série de nove volumes provavelmente escrita entre 1903 e 1904 que trata, principalmente, da lua e dos planetas. Ele também começou a distribuir diferentes periódicos, incluindo *Astronomy* e *The Monthly Almanack*, muitos dos quais produzidos em série por meio de um processo chamado hectografia. Era uma placa de gelatina numa superfície de metal (uma bandeja, por exemplo) que, tratada com glicerina, endurecia. Uma página mestra é preparada na forma escrita com o uso de tintas hectográficas especiais ou em forma datilografada usando a fita hectográfica para máquinas; ilustrações de todo tipo podiam ser incluídas. A superfície em gelatina devia então ser umedecida, e a página mestra, pressionada sobre ela; essa página era, então, removida, e as folhas de papel, pressionadas sobre a superfície da gelatina marcada com o que quer que se tivesse escrito ou desenhado na página mestra. A superfície preparada servia para até cinquenta cópias, a partir daí a tinta começava a apagar. Diferentes cores podiam ser usadas.[1] Lovecraft deve ter tido mais de uma placa de metal, pois não era possível hectografar mais que uma página por dia — as tintas precisam de tempo para chegar ao fundo da placa. Embora a hectografia fosse um processo de reprodução relativamente barato, a incrível quantidade de trabalho que Lovecraft estava imprimindo na época deve ter custado algum dinheiro — tintas, papel carbono, gelatina e placas de metal, entre outras coisas. Sem dúvida sua mãe e seu avô deviam ficar felizes de pagar a conta, dada a precocidade e o entusiasmo provavelmente demonstrados pelo menino.

Podemos agora chegar ao mais significativo dos periódicos astronômicos de Lovecraft, *The Rhode Island Journal of Astronomy*. Mesmo ele, com sua energia aparentemente sem fim, deve ter tido dificuldade de escrever seus outros tratados e periódicos de juventude enquanto corriam os fechamentos semanais do *Rhode Island Journal*. A revista foi publicada a princípio semanalmente, depois mensalmente; de um total de 69 números, sobreviveram os seguintes:

- De 2 de agosto de 1903 a 31 de janeiro de 1904 (volume I)
- De 16 de abril de 1905 a 12 de novembro de 1905 (volume III)
- De janeiro de 1906 a abril de 1907.

Há ainda duas publicações estranhamente extemporâneas, de janeiro e fevereiro de 1909. Lovecraft diz que o periódico "era impresso em edições de quinze a 25 [páginas] no hectógrafo".[2] Neste momento quero estudar apenas os números de 1903-04.

Uma publicação usual trazia algumas colunas, destaques e cartas astronômicas, juntamente com notas de notícias, publicidade (para as obras de Lovecraft, objetos em sua posse e comerciantes e amigos) e calhaus variados. Em seu conjunto, esses elementos ofereciam uma leitura bastante interessante. Alguns artigos serializados eram publicados em vários números sucessivos.

A publicação de 1º de novembro de 1903 traz uma curiosa chamada: "O Observatório Ladd visitado por um correspondente na noite passada". O correspondente, lógico, é Lovecraft. O Observatório Ladd, localizado na Doyle Avenue, saindo da Hope Street, é um observatório encantador operado pela Brown University; o fato de ser permitido a um garoto de treze anos, que sequer frequentava a escola na época, o acesso ao espaço dá notícia do grau de conhecimento que Lovecraft atingiu em astronomia, quase apenas por conta própria. Ele diz que "o falecido professor Upton, da Brown University, amigo da família, deu-me a liberdade de frequentar o observatório da universidade, (o Observatório Ladd) & eu ia & voltava à vontade com minha bicicleta."[3] Winslow Upton (1853-1914) era um respeitado astrônomo cujo *Star Atlas* (1896) — e provavelmente outros volumes — esteve em posse de Lovecraft. É possível que alguém se pergunte se ele era amigo do dr. Franklin Chase Clark, que desposara a tia de Lovecraft, Lillian, em 1902.

Incrivelmente, enquanto produzia *The Rhode Island Journal of Astronomy* todos os domingos, lançando outras revistas semanais ou mensais ocasionalmente e escrevendo tratados científicos em separado, Lovecraft retomou seu periódico de química, *The Scientific Gazette*. Como mencionei, passado o primeiro número (4 de março de 1899), não houve outro número até 12 de maio de 1902; depois disso não foram lançados outros números ao longo de mais de um ano, mas por volta do lançamento do número de 16 de agosto de 1903 Lovecraft estava pronto para dar continuidade a essa publicação em formato semanal, fazendo-o regularmente até 31 de janeiro de 1904, com direito a miscelâneas extras. Contando os números de 1899 a 1902, há um total de 32 números restantes. Sem dúvida eles foram impressos por hectografia como o *Rhode Island Journal* (os primeiros números, de 1899 e depois, foram impressos numa "edição" de "uma cópia para circulação familiar").[4] O periódico estendeu-se para além do foco em química bem cedo, na sequência de 1903, discutindo assuntos como a rotação de Vênus, como construir uma câmera obscura, moto-perpétuo, telescópios (uma série tomada do *Rhode Island Journal* que logo retornaria a ele), microscópios e afins.

Esses interesses científicos também se manifestaram na composição ficcional. Lovecraft confessa ser um "entusiasta de Verne" e que "muitos dos meus contos mostram a influência literária do imortal Jules". E diz mais:

> Escrevi uma história sobre aquele lado da lua que permanece para sempre distante de nossos olhos — usando, em nome da ficção, a teoria de Hansen de que ar e água ainda existem lá como resultado de um centro de gravidade anormal na lua.[5]

Isso presumidamente qualificaria, caso tivesse sobrevivido, aquele como seu primeiro autêntico conto de ficção científica.

Comentei que Lovecraft escreveu a maior parte de seus tratados e periódicos científicos enquanto não frequentava a escola. Ele frequentou a Slater Avenue School em 1898–99, mas então se afastou; voltou no ano letivo de 1902–03, mas para abandonar novamente. Ele acrescenta que "em 1903–04 tive tutores particulares".[6] Sabemos de um desses tutores, A.P. May, embora Lovecraft não o tivesse em alta conta. No número de 3 de janeiro de 1904 do *Rhode Island Journal* há um anúncio de raro sarcasmo a seu respeito, colocando May como "tutor particular de décima grandeza" que oferecia "instrução de baixa qualidade com absoluta competência"; o anúncio conclui: "CONTRATE-ME. NÃO SEI FAZER O TRABALHO, MAS PRECISO DO DINHEIRO". Talvez May estivesse ensinando a Lovecraft coisas que o garoto já soubesse. De todo modo, não surpreende que a avalanche de periódicos científicos tenha começado durante o verão de 1903, quando ele provavelmente tinha muito tempo livre.

Lovecraft observa que, quando retomou a frequência escolar, em 1902, sua postura era bastante diferente da de 1898: ele aprendera naquele ínterim que a infância era não raro entendida como uma espécie de idade de ouro, e então tratou de garantir a verdade desses termos. Na verdade, não precisou de muito encorajamento, pois foi nesse ano na Slater Avenue que ele desenvolveu duas de suas mais antigas, porém mais fortes, relações — com Chester e Harold Munroe, que moravam a quatro quadras de sua casa. Outros amigos eram Ronald Upham, Stuart Coleman (que conhecera Lovecraft de sua primeira ida à Slater Avenue School) e Kenneth Tanner.

Em 1935, Lovecraft anota:

> Chester Pierce Munroe & eu nos arrogávamos o orgulhoso título de piores garotos da Slater Ave. School [...] não éramos tão destrutivos no que se referia à ação, apenas antinômicos de maneira irônica & cínica — o protesto da individualidade contra a autoridade caprichosa, arbitrária & excessivamente detalhista.[7]

Esse desprezo pelas regras veio à tona durante a cerimônia de formatura da turma de Lovecraft, em junho de 1903. Foi-lhe pedido um discurso para a ocasião — que poderia ou não sugerir que ele fosse o responsável pelo discurso de despedida e, portanto, o primeiro da turma —, mas ele recusou de início; então, enquanto a cerimônia estava em curso, mudou de ideia. Aproximando-se de Abbie Hathaway, a diretora da escola, ele anunciou, arrogante, que desejava fazer, por fim, o pronunciamento, e ela assentiu e, ingenuamente, fez que ele fosse anunciado. Lovecraft tinha nesse meio-tempo, entretanto, escrito uma apressada biografia de sir William Herschel, o astrônomo; e tão logo subiu ao púlpito a declamou em "meu melhor estilo georgiano".[1] E acrescenta que, embora o início do discurso tenha "suscitado mais sorrisos do que atenção" dos adultos na plateia, ele não obstante recebeu aplausos no fim.[8]

Mas a escola era a menos importante das preocupações de Lovecraft e seus amigos; eles estavam interessados, sobretudo — como garotos de sua idade, ainda que precoces — em brincar. E o que faziam era brincar. Foi o auge da Agência de Detetives Providence, que contava com Lovecraft e seus camaradas equipados com algemas (de corda), fita métrica, distintivo de latão e até mesmo (para Lovecraft) um revólver de verdade — presume-se que descarregado. Lovecraft produziu histórias de detetive

---

1. Estilo georgiano: característico dos reinados dos quatro reis de nome George, que governaram a Inglaterra de 1714 a 1830. [N. do T.]

nessa mesma época: "Costumava escrever histórias de detetive com muita frequência, com os trabalhos de A. Conan Doyle me servindo de modelo no tocante ao enredo", ele escreve em 1916, descrevendo em seguida uma história sobre "irmãos gêmeos – um mata o outro, mas esconde o corpo e tenta *viver a vida de ambos* [...] Essa foi escrita antes dos meus onze anos, eu acho".[9] Se Lovecraft é preciso na datação desse conto, ele vem antes de "The Mysterious Ship" e soa mais interessante que este.

Uma das alegrias compartilhadas entre Lovecraft e seus amigos de infância eram as ferrovias. Um cocheiro da Angell Street construiu uma casa de veraneio para o menino Lovecraft quando este tinha cinco anos. Lovecraft batizou essa construção de "A Casa de Máquinas" e ele próprio projetou "uma bela máquina [...] montando um tipo estranho de aquecedor de água sobre uma pequena caçamba. Então, quando o cocheiro foi embora (por volta de 1900), e o estábulo ficou vago de seus cavalos e carruagem, o estábulo tornou-se o próprio espaço de brincadeiras de Lovecraft, com "seu imenso espaço de carruagem, seu 'escritório' bem arranjado e suas enormes escadarias, com a colossal (e quase assustadora) extensão do celeiro e a pequena acomodação de três cômodos onde o cocheiro e sua mulher viviam".[10]

Alguns estranhos trabalhos foram produzidos a partir do interesse de Lovecraft em ferrovias. Primeiramente, há o número único de uma revista chamada *The Railroad Review* (dezembro de 1901), uma publicação de três páginas repleta da usual profusão de ilustrações de Lovecraft. Ainda mais interessante é um poema de 106 páginas datado de 1901 em cuja capa se lê o título: *An Account in Verse of the Marvellous Adventures of H. Lovecraft, Esq. Whislt Travelling on the W & B Branch of the N.Y.N.H. & H.R.R. in Jany. 1901 in One of Those Modern Devices, To Wit: An Electric Train* ["Relato em verso das maravilhosas aventuras de H. Lovecraft, cavalheiro, em viagem pela linha Warren & Bristol da Companhia Ferroviária Nova York, New Haven e Hartford em janeiro de 1901 numa dessas novas máquinas, a saber: um trem elétrico"]. Em seu interior há um título alternativo: "H. Lovecraft's Attempted Journey bewixt Providence & Fall River on the N.Y.N.H. & H.R.R." ["Tentativa de H. Lovecraft de viajar entre Providence & Fall River na Companhia Ferroviária Nova York, New Haven e Hartford"].

Esse poema é interessantíssimo por trazer as primeiras – e, como se vê, uma das melhores – estrofes da poesia *humorística* de Lovecraft. Um pouco de contexto histórico para essa peça é útil. A Companhia Ferroviária Nova York, New Haven e Hartford (N.Y.N.H. & H.R.R.) havia se tornado, por volta de 1893, a principal operadora de todas as ferrovias do estado de Rhode Island. Os primeiros bondes elétricos de Providence começaram a operar em 1892, e a extensão desse serviço às localidades distantes de Warren, Bristol e Fall River parece ter ocorrido em 1900. Com sua fascinação por ferrovias, Lovecraft tornou-se, como era de esperar, um dos primeiros entusiastas do novo serviço, e o resultado é um delicioso e bem-humorado poema sobre tema moderníssimo.

Ao discutir os idos da infância de Lovecraft, é impossível passar ao largo da Blackstone Military Band. As aulas de violino de Lovecraft devem ter sido um desastre, mas isso era algo totalmente diferente. Vejamos como ele conta:

> Quando, aos onze anos, eu era membro da banda militar (cujos membros jovens eram todos virtuoses naquilo que se chamava "*zobo*" — uma corneta de metal com uma membrana numa das extremidades que transformava um zumbido numa deliciosa impressão metálica!), minha quase preciosa habilidade de manter o compasso foi agraciada com a promoção ao posto de baterista. Era um negócio difícil, já que eu também era uma estrela solo do *zobo*; porém, o obstáculo foi superado pela descoberta de um pequeno *zobo* de papel machê na loja de brinquedos, que eu podia segurar com meus dentes sem usar as mãos. Assim, minhas mãos ficavam livres para a caixa e as baquetas — enquanto um dos pés acionava o triângulo, e outro, os címbalos — ou melhor, um arame (adaptado de um segundo batedor de triângulo) que tocava um címbalo na horizontal e produzia com precisão a cacofonia correta [...] Tivessem as bandas de jazz sido conhecidas daquela região remota, eu teria me qualificado como um mil e uma utilidades — capaz de trabalhar com chocalhos, sinos e tudo que coubesse a duas mãos, dois pés e uma mão.[11]

Não penso ser capaz de acrescentar muito a isso. O *zobo* parece ter sido uma espécie de combinação de gaita com *kazoo*.

Tudo isso parece dar a impressão de que Lovecraft, a despeito de toda a sua precocidade, seus problemas de saúde infantis, sua solidão na tenra infância e sua condição nervosa instável, vinha desenvolvendo uma juventude absolutamente normal com vigorosos interesses de adolescente (exceção feita a esportes e garotas, pelos quais ele jamais teve qualquer interesse). Ele também parece ter sido o líder de seu "bando" de meninos. Mas quão normal ele de fato era? O testemunho posterior de Stuart Coleman é bem forte:

> Dos oito aos dezoito anos, eu o via bastante, já que íamos à escola juntos, e estive

em sua casa muitas vezes. Não digo que o conhecesse "bem", do mesmo modo como duvido que qualquer um de seus contemporâneos na época o conhecesse. Ele definitivamente não era uma criança normal, e suas companhias eram poucas.[12]

Clara Hess, da mesma idade que Lovecraft, oferece um comovente e revelador testemunho da entrega de Lovecraft à astronomia nessa época:

Howard costumava sair para os campos nos fundos de minha casa para estudar as estrelas. Numa noite do começo do outono muitas das crianças da vizinhança se reuniram para vê-lo a distância. Sentindo-me triste por sua solidão, fui até ele e perguntei sobre meu telescópio, e ele permitiu que eu observasse o céu através dele. Mas sua linguagem era tão técnica que eu não a compreendia, então retornei ao meu grupo e o deixei em seu solitário estudo das estrelas.[13]

Isso é decerto pungente, contudo não se pode concluir que a solidão de Lovecraft fosse inveterada ou mesmo que ele necessariamente tenha visto nisso algo para lamentar: interesses intelectuais foram sempre dominantes em seu temperamento, e ele estava mais que disposto a sacrificar a coletividade e suas convenções para sua realização.

Mas os dias de inocência de Lovecraft chegaram a um fim abrupto. A Owyhee Land and Irrigation Company, de Whipple Phillips, sofrera uma enorme perda quando um dique de drenagem se rompeu com as enchentes da primavera de 1904; Whipple, então um homem de setenta anos, sucumbiu à tensão, sofrendo um derrame e falecendo em 28 de março de 1904. Esse foi um terrível golpe, mas havia coisas ainda piores por vir: devido à má administração das propriedades de Whipple após sua morte, restou relativamente pouco de suas posses e fundos; assim, Lovecraft e sua mãe foram obrigados a deixar o número 454 da Angell Street e mudar-se para o 598 da mesma rua.

Esse foi provavelmente o mais traumático evento experimentado por Lovecraft antes da morte de sua mãe, em 1921. Por volta de 1904 ele e a mãe estavam vivendo apenas com o avô viúvo, já que as duas tias e o tio haviam se casado. Com a morte de Whipple, teria sido prática e financeiramente absurdo ter mantido a enorme casa na Angell com a Elmgrove apenas para duas pessoas, e a residência no 598 da mesma rua foi sem dúvida escolhida por sua proximidade e semelhança. Era, contudo, uma casa dupla (o endereço era 598–600 Angell Street), e Lovecraft e sua mãe ocupavam apenas o lado oeste da casa menor. Dava para imaginar que essa casa — que Lovecraft descreve com cinco cômodos e um sótão —[14] era adequada, em termos materiais, para um garoto e sua mãe; porém, psicologicamente, a perda de seu lugar de nascimento, para alguém tão dotado de senso de lugar, foi devastadora. Para completar a tragédia, o gato amado de Lovecraft, Nigger-man ["Negão"], desapareceu em algum momento de 1904. Esse foi o único animal de estimação que Lovecraft teve em sua vida, a despeito de sua adoração quase idólatra pelos felinos. A perda de Nigger-man talvez simbolizasse a perda de seu lugar de nascimento como nenhum outro evento.

Para ver com precisão o impacto que a morte do avô, a perda da fortuna da família (qualquer que fosse a quantia que lhes restasse então — Whipple deixara uma herança avaliada em 25 mil dólares, dos quais 5 mil foram para Susie e 2,5 mil para Lovecraft)[15] e a mudança de casa exerceram sobre o garoto de treze anos, é preciso ler uma importante carta de 1934:

> Pela primeira vez sabia o que era um lar sem criadagem, em que tudo se atulhava — com outra família vivendo na mesma casa —, era [...] eu sentia que perdera todo o meu ajuste ao cosmos — pois quem era HPL sem os cômodos & corredores & lustres & escadarias & estatuária & pinturas [...] & o gramado & passarelas & cerejeiras & a fonte & o arco de hera & o estábulo & os jardins & todo o resto? Como podia um senhor de catorze anos (& eu realmente me sentia dessa maneira!) reajustar sua existência a uma nova rotina doméstica inadequada & insossa & a uma paisagem exterior menor em que quase nada de familiar restava? Parecia um negócio terrivelmente fútil continuar vivendo. Sem mais tutores — o ensino médio no setembro seguinte, que provavelmente seria um tédio incomensurável, já que era impossível ser tão livre & tranquilo no ensino médio quanto durante os breves períodos na escola da Slater Ave. [...] Oh, inferno! Por que não me desfazer de toda a consciência?

Estava Lovecraft pensando no suicídio? É o que parece — e, não custa dizer, esse terá sido o único momento em toda a vida de Lovecraft (a despeito das especulações inconsequentes de críticos posteriores) em que ele realmente pensou em acabar com a própria vida. O que o demoveu da ideia? Prossigamos na carta:

> E no entanto certas questões — mais notadamente a curiosidade científica & um senso de drama mundial — mantiveram-me nos eixos. Muitas coisas no universo me frustravam; no entanto, sabia que podia levantar questões a partir dos livros caso vivesse & estudasse mais. A geologia, por exemplo. *Como* esses antigos sedimentos & estratificações se cristalizaram & se ergueram em picos de granito? Geografia — o que Scott & Shackleton & Borchgrevink encontrariam na imensa brancura antártica em suas próximas expedições [...] que — se quisesse — eu poderia viver para ver descrito? E quanto à história — enquanto contemplava uma

saída sem maiores conhecimentos, ficava incomodamente cônscio do que não sabia. A provocativa ausência de respostas surgia por todos os lados. Quando as pessoas deixaram de falar latim & começaram a falar italiano & francês & espanhol? O que de fato aconteceu na baixa Idade Média nas regiões do mundo que não a França e a Inglaterra (cuja história eu sabia)? E quanto às imensidões de espaço para longe das terras conhecidas — desertos de extensões apenas supostas por sir John Mandeville & Marco Polo [...] a Tartária, o Tibet [...] E quanto à África desconhecida?[16]

Esse é um momento de definição na vida de H.P. Lovecraft. Era próprio dele que o suicídio fosse repudiado não pelos laços familiares, pelas crenças religiosas ou mesmo — tanto quanto a carta acima indica — a urgência de escrever, mas pela curiosidade científica. Lovecraft jamais terminaria o ensino médio, nunca obteria um diploma da Brown University e ficaria para sempre envergonhado por não ter completado os estudos formais; não obstante, foi um dos mais prodigiosos autodidatas da história moderna, e prosseguiu não apenas acumulando conhecimento até o fim da vida, mas revendo constantemente sua perspectiva do mundo à luz de tal conhecimento. Talvez seja essa a razão por que mais o devemos admirar.

A curto prazo o início assustador do ensino médio provou-se — para surpresa tanto de Lovecraft quanto de sua família — agradável. A Hope Street English and Classical High School, na esquina das ruas Hope e Olney (o prédio, inaugurado em 1898, estava na esquina sudeste; o atual edifício, na esquina sudoeste, foi inaugurado em 1938), ficava a um quilômetro e meio da casa de Lovecraft, no número 598 da Angell Street, mas não havia escola pública mais próxima para onde ele pudesse ter ido. No geral, Lovecraft passou bons momentos ali:

Conhecendo meu temperamento indomável, & minha conduta sem lei na Slater Avenue, a maioria de meus amigos (se os podia chamar de amigos) previa o desastre, tão logo minha vontade entrasse em conflito com a autoridade dos professores da Hope Street. Mas sucedeu um feliz desapontamento. Os preceptores da Hope Street logo compreenderam minha disposição, de uma forma que "Abbie" [Abbie Hathaway] jamais entendeu; & ao remover todas as restrições fizeram de mim aparentemente seu colega & igual; de modo que parei de pensar na disciplina e passei a me comportar como um cavalheiro entre cavalheiros.[17]

Não havendo relatos independentes dos anos de ensino médio de Lovecraft, temos de aceitar esse depoimento como digno da realidade.

Contudo, as coisas não eram tão harmoniosas entre Lovecraft e seus professores. Ele fala de diversas ocasiões em que ocorreram disputas acadêmicas, a mais celebrada delas com uma "professora de inglês velha e gorda" chamada sra. Blake. Em uma ocasião ela sentia que um trabalho entregue por Lovecraft soava como algo que ela lera num jornal ou revista e criticou duramente a originalidade do escrito. Desafiador, Lovecraft admitiu que copiara o texto diretamente de um jornal e – "enquanto a desorientação da boa alma fazia-se quase apoplexia" –[18] sacou o recorte: "Pode a lua ser alcançada pelo homem? Por H.P. Lovecraft" – um artigo que publicara na *Pawtuxet Valley Gleaner* de 12 de outubro de 1906. Como em muitas de suas extravagâncias na Slater Avenue, Lovecraft dá a impressão de ser pretensioso e sabichão, e talvez não surpreenda que seus professores – sem sucesso, pelo menos tal como ele conta – tentassem de quando em quando colocá-lo em seu lugar.

Vale a pena estudar os cursos que Lovecraft frequentou em seus três anos na Hope Street. Suas anotações sobreviveram e são repletas de informações sugestivas e de interesse. O ano escolar durava 39 semanas, e a maioria dos cursos frequentados por Lovecraft cobriam todo o ano; ocasionalmente, ele frequentou cursos de um só período, entre dezenove e vinte semanas. (Na enumeração a seguir, os cursos são de 39 semanas exceto quando assinalados.) As notas numéricas foram lançadas; um oitenta representa nota de certificado; setenta, de aprovação. No ano letivo de 1904–05, Lovecraft recebeu as seguintes notas: álgebra elementar (74), botânica (85), inglês (77) e latim (87). Não há nada de estranho aqui, exceto a nota surpreendentemente baixa de inglês.

Lovecraft retornou a Hope High em setembro de 1905, mas sua ficha diz que deixou a escola em 7 de novembro do mesmo ano, retomando a frequência apenas em 10 de setembro de 1906 (ao que tudo indica o começo do ano letivo 1906–07). Sem dúvida, esse é o período referente a seu "quase colapso" de 1906. Não há muita evidência quanto à natureza desse ataque. É decerto curioso que Lovecraft *não* confesse ter sido acometido de um "quase colapso" em 1904; o ataque de 1906 não parece ter sido tão sério quanto os dois precedentes (1898 e 1900), mesmo que o tenha afastado do ensino médio por um ano inteiro.

Quando Lovecraft retornou, no ano escolar de 1906–07, recebeu notas altas em inglês (noventa), geometria plana (92) e física (95), e boas notas em muitas outras matérias, incluindo desenho, latim e grego. A única coisa que chamava atenção era a nota ainda baixa de álgebra (75).

Em seu último ano na Hope High (1907–08), Lovecraft frequentou apenas as aulas de álgebra, nível intermediário (85, dez semanas), química (95) e física (95). É curioso que ele tenha refeito o curso de álgebra. Lovecraft comenta: "No primeiro ano quase não passei em álgebra, mas estava tão pouco satisfeito com isso que voluntariamente repeti a última metade do período".[19] Há uma ligeira imprecisão aqui, já que não foi álgebra elementar que ele refez, mas álgebra intermediária, do segundo ano, e parece que conseguiu notas melhores dessa vez.

A ficha de aluno diz que Lovecraft deixou a escola em 10 de junho de 1908, ao que tudo indica no fim do período, já que se registra que ele teria completado as 39 semanas de química e física. Mas é claro que ele não conseguiu um diploma, e é fato que ele completou apenas o 11º ano — ou talvez nem isso, já que, estranhamente, ele fez apenas dois cursos inteiros durante o terceiro ano. É certo que precisava de pelo menos mais um ano inteiro de escola para qualificar-se para a faculdade.

Apesar de ver nos professores pessoas de disposição mais ou menos amigável, Lovecraft tinha as dificuldades habituais com os colegas. Ele havia sido chamado de Lovey na Slater, mas na época em que já se estabelecera na Hope Street ele foi apelidado de Professor por conta de seus artigos sobre astronomia já publicados. Ele admite ter "temperamento ingovernável" e ser "decididamente briguento":

> Qualquer afronta — especialmente qualquer comentário sobre minha verdade ou honra enquanto cavalheiro do século XVIII — suscitava em mim uma fúria tremenda, & eu sempre começava a briga se uma imediata retratação não surgisse. Tendo pouco porte físico, não me saía muito bem nesses confrontos, embora jamais pedisse para que terminassem.[20]

O sentimento de mau agouro que Lovecraft menciona precedendo a morte do avô é evidente em seu trabalho científico de juventude — ou melhor, na ausência de tal trabalho. Tanto *The Rhode Island Journal of Astronomy* quanto *The Scientific Gazette* chegaram a um fim abrupto com os números de 31 de janeiro de 1904. Lovecraft diz que ambas as publicações foram retomadas em formato mensal, o primeiro em maio e o segundo em agosto de 1904, mas interrompidas depois de algumas semanas;[21] essas publicações não sobreviveram.

E, no entanto, é fato que Lovecraft manteve seu interesse em química e, mesmo que tivesse abandonado os escritos sobre o assunto, prosseguiu conduzindo experimentos e adquirindo novos instrumentos. Entre os últimos havia um espectroscópio (que Lovecraft ainda possuía em 1918) e um espintariscópio para a detecção de radioatividade. Ele fala sobre um "memorial físico" de seus interesses químicos:

O terceiro dedo de minha mão direita – cuja parte interna da palma está permanentemente marcada por uma intensa queimadura de fósforo produzida em 1907. Na época, a perda do dedo pareceu provável, mas a habilidade de meu tio [F.C. Clarke] – médico – o salvou.[22]

Quanto ao *The Rhode Island Journal of Astronomy*, os números finais não diferiam, em termos de apreciação, de seus predecessores. Lovecraft agora faz experimentos com o uso de várias cores na revista, sendo a única consequência o fato de que alguns dos números têm a leitura muito dificultada; por volta do número de 14 de maio de 1905 ele declara que não fará mais uso de cores.

Esses números dão algumas indicações de quem exatamente estava lendo a revista. Os membros de sua família certamente a liam no início; agora que apenas sua mãe estava em casa, talvez Lovecraft se concentrasse em vender cópias (ainda a um centavo o exemplar, 25 centavos por seis meses e cinquenta centavos pelo ano todo) para amigos e parentes que vivessem nos arredores. Um sensacional "Atenção!!" no número de 8 de outubro de 1905 diz: "Assinantes residindo fora de Providence receberão seus jornais num maço uma vez por mês pelo correio". Esse aviso só teria sido necessário caso houvesse pelo menos alguns desses assinantes. Talvez se suspeite de tia Annie, então vivendo em Cambridge, Massachusetts, com seu marido; é possível imaginar também outros parentes.

Ainda mais interessante é um aviso no número de 22 de outubro de 1905: "Desde que começamos, há quem constantemente nos copie, há um jornal recentemente lançado que é uma cópia direta. NÃO DÊ ATENÇÃO a eles, apenas ao AUTÊNTICO". Eram os colegas de Lovecraft na Hope Street, que evidentemente estavam lhe oferecendo a melhor forma de elogio; Lovecraft, contudo, não gostou.

Lovecraft fazia, então, um esforço decidido para retomar sua vida normal e escrever, depois da morte do avô e da mudança para o 598 da Angell Street. E talvez seus amigos tenham lhe dado assistência. A Agência de Detetives de Providence foi reaberta em 1905 ou por volta dessa época, assim como a Blackstone Orchestra. O *The Rhode Island Journal of Astronomy* de 16 de abril de 1905 imprime um anúncio listando H.P. Lovecraft e C.P. Munroe como seus líderes ("Música boa e barata"). O anúncio continua a aparecer até outubro de 1906. Em janeiro desse mesmo ano somos informados de seu "Novo repertório — solos de tenor & barítono", bem como de "Concertos fonográficos". Será que Lovecraft estava tentando cantar? É o que parece; consideremos uma carta de 1918:

> Mais ou menos há uma década pensei na hipótese de desbancar Caruso como o maior cantor lírico e, dessarte, imprimi alguns estranhos e extraordinários uivos num disco Edison vazio e absolutamente inocente. Minha mãe logicamente gostou do resultado — as mães não são sempre críticas imparciais —, mas cuidei para que um acidente logo apagasse qualquer evidência de culpa. Mais tarde tentei algo menos pretensioso, uma balada à la John McCormack, simples, tocante e melancólica. As coisas correram melhor ali, mas a canção lembrava tanto o uivo de um fox terrier moribundo que sem pensar duas vezes larguei tudo logo depois de pronto.[23]

Uma vez que, em carta de 1933, Lovecraft citava de cor muitas das canções de sucesso de 1906, imaginamos que essas eram as canções que ele cantava em público e registrava no fonógrafo.

Esse período foi também o auge do Great Meadow Country Clubhouse. Lovecraft e seus amigos iam de bicicleta por Taunton Pike (hoje a rodovia estadual 44) até a vila rural de Rehoboth, a aproximadamente dez quilômetros de Providence, cruzando a fronteira do estado em direção a Massachusetts. Ali eles encontraram uma pequena cabana de madeira com uma chaminé de pedra e construíram um anexo — "maior que a própria cabana" —[24] onde conduziam todas as brincadeiras que a imaginação permitia inventar. A cabana e a chaminé haviam sido construídas por um velho veterano da Guerra Civil chamado James Kay, que provavelmente também os ajudou na construção do anexo. Quando Lovecraft e Munroe retornaram ao lugar em 1921, viram que pouca coisa havia mudado:

> As mesas estavam ali como outrora, os quadros que conhecíamos ainda adornavam as paredes, com os vidros intactos. Nem uma polegada de papel de alcatrão fora arrancada & no cimento da boca da lareira ainda encontramos as pedrinhas que imprimimos nele quando estava novo & úmido — pedrinhas que formavam as iniciais G.M.C.C."[25]

Vi eu próprio as pedrinhas há vinte anos, embora numa viagem mais recente eu as tenha visto quase totalmente arrancadas. Hoje, é claro, resta apenas a chaminé, e até ela está caindo aos pedaços. Na época devia formar uma visão marcante.

Também nessa época Lovecraft desenvolveu um interesse por armas de fogo. Relembremos que, durante a primeira criação da Agência de Detetives de Providence ele, diferentemente dos outros garotos, dispunha de um revólver de verdade. Logicamente, Lovecraft reuniu uma imponente coleção de rifles, revólveres e outras armas de fogo: "Depois de 1904 eu tive uma longa sucessão de rifles calibre 22, & me tornei um bom atirador até que meus olhos se encheram daquela precisão".[26] A essa altura Lovecraft parece ter perdido o interesse e vende a maior parte de suas armas.

Curiosamente, ele começou a incutir em Chester e Harold Munroe o interesse acadêmico, colocando-os como assistentes e mesmo colegas em parte de seu trabalho intelectual. O *Rhode Island Journal* de março de 1906 diz que uma subestação meteorológica fora aberta por Harold em sua casa no número 66 da Patterson Street. Três meses mais tarde ouvimos falar da fundação de uma Sociedade Astronômica de Providence. Nessa época um dos Munroe ajudava Lovecraft numa palestra sobre o sol no East Side Historical Club mostrando slides com uma lanterna. Não imagino outra coisa senão tratar-se de um clube de amigos de Lovecraft do colégio; veremos mais tarde que eles continuarão a encontrar-se dessa forma por muitos anos.

Bem diferente foi a palestra que Lovecraft proferiu no Clube dos Meninos da Primeira Igreja Batista em 25 de janeiro de 1907.[27] Essa era claramente uma agremiação formal, embora eu não creia que Lovecraft fosse membro dela: se os contratempos com o catecismo (dos quais tratamos antes) datam de 1902, é improvável que ele fosse convidado para voltar tão logo. Porém, o mero fato de ter dado a palestra pode indicar que ele atingira certa celebridade como autoridade astronômica, pois na época ele já havia sido amplamente publicado nos jornais locais.

A morte do avô de Lovecraft coincidiu, *grosso modo*, com a ascensão de duas figuras masculinas mais velhas em sua vida pessoal e intelectual: seus tios, dr. Franklin Chase Clark (1847–1915) e Edward Francis Gamwell (1869–1936).

Lovecraft aproximou-se de Gamwell em 1895, quando este começou a cortejar sua tia Annie Emeline Phillips. Edward e Annie se casaram em 3 de janeiro de 1897, com Lovecraft, então com seis anos de idade, fazendo as vezes de acompanhante da noiva. Annie saiu de Providence para viver com Edward em Cambridge, onde este foi editor regional do *Cambridge Chronicle* (1901–02), depois do *Cambridge Tribune* (1901–12) e por fim do *Boston Budget and Beacon* (1913–15). Mas Edward e Annie visitavam Providence com frequência, especialmente depois do nascimento, em 23 de abril de 1898, de Phillips Gamwell, o único primo de primeiro grau de Lovecraft do lado materno. Gamwell ensinou Lovecraft a recitar o alfabeto grego aos seis anos de idade, e Lovecraft chega a afirmar que foi a grande competência editorial de seu tio que o inspirou a começar o *Rhode Island Journal of Astronomy*.[28]

Lovecraft era muito mais ligado ao dr. Clark do que a Gamwell, e de fato o primeiro tornou-se, depois da morte de Whipple, o mesmo tipo de substituto do pai que o avô fora. Franklin Chase Clark fizera-se *bachelor of arts* pela Brown University em 1869, como Edward F. Gamwell faria em 1894, frequentou a Harvard Medical School entre 1869–70 (onde provavelmente estudou com Oliver Wendell Holmes) e seguiu para o College of Physicians and Surgeons em Nova York para obter o título de mestre. Casou-se com Lillian Delora Phillips em 10 de abril de 1902; Lovecraft não menciona sua participação no casamento, mas provavelmente ajudou de algum modo. Imagina-se que Lillian deixou o número 454 da Angell Street naquela época e mudou-se para a casa do marido, que morava no 80 da Olney Street.

A despeito da formação científica de Clark, é na área das belas-letras que ele exerceria a maior influência sobre o jovem Lovecraft. Clark traduzira Homero, Virgílio, Lucrécio e Estácio em versos, e Lovecraft diz que ele "fez muito para corrigir & polir as arestas de meu estilo",[29] especificamente em verso, mas também em prosa. Podemos talvez ver a influência de Clark já na realização dos versos clássicos dos *Poemata Minora, volume II* (1902).

Espera-se, contudo, que Clark não tenha qualquer influência sobre o único poema de Lovecraft escrito entre os *Poemata Minora* e os demais escritos em 1912 a sobreviver ao tempo: "De Triumpho Naturae: The Triumph of Nature over Northern Ignorance" ["De Triumpho Naturae: O triunfo da natureza sobre a ignorância do norte", julho de 1905). Esse poema, dedicado a William Benjamin Smith, autor de *The Color Line: A Brief in Behalf of the Unborn* (1905), é o primeiro documento explicitamente racista a ser produzido por Lovecraft; não seria, entretanto, o último. Em 24 versos, Lovecraft parafraseia alguns argumentos centrais do livro de Smith: que a Guerra Civil fora um trágico engano; que libertar os negros e garantir-lhes direitos civis e políticos é loucura; e que, ao fazê-lo, os abolicionistas na verdade garantiram a extinção da raça negra nos Estados Unidos. Como isso ocorreria? O argumento expresso no poema é um pouco obscuro, e não pode ser entendido sem recurso ao livro de

Smith. Smith sustenta que a inferioridade biológica herdada dos negros e sua fraqueza física e psicológica acabariam por extingui-los com o tempo. Isso leva Smith a concluir que os negros simplesmente iriam secar e morrer. Tudo que se pode dizer em defesa de "De Triumpho Naturae" é que é um pouco menos virulento que Smith.

Tratarei ao longo deste livro de toda a questão do racismo de Lovecraft. Não é provável que aos quinze anos de idade Lovecraft tivesse formulado uma perspectiva clara sobre o problema da raça, e sua postura foi certamente influenciada pelo ambiente e por sua criação. Recordemos as alucinações de Winfield Scott Lovecraft a respeito do "negro" que molestava sua mulher; chega a ser concebível que tivesse transmitido seu preconceito contra negros a um garoto de dois anos e meio. As cartas mais violentamente preconceituosas de Lovecraft foram escritas na década de 1920 a sua tia Annie, que muito provavelmente partilhava de seus sentimentos, como provavelmente a maioria dos demais membros da família.

O próprio Lovecraft oferece um relato altamente esclarecedor de seu primeiro entendimento do assunto quando fala sobre suas primeiras impressões do ingresso na Hope Street High School, em 1904:

> Mas a Hope Street é próxima o suficiente da região norte da cidade para ter uma frequência consideravelmente *judia*. Foi ali que formei minha inerradicável aversão à raça semita. Os judeus eram brilhantes em suas turmas — brilhantes em termos de cálculo e intriga —, mas seus ideais eram sórdidos, e suas maneiras, vulgares. Fiquei bem conhecido como antissemita antes mesmo de ter passado mais que alguns dias na Hope Street.[30]

Lovecraft parece escrever a última frase com algum orgulho. Essa passagem toda é bastante constrangedora para os que desejam eximi-lo de culpa por nunca ter participado ativa e diretamente de qualquer ação contra os grupos étnicos e raciais que ele desprezava, mas tão somente confiado suas opiniões ao papel.

"De Triumpho Naturae" parece ser um exemplo isolado dessa terrível mancha no pensamento e nos escritos de juventude de Lovecraft; em outros aspectos ele continuava a buscar seus objetivos intelectuais abstratos. Um produto literário mais significante do ano de 1905 — ao qual Franklin Chase Clark provavelmente ofereceu o primeiro impulso e orientação — foi *A Manual of Roman Antiquities.* Esse trabalho muito provavelmente deu a Lovecraft a tão necessária prática em composição textual contínua: se "The Mysterious Ship" era o melhor que ele era capaz de fazer em 1902, não resta dúvida de que sua prosa precisava ser trabalhada. De todo modo, algo digno de nota deve ter ocorrido durante os três anos que se seguiram à escrita de "The Mysterious Ship", e é de lamentar que não tenhamos contos desse período — pois, assim, encontramo-nos absolutamente despreparados para a surpreendente competência e maturidade do conto intitulado "The Beast in the Cave".

A primeira versão desse conto foi escrita antes da mudança do número 454 da Angell Street na primavera de 1904, e o texto final data de 21 de abril de 1905. Lovecraft diz ter passado vários dias "garimpando material na biblioteca"[31] (a biblioteca pública de Providence) para pesquisar sobre o local do conto, a Mammoth Cave, no Kentucky. Levaria ainda algum tempo para Lovecraft aprender a sábia lição de basear a ambiência de um conto em informações de primeira, não de segunda mão.

"The Beast in the Cave" trata de um homem que, perdido na Caverna do Mamute, depara com uma criatura que ele julga ser inicialmente um macaco, mas que prova ser um homem perdido há anos na caverna. O conto é admiravelmente bem narrado e cheio de suspense, embora não muitos fracassem em adivinhar o desfecho. A despeito do posterior descarte do conto por ser "inefavelmente pretensioso, à la Johnson",[32] "The Beast in the Cave" é uma história impressionante para um garoto de catorze anos e representa um salto qualitativo em relação à crueza de "The Mysterious Ship". Lovecraft está certo de dizer que ali "escrevi pela primeira vez uma história digna de leitura".[33]

"The Alchemist" (1908) representa um avanço ainda maior em termos de estilo e técnica. O conto trata de uma antiga família aristocrática francesa que parece alvo de uma maldição segundo a qual o filho mais velho de cada geração morre antes dos 32 anos de idade; contudo, a verdadeira causa da maldição são as maquinações de Charles Le Sorcier, um mago que de maneira sobrenatural estendeu sua vida para assassinar cada filho mais velho.

Essa história, muito mais que sua predecessora, trai a influência de Poe no interesse obsessivo do narrador em seu próprio estado psicológico; a bem da verdade, muitos detalhes da história fazem pensar em um comentário de Lovecraft segundo o qual ele próprio "sentia afinidade com os heróis sombrios de Poe e seus destinos mal traçados".[34] Antoine, o narrador, é de uma linhagem antiga e arrogante; porém,

> a pobreza apenas minimamente acima da linha da calamitosa necessidade, juntamente com um tal orgulho do nome que proíbe seu rebaixamento ao nível das

lutas da vida comercial, tem impossibilitado os descendentes de nossa família de manter suas propriedades em esplendor imaculado.

Dessarte, Antoine — filho único — passa seus dias sozinho, "debruçado sobre os tomos antigos que preenchem a biblioteca povoada de sombras do castelo e vagando sem propósito ou destino pela penumbra perpétua do bosque espectral"; ele é mantido a distância das "crianças camponesas" que moram nas imediações. Tudo isso pode ser visto como um reflexo deliberadamente distorcido, mas ainda reconhecível, da infância e criação do próprio Lovecraft.

A última página do manuscrito de "The Beast in the Cave" traz o seguinte comentário:

Contos de terror
1. A fera na caverna
Por H.P. Lovecraft
(Período moderno)

É interessante perceber que Lovecraft já pensava nessa época em produzir uma compilação de seus contos; não sabemos que outras histórias, caso tenham existido, fariam parte desse volume. O manuscrito de "The Alchemist" não sobreviveu, assim não sabemos se o conto faria ou não parte dessa obra; provavelmente faria.

Temos apenas indícios dos contos subsequentes que Lovecraft escreveu nos três anos seguintes, pois ele diz que em 1908 destruiu praticamente todos os contos (restaram dois) escritos ao longo dos cinco anos anteriores.[35] Mais tarde em sua vida Lovecraft descobriu um livro de composições trazendo o título de uma história perdida datada de 1905: "Gone — But Whither?". Ele anota com uma pitada de ironia: "Aposto que era para arranjar encrenca! O título expressa o próprio destino do conto".[36] Havia ainda algo chamado "The Picture" (1907), que em seu caderno de rascunhos ele descreve como se se tratasse de uma "pintura de absoluto horror". Em outro lugar ele diz:

> Eu tinha um homem num sótão de Paris pintando uma tela misteriosa encarnando a natureza quintessencial de todo o horror. Uma manhã ele é encontrado lanhado & mutilado diante do cavalete. A tela está destruída, como que em uma luta titânica — mas a um canto da estrutura um pedaço de tela permanece [...] & nele o investigador encontra para seu horror a contrapartida em imagem da garra que matou o artista.[37]

Havia também uma história sobre uma colônia romana na América, embora Lovecraft diga que nunca a tenha finalizado.[38]

Por volta de 1908, a época do quarto "quase colapso" de sua juventude, Lovecraft decidiu que não era um escritor de ficção e resolveu, em vez disso, dedicar-se à ciência e às belas-letras. Na época, a despeito da promessa exibida em "The Beast in the Cave" e "The Alchemist", sua decisão não deixava de ter um embasamento real. A essa altura, ele já amealhara uma extensa lista de publicações sobre ciência, e era portanto compreensível que resolvesse prosseguir nesse caminho e tornar-se um escritor profissional naquela área.

Lovecraft surgiu pela primeira vez em tintas reais com uma carta (datada de 27 de maio de 1906) impressa no *Providence Sunday Journal* de 3 de junho; dizia respeito a uma questão de astronomia. Em 16 de julho de 1906 Lovecraft escreveu uma carta ao *Scientific American* sobre a possibilidade de encontrar planetas no sistema solar para além de Netuno. Para sua alegria, ela foi publicada no número de 25 de agosto de 1906. Nessa época, ele começou simultaneamente a escrever duas colunas de astronomia para jornais locais, o *Pawtuxet Valley Gleaner* e o *Providence Tribune* (edições da manhã, do fim da tarde e de domingo). Os artigos do *Gleaner* começam em 27 de julho de 1906, e depois do hiato de um mês seguem em caráter semanal até o fim do ano. Os artigos do *Tribune* começam em 1° de agosto e se sucedem mensalmente até 1° de junho de 1908.

O *Pawtuxet Valley Gleaner* era um semanal baseado em Phenix, Rhode Island, uma comunidade incorporada hoje à cidade de West Warwick, a sudoeste de Providence. Lovecraft o descreve como um "impresso do interior" e diz que ele "mais do que desejava publicar & trazer qualquer coisa do neto de Whipple V. Phillips".[39] Nessa carta ele diz: "Durante 1906, 1907 & 1908 inundei o *Pawtuxet Valley Gleaner* com a prosa de meus artigos", mas nenhum exemplar posterior a 28 de dezembro de 1906 parece ter sobrevivido. A evidência existe, contudo, de que o jornal realmente existiu pelo menos durante 1907, então parece que perdemos uma boa quantidade de artigos que Lovecraft publicou.

Os artigos do *Gleaner* — muitos deles baseados em artigos ou séries correspondentes do *Rhode Island Journal of Astronomy* — fazem mais do que apenas oferecer informação sobre fenômenos astronômicos ao longo do mês; eles são a primeira de muitas tentativas de Lovecraft ao longo dos anos de educar o público sobre os fundamentos da astronomia. Naquela ocasião, Lovecraft escolheu provocativos questionamentos sobre Marte, a lua e o sistema solar que ele acreditava (e provavelmente estava certo) que o público julgaria estimulante.

Os artigos para o *Providence Tribune* tendem a ser menos interessantes pois lidam de maneira mecânica com os fenômenos celestes supostamente dignos de nota em cada mês, tornando-se de algum modo repetitivos ao longo desse processo. Eles se destacam, contudo, pelo fato de que estão entre as poucas ocasiões em que ilustrações de Lovecraft foram publicadas: dos vinte artigos, dezesseis foram acompanhados de cartas celestes feitas à mão.

Minha hipótese é que uma compra que Lovecraft fez nessa época com seu próprio dinheiro — uma máquina de escrever Remington reformada, ano 1906 — está ligada à publicação desses artigos de astronomia. A máquina de escrever não foi usada para preparar seus periódicos astronômicos hectografados (pois eles permaneceram escritos à mão até o fim), tampouco, aparentemente, para a ficção que estava escrevendo (nenhum escrito datilografado desse período sobreviveu); assim, a preparação das colunas de astronomia — as únicas coisas que enviava a um editor na época — era a única razão lógica para ter uma máquina de escrever. Foi a única máquina de escrever que Lovecraft teve em sua vida.

Ele também diz que escreveu um longo tratado, *A Brief Course in Astronomy — Descriptive, Practical, and Observational; for Begginers and General Readers* ["Um breve curso de astronomia — descritivo, prático e observacional; para iniciantes e público em geral"] em 1906: "ele chegou ao ponto do estágio datilografado e ilustrado à mão (cerca de 150 páginas), porém nenhuma cópia restou".[40] É claramente o mais importante trabalho científico que ele escreveu ou escreveria.

A citação de "A Confession of Unfaith" com a qual abri este capítulo sugere a radicalidade com que o estudo da astronomia afetou toda a concepção filosófica do universo em Lovecraft. É de 1906 aproximadamente que podemos datar o despertar filosófico de Lovecraft. Antes disso, havia ocorrido tão somente conflitos com autoridades da Igreja no catecismo. Na primeira aula, se ela de fato remonta a seus sete anos de idade, ele toma o partido dos romanos contra os cristãos, mas apenas por conta de seu apreço pelos romanos, e não devido a qualquer inclinação especificamente anticlerical. Quando tinha mais ou menos nove anos, como ele próprio declara, estava às voltas com uma espécie de curso experimental sobre religiões comparadas, fingindo crer em várias fés para ver se elas o convenciam; como era de esperar, nenhuma o convenceu. Isso o levou a sua derradeira aula dominical:

Como me recordo bem de meus conflitos com os professores da escola dominical durante meu último período de frequência compulsória! Eu tinha doze anos, e a instituição me desesperava. Nenhuma das respostas dos meus beatos preceptores era capaz de me satisfazer, e minha exigência de que parassem de tomar as coisas de maneira acrítica logo os irritou. Racionalidade cerrada era algo novo em seu mundinho de mitologia semita. Por fim vi que eles estavam irremediavelmente atados a dogmas e tradições inquestionáveis, e a partir de então deixei de levá-los a sério. A escola dominical tornou-se para mim apenas um lugar onde encontrava um pouco de diversão inofensiva zombando daquela gente encruada e pia. Minha mãe observou isso, e nunca mais fui forçado a ir.[41]

Essas sessões ocorreram, ao que tudo indica, na Primeira Igreja Batista, ainda frequentada por sua mãe.

Porém, os anos de estudo astronômico serviram de gatilho ao "cosmicismo" que seria pilar tão fundamental de seu pensamento tanto filosófico quanto estético:

Quando tinha, acho, treze anos, estava absolutamente impressionado com a insignificância e a fugacidade do homem, e aos dezessete, época em que escrevi algumas coisas em detalhe sobre o assunto, constituí em suas linhas gerais mais fundamentais minha atual perspectiva de pessimismo cósmico. A futilidade de toda a existência começava a me impressionar e oprimir; e minhas referências ao progresso humano, a princípio esperançosas, começavam a perder seu primeiro entusiasmo. ["A Confession of Unfaith"]

Tendo descartado qualquer crença na deidade por ser cientificamente injustificada, Lovecraft foi deixado com a ideia de que a humanidade estava (provavelmente) sozinha no universo — pelo menos não temos meios de estabelecer contato com quaisquer raças extraterrestres — e que a insignificância *quantitativa* do planeta e de todos os seus habitantes, espacial e temporal, traz consigo o corolário de uma insignificância *qualitativa*.

Uma surpreendente consequência dos interesses filosóficos de Lovecraft foi um instinto reformista que o levou a tentar educar as massas — ou, pelo menos, um membro delas. Lovecraft topou com um garoto sueco, Arthur Fredlund, na biblioteca pública de Providence e passou a levá-lo com frequência a sua casa para promover sua educação. O grau em que Lovecraft colocou Fredlund sob seus cuidados é sugerido pelo fato de Fredlund (sem dúvida com a ajuda de Lovecraft) ter refundado e se tornado editor da *The Scientific Gazette*, abandonada desde setembro de 1905. Que

Lovecraft tenha dado permissão a Fredlund para assumir o mais antigo de seus periódicos científicos, isso provavelmente significa que ele viu algum valor no garoto. Posteriormente, contudo, Lovecraft descobriu "qualidades" indefinidas em Fredlund, das quais não gostou, e assim o abandonou a seu "destino plebeu".[42]

Em 1908 Lovecraft estava às portas da vida adulta: ele ia razoavelmente bem na Hope Street High School, fez-se prodigiosamente conhecedor de química, geografia, astronomia e meteorologia e era versado nas belas-letras como latinista, poeta e escritor de ficção. Parecia destinado à carreira acadêmica, na área que fosse; talvez se tornasse um tipo de versão transatlântica daqueles professores de Oxford que, num tempo vindouro, escreveriam histórias de detetive, ensinando astronomia na universidade enquanto escreviam contos de horror nas horas vagas. De qualquer modo, o futuro para um jovem tão precoce e realizado parecia assegurado.

O que descarrilhou o trem daquele futuro — e fez que Lovecraft jamais levasse uma vida "normal" — foi seu quarto "quase colapso", evidentemente o mais sério de sua vida. Em certa medida ele jamais se recuperou dele.

NOTAS

[1] Agradeço a Sam Moskowitz pela informação sobre o hectógrafo.

[2] "Autobiography of Howard Phillips Lovecraft" (escrita em 1934), *Boys Herald* 71, nº. 1 (outubro de 1941): 7.

[3] HPL a Rheinhart Kleiner, 16 de novembro de 1916 (SL I.38).

[4] HPL a Duane W. Rimel, 29 de março de 1934 (SL IV.398).

[5] HPL a Rheinhart Kleiner, 20 de janeiro de 1916 (SL I.19).

[6] SL I.39 (nota 3).

[7] HPL a Helen Sully, 4 de dezembro de 1935 (manuscrito, JHL).

[8] HPL a Rheinhart Kleiner, 16 de novembro de 1916 (AHT).

[9] HPL a Rheinhart Kleiner, 2 de fevereiro de 1916 (SL I.20).

[10] HPL ao Gallomo, [janeiro] 1920 (SL I.104–05).

[11] HPL to August Derleth, 31 de dezembro de 1930 (SL III.246).

[12] Stuart J. Coleman a Winfield Townley Scott, 30 de dezembro [1943] (manuscrito, JHL).

[13] Clara Hess, in August Derleth, "Lovecraft's Sensitivity"; citado em *Lovecraft Remembered*, p. 34.

[14] HPL a J. Vernon Shea, 4 de fevereiro de 1934 (SL IV.357).

[15] Kenneth W. Faig, Jr., "Howard Phillips Lovecraft: The Early Years 1890–1914", *Nyctalops* 2, nº. 1 (abril de 1973): 14n.16, referindo-se a documentos comprobatórios.

[16] SL IV.358–59 (nota 14).

[17] SL I.39 (nota 3).

[18] HPL a Robert E. Howard, 25–29 de março de 1933 (SL IV.172).

[19] SL I.30 (nota 3).

[20] HPL a J. Vernon Shea, 8 de novembro de 1933 (manuscrito, JHL).

[21] *The Rhode Island Journal of Astronomy*, 30 de julho de 1905.

[22] HPL a Alfred Galpin, 29 de agosto de 1918 (manuscrito, JHL; publicado parcialmente em SL I.75).

[23] HPL a Maurice W. Moe, 15 de maio de 1918 (SL I.60).

[24] HPL a Annie E.P. Gamwell, 19 de agosto de 1921 (SL I.146).

[25] *Ibid.*

[26] Ver nota 20.

[27] Ver *The Rhode Island Journal of Astronomy*, abril de 1907; HPL a Samuel Loveman [*circa* 5 de janeiro de 1924]; *Letters to Samuel Loveman and Vincent Starrett* (West Warwick, RI: Necronomicon Press, 1994), p. 23.

[28] SL I.39 (nota 3).

[29] SL I.38 (nota 3).

[30] HPL a Rheinhart Kleiner, 16 de novembro de 1916 (AHT).

[31] Ver nota 20.

[32] SL IV.360 (nota 14).

[33] SL IV.170 (nota 18).

[34] HPL a Maurice W. Moe, 5 de abril de 1931 (SL III.367).

[35] HPL a R. H. Barlow, 10 de abril de 1934 (manuscrito, JHL).

[36] HPL a Maurice W. Moe, [6 de abril de 1935] (SL V.140).

[37] HPL a Robert Bloch, 1° de junho de 1933; *Letters to Robert Bloch* (West Warwick, RI: Necronomicon Press, 1993), p. 15.

[38] HPL a Lillian D. Clark, 14–19 de novembro de 1925 (manuscrito, JHL).

[39] SL I.40 (nota 3).

[40] SL V.141 (nota 36).

[41] HPL a Rheinhart Kleiner, 7 de março de 1920 (SL I.110–11).

[42] HPL a Alfred Galpin, 21 de agosto de 1918 (SL I.70).

5

Bárbaro e estranho

(1908–14)

Lovecraft é bastante reticente quanto às causas e fontes do que só podemos supor ter sido um completo colapso nervoso no verão de 1908. Além do mero fato de sua ocorrência, sabemos pouquíssimo. Consideremos quatro relatos seus, produzidos entre 1915 e 1935:

> Em 1908 tudo indicava que ingressaria na Brown University, mas o estado lastimável de minha saúde tornou a ideia absurda. Sou, como era, vítima de intensas dores de cabeça, insônia e fraqueza nervosa geral, as quais impedem minha dedicação contínua a qualquer coisa.[1]
>
> Em 1908 eu estava perto de ingressar na Brown University, quando minha saúde fraquejou — acarretando o necessário abandono de minha carreira universitária.[2]
>
> [...] ademais, o ensino médio foi um embuste. Era agradável, mas o esforço era intenso demais para minha saúde, e sofri um colapso nervoso em 1908 imediatamente após a conclusão do curso, o que impediu que eu fosse para a universidade.[3]
>
> Minha saúde não me permitiu ir para a universidade — na verdade, a pronta inscrição saído do ensino médio me levou a uma espécie de colapso.[4]

Na primeira, na segunda e na quarta frases Lovecraft soa um tanto insincero: ele vê seu ingresso na Brown University como causa de tudo, porém jamais se graduou no ensino médio, e levaria pelo menos mais um ano para fazê-lo. A terceira afirmação, que diz que ele na verdade concluíra o curso, traz uma das poucas ocasiões em que vi Lovecraft deliberadamente mentir acerca de si.

Deixados que estamos na mais completa escuridão a respeito das causas desse colapso, podemos trabalhar apenas com conjecturas. Temos duas peças de evidência externa. Uma vem de Harry Brobst, que fala de uma moça que teria feito o ensino médio com Lovecraft:

> Ela [...] falava desses terríveis tiques que ele tinha — ele estava sentado em sua cadeira e de repente dava um pulo — acho que eles se referiam a esses tiques como ataques. A família o tirou da escola; se ele concluiu de algum modo o ensino médio, aparentemente o fez sob tutoria particular, seja lá o que isso for.[5]

Esse é um testemunho digno de nota e sugere que a dança de são vito de Lovecraft (se era mesmo a doença) não havia se dissipado inteiramente na época. Brobst, doutor em psicologia com experiência como enfermeiro psiquiátrico, considera a possibilidade de serem "sintomas próximos da coreia" e também imagina a ocorrência de um ataque histérico — doença puramente psicológica sem fundo orgânico. Se tais ataques foram a real causa de seu abandono do ensino médio ou não, isso é algo que não pode ser afirmado.

A outra evidência vem de Harold W. Munro, que escreve que Lovecraft subira numa casa em construção e caíra de cabeça no chão.[6] Munro não data o incidente (que ele próprio não viu, mas sobre o qual ouviu falar), mas implicitamente o relaciona à saída de Lovecraft da escola.

O colapso — seja ele puramente mental ou nervoso, ou ainda uma combinação de fatores físicos e mentais — foi algo claramente relacionado a sua vida escolar, o mesmo tipo de coisa que deve ter causado sua crise de proporções medianas em 1906; embora a matrícula em apenas três matérias obrigatórias (tudo que ele cursou em seu terceiro ano na Hope Street) não pareça o suficiente para causar um colapso tão forte. Atenção, contudo, aos três cursos em que ele se matriculara: química, física e álgebra. Ele recebia as melhores notas nos dois primeiros; em álgebra ele estava repetindo uma parte do curso que fizera no ano anterior. Minha hipótese, portanto, é a de que o relativo fracasso de Lovecraft em dominar a álgebra o tornou gradativamente consciente de que jamais poderia realizar qualquer trabalho sério e profissional nem em astronomia nem em química e que, portanto, uma carreira nesses dois campos era impossível. Esse deve ter sido um duro golpe, pois exigia uma completa reavaliação de suas pretensões profissionais. Vejamos essa observação, de 1931:

> Nos estudos eu não ia mal — exceção feita à matemática, que me repelia e exauria. Passei nessas matérias — ou quase. Ou melhor, a pedra no sapato era a *álgebra*.

Em geometria não ia tão mal. Mas aquilo tudo me amargurava, pois eu pretendia seguir a carreira de *astrônomo*, e é claro que astronomia avançada não é mais do que uma massa de cálculos. Esse foi o primeiro grande golpe que recebi em minha vida — a primeira vez que fui confrontado com a consciência de minhas próprias limitações. Estava claro para mim que não tinha cabeça suficiente para ser um astrônomo — e isso eu não era capaz de engolir com tranquilidade.[7]

Mais uma vez, Lovecraft não faz a ligação entre isso e o colapso de 1908, mas penso que a sugestão da ligação é forte. Repito que se trata apenas de uma conjectura, mas até que surjam novas evidências será o melhor que temos.

Outro pequeno indício de problemas vem da mulher de Lovecraft. Sonia diz que Lovecraft lhe disse que seus instintos sexuais estavam a toda quando tinha dezenove anos.[8] É plausível que a frustração sexual — pois não imagino Lovecraft sob tais urgências nessa época da vida — tenha sido uma causa a contribuir para o colapso; contudo, tratando-se de alguém cuja sexualidade era, em geral, tão pouco importante, como era para Lovecraft, não estou convencido de que esse fosse um fator relevante.

Em consequência de seu colapso, Lovecraft praticamente se isolou do mundo, de modo que o período de 1908 a 1913 é um virtual vazio em sua vida. É o único momento do qual não temos um significativo conjunto de informações sobre o que estava fazendo no dia a dia, quem eram seus amigos e colegas e o que estava escrevendo. É também o único momento de sua vida em que a expressão "excêntrico recluso" — que muitos têm utilizado com descuidada ignorância — pode ser aplicada com correção.

Obstinadamente, Lovecraft tentou manter seus interesses científicos, ainda que parecesse um tanto patético trazer mais uma vez à vida seus antigos periódicos, *The Scientific Gazette* e *The Rhode Island Journal of Astronomy*, no início de 1909, este passados dois anos de inatividade, e aquele, quatro anos (descontado o breve interlúdio de atividade com Arthur Fredlund). O único número da *Gazette* nesse período (janeiro de 1909) é um interessante anúncio para a "International Correspondence Schools" em Scranton, Pensilvânia, oferecendo um curso completo por 161 dólares. Esse é, sem dúvida, o curso por correspondência em química que Lovecraft reconhece ter cursado "por um tempo".[9] Quanto aos meios pelos quais soube da organização, terei mais a dizer adiante. Que a mãe de Lovecraft tenha aceitado pagar por tal curso, isto sugere que ela ainda lhe dava liberdade para buscar a realização de seus interesses; talvez ela tenha pensado que o curso o conduzisse a um trabalho, embora tal possibilidade fosse certamente remota. Mais uma vez, contudo, eram as mais técnicas ou tediosas partes da ciência que lhe causavam dificuldade: "Eu me via tão irremediavelmente entediado que não era capaz de estudar por mais de quinze minutos sem ter uma dor de cabeça lancinante que me prostrava completamente pelo resto do dia".[10] Um trabalho significativo, contudo, surgiu em decorrência disso: *A Brief Course in Inorganic Chemestry*, escrito em 1910 e considerado por Lovecraft um "manuscrito volumoso".[11] Esse trabalho, tanto quanto sei, não sobreviveu, e nada sabemos de seu conteúdo.

Lovecraft tentou um projeto astronômico mais ambicioso, porém este não foi pensado para publicação. Trata-se de um caderno de anotações astronômicas, outrora em posse de David H. Keller e mais tarde na lovecraftiana recolhida por Grill e Binkin. Ele traz o título "*Astronomical Observations Made by H.P. Lovecraft, 598 Angell St., Providence, R.I., U.S.A., Years 1909/1910/1911/1912/1913/1914/1915*" ["Observações astronômicas feitas por H.P. Lovecraft, 598 Angell Street, Providence, Rhode Island, Estados Unidos, anos 1909/1910/1911/1912/1913/1914/1915"]. Keller diz que o caderno contém pelo menos cem páginas de escritos;[12] da página 99 consta:

PRINCIPAL TRABALHO ASTRONÔMICO

1. Observar continuamente todos os fenômenos celestes mês a mês, como as posições dos planetas, as fases da lua, os sinais do sol, ocultações, chuvas de meteoros, fenômenos inusitados (registrar) também novas descobertas.
2. Manter um conhecimento funcional das constelações e suas estações.
3. Observar todos os planetas etc., com um telescópio grande quando eles estiverem favoravelmente situados (às 7h30 no inverno, por volta das 9h no verão, além de observações matinais).
4. Observar objetos dignos de binóculo de ópera ou luneta, objetos entre as estrelas com instrumentos de baixo alcance, registrando resultados.
5. Manter um cuidadoso registro de cada noite de trabalho.
6. Contribuir com um artigo mensal sobre astronomia de cerca de sete páginas manuscritas ou quatro páginas. Datilografar para o *Providence Evening News*[13] (começo em 1º de janeiro de 1914.)

Esse parece um roteiro respeitável; contudo, Lovecraft não o mantém de forma consistente. Na verdade, Keller relata que entre os anos de 1911 e 1913 não há quaisquer observações. O que temos, não obstante, são coisas como um eclipse da lua em 3 de junho de 1909, uma "descrição detalhada" do cometa Halley de 26 de maio de 1910, um eclipse parcial da lua entre 11 e 12 de março de 1914 e uma longa discussão sobre o cometa de Delavan em 16 e 17 de setembro de 1914. Não pude consultar eu mesmo o documento e confio nas informações de Keller sobre ele; mas ele não parece oferecer muita evidência de que Lovecraft estivesse fazendo qualquer coisa fosse para aliviar sua reclusão ou para encontrar uma posição útil no mundo exterior.

Mais tarde Lovecraft compreendeu que, a despeito da falta de formação universitária, teria sido importante que tivesse recebido treinamento em algum tipo de trabalho de escritório ou burocrático em geral que lhe tivesse permitido ao menos ter um emprego em vez de passar o tempo em casa sem nada de qualificado para fazer:

> Na juventude, cometi o erro de não perceber que o trabalho literário não significa necessariamente ter algum dividendo. Devia ter aprendido algum tipo de trabalho de amanuense (como os de Charles Lamb ou de Hawthorne) com o qual conseguisse um estipêndio minimamente razoável e que deixasse minha mente livre para o trabalho criativo — porém, na ausência de qualquer necessidade imediata, fui estúpido o suficiente para não fazê-lo. Parece que pensava que dinheiro suficiente para as necessidades básicas era algo que todos tinham por definição — e que, se ficasse em dificuldades, "sempre poderia vender uma história, um poema ou coisa do gênero". Bem — meus cálculos estavam errados.[14]

E assim Lovecraft condenou-se a uma vida de pobreza crescente.

O que sua mãe estava fazendo enquanto essa situação se colocava? É difícil dizer. Recordemos seu próprio registro médico no Butler Hospital (hoje destruído) tal como mencionado por Winfield Townley Scott: "Uma mulher de horizontes estreitos que recebeu com uma psicose traumática o alerta da falência iminente".[15] Esse comentário foi feito em 1919, mas as condições de Susie devem ter se desenvolvido ao longo de anos, pelo menos desde a morte de seu pai, Whipple Phillips. Ainda que tivesse o filho em alta conta ("um poeta da maior grandeza"), Scott conjectura com razão: "Embora ela o adorasse, talvez existisse uma crítica inconsciente a Howard, tão brilhante e, no entanto, economicamente inútil". Sem dúvida seu desapontamento com a incapacidade do filho de terminar o ensino médio, ir para a faculdade e se sustentar não foi de qualquer ajuda nessas circunstâncias.

Ao falar do irrefreável declínio econômico da família, Lovecraft observa "vários momentos de queda livre, como quando um tio perdeu um bocado de dinheiro por mim e minha mãe em 1911".[16] Penso que Faig esteja correto ao identificar esse tio como o irmão de Susie Edwin E. Phillips.[17] Edwin tinha dificuldade de manter mesmo sua própria posição econômica, como indicam as flutuações de sua lista de empregos. Não sabemos, é claro, como Edwin perdeu dinheiro por Susie e Howard, mas suspeita-se que tenha a ver com investimentos ruins, que não apenas não renderam juros como acabaram por consumir o capital.

O efeito de tudo isso sobre Susie e como ela via o filho só pode ser imaginado. Levemos em conta a incômoda anedota a seguir, relatada por Clara Hess, que, creio, data dessa mesma época, se não de um pouco antes:

> Quando ela [Susie] mudou-se para o pequeno apartamento do andar de baixo da casa da Angell Street, perto da Butler Avenue, eu a encontrava muitas vezes nos bondes da avenida, e um dia, após vários e enfáticos convites, fui a sua casa para uma visita. Na época, seu comportamento já era visto com estranhamento. A visita foi bastante agradável, mas a casa tinha um ar estranho e abafado e a atmosfera parecia esquisita, e a sra. Lovecraft falava continuamente do filho sem sorte que era tão medonho que se escondia de todos e não gostava de caminhar pela rua onde as pessoas pudessem vê-lo.
>
> Quando eu disse não concordar, que ela estava exagerando e que ele não se sentia daquela forma, ela olhou para mim com olhos de pena, como se não soubesse do que eu estava falando. Lembro que fiquei feliz de sair dali e sentir o ar fresco e a luz do sol, e não lhe fiz mais nenhuma visita.[18]

Esse é um dos mais notáveis testemunhos da vida de Lovecraft e sua mãe, não vejo por que não devamos aceitá-lo. A alusão ao "medonho", presume-se, referia-se a sua aparência física, e é por isso que quero datar o caso por volta do fim da adolescência e início da vida adulta de Lovecraft: quando criança ele tinha uma aparência tão normal que ninguém — nem mesmo uma mãe que já estivesse adquirindo um comportamento "estranho" — poderia dizer que ele fosse medonho; mas com cerca de dezoito ou vinte anos ele talvez já tivesse atingido seus 1,80 metro de altura e desenvolvido aquela mandíbula prognata imensa que ele mesmo posteriormente consideraria um defeito físico. Harold W. Munro nota que nos anos de ensino médio Lovecraft se incomodava com os pelos de barba encravados; mas quando Munro fala daqueles "terríveis cortes vermelhos" no rosto de Lovecraft ele evidentemente se refere às consequências de uma lâmina cega. Na verdade, como Lovecraft atesta, esses cortes eram decorrentes de seu uso de agulha e pinça para puxar os pelos encravados.[19] Esse problema recorrente — que não acabaria até que Lovecraft já tivesse mais de trinta anos — também deve ter afetado negativamente a percepção de sua própria aparência. Já em fevereiro de 1921, uns poucos meses antes da morte da mãe, Lovecraft escreve para ela sobre um novo terno que "me fez parecer tão próximo da respeitabilidade quanto meu rosto permite".[20]

É claro que não estou tentando defender o comentário da mãe de Lovecraft — nenhuma mãe deve jamais dizer tal coisa a respeito do filho, por mais feio que ele seja —, mas também pode ser que seu comentário subentenda algo mais. Supôs-se com alguma frequência que ela estivesse transferindo ao filho o ódio e o desgosto que sentia pelo marido depois de ele ter sido acometido de sífilis, e penso ser esse um raciocínio plausível. Não é provável, é claro, que Susie tenha sabido da exata natureza ou das causas da doença de seu marido — os próprios médicos não sabiam —, mas ela pode ter imaginado que fosse alguma coisa relacionada ao comportamento sexual; e agora que o próprio filho estava se transformando num adulto, com o florescimento de seus instintos sexuais, ela pode ter temido que ele ficasse parecido com seu marido — especialmente no caso de Lovecraft ter tomado as roupas do pai para si. De qualquer forma, não acho que tenhamos meios de negar que ela tenha feito o comentário chamando-o de "medonho"; o próprio Lovecraft uma vez chegou a reconhecer (e apenas uma vez) para sua mulher que a postura da mãe em relação a ele era (essa foi a palavra que ele usou) "devastadora",[21] e não precisamos buscar outras razões para tanto indo além do próprio comentário.

Tanto Clara Hess quanto Harold W. Munro oferecem provas de que Lovecraft realmente evitou contato humano em seu período pós-ensino médio. Hess escreve: "Às vezes eu via Howard quando caminhava pela Angell Street, mas ele não falava, e mirava adiante com a gola do casaco levantada e o queixo para baixo".[22] Munro diz: "Muito introvertido, ele disparava com discrição, curvado, sempre com livros e papéis presos debaixo do braço, olhando para a frente sem olhar para ninguém".[23]

Não temos mais que fragmentos de informação acerca do que Lovecraft realmente fazia durante todo esse período. Um dado digno de registro é seu comentário sobre ter visitado Moosup Valley, especificamente a casa de Stephen Place em Foster (terra natal de sua mãe e sua avó), em 1908. É muito improvável que essa visita tenha sido recreativa. A mãe o acompanhou, já que existe uma fotografia dela (provavelmente tirada pelo próprio Lovecraft) diante da casa.[24] Mais uma vez parece que Lovecraft buscou algum tipo de renovação dos laços de ancestralidade para ajudá-lo a sair de um trauma psicológico complicado; mas neste caso a visita parece ter rendido muito pouco.

Os registros de 1909 (tirante as observações astronômicas e os cursos por correspondência) não existem. Em 1910 sabemos que ele viu o cometa Halley, mas provavelmente não no Observatório Ladd. Em 1918 ele declara:

> Não vou mais ao Observatório Ladd nem às outras atrações da Brown University. Certa feita tive a esperança de utilizá-las como estudante regularmente matriculado e de, talvez, ter o controle de algumas delas como acadêmico. Mas conhecendo-as com essa postura "interna", não tenho hoje vontade de visitá-las na condição de visitante casual e de bárbaro e estranho não universitário.[25]

Esse sentimento de alienação teve início, presumimos, logo após seu colapso em 1908, e ele provavelmente observou o Halley com o próprio telescópio. Ele menciona que perdeu a oportunidade de observar um cometa brilhante mais cedo naquele mesmo ano "estatelado na cama com um caso infernal de rubéola!".[26] Em outra ocasião ele diz que perdeu 25 quilos durante a doença e quase morreu.[27] O ano de 1910 foi, contudo, o período em que ele mais frequentou o teatro, e ele registra ter visto muitas produções de Shakespeare no Providence Opera House naquele ano. Também visitou Cambridge, Massachusetts — provavelmente para ver a tia Annie Gamwell e o primo Phillips, de doze anos. Celebrou seu aniversário de 21 anos — 20 de agosto de 1911 — andando de bonde o dia inteiro, cruzando a fronteira dos estados de Massachusetts e Connecticut antes de voltar para casa.

Lovecraft continuava a relacionar-se com seus amigos de infância? As evidências são um tanto ambíguas. Sem dúvida ele trazia consigo um sentimento de fracasso e derrota à medida que via os amigos do ensino médio se casando, encontrando trabalho e em geral assumindo as responsabilidades da vida adulta. Mas tomemos esse interessante testemunho de Addison P. Munroe, entrevistado por Winfield Townley Scott:

> Ele vivia a umas poucas casas da nossa e estava sempre aqui com nossos filhos. Recordo-me que tínhamos um quarto arranjado no porão para os garotos usarem como clube, que com Howard era um lugar popular. O clube, assim o chamavam, era formado de mais ou menos meia dúzia de garotos do bairro, todos na faixa dos vinte anos de idade, e quando eles faziam o que diziam ser o "banquete", improvisado e frequentemente produzido por eles mesmos, Howard era sempre o palestrante da noite, e meus garotos sempre diziam que ele proferia discursos brilhantes.[28]

Esse parece ser o East Side Historical Club, ainda em contato mesmo depois de os garotos terem saído do ensino médio. Se Munroe está certo sobre a idade dos garotos, então essas sessões teriam ocorrido exatamente no período (1910) em que Lovecraft dizia "evitar toda a sociedade humana",[29] em particular seus amigos. Lovecraft, na verdade, nunca perdeu o contato com os Munroe, como alguns acontecimentos demonstrarão; e Addison P. Munroe pode estar certo sobre a natureza e a datação desses encontros.

Lovecraft dá uma ideia de sua produção literária nesse período "vazio":

> Escritos sobre química — mais um pouco de pesquisa antiquária e histórica — preencheram meus anos de fraqueza até mais ou menos 1911, quando senti um impulso em direção à literatura. Então imprimi em meu estilo de prosa a maior revisão que ele sofrera até então; expurgando de uma só vez tanto o clichê jornalístico quanto o seu absurdo classicismo à la Johnson. Pouco a pouco senti que estava forjando o instrumento que devia ter forjado uma década antes — um estilo austero capaz de expressar o que eu quisesse dizer. Mas ainda escrevia versos e insistia na ilusão de ser poeta.[30]

O curioso sobre isso é que temos poucos exemplos dessa prosa informativa do período entre "The Alchemist" (1908) e o início de sua coluna de astronomia para o *Providence Evening News*, em 1º de janeiro de 1914. O que temos é uma série de poemas presumidamente escritos "por volta de 1911" ou talvez depois. Poucos são dignos de nota, mas um é de profundo interesse biográfico: "The Members of the Men's Club of the First Universalist Church of Providence, R.I., to Its President, About to Leave for Florida on Account of His Health" ["Os membros do clube dos homens da Primeira Igreja Universalista de Providence, Rhode Island, a seu presidente, sobre ir para a Flórida em virtude de sua saúde"].

Não há uma datação clara para esse poema; pode ser que tenha sido escrito tanto em 1910 quanto em 1914. O que, no entanto, é interessante sobre ele é sua mera existência, indicativa de que Lovecraft era um membro do clube dos homens. A Primeira Sociedade Universalista, estabelecida em Providence desde 1821, teve uma nova igreja construída em 1872 na esquina das ruas Greene e Washington, perto da biblioteca pública de Providence; e esse deve ter sido o lugar a que Lovecraft ia quando participava da agremiação. Só posso imaginar a mão da mãe de Lovecraft em tudo isso: tendo fracassado em pelo menos duas ocasiões ao inculcar-lhe a instrução da escola dominical quando ele era garoto, ela talvez tenha sentido que uma igreja menos doutrinária lhe fosse mais afeita. Na verdade, é mais do que provável que tenha sido um meio de impedir que Lovecraft ficasse totalmente isolado da sociedade — e, efetivamente, de tirá-lo de casa de vez em quando.

Os outros poemas escritos nessa época tratam igualmente de assuntos locais, e infelizmente sua clara ligação temática é o racismo. "Providence in 2000 A.D." é o primeiro poema publicado por Lovecraft, aparecendo no *Evening Bulletin* de 4 de março de 1912. A bem da verdade, é bastante engraçado, embora boa parte de seu humor talvez não fosse bem-aceita hoje. O parágrafo explicativo em prosa que prefacia o poema — "(É anunciado no *Providence Journal* que os italianos desejam mudar o nome da Atwell's Avenue para 'Columbus Avenue')" — conta a história inteira: Lovecraft ridiculariza a ideia de que os italianos da região de Federal Hill tenham qualquer direito de mudar o nome de origem ianque da principal rua de seu distrito. (A rua nunca foi renomeada.) A sátira fala sobre um inglês que, no ano 2000, retorna a Rhode Island, a terra de seus ancestrais, e encontra tudo estrangeirizado. O fato de o *Evening Post* ter publicado o poema deve significar que outros além de Lovecraft o acharam engraçado.

Outros poemas do mesmo período são muito mais degradantes, mas não foram publicados na época. "*New-England Fallen*" ["A queda da Nova Inglaterra"] (abril de 1912) é um espasmo despropositado de 152 versos que fala de um tempo mítico em que os pios e laboriosos pequenos proprietários anglo-saxões estabeleceram a cultura dominante da Nova Inglaterra apenas para, enfim, ter "o capiau estrangeiro" infiltrado em sua sociedade para corrompê-la de dentro:

The village rings with ribald foreign cries;
Around the wine-shops loaf with bleary eyes
A vicious crew, that mock the name of "man",
Yet dare to call themselves "American".[1]

Isto está perto do ápice da produção poética de Lovecraft — não apenas por causa do racismo ignorante envolvido, mas por seu arranjo de imagens desprovidas de todo e qualquer interesse e do sentimentalismo nauseabundo no retrato da vida feliz do pequeno e insípido fazendeiro. Talvez apenas o notório "On the Creation of Niggers" ["Sobre a criação

1. "O vilarejo se agita com os gritos vulgares do estrangeiro;/ Em torno das lojas de bebida vagabundeia com olhos baços/ Um grupo vicioso que escarnece do nome 'homem'/ E no entanto ousa dar a si o outro, 'norte-americano'." [N. do T.]

dos pretos"] (1912) exceda o primeiro em vileza. Eis aqui o poema na íntegra:

When, long ago, the Gods created Earth,
In Jove's fair image Man was shap'd at birth.
The beasts for lesser parts were next design'd;
Yet were they too remote from humankind.
    To fill this gap, and join the rest to man,
Th'Olympian host conceiv'd a clever plan.
A beast they wrought, in semi-human figure,
Fill'd it with vice, and call'd the thing a NIGGER.[2]

Este poema não conheceu publicação. O texto sobreviveu, contudo, em uma cópia hectografada que sugere que Lovecraft deve ter feito o poema circular pelo menos nos círculos da família e dos amigos; é provável que eles tenham aprovado seus sentimentos — ou pelo menos não fizeram objeções.

Um poema de certa forma mais inócuo é "Quinsnicket Park", que Lovecraft data de 1913. Quinsnicket Park (hoje chamado Lincoln Woods Park) fica seis quilômetros ao norte de Providence, e era um dos retiros bucólicos favoritos de Lovecraft; ao longo de toda a sua vida ele caminhou ali e leu ou escreveu a céu aberto. O elogio de 117 versos a esse recanto rústico é insípido, duro e mecânico.

Não sabemos muito mais sobre as atividades específicas de Lovecraft durante esses anos. É provável que ele tenha se fechado em seus estudos e lido uma enorme quantidade de livros tanto de ciência quanto de belas-letras; foi provavelmente nessa época que ele deitou as fundações daquela futura erudição em tantos campos do saber que aturdia seus colegas. Sem dúvida, ele prosseguiu em suas leituras de ficção fantástica.

Um tipo específico de ficção que sabemos ter sido lido por Lovecraft em grande quantidade era o trabalho publicado nas antigas revistas Munsey. É questão de debate se Frank A. Munsey deve ou não ser considerado parte do universo de revistas *pulp*; tanto quanto concerne a nossos propósitos, basta dizer que eles foram importantes precursores das revistas *pulp*

---

2. "Quando, há muito tempo, os Deuses fizeram a Terra,/ À bela imagem de Jové o homem foi moldado./Os animais, formas menores, foram em seguida produzidos;/ Contudo, eles estavam distantes demais da humanidade//Para preencher a lacuna e unir o resto ao homem,/ Os senhores do Olimpo conceberam um plano sagaz./ Seus labores destinaram a um animal de forma meio humana/ Encheram-no de vícios e batizaram a coisa de PRETO." [N. do T.]

e formaram o vínculo natural entre as revistas de ficção popular a partir dos romances de cinco e dez centavos de fins do século XIX e as genuínas *pulp* dos anos 1920. Ávido leitor de revistas *pulp* como Lovecraft parece ter sido, não surpreende que ele tenha por fim encontrado nas revistas de Munsey um prazer irresistível, ainda que culpado. O que ele não sabia na época é que elas transformariam radicalmente sua vida e sua carreira – e principalmente, embora não de maneira uniforme, para melhor.

Numa de suas revistas hectografadas em 1903, Lovecraft menciona um artigo publicado por Munsey. Se ele as leu continuamente ou não a partir dessa época, não sabemos; mas não há como julgar falsa sua observação na seguinte carta à *All-Story Weekly* de 7 de março de 1914:

> Tendo lido todos os números de sua revista desde o começo, em janeiro de 1905, sinto-me em alguma medida privilegiado para escrever umas poucas linhas de aprovação e crítica no que toca a seu conteúdo.
>
> No momento presente, de gosto vulgar e realismo sórdido, é um alívio contemplar uma publicação como a *The All-Story*, que tem permanecido desde sempre, como agora, sob a influência da escola imaginativa de Poe e Verne.

A *All-Story* era uma revista associada à *Argosy*, que Munsey modificara para tornar-se uma revista dedicada exclusivamente à ficção em outubro de 1896. Evidentemente, Lovecraft também leu a *Argosy*, como logo veremos, embora não tão cedo. Em 1916, Lovecraft declara um pouco envergonhado que "em 1913 alimentara o repreensível hábito de usar revistas baratas como *The Argosy* para divertir minha mente do tédio da realidade",[31] mas hoje é claro que esse é, no mínimo, um equívoco tanto quanto compete à *All-Story*. Uma evidência um pouco mais avançada é o fato de os anúncios de página cheia da International Correspondence Schools aparecerem na *Argosy*, e é muito provável que essa tenha sido a fonte para Lovecraft entrar em contato com a organização e fazer uso de seus serviços em 1909. Ele também leu a *Popular Magazine* (a contrapartida da Street & Smith para a *Argosy*) entre os anos de 1905 e 1910.

Qual seria a fascinação dessas revistas para Lovecraft? A carta citada acima supre parte da resposta: elas trazem um bocado de horror, fantasia, mistério e ficção científica – material que já começava a desaparecer das revistas literárias mais lidas na época. Como Lovecraft coloca em 1932: "Em geral [...] as publicações de Munsey fizeram mais no sentido de publicar ficção fantástica do que qualquer outro empreendimento impresso do início do século XX".[32] Em outra oportunidade ele observa que "começou a dar atenção" a *Black Cat* (1895–1922) por volta de 1904,[33] e que aquela revista e a *All-Story* "foram as primeiras fontes de material fantástico *contemporâneo* com as quais topei".[34]

A seção de cartas da *Argosy* — chamada "Diário de bordo" — fora instituída somente no número de fevereiro de 1911, e custou um pouco de início para que as cartas chegassem; mas por volta do fim do ano muitas cartas (identificadas apenas com as iniciais do ou da remetente e sua cidade) foram publicadas, com o comentário do editor na sequência. A primeira carta de Lovecraft publicada nas revistas de Munsey apareceu na *Argosy* de novembro de 1911.[35] Sua carta seguinte, no número de 8 de fevereiro de 1913 da *All-Story Cavalier*, é um comentário acerca do magnífico conto de Irvin S. Cobb sobre um "cabeça de peixe", híbrido de peixe e homem.

No outono daquele ano a batalha missivista de Lovecraft voltou-se para a *Argosy*; mas no momento gostaria de retornar à carta de 1914 já mencionada, uma carta de mais ou menos 2 mil palavras ocupando praticamente duas páginas impressas da revista. É uma espécie de grande resumo de tudo de que ele gostava na revista e uma condensação do que ele pensava que nela ganhava representação. Uma de suas afirmações mais importantes diz respeito a seu juízo do principal autor da *Argosy*: "No topo ou quase no topo de sua lista de autores está sem dúvida Edgar Rice Burroughs". Mais tarde Lovecraft pareceria envergonhado de sua predileção juvenil (ou nem tão juvenil: ele tinha 23 anos quando escreveu a carta) por Burroughs e quis distância do criador de Tarzan.

Em sua carta Lovecraft segue elogiando muitos outros escritores, poucos dos quais dignos de notícia. O que é interessante é que os escritores mencionados aqui (bem como numa carta posterior publicada na *The All-Story Cavalier Weekly* de 15 de agosto de 1914) sequer escrevem ficção fantástica. Isso significa que Lovecraft lia cada número — às vezes de 192, às vezes de 240 páginas — de capa a capa, mês a mês ou até (quando se transformavam em semanais) semana a semana. Estamos falando em uma quantidade monstruosa de ficção popular para quem quer que seja, contrariando mesmo a proposta dessas revistas, nas quais cada membro da família leria apenas as histórias ou tipos de história que fossem de interesse para si.

É possível que a *All-Story* tenha publicado essa longa carta em seu número de 7 de março de 1914, pois Lovecraft talvez tivesse se tornado, *grosso modo*, uma celebridade em toda a cadeia de revistas de Munsey. Isso teria acontecido de forma bem estranha. Lovecraft, lendo tudo que a

Argosy oferecesse, julgou alguns autores menos atraentes a seu meticuloso gosto do que outros. Em particular, um autor popular de romances sentimentais da *Argosy*, chamado Fred Jackson, fora duramente criticado por Lovecraft no número de setembro de 1913. Jackson havia se tornado um dos pilares da *Argosy*, e dois de seus romances curtos apareceram inteiros em números da época.

A resposta à carta de Lovecraft provavelmente não foi prevista por este, nem pelo editor da *Argosy*, Matthew White, Jr. O número de novembro de 1913 trazia ainda mais cartas sobre Jackson, duas das quais especificamente apoiando Jackson e atacando Lovecraft. O caso, no entanto, talvez não tivesse tomado o caminho peculiar que tomou se outra carta, escrita por certo John Russell, de Tampa, Flórida, não estivesse em *versos*. A caprichosa peça de quatro estrofes começa assim:

> *Does Mr. Lovecraft think it wise*
> *With such long words to criticize*
> *An author whom we greatly prize?*
> *That's Freddie Jackson.*[3]

Lovecraft ficou tão entusiasmado com os versos satíricos de Russell que decidiu responder na mesma moeda. O número de janeiro de 1914 traz uma epístola em versos de próprio punho redigida ao que julgava ser a maneira de Pope em sua *Dunciad*. Trata-se, contudo, de um poema muito bem pensado, o qual revela um talento para a sátira mordaz, esta uma das poucas virtudes de sua poesia. O manuscrito do poema está encabeçado com um "*Ad Criticos*" ["Aos [meus] críticos"]; nele, Lovecraft elogia a perspicácia e o humor de Russell, e então passa à crítica de seus inimigos.

Mas, antes de a carta em versos de Lovecraft ser impressa, ele fora ferozmente atacado no número de dezembro de 1913. Alguns dos títulos que o editor atribuiu às cartas dão uma ideia da ira despertada por Lovecraft: "Desafio a Lovecraft" (G.E. Bonner, Springfield, Ohio); "Virginia *versus* Providence" (Miss E.E. Blankenship, Richmond, Virginia); "Elmira *versus* Providence" (Elizabeth E. Loop, Elmira, Nova York); "Bomba para Lovecraft" (F.W. Saunders, Coalgate, Oklahoma). Duas cartas, contudo, estavam a favor de Lovecraft.

---

3. "Sr. Lovecraft julga inteligente/Com palavras tão pesadas criticar/Um autor como Freddie Jackson,/Que tanto prezamos?" [N. do T.]

Em uma segunda parte de "Ad Criticos", publicada na *Argosy* de fevereiro de 1914, Lovecraft dispara aleatoriamente contra esses novos oponentes. O tom do novo poema é ainda mais agudo que o de seu predecessor. Nesse número Lovecraft começa a ganhar amigos e — principalmente — inimigos.

A controvérsia prossegue esparsa por vários dos números seguintes; mas então algo de estranho acontece: as respostas de Lovecraft não serão mais publicadas até a *Argosy* de outubro de 1914. Há outras duas partes de "Ad Criticos" no manuscrito: ele não as submeteu à publicação? Ou elas não foram aceitas? Esta última opção parece improvável, já que uma nota editorial no fim de "Correção para Lovecraft" (uma carta em prosa publicada no número de março de 1914) diz: "Você é sempre bem-vindo em nosso diário de bordo".

A controvérsia chega a um fim no número de outubro de 1914. Uma seção inteira de "Diário de bordo" traz o cabeçalho: "Fred Jackson, a favor e contra"; logicamente, os "partidários de Jackson" superaram os "opositores de Jackson". O item mais interessante é um poema chamado "O adeus dos críticos", trazendo os nomes Lovecraft e Russell. Eles não trabalharam juntos no poema: Lovecraft escreveu a primeira parte (intitulada "O fim da guerra de Jackson"), e Russell, a segunda ("Nossa defesa de E.M.W."). Lovecraft, naturalmente, escreveu o seu em dísticos heroicos; Russell, por sua vez, valeu-se de vigorosos anapestos curtos e irregulares. Lovecraft nota que o armistício foi produzido sob insistência de um editor da *Argosy*, que "exigiu que a guerra dos poetas terminasse logo, pois os missivistas já reclamavam da proeminência de nossos versos em sua adorada revista".[36]

Vale a pena pensar no que a disputa sobre Fred Jackson na *Argosy/All-Story* representou para Lovecraft. De certa forma devemos agradecer ao sr. Jackson por tornar o resto da carreira de Lovecraft possível, pois de outro modo não há como saber quanto tempo mais ele continuaria a vegetar na atmosfera cada vez mais abafada do número 598 da Angell Street. Lovecraft não tinha trabalho, brincava com química e astronomia, vivia com uma mãe que perdia gradativamente a estabilidade mental, escrevia de quando em quando uma versalhada insípida sobre sua região nativa e lia desbragadamente as revistas de Munsey sem, contudo, qualquer intenção de contribuir com prosa ficcional, fosse para ela ou qualquer outra revista. Mas a prosa de Jackson o irritou tanto que Lovecraft ergueu-se de seu eremitério ao menos para as cartas do bombardeio em questão. Embora tenha sido John Russell o responsável por iniciar a correspondência em versos, Lovecraft viu nela uma ótima oportunidade de adaptar sua adorada sátira augustana[4] contra um alvo bem moderno.

O principal e imediato ponto positivo da experiência na *Argosy* foi, claro, sua descoberta do — ou, antes, pelo — mundo do jornalismo amador. Edward F. Daas, então editor oficial da United Amateur Press Association, acompanhou a luta entre Lovecraft e Russell e convidou ambos a participar da organização. Os dois o fizeram, com Lovecraft ingressando oficialmente em 6 de abril de 1914. Em poucos anos ele estaria transformado como escritor e como ser humano.

NOTAS

[1] HPL a Maurice W Moe, 1° de janeiro de 1915 (SL I.9).

[2] HPL a Rheinhart Kleiner, 16 de novembro de 1916 (SL I.40–41).

[3] HPL a Bernard Austin Dwyer, 3 de março de 1927 (SL II.110).

[4] HPL a Helen Sully, 4 de dezembro de 1935 (manuscrito, JHL).

[5] Will Murray, "An Interview with Harry Brobst", *Lovecraft Studies* N°s 22/23 (outubro de 1990): 34.

[6] Harold W. Munro, "Lovecraft, My Childhood Friend" (1983), in *Lovecraft Remembered*, pp. 70–71.

[7] HPL a Robert E. Howard, 25–29 de março de 1933 (SL IV.172).

[8] R. Alain Everts, "Howard Phillips Lovecraft and Sex", *Nyctalops* 2, n°. 2 (julho de 1974): 19.

[9] SL I.9 (nota 1).

[10] SL I.31 (nota 2).

[11] HPL a Alfred Galpin, 19 de agosto de 1918 (SL I.75).

[12] David H. Keller, "Lovecraft's Astronomical Notebook", *Lovecraft Collector* n°. 3 (outubro de 1949): 1–4.

[13] Keller transcreveu o *Providence Evening Journal*, mas este é certamente um erro seu.

[14] HPL a Jonquil Leiber, 29 de novembro de 1936 (SL V.363).

[15] Scott, "His Own Most Fantastic Creation", p. 15.

[16] HPL a Maurice W. Moe, 5 de abril de 1931 (SL III.367).

[17] Faig, *Parents*, p. 28.

[18] Citado por Derleth, "Lovecraft's Sensitivity", in *Lovecraft Remembered*, pp. 32–34.

[19] HPL a Duane W. Rimel, 13 de abril de 1934 (manuscrito, JHL).

[20] HPL a Sarah Susan Lovecraft, 24 de fevereiro de 1921 (SL I.123).

[21] Sonia H. Davis, "Memories of Lovecraft: I" (1969), in *Lovecraft Remembered*, p. 276.

[22] *Lovecraft Remembered*, p. 34.

[23] *Lovecraft Remembered*, p. 71.

[24] Ver a fotografia publicada em Kenneth W. Faig, Jr., "The Early Years", p. 11.

[25] HPL a Rheinhart Kleiner, 4 de dezembro de 1918 (SL I.78).

[26] HPL a R.H. Barlow, 23 de julho de 1936 (SL V.282).

---

4. Relativo à literatura inglesa do século XVIII, da qual Pope fora um dos expoentes. [N. do T.]

[27] HPL a Frank Belknap Long, 8 de fevereiro de 1922 (AHT).

[28] Scott, p. 13.

[29] SL I.41 (nota 2).

[30] SL II.110 (nota 3).

[31] SL I.41 (nota 2).

[32] HPL a R.H. Barlow, 31 de março de 1932 (manuscrito, JHL).

[33] HPL a R.H. Barlow, 14 de abril de 1932 (manuscrito, JHL)

[34] HPL a James F. Morton, 23 de fevereiro de 1936 (SL V.227).

[35] Todas as cartas de e sobre HPL na *Argosy* e na *All-Story* estão hoje coligidas em *H.P. Lovecraft in the Argosy* (West Warwick, RI: Necronomicon Press, 1994).

[36] SL I.42 (nota 2).

6

Uma renovada vontade de viver

(1914–17)

O MUNDO DO JORNALISMO amador em que Lovecraft entrou em abril de 1914 com os olhos arregalados da curiosidade era uma instituição peculiar, se não fascinante. Os artigos produzidos por seus membros traziam as mais amplas possibilidades em termos de conteúdo, forma, estilo e qualidade; em geral, eram bem inferiores aos das "revistinhas" de seu tempo, mas consideravelmente superiores (fosse em tipografia, fosse em conteúdo literário) aos "fanzines" de fantasia e ficção científica de um período posterior, ainda que poucas fossem tão dedicadas a um só assunto, como eram os fanzines. O jornalismo amador como instituição formal conheceu seu início por volta de 1866; em 1869, uma sociedade seria constituída pelo editor Charles Scribner e outros. Essa sociedade — de vida curta — se dissolveria em 1874, mas em 1876 a National Amateur Press Association (NAPA) finalmente tomou corpo, seguindo ativa até os dias de hoje. Em 1895 a United Amateur Press Association (UAPA) foi fundada por William H. Greenfield (na época com apenas catorze anos) e outros que (como Lovecraft acreditava) ansiavam por uma organização mais dedicada a projetos intelectuais sérios; foi neste ponto que Lovecraft se uniu à UAPA. Ainda existe uma associação de jornalistas amadores formada por ex-universitários, The Fossils, que continua a publicar um jornal, *The Fossil*, com periodicidade irregular.

É triste que ninguém, exceto o próprio Lovecraft, nunca tenha emergido do amadorismo para o reconhecimento literário geral. Não que outros não o tivessem merecido: a poesia de Samuel Loveman e Rheinhart Kleiner, a ficção de Edith Miniter (boa parte dela profissionalmente publicada) e os trabalhos críticos de Ernest A. Edkins, James F. Morton e Edward H. Cole não devem temer a comparação com seus equivalentes na literatura oficial de então. Infelizmente, é improvável que esses trabalhos sejam algum dia trazidos à luz mais uma vez ou mesmo percebidos, exceto em conexão com o próprio Lovecraft.

Não era necessário que os jornalistas amadores produzissem seus próprios jornais. Realmente, não mais do que uma fração dos membros o fez, e a qualidade desses trabalhos era extremamente irregular. Na maioria dos casos os membros enviavam contribuições diretamente aos editores dos jornais amadores já existentes ou às duas "agências de manuscritos", uma para a região leste do país, outra para a oeste; os gerentes dessas agências distribuíam os manuscritos aos jornais com necessidade de material. Proprietários de maquinário de imprensa eram bastante requisitados; na verdade, a NAPA era originalmente uma organização não de literatos desinteressados que pretendiam desenvolver a arte da autoexpressão, mas de jovens gráficos que desejavam praticar a arte da tipografia.

A literatura produzida pelos membros variava bastante em conteúdo e qualidade: poesia, ensaios, ficção, resenhas críticas, notícias, polêmicas e quaisquer outras formas de escrita que coubessem em pequenos espaços. Se é geralmente verdade que boa parte desse material é o trabalho dos chamados *tyros* — "amadores", em sentido pejorativo —, então isso significa apenas que o jornalismo amador exercia a valiosa, apesar de simplória, função de abrir um primeiro espaço para escritores. Alguns amadores seguiam em frente e passavam a publicar profissionalmente. Não obstante, Lovecraft tinha toda a razão quando, posteriormente, resumiu o nível geral dos trabalhos amadores: "Deus, que lixo!".[1]

Cada associação promovia uma convenção anual — a NAPA no início de julho, a UAPA no fim de julho — na qual eram eleitos os oficiais encarregados das tarefas do ano seguinte. Os principais cargos eram os de presidente, vice-presidente, tesoureiro e editor oficial. Outros cargos — incluindo o do departamento de crítica pública — eram preenchidos de acordo com as indicações do presidente. Com essa elaborada hierarquia, não surpreende que alguns membros se interessassem somente por cargos a partir dos quais conquistassem importância na organização e que campanhas eleitorais duras, de caráter pessoal e agressivo, fossem realizadas com vistas a garantir a vitória de um indivíduo ou grupo específico. Tudo isso se torna particularmente absurdo quando nos damos conta de quão poucos indivíduos estavam envolvidos no universo amador, independentemente da época. Em novembro de 1918, a *United Amateur* lista apenas 247 membros ativos; em novembro de 1917 a *National Amateur* conta 227 (muitos indivíduos pertenciam a ambas as organizações).

O jornalismo amador era a coisa certa para Lovecraft nesse momento difícil de sua vida. Pelos próximos dez anos ele se dedicaria com energia incansável à causa amadora, e pelo resto da vida permaneceria em contato com ela. Para alguém tão alheio ao mundo, tão reservado e ensimesmado em relação às próprias habilidades, o mundo minúsculo do jornalismo amador era um lugar onde se podia brilhar. Lovecraft percebia os efeitos benéficos do amadorismo quando escreveu, em 1921:

> O jornalismo amador me deu o verdadeiro mundo em que vivo. Dotado de um temperamento nervoso e reservado e amaldiçoado com uma aspiração que em muito excede meus dons, sou um típico desajustado num mundo mais amplo de ação empreendedora, e particularmente incapaz de extrair felicidade das mais variadas atividades cotidianas. Em 1914, quando a mão gentil do amadorismo me foi pela primeira vez estendida, eu me encontrava tão encerrado em meu ostracismo quanto um animal pode ficar [...] com o advento da United renovou-se em mim a vontade de viver; um senso renovado de existência como algo mais que um peso morto; e encontrei uma esfera na qual podia sentir que meus esforços não eram de todo inúteis. Pela primeira vez pude perceber que meu tatear abobalhado em torno da arte não era mais que um grito sem força perdido num vazio inaudito. ["What Amateurdom and I Have Done for Each Other" – "O que o amadorismo e eu temos feito um pelo outro"]

Há muito pouco a acrescentar a essa análise, embora um pequeno detalhe seja necessário para dar um toque final à figura e apontar como exatamente se deu essa transformação. Quanto ao que Lovecraft fez pelo amadorismo, essa também é uma longa história, digna de ser cuidadosamente estudada.

Em 1914, quando Lovecraft adentrou o mundo do jornalismo amador, ele deparou com duas cisões responsáveis por muito sangue derramado e desperdício de energia. A primeira foi, claro, a divisão entre a National Amateur Press Association e a United Amateur Press Association, que ocorreu quando esta foi fundada, em 1895. Alguns membros ainda pertenciam a ambas as associações; Lovecraft, embora se dissesse repetida e ostensivamente um "homem da United", uniu-se à National já em 1917, servindo posteriormente como seu presidente interino.

A outra divisão existia dentro da própria United. Lovecraft trata do assunto em dois ensaios: "The Pseudo-United" ["A pseudounião"] (*United Amateur*, maio de 1920) e "A Matter of Uniteds" ["Uma questão de uniões"] (*Bacon's Essays*, verão de 1927). Em 1912 ocorreu uma eleição disputadíssima na convenção da UAPA em La Grande, Oregon; o resultado foi que os dois candidatos à presidência, Helene E. Hoffman e Harry Shepherd, declararam-se vencedores. Em seus vários comentários Lovecraft nunca esclarece que foi a facção de Hoffman que se recusou a aceitar o veredicto dos diretores da UAPA (que confirmou a eleição de Shepherd) e deixou a disputa. A bem da verdade, para uma pessoa que venha a saber da controvérsia única e exclusivamente a partir de Lovecraft, o grupo de Shepherd será o responsável pela rebelião; contudo, o mundo amador hoje entende que os rebeldes e descontentes estavam entre os partidários de Hoffman, embora muitos reconheçam sua superioridade numérica e literária.

De qualquer forma, os apoiadores de Hoffman fundaram sua própria associação, ficando com o nome United Amateur Press Association, enquanto o grupo em torno de Shepherd intitulou-se United Amateur Press Association of America. Lovecraft uniu-se ao primeiro por ter sido convidado or Edward F. Daas, membro daquela facção; é possível que naquele momento não soubesse sequer da existência da outra, em grande parte centrada em Seattle, estado de Washington. É, contudo, de algum modo irônico que o que Lovecraft chamava de "pseudounião" tenha acabado por sobreviver a sua própria United: esta dissolveu-se em virtude da desorganização e da apatia por volta de 1926, enquanto a outra United seguiu em frente até 1939. Porém, para todos os efeitos práticos, era uma associação moribunda, e quando Lovecraft foi persuadido a retomar a atividade amadora nos anos 1930, não viu alternativa senão trabalhar para a NAPA.

A divisão entre a United e a National foi algo que Lovecraft apoiou fortemente e nunca desejou ver resolvida. Sua aversão ao grupo mais antigo — que ele imaginava ser (talvez com razão) o retiro de uma velha guarda apoiada em seus próprios louros, homens que olhavam para trás nostálgicos de sua juventude como gráficos e tipógrafos amadores, e políticos dedicados a levar adiante as próprias causas e ganhar um poder sem sentido e transitório numa arena insignificante — nunca se desfez. Em "Consolidation's Autopsy" (publicado na *Lake Breeze* de abril de 1915 sob o não muito preciso pseudônimo El Imparcial) ele detona a posição dos membros da National que buscavam algum tipo de relacionamento com a United. Dispensando a National como "um clube de idosos inativo", ele desdenha deles por alimentarem o ideal do "garotinho com a prensa" — uma dupla acusação, já que o próprio Lovecraft havia sido exatamente aquele menino num passado não muito remoto. Na verdade, talvez a veemência de sua resposta resida precisamente na consciência de que ele próprio tivera uma adolescência perdida e demorara mais que o normal para desfazer-se dos interesses da infância.

Enquanto mergulhava na atividade amadora, contribuindo com ensaios e poemas (mais tarde contos) para jornais amadores, envolvendo-se em polêmicas quentes e, em geral, descobrindo como viver no mundo em que foi parar, Lovecraft aos poucos formulava a crença — que passou a sustentar incrivelmente cedo e manteve pelo resto da vida — em que o jornalismo amador era o veículo ideal para a construção de dois importantes objetivos: o primeiro, a autoexpressão abstrata e desinteressada; e depois, a educação, especialmente para aqueles que não tiveram a oportunidade de frequentar a escola formal. O primeiro tornou-se uma meta fundamental na teoria estética final de Lovecraft, e seu desenvolvimento durante o período amador deve ter sido a mais importante contribuição do jornalismo amador a seu trabalho literário. É improvável, claro, que o amadorismo tenha feito brotar essa ideia na mente de Lovecraft; na verdade, ele não teria respondido tão vigorosamente ao amadorismo se não tivesse essa noção da literatura como divertimento elegante.

Ao mesmo tempo que saudava o espírito não mercenário do amadorismo, Lovecraft via no meio amador um espaço de prática com vistas à publicação profissional. Não se trata de um paradoxo, pois o que ele queria dizer com "publicação profissional" não era trabalho comissionado a partir de fórmulas, mas a publicação em revistas consagradas ou com renomados editores. Desse modo, falamos de gente determinada não a produzir pseudoliteratura por dinheiro, mas a abrir caminhos aos produtos cultivados da "autoexpressão" visando a um público qualificado.

O meio de realizar esses elevados objetivos no amadorismo era a educação. É mais do que plausível crer que foi o próprio fracasso de Lovecraft na educação formal que o levou a abraçar fervorosamente esse objetivo. Consideremos sua declaração em "For What Does the United Stand?" ["O que a United representa?"] (*United Amateur*, maio de 1920):

A United visa a auxiliar aqueles que não são atingidos por outras formas de literatura. O homem excluído da universidade, os habitantes de lugares outros, o recluso, o inválido, o muito jovem, o muito idoso, todos estão incluídos em nosso horizonte. Ademais, por trás de nossos iniciantes estão pessoas de cultivo e experiência maduros, prontos à assistência tão somente pela imensa alegria de ajudar. Em nenhuma outra sociedade riqueza e saberes prévios contam tão pouco [...] É uma universidade subtraída de toda a artificialidade e convencionalidade e aberta a todos sem exceção. Aqui todos os homens podem brilhar segundo seu gênio, aqui pequenos e grandes escritores conhecem a alegria da apreciação e a glória de ter seu trabalho reconhecido.

Tudo isso soa muito bem, mas Lovecraft tinha como pressuposto que era um dos "grandes" escritores desse mundinho, uma das "pessoas de cultivo e experiência maduros" capazes de erguer os menores às alturas que pudessem alcançar. Não se tratava de arrogância de sua parte, mas da pura e simples verdade; ele realmente era uma das figuras proeminentes do amadorismo em sua época, e sua reputação permaneceu alta nesse pequeno universo. Esse ideal de amadorismo como uma espécie de universidade informal era algo que Lovecraft entendia ser importante e que tentou — por fim sem qualquer sucesso — trazer à tona.

Apenas alguns poucos meses depois de unir-se ao jornalismo amador, Lovecraft conseguiu um fórum onde pôde colocar em prática muitas de suas teorias já desenvolvidas — em especial as relacionadas à educação. Por volta de novembro de 1914 ele foi indicado pela presidente Dora M. Hepner a assumir a cadeira do departamento de crítica pública. Foi um dos primeiros cargos assumidos por Lovecraft, e ele o aproveitou ao máximo.

O cargo exigia da escrita de Lovecraft um artigo de fôlego a ser publicado na *United Amateur* avaliando em detalhes cada um dos jornais amadores inscritos para comentário. Seu primeiro artigo saiu no número de janeiro de 1915, e pelos cinco anos seguintes Lovecraft escreveria outros dezesseis. Esses trabalhos devem ser lidos para que se tenha uma ideia de sua devoção à causa amadora. Monótonos e professoralmente corretos como muitos deles eram, os amadores não precisavam de outra forma de crítica senão corrigir aborrecidamente cada problema gramatical, apontar fraquezas de prosódia, lapsos de gosto e erros nos fatos. Seria absolutamente inútil apresentar uma elevada análise interna da substância de seu trabalho quando muitos lutavam para realizar o mínimo de correção gramatical em prosa e verso. A paciência de Lovecraft é incansável.

Ele oferece conselhos cuidadosos, e sempre tenta encontrar algum mérito no trabalho sob avaliação, mas sem jamais deixar os problemas técnicos passarem em branco.

Naturalmente, Lovecraft tinha seus atavismos. Seus grandes defeitos como crítico oficial (pelo menos na fase inicial) eram os preconceitos políticos e sociais, bem como a insistente defesa dos padrões "georgianos" de prosa e verso. Gírias e coloquialismos, em especial, o ofendiam. Outro alvo frequente eram as simplificações ortográficas. Podem-se considerar os comentários de Lovecraft sobre o tema um tanto pesados — como de alguém que usasse uma marreta para quebrar uma casca de noz —, mas as simplificações ortográficas estavam sendo defendidas por muitos críticos e gramáticos renomados na época. Lovecraft produz um ensaio instruído sobre a história do tema em "The Simple Spelling Mania" ["A mania da ortografia simplificada"] (*United Cooperative*, dezembro de 1918).

O grau em que Lovecraft era dedicado aos padrões literários do século XVIII fica mais que evidente em "The Case for Classicism" ["Ponto para o classicismo"] (*United Cooperative*, junho de 1919), no qual ele critica duramente certo professor Philip B. McDonald por apequenar a relevância dos autores clássicos e seu desenvolvimento de uma retórica e estilo efetivos. Embora Lovecraft diga que "não é minha proposta aqui me empenhar em qualquer batalha mais longa entre livros modernos e antigos, como a vivida na Biblioteca de St. James e descrita com veracidade pelo decano Swift", tal batalha de livros é exatamente o que ele conduz aqui: "Não posso evitar a insistência na importância permanente da literatura clássica em oposição às produções superficiais desta era intranquila e degenerada". Como se não bastasse, Lovecraft prossegue:

> Sobre os gênios literários de Grécia e Roma, cultivados sob circunstâncias particularmente próprias, pode-se dizer que consumaram a plenitude da arte e da ciência da expressão. Profundos e tranquilos, os autores clássicos atingiram um padrão de simplicidade, moderação e elegância do gosto que as sucessivas eras posteriores foram incapazes de superar ou mesmo de igualar.

A afirmação é forte. Dizer que os antigos "consumaram a plenitude da arte e da ciência da expressão" significa que nada resta aos escritores posteriores senão a imitação; e Lovecraft, na verdade, prossegue dizendo que "aqueles períodos modernos foram os mais cultivados, nos quais os modelos da antiguidade foram mais fielmente seguidos". O que Lovecraft ignora aqui é que mesmo no século XVIII foi a adaptação dos modelos clássicos ao mundo contemporâneo que produziu a literatura mais bem realizada do período. O brilhantismo de *London*, de Johnson, ou da *Dunciad*, de Pope, não deriva de seu macaquear das formas da sátira romana, mas de sua aplicação dessas formas na vivificação de suas próprias preocupações modernas.

Com posturas como essa, não é surpresa que Lovecraft tenha sido, ao longo do curso de sua carreira amadora, forçado a defender-se contra aqueles que sentiam que sua crítica era ao mesmo tempo dura e mal conduzida. Lovecraft trata do assunto em diversos ensaios, incluindo "Amateur Criticism" ["Crítica Amadora"] (*Conservative*, julho de 1918) e "Lucubrations Lovecratian" ["Elucubrações lovecraftianas"] (*United Cooperative*, abril de 1921). O tom desse último artigo é particularmente agudo pelo elevado valor que ele deposita no departamento de crítica pública como ferramenta do desenvolvimento educacional da escrita amadora. O próprio Lovecraft certamente se colocou à altura de tais exigências durante os três períodos como chefe do departamento (1915–16, 1916–17 e 1918–19), e é provável que ele tenha inculcado seus pontos de vista em dois outros chefes do departamento entre 1915 e 1922 (Rheinhart Kleiner, 1917—18, e Alfred Galpin, 1919–22), já que eram amigos próximos do autor. O fato de ambos partilharem de muitas das ideias rigorosas sobre a "dignidade do jornalismo" deve ter causado ressentimento nos membros que não comungavam com as mesmas ideias.

Começando em algum momento de 1914 Lovecraft fez uma tentativa de praticar seus ideais educacionais perto de casa, auxiliando na formação do Providence Amateur Press Club. O ímpeto para a formação desse clube veio de certo Victor L. Basinet, que a partir da sugestão de Edward H. Cole (um jornalista amador de Boston associado à NAPA) formou um clube de imprensa amadora entre pessoas da classe operária do "North End" de Providence que frequentavam turmas noturnas num colégio de ensino médio local. Cole — que muito provavelmente já estava em contato com Lovecraft — decerto estimulou o grupo a conseguir o auxílio do único membro da UAPA em Rhode Island; e Lovecraft, pensando que essa tentativa de "elevar as massas" poderia ser mais bem-sucedida que o caso com Arthur Fredlund oito anos antes, ofereceu-lhes considerável ajuda.

A maioria dos membros era irlandesa; entre eles estava um jovem particularmente briguento, mais ou menos um ano e meio mais velho que Lovecraft, chamado John T. Dunn (1889–1983). O clube de imprensa começou reunindo-se em torno de um jornal amador, o *Providence Amateur*; o primeiro número (junho de 1915) parece ter sido escrito inteiramente por Lovecraft e Dunn, embora apenas três dos seis textos sejam assinados. O segundo número, de fevereiro de 1916, é mais substancioso, embora a precisão tipográfica seja baixa. Esse número traz contribuições de uma grande variedade de membros, incluindo dois poemas de Lovecraft: "To Charlie of the Comics" (sem assinatura) e "The Bride of the Sea" (assinado por um tal de Lewis Theobald, Jr.). Nesse número Lovecraft aparece como editor oficial.

Dunn, entrevistado por L. Sprague de Camp em 1975, oferece dicas incríveis do comportamento pessoal de Lovecraft durante os encontros do clube:

> Dunn achava Lovecraft [ldots] estranho, e mesmo excêntrico. Nos encontros, Lovecraft sentava-se empedernido olhando para a frente, exceto quando se voltava para alguém que lhe dirigisse a palavra. Sua voz era baixa e monotônica.
>
> "Ele se sentava – ele costumava se sentar assim, olhando para a frente, sabe? Então respondia uma pergunta e voltava à mesma posição", disse o padre Dunn. "Posso vê-lo agora [...] e ele olhava em linha reta para a frente e [...] não dava ênfase às coisas. Ele balançava a cabeça às vezes para dar ênfase a uma palavra ou expressão.
>
> "Eu gostava dele", prosseguiu Dunn. "Não tinha nada contra ele, sabe? Nós apenas divergíamos; mas espero que como cavalheiros, entende?"
>
> [...]

A voz de Lovecraft era aguda, mas não a ponto de ser considerada estridente; Dunn dizia ser quase como a dele. Lovecraft tinha grande autocontrole, nunca perdendo a compostura, a despeito de quão acalorado fosse o debate. "Ele – ah – eu nunca o vi perder a cabeça, sabe? Mas quando escrevia, ele era bem vigoroso; não resta dúvida quanto a isso, entende [...]? E ele nunca ficava entusiasmado como eu."[2]

Dunn e Lovecraft certamente tiveram difíceis discussões epistolares, sobretudo em relação à questão irlandesa. Dunn mais tarde se recusaria ao alistamento militar e ficaria um tempo preso, sendo solto logo depois da guerra.

Lovecraft desfez seu envolvimento com o clube logo depois do lançamento do segundo número. O próprio clube encerraria suas atividades no outono de 1916. Assim terminou a segunda tentativa de Lovecraft de elevar as massas.

Tenho feito referências ao *Conservative*. Trata-se do próprio jornal amador de Lovecraft, o primeiro periódico a ser editado por ele após *The*

Rhode Island Journal of Astronomy em fevereiro de 1909. Embora ele fosse do conselho editorial de muitos outros jornais amadores, o *Conservative* foi o único do qual ele constava sozinho como editor. Treze números apareceram entre 1915 e 1923:

Volume I: abril de 1915, julho de 1915, outubro de 1915, janeiro de 1916;

Volume II: abril de 1916, julho de 1916, outubro de 1916, janeiro de 1917;

Volume III: julho de 1917

Volume IV: julho de 1918

Volume V: julho de 1919

nº. 12: março de 1923

nº. 13: julho de 1923

Os números variam de quatro a 28 páginas. Os primeiros três foram quase inteiramente escritos por Lovecraft, mas a partir dali o número de suas contribuições caiu de modo considerável, exceção feita a poemas ocasionais e — começando com o número de outubro de 1916 — uma coluna regular de opinião intitulada "No estúdio do editor".

É claro que Lovecraft gostou mais da ideia de editar seu próprio jornal do que de tão somente contribuir com trabalhos aleatórios para outros jornais amadores ou aparecer no órgão oficial. O que isso lhe permitiu fazer — além de promover sua própria perspectiva do amadorismo como refúgio da excelência literária e ferramenta para uma educação humanista — foi expressar suas próprias opiniões sem quaisquer entraves. Foi exatamente o que ele fez. O "Editorial" do número de julho de 1915 traz sua própria declaração de princípios editoriais:

> Que as artes da literatura e da crítica literária receberão atenção irrestrita de *The Conservative*, isso nos parece mais que provável. O uso crescente entre nós de métrica e prosa sem cultivo, apoiado e sustentado pela leviandade dos críticos da imprensa amadora, exige uma contrapartida, embora solitária, e a profunda reverência de *The Conservative* pelos cultos escritores de uma época mais correta o qualifica a um trabalho ao qual seus medianos talentos, doutro modo, não o recomendariam.
>
> [...]
>
> Fora do domínio da pura literatura, *The Conservative* sempre colocará seu entusiasmo a serviço da abstinência e da ordem; do militarismo moderado e saudável em oposição à perigosa e não patriótica defesa da paz; do pansaxonismo, ou dominação das divisões menores da humanidade promovida por ingleses e

raças irmãs; e do governo constitucional representativo, em oposição aos falsos esquemas, perniciosos e indignos, do anarquismo e do socialismo.

Uma carta de princípios e tanto. Já tratei brevemente de algumas das controvérsias sobre a literatura em que Lovecraft se empenhava; sua discussão política — tanto em seus trabalhos publicados quanto em sua correspondência privada — não era menos enérgica, e dela devo tratar posteriormente. Veremos que algumas das primeiras opiniões de Lovecraft não são pouco repugnantes, e muitas delas são proferidas de maneira arrogante e dogmática, mormente em contraste com suas perspectivas posteriores. No entanto, era evidente a todos os amadores que o editor do *The Conservative* era uma força intelectual com a qual era preciso lidar.

A carreira oficial de Lovecraft no jornalismo amador foi reforçada por sua eleição, em julho de 1915, como primeiro vice-presidente da UAPA. Parte de sua responsabilidade era estar à frente do comitê de recrutamento, para o qual escreveu o panfleto *United Amateur Press Association: Exponent of Amateur Journalism*. Essa, a segunda publicação separada de Lovecraft (para a primeira, *The Crime of Crimes* (1915), ver mais adiante), foi lançada no fim de 1915.

No ano seguinte (1916–17), Lovecraft não teria encargos oficiais, exceto a chefia do departamento de crítica pública. Ele foi, no entanto, eleito presidente na convenção da UAPA no fim de julho de 1917, e disso realmente resultou uma significativa elevação de tom literário. Por algum tempo parecia que os objetivos de Lovecraft no amadorismo seriam esplendidamente realizados.

Durante todo esse período Lovecraft retomara a escrita de artigos mensais sobre astronomia, dessa vez para o *Providence Evening News*. O primeiro apareceu no número de 1º de janeiro de 1914, e é, portanto, anterior a sua entrada no jornalismo amador. Não tenho dúvida de que Lovecraft foi pago por cada um dos 53 artigos publicados.

Os artigos do *Evening News* ficam tediosos e repetitivos quando lidos de uma só vez, pois em grande parte eles são apenas relatos mensais de eventos celestes dignos de menção para o período: as fases da lua, as constelações visíveis no céu da manhã ou da noite, eclipses de toda sorte, chuvas de meteoros e outros acontecimentos similares. Depois de um ano, é claro, muitos desses eventos se repetem. No entanto, Lovecraft aos poucos relaxa e introduz informações incidentais ao longo do percurso. Ele fica particularmente vívido ao explicar a origem dos nomes romanos e gregos para as constelações, e isso naturalmente lhe permite recontar, às vezes de forma relativamente extensa, os mitos por trás de nomes como Castor e Pollux, Argo Navis (recordemos seu trabalho perdido de juventude, *The Argonauts*) e muitos outros. Sua antiga leitura de Bulfinch e outros mitógrafos lhe foi, então, de grande ajuda.

No outono de 1914, contudo, enquanto Lovecraft produzia um artigo atrás do outro para o *Evening News*, ocorreu uma abrupta interrupção. Um artigo intitulado "Astrology and the European War" ["Astrologia e a guerra na Europa"], escrito por certo J.F. Hartmann foi publicado no dia 4 de setembro de 1914 – apenas três dias depois da coluna de Lovecraft daquele mês e no exato espaço do jornal (o centro da última página) ocupado por sua coluna. Joachim Friedrich Hartmann (1848–1930) era, imagina-se, de ascendência alemã, porém nascido na Pensilvânia. Ele chegou a Providence no mais tardar em 1912.[3] O artigo de Hartmann começa atacando em alto e bom som o "preconceito vulgar de homens para todos os efeitos cultos contra a nobre ciência da astrologia" e segue transcrevendo algumas previsões para o resto do ano. Dado o estado das relações internacionais na Europa em 1914, as predições não são exatamente notáveis: "Os trânsitos em curso no horóscopo do rei George são muito desfavoráveis"; "O *Kaiser* está sob influências muito adversas, e observa-se risco tanto a sua pessoa quanto a sua saúde", e assim por diante.

Era o tipo de coisa que enfurecia Lovecraft. Ele começou com uma resposta direta porém um tanto destemperada intitulada "Ciência *versus* charlatanismo", publicada no número de 9 de setembro. Mas Lovecraft subestimou seu adversário. Hartmann respondeu em menção direta à carta de Lovecraft no número de 7 de outubro, dirigindo-se sistematicamente aos pontos de Lovecraft e desferindo-lhes uns bons golpes. Três dias depois, em 10 de outubro, uma carta de Lovecraft apareceu sob o título "The Falsity of Astrology" ["A falsidade da astrologia"]. Esta foi ainda mais excessiva do que a primeira. Afirmando que Hartmann dissera muito pouco de novo em sua resposta, a própria carta de Lovecraft faz pouco para dar vida a seu argumento.

Mas antes que Hartmann pudesse responder a essa última investida, Lovecraft avançou com uma nova estratégia, adaptando os ataques de Swift contra o astrólogo Partridge, escritos sob o pseudônimo Isaac Bickerstaffe. O resultado é uma série de artigos, assinados por "Isaac Bickerstaffe, Jr.", fazendo graça sem misericórdia de Hartmann e da astrologia em geral. Lovecraft não segue Swift nos detalhes – o *tour de force* swiftiano tratava de predizer a morte de Partridge e, então, de dar sequência à previsão com um relato muito convincente da morte de Partridge, depois da qual o pobre-diabo passou maus bocados tentando provar que estava vivo —, tão somente mantém que, por seus próprios princípios, a astrologia teria de ser capaz de prever os acontecimentos de um futuro distante, não apenas do período de um ano. Assim, um dos artigos de Lovecraft termina com uma predição da destruição da terra em 26 de fevereiro de 4959. A despeito dos inúmeros artigos de defesa da parte de Hartmann (nos quais fica tristemente óbvio que ele não tem ideia de que Bickerstaffe é Lovecraft), a sátira atinge seu objetivo e o faz calar.

De maio a fevereiro de 1915 Lovecraft publicou uma série do que seriam catorze artigos de rotina intitulados "Mysteries of the Heavens Revealed by Astronomy" ["Mistérios dos céus revelados pela astronomia"] na *Asheville Gazette-News*, da Carolina do Norte, embora parte do 13° e do 14° artigo não tenha vindo à luz. Essa série procura ser um tratado sistemático e elementar sobre todas as fases da astronomia dirigido ao completo iniciante. Como tal, "Mysteries of the Heavens" é um bom exemplo do que Lovecraft teria feito caso tivesse decidido tornar-se um escritor popular de ciência. Medianamente interessante como a série se apresenta, foi bom para a literatura que ele não tenha limitado tanto seus horizontes. O trabalho foi, ao que tudo indica, mediado por Chester Munroe, que fixara residência em Asheville.

Se as ideias de Lovecraft sobre o estilo da prosa eram antigas e conservadoras, em poesia o caso era ainda mais extremo, tanto em preceito quanto em prática. Pudemos ver que sua poesia de início da adolescência trazia um corte deliberadamente antiquado, e é em certo sentido mais arcaizante até que parte de seu verso posterior de juventude, que (como era o caso de "Attempted Journey") pelo menos tinha alguma contemporaneidade de assunto.

Um aspecto interessante é que, desde o início, Lovecraft tinha consciência de que sua poesia tinha méritos intrínsecos relativamente menores, exceto por sua correção acadêmica. Escrevendo em 1914 a Maurice W. Moe, um professor de inglês do ensino médio e um de seus mais antigos colegas de amadorismo, ele se colocou em defesa de seu uso inveterado do dístico heroico: "Coloque a forma de lado, e nada restará. Não tenho habilidades poéticas reais, e tudo que salva meu verso de sua banalidade última é o cuidado que tenho com a construção métrica".[4]

Em 1929 Lovecraft articulou talvez a mais profunda avaliação de sua carreira como escritor de poesia:

Em meu noviciado métrico eu era, ai de mim, um mímico crônico & inveterado; deixando que minhas tendências antiquárias sobrepujassem meu sentimento poético abstrato. Como resultado, todo o projeto de minha escrita logo quedou distorcido – até que, posteriormente, passei a escrevê-la como forma de recriar ao meu redor a atmosfera de meu estimado século XVIII. A autoexpressão como tal, eu a perdi de vista, & meu único teste de excelência era o grau em que eu era capaz de me aproximar do estilo de sr. Pope, dr. Young, sr. Thomson, sr. Addison, sr. Tickell, sr. Parnell, sr. Goldsmith, sr. Johnson & por aí afora. Meu verso perdeu todo vestígio de originalidade & sinceridade, sendo seu único propósito a reprodução das formas & sentimentos típicos da ambiência georgiana em meio à qual eles deveriam ter sido produzidos. Linguagem, vocabulário, ideias, imagens – tudo sucumbiu a meu próprio e intenso propósito de pensar & sonhar-me de volta ao mundo de perucas & longos s's que por alguma estranha razão pareciam-me o mundo normal.[5]

Pouco precisa ser acrescido a essa análise. O que ela demonstra é que Lovecraft usa a poesia para fins não apenas *estéticos*, mas também *psicológicos*: como meio de enganar-se acerca da existência do século XVIII – ou, pelo menos, de ele próprio ser um produto do século XVIII, produto que de algum modo tivesse sido transportado para um tempo repulsivo e estranho. E se o "único teste de excelência" do verso de Lovecraft era sua bem-sucedida duplicação do estilo dos grandes poetas georgianos, então é preciso dizer pura e simplesmente que sua poesia é um sonoro fracasso. É fato que ele tenta copiar a exterioridade mecânica do verso do século XVIII, mas sua essência vital lhe escapa.

A poesia de Lovecraft se divide em alguns grupos diferenciados de modo geral por assunto. O grosso de seu verso coloca-se sob o amplo chapéu da poesia de circunstância; dentro dessa categoria há coisas como poesia dedicada a amigos e associados, poemas de estação, poemas sobre assuntos do amadorismo, imitações de poesia clássica (especialmente das *Metamorfoses* de Ovídio) e outras peças sortidas. Há, pelo menos a partir de 1919, um grande conjunto de poesia patriótica e política, quase totalmente sem valor. Há também um pequeno grupo de verso filosófico ou didático, todo ele medíocre. A poesia satírica ocupa espaço de destaque na primeira poesia de Lovecraft, e talvez seja o núcleo mais consistente e meritório de seu verso. Verso sobre temática fantástica não surgiu de modo constante antes de 1917 – exatamente o tempo em que Lovecraft retomou sua escrita de ficção no gênero –, e assim devemos retomá-lo posteriormente. Essas categorias evidentemente se sobrepõem: parte da poesia satírica é dirigida a colegas ou indivíduos do círculo amador, ou versa sobre assuntos políticos.

Da poesia de circunstância em geral, é difícil falar com gosto. Em muitos momentos, o leitor fica literalmente perdido tentando imaginar o que Lovecraft pretendia realizar com tal verso. Esses poemas parecem frequentemente ter servido tão somente como o equivalente de cartas. De fato, Lovecraft chegou a admitir que "na juventude eu raramente escrevia cartas – agradecer a qualquer um por um presente era tão difícil para mim que preferia escrever uma pastoral de 250 versos ou um tratado de vinte páginas sobre os anéis de Saturno".[6]

Dos poemas de estação muito pouco pode ser dito. Há poemas sobre quase todos os meses do ano, bem como sobre cada uma das estações individualmente; mas todos são convencionais, duros e desprovidos de qualquer sentimento genuíno. Um trabalho heroico – em mais de um sentido – que requer alguma consideração é "Old Christmas" ["Natal de outrora"] (*Tryout*, dezembro de 1918; escrito no fim de 1917), uma monstruosidade de 332 versos, o mais longo poema de Lovecraft. Na verdade, se alguém for capaz de aceitar a premissa desse poema – a recriação de uma típica noite de Natal na Inglaterra do tempo da rainha Ana –, então é possível extrair algum prazer de seus dísticos resolutamente alegres e saudáveis. O espírito animado do poema acaba por ganhar o leitor se este suportar sua dicção antiquada.

Duas facetas da poesia de Lovecraft que devem ser examinadas com benevolente brevidade são suas imitações clássicas e sua poesia filosófica. Lovecraft parecia incansavelmente interessado em produzir imitações inócuas das *Metamorfoses* de Ovídio – seu primeiro amor poético, é bom lembrar – incluindo coisas como "Hylas and Myrrha: A Tale" ["Hylas e Myrrha: um conto"] (*Tryout*, maio de 1919), "Myrrha and Strephon" ["Myrrha e Strephon"] (*Tryout*, julho de 1919) e muitas outras. Da primeira poesia filosófica, apenas parte é de interesse. "Inspiração" (*Conservative*, outubro de 1916) é um delicado poema de duas estrofes sobre a inspiração literária chegando a um poeta em hora inesperada. Sua importância se deve sobretudo ao fato de ser o primeiro poema profissionalmente publicado por Lovecraft fora de suas publicações em jornais locais: foi republicado na *National Magazine* de Boston em novembro de 1916.

Lovecraft teve alguns poemas publicados nessa revista ao longo dos anos seguintes.

Com o passar dos anos, tornou-se evidente para os leitores de Lovecraft na imprensa amadora (como sempre foi claro para o próprio Lovecraft) que em sua poesia ele era sempre deliberadamente antiquado, com uma admirável técnica poética, porém sem um real sentimento poético. Eventualmente Lovecraft começaria a fazer troça de si mesmo sobre o caso, como em "On the Death of a Rhyming Critic" ["Da morte de um crítico rimador"] (*Toledo Amateur*, julho de 1917) e "The Dead Bookworm" ["A traça de livros morta"] (*United Amateur*, setembro de 1919)

Isso nos conduz à poesia satírica de Lovecraft, que não apenas engloba um vasto conjunto de matérias como é também a única faceta de sua poesia, além de seus versos sobre o fantástico, digna de nota. Kleiner trata dessa questão em "A Note on Howard P. Lovecraft's Verse" (*United Amateur*, março de 1919), o primeiro artigo crítico sobre Lovecraft:

> Muitos que não gostam de ler suas produções mais longas e ambiciosas consideram os versos leves e humorísticos de Lovecraft decididamente revigorantes. Como satirista em meio a versos da mesma cepa, particularmente os produzidos por Butler, Swift e Pope, ele é mais natural — por mais paradoxal que pareça. Ao ler suas sátiras não se pode deixar de sentir o sabor com que o autor as produz. Elas são admiráveis por revelar a profundeza e a intensidade das convicções do sr. Lovecraft, enquanto o humor, a ironia e o sarcasmo a serem encontrados neles servem de indicação de seus talentos como polemista. A quase implacável ferocidade de suas sátiras, dirigida contra particulares ou costumes que tenham acarretado desprazer ao sr. Lovecraft, é constantemente aliviada por um amplo humor sempre a postos que tem o mérito de fazer o leitor rir mais de uma vez durante a leitura.

Essa análise vai direto ao ponto. O próprio Lovecraft observa em 1921: "Todo e qualquer divertimento que tenho sempre decorre do princípio satírico".[7]

Pontos fracos literários ou o modernismo (praticamente a mesma coisa para Lovecraft na época) também são o alvo de muitas sátiras. Quando Charles D. Isaacson, em seu jornal amador *In a Minor Key*, elevou Walt Whitman à condição de "maior pensador norte-americano", Lovecraft respondeu com uma crítica viperina em prosa intitulada "In a Major Key" (*Conservative*, julho de 1915), na qual incluiu um poema sem título sobre Whitman:

Behold great Whitman, *whose licentious line*

Delights the rake, and warms the souls of swine;
Whose fever'd fancy shuns the measur'd place,
And copies Ovid's filth without his grace.[1]

E assim por diante. Whitman era o perfeito anátema para Lovecraft nessa época, não apenas em seu abandono desdenhoso do metro tradicional, mas em suas discussões francas do sexo heterossexual e homossexual.

O grande poema de Lovecraft nesse quesito é "Amissa Minerva" (*Toledo Amateur*, maio de 1919). Steven J. Mariconda escreveu um amplo comentário sobre este poema e iluminou muitas de suas qualidades.[8] Depois de apresentar uma bem sucinta história da poesia de Homero a Swinburne, Lovecraft parte para um ataque sistemático à poesia moderna, mencionando Amy Lowell, Edgar Lee Masters, Carl Sandburg e outros nominalmente. Os assuntos da poesia moderna ofendem Lovecraft ("Sem humor, cada idiota despeja tinta/ em odes sobre banheiras ou pias") tanto quanto seu abandono da rima e do metro tradicionais.

Na verdade, a primeira exposição poética radical de Lovecraft ocorrera alguns anos antes. "Ultimamente tenho me divertido com a leitura desse 'imagismo' sem sentido de nossos dias", ele escreve em agosto de 1916.[9] "Como exemplo de fenômeno patológico é interessante." Isso nos dá uma boa ideia da postura de Lovecraft em relação ao verso livre em geral e do imagismo em particular. Não estou certo de quais obras Lovecraft leu na época; talvez tenha lido uma das três antologias intituladas *Some Imagist Poets* ["Alguns poetas imagistas"], publicadas entre 1915 e 1917. Ele sintetiza suas objeções sobre a poesia moderna em "The Vers Libre Epidemic" ["A epidemia do verso livre"] (*Conservative*, janeiro de 1917). Aqui, Lovecraft produz a distinção entre duas formas de radicalismo, um meramente da forma, o outro do pensamento e dos ideais. Do primeiro grupo, ele cita uma companheira de amadorismo, Anne Tillery Renshaw, que ele admirava grandemente por sua devoção à causa amadora, mas cujas teorias poéticas ele procurava sempre que possível rebater. Lovecraft frequentemente observava que, apesar de toda a novidade métrica da poesia de Renshaw, ela sempre recaía a despeito desta em formas bastante ortodoxas. Em "Metrical Regularity" ["Regularidade métrica"] (*Conservative*, julho de 1915), Lovecraft parafraseia a teoria de Renshaw ("o bardo

---

1. "Atentai ao grande Whitman, cujo verso licencioso/Agrada ao camponês e aquece a alma dos porcos;/Cuja imaginação febril evita o espaço das medidas,/E copia a imundície de Ovídio sem sua graça." [N. do T.]

verdadeiramente inspirado deve cantar seus sentimentos independentemente de forma ou linguagem, permitindo que cada impulso de mudança altere o ritmo de sua canção e legando cegamente sua razão ao 'bom arrebatamento' de seus humores"), como expressa num artigo de seu jornal amador, *Old Miss*' ["Velha Senhora"], de maio de 1915; para o qual Lovecraft dá a resposta precisa e aguda: "A 'linguagem do coração' deve ser clarificada e feita inteligível para outros corações, caso contrário seu propósito ficará para sempre limitado a seu criador". Esse simples comentário serviria de avaliação adequada ao obscurantismo de boa parte da poesia do século XX.

O segundo e mais forte tipo de radicalismo — de pensamento e ideias — é tratado de maneira mais dura. Em "The Vers Libre Epidemic", está dito que essa escola é representada por "Amy Lowell em seu piores momentos":

> Uma horda heterogênea de rapsodos histéricos e não muito dotados de inteligência cujo princípio básico é o registro de seus humores e estados psicológicos momentâneos em quaisquer frases amorfas e sem sentido que lhes venham à língua ou caneta no momento de seu arrebatamento espiritual (ou epiléptico).

É um argumento decerto polêmico, mas não muito bem montado. Lovecraft sustentaria a cruzada contra a poesia de vanguarda ao longo de toda a sua vida, embora, ao que tudo indica, ele tenha começado, pela década de 1930, a sentir que sua luta era vã. Mas isso não altera sua devoção à poesia conservadora, ainda que em seus debates finais ele modificasse consideravelmente sua posição e advogasse a perspectiva de que a poesia devesse ser direta, porém elegante e coerente, a partir da linguagem de seu tempo.

Lovecraft não raro usava pseudônimos em suas contribuições para a imprensa amadora, especialmente para a poesia. Aproximadamente vinte pseudônimos foram identificados. Apenas uns poucos, contudo, foram utilizados com regularidade: Humphry Littlewit, cavalheiro; Henry Paget-Lowe; Ward Phillips; Edward Softly; e, com ainda maior frequência, Lewis Theobald Jr. Alguns desses nomes em praticamente nada se adéquam à identidade de Lovecraft. O pseudônimo de Lewis Theobald, é claro, remete ao desafortunado acadêmico shakespeariano que Pope expõe ao ridículo em sua primeira versão de *The Dunciad* (1728).

Em alguns casos Lovecraft usou pseudônimos apenas porque estava contribuindo com tanta poesia na imprensa amadora — especialmente para o *Tryout*, de C.W. Smith – e talvez não quisesse dar a impressão de ter mais espaço do que realmente merecia. Em outros casos, Lovecraft pode ter desejado o disfarce devido ao conteúdo anômalo do poema em questão. Mas é muito difícil caracterizar alguns de seus pseudônimos, em particular aqueles sob os quais uma grande quantidade de trabalhos foi publicada; e parece claro que ele os usou tão somente ao sabor da ocasião e sem pensar na criação de qualquer *persona* para os pseudônimos em questão.

Muitos dos primeiros poemas de Lovecraft tratam de matéria política. Os acontecimentos políticos do período entre 1914 e 1917 ofereceram muitas oportunidades à pena polêmica de Lovecraft, dados seus primeiros posicionamentos sobre raça, classe social e militarismo. Lovecraft não podia saber, evidentemente, que sua entrada no universo do jornalismo amador, em abril de 1914, aconteceria apenas quatro meses antes do início da Primeira Guerra Mundial; mas, uma vez iniciada a guerra – e tendo visto seu país não aderir tão logo ao conflito para colocar-se ao lado da amada Inglaterra –, a ira de Lovecraft despertou. Para ataques em prosa sobre assuntos de interesse mundial, seu veículo era o *Conservative*; já seus versos sobre a mesma matéria distribuíam-se por todo o universo amador.

Lovecraft não podia tolerar que os norte-americanos não permanecessem ao lado de seus irmãos ingleses na batalha contra os hunos, e isto certamente o enfureceu, não apenas porque o governo o frustrara na intervenção na guerra, mas porque a opinião pública norte-americana era terminantemente contra tal intervenção. Mesmo o afundamento do *Lusitania*, em 7 de maio de 1915 – resultando na morte de 128 norte-americanos, de um total de mais de 1200 –, apenas deu ensejo a uma lenta mudança no pensamento local contra a Alemanha. O incidente levou Lovecraft a escrever uma poderosa polêmica em verso, "The Crime of Crimes: *Lusitania*, 1915" ["O crime dos crimes: *Lusitania*, 1915"]. Não há forma de questionar a sinceridade ardente de Lovecraft nesse poema; o metro antiquado e a dicção usados, porém, tornam difícil levar o poema a sério, e ele acaba por assumir um ar de frivolidade, quase de autoparódia. Isso pode ser dito sobre boa parte da poesia política de Lovecraft.

"The Crime of Crimes" tem o valor de ser o primeiro trabalho de Lovecraft a ser publicado separadamente. O poema saiu em um jornal amador gaulês, o *Interesting Items*, de julho de 1915, e aparentemente na mesma época foi publicado num panfleto de quatro páginas pelo editor do jornal,

Arthur Harris, de Llandudno, no País de Gales. Esse material é uma das mais raras publicações de Lovecraft; apenas três cópias são conhecidas. Não sei como Lovecraft entrou em contato com Harris; talvez ele lhe tenha enviado o primeiro número de *Conservative*. De todo modo, Lovecraft permaneceu em contato esporádico com Harris pelo resto de sua vida.

O episódio do *Lusitania* levou o presidente Woodrow Wilson a proferir sua célebre frase, "Há homens que são orgulhosos demais para lutar", que despertou a fúria de Lovecraft, que respondeu com repúdio em todas as oportunidades, especialmente em seus poemas. Lovecraft produziu um conjunto de poemas antipacifistas ("Pacifist War Song — 1917" ["Canção de guerra pacifista"], *Tryout*, março de 1917; "The Peace Advocate" ["O advogado da paz"], *Tryout*, maio de 1917) e artigos ("The Renaissance of Manhood" ["A renascença da humanidade"], *Conservative*, outubro de 1915), juntamente com um sem-número de poemas verdadeiramente ruins expressando lealdade à Inglaterra ("1914", *Interesting Items*, março de 1915; "An American to Mother England" ["Um norte-americano à mãe Inglaterra"], *Poesy*, janeiro de 1916; "The Rose of England" ["A rosa da Inglaterra"], *Scot*, outubro de 1916; "Brittania Victura", *Inspiration*, abril de 1917; "An American to the British Flag" ["Um norte-americano à bandeira inglesa"], *Little Budget*, dezembro de 1917).

A imediata reação de Lovecraft à guerra foi, contudo, curiosa. Ele não tinha interesse pelas verdadeiras causas da guerra ou seus culpados; sua primeira preocupação era parar o que ele via como uma guerra civil racial entre os dois lados do "mundo anglo-saxão". É aqui que o racismo de Lovecraft toma a dianteira: "Em um alinhamento racial não natural dos diversos poderes em guerra, vemos um desafio aos princípios antropológicos que não pode senão ser mau augúrio ao futuro do mundo". A passagem vem de "The Crime of the Century" ["O crime do século"], uma das canhonadas do primeiro número de *Conservative* (abril de 1915). O que faz a guerra tão terrível para Lovecraft é que Inglaterra e Alemanha (bem como Bélgica, Holanda, Áustria, Escandinávia e Suíça) são parte da raça teutônica e, portanto, não devem de forma alguma lutar uma contra a outra. Embora inimigas políticas, Inglaterra e Alemanha são racialmente uma só:

> Os teutões são o ápice da evolução. Sobre o nome, devemos pensar com discernimento seu lugar na história e desconsiderar a nomenclatura popular que confunde os nomes "alemão" e "teutão", vendo-o não nacionalmente mas racialmente, identificando seu porte fundamental com o "Xanthochroi" tal como

descrito por Huxley — alto, branco, loiro, de olhos azuis e cabeça alongada —, em meio aos quais a classe de línguas que descrevemos como "teutônicas" surgiram e que hoje constituem a maioria da população falante de línguas teutônicas de nosso globo.

Falamos sobre o preconceito de Lovecraft contra negros manifestando-se já aos catorze anos; de onde teriam surgido essas ideias sobre a superioridade teutônica? A própria passagem acima sugere uma fonte: Thomas Henry Huxley. A obra de Huxley é complexa e nuançada demais para ser declarada racista, prudente que era seu autor quando chegou às noções de superioridade e inferioridade raciais; mas em "The Crime of the Century" Lovecraft faz referência direta a dois ensaios de Huxley, "On the Methods and Results of Ethnology" ["Sobre os métodos e resultados da etnologia"] (1865) e "On the Aryan Question" ["Sobre a questão ariana"] (1890), ambos incluídos em *Man's Place in Nature and Other Anthropological Essays* ["O lugar do homem na natureza e outros ensaios antropológicos"] (1894). No primeiro ensaio Huxley cunha o termo "Xanthochroi" (raças que têm pele clara e cabelos loiros), aplicando-o aos habitantes do norte da Europa, descendentes dos bárbaros "nórdicos". Com os "Melanochroi" (de pele clara e cabelos escuros), que ocupam as terras do Mediterrâneo e o Oriente Médio, os "Xanthochroi" eram e são o pináculo da civilização:

> Não é necessário tecer comentários sobre a civilização desses dois ramos. Com eles surge tudo de mais elevado em arte, ciência, lei, política e invenções mecânicas. Em suas mãos, no presente momento, está a ordem do mundo social, e com elas o progresso se alinha.[10]

Embora as afirmações de Lovecraft tornem evidente que ele fazia uso de teorias evolutivas em seu arrogante elogio do teutão, havia sido comum por quase um século celebrar teutões, anglo-saxões, nórdicos ou arianos (termos todos extremamente nebulosos e frequentemente intercambiáveis em sua aplicação) como o pináculo da civilização. Historiadores ingleses e norte-americanos em particular — começando com sir Francis Palgrave e seu *Rise and Progress of the English Commonwealth* ["Ascensão e progresso da comunidade inglesa"] (1832) e continuando com acadêmicos de renome como Edward A. Freeman, J.R. Green, Francis Parkman, William H. Prescott e John Fiske — enamoraram-se da ideia de que as virtudes dos sistemas políticos inglês (logo, norte-americano) e alemão devem sua existência aos teutões e anglo-saxões. Lovecraft leu muitos desses escritores e tinha livros deles em sua biblioteca. Com autoridades como essas, não é surpreendente que fizesse ecoar suas teorias raciais, mesmo que de maneira estridente e pretensiosa.

L. Sprague de Camp tem sustentado[11] que Lovecraft foi bastante influenciado por *Foundations of the Nineteenth Century* ["Fundações do século XIX"], de Houston Stewart Chamberlain, publicado em alemão em 1899 e traduzido para o inglês em 1911. Não há, porém, que eu saiba, qualquer referência aos escritos de Chamberlain nos documentos de Lovecraft; e mesmo um rápido exame dos objetivos específicos do racismo de Chamberlain, segundo um acadêmico, "leva-o a conciliar o cristianismo, a religião do perdão e da humildade, com o agressivo nacionalismo germânico",[12] com o qual Lovecraft jamais se preocupou; de fato, o anticristianismo de Lovecraft só ganhou força quando entrou em contato com a obra de Nietzsche, por volta de 1918. Chamberlain também celebrou os bárbaros teutões que tomaram Roma como os portadores do "verdadeiro cristianismo" (ou seja, um cristianismo "forte", subtraído de seus elementos de piedade e tolerância), uma perspectiva que Lovecraft jamais poderia adotar, dada a crença que manteve até o fim de sua vida em que "o Império Romano sempre parecerá o acontecimento central da história humana".[13] Dessa e de outras formas o racismo de Lovecraft difere fundamentalmente do de Chamberlain, de modo que qualquer influência do último parece remota, especialmente tendo em vista a total ausência de evidência documental de que Lovecraft sequer tivesse contato com a obra de Chamberlain.

Mais tarde em 1915, a questão dos negros foi mais uma vez levantada. Já vimos como Lovecraft atacou o elogio de Walt Whitman promovido por Charles D. Isaacson em seu jornal amador *In a Minor Key*. O conjunto do artigo de Isaacson, no entanto, era um pedido por tolerância racial, especialmente aos negros. Ele é particularmente duro com o filme de D.W. Griffith *The Birth of a Nation* ["O nascimento de uma nação"], afirmando que este apresentava uma falsa perspectiva das relações entre brancos e negros depois da Guerra Civil e que incitava ao ódio racial.

Em "In a Major Key" (*Conservative*, julho de 1915), Lovecraft faz a surpreendente afirmação de que "a perspectiva do sr. Isaacson sobre o preconceito racial [...] é muito subjetiva para ser imparcial". No que toca a *The Birth of a Nation*, Lovecraft diz ainda não ter visto o filme (ele o faria posteriormente),[14] mas afirma que leu tanto o romance *The Clansman* ["Os homens do clã"] (1905), de Thomas Dixon, Jr., quanto sua adaptação dramática, na qual o filme se baseava. Então ele parte para um previsível elogio da Ku Klux Klan, "aquele grupo de sulistas nobres, porém malignos, que salvou da destruição após a Guerra Civil metade de nosso país". É estranho que as observações de Lovecraft tenham sido feitas no momento preciso em que o Klan estava sendo ressuscitado no sul por William J. Simmons, embora não fosse tomado como força a ser levada em consideração até a década de 1920. Pode-se observar aqui que Lovecraft estranhamente silencia sobre as centenas de linchamentos de negros ao longo das primeiras décadas do século; mas ele nunca mencionará a KKK senão no fim de sua vida, e para repudiá-la.

Como, contudo, acontecera com o pestífero astrólogo J.F. Hartmann, Lovecraft subestimou seu oponente. As respostas tanto de Isaacson quanto de James Ferdinand Morton no segundo número de *In a Minor Key* (sem data, porém lançado em fins de 1915) são devastadoras, particularmente a de Morton. James Ferdinand Morton (1870–1941) era uma figura interessantíssima. Ele obtivera simultaneamente diplomas de bacharel e de mestre em Harvard em 1892, e tornou-se um vigoroso defensor da igualdade entre negros e brancos, da liberdade de expressão, do secularismo e do imposto único. Escreveu um grande número de panfletos sobre esses temas, a maioria publicada por ele mesmo ou pela The Truth Seeker Co. Foi presidente da NAPA em 1896–97 e se tornaria posteriormente presidente da Thomas Paine Natural History Association e vice-presidente da Esperanto Association of North America. Encerrou sua carreira (1925–41) como curador do Paterson Museum, em New Jersey.

Em "'Conservatism' Gone Mad" ["O conservadorismo indo à loucura"], Morton começa afirmando com presciência: "Presumo que o sr. H.P. Lovecraft seja um jovem que no futuro se divertirá com o dogmatismo risível com que ele hoje pensa ditar as regras". Seguem-se então uma diatribe contra o racismo de Lovecraft e uma previsão à guisa de conclusão:

> Do exemplo oferecido pelo artigo em discussão é evidente que o sr. Lovecraft necessita de um longo e humilde aprendizado antes de qualificar-se a ponto de poder sentar no assento dos mestres e proferir julgamentos *ex cathedra*. A única coisa a seu favor é sua evidente sinceridade. Que ele venha a descobrir o valor de apreciar os muitos pontos de vista compartilhados por pessoas tão sinceras quanto ele, e mais bem informadas em certos particulares, e se tornará menos estreito e intolerante. O vigor de seu estilo, quando aliado a concepções mais

claras baseadas em um entendimento mais amplo, o transformará em um escritor de força.[15]

Passagens como essa acabaram levando Lovecraft a fazer as pazes com Morton, que por fim se tornaria um de seus amigos mais próximos.

Mas isso só aconteceria muitos anos depois. Naquele momento Lovecraft não tinha outra coisa em mente além de uma resposta intensa. Escreveu um magnífico poema satírico, "The Isaacsonio-Mortoniad", por volta de 1915; não permitiu, contudo, sua publicação, não havendo notícia de que tenha nem mesmo mostrado a quem quer que fosse. É uma esplêndida sátira em versos, tão brilhante quanto algumas das peças "Ad Criticos".

Lovecraft fez mais do que simplesmente escrever sobre a guerra. Em 16 de maio de 1917, ele próprio alistou-se na Guarda Nacional de Rhode Island (Rhode Island National Guard — RING). O que os comentadores não têm percebido é que todo o episódio com a RING ocorreu antes de o presidente Wilson ter assinado a lei do alistamento (18 de maio de 1917), e bem antes da instituição do próprio alistamento. Lovecraft deve ter sentido que, com a declaração de guerra em abril, era então hora de adentrar o conflito como forma de cumprir seu dever patriótico.

É difícil compreender como Lovecraft chegou a tal decisão. Ele dissera repetidas vezes desde pelo menos 1915 que era um inválido, mal capaz de reunir força suficiente para sair de casa. Consideremos, contudo, seu mais detalhado relato do alistamento na RING:

Há algum tempo, compelido por minha completa inutilidade no mundo, resolvi tentar me alistar a despeito de minha condição próxima da invalidez. Argumentei que, se escolhesse um regimento para embarcar logo para a França, minha incrível força nervosa, esta de não pouca monta, haveria de me manter de pé até que uma bala ou estilhaço dispusesse de meu corpo de maneira mais efetiva & concludente. Assim, apresentei-me ao posto de recrutamento da Guarda Nacional & inscrevi-me para entrar na primeira companhia que seguisse para o front. Diante da falta de treinamento técnico ou específico, disseram-me que não poderia me unir à artilharia de campo, que sairia primeiro, mas que havia, contudo, vagas para a inscrição na artilharia costeira, que viajaria passado um período preliminar de serviço de defesa num dos fortes de Narragansett Bay. As perguntas que me fizeram eram inadequadamente infantis, &, no que se referia aos requisitos físicos, admitiriam até mesmo um inválido crônico. As únicas doenças trazidas à baila eram males específicos dos quais eu não sofria, & de alguns deles jamais ouvira sequer falar. O exame médico se limitava apenas aos males orgânicos mais amplos, dos quais não tinha nenhum, & logo me vi (como pensava) um recruta devidamente inscrito na 9ª Companhia da Guarda Nacional de Rhode Island![16]

A passagem trata de uma série de questões importantes. Primeiro, se realmente se tornou membro da RING; o mais provável é que Lovecraft não fosse enviado para a Europa em combate, servindo, sim, perto de casa (uma carta posterior diz que a 9ª Artilharia Costeira estava postada em Fort Standish, no porto de Boston),[17] como força adjunta. Em segundo lugar, Lovecraft fez um exame físico superficial que, não obstante, não revelou maiores problemas.

Se Lovecraft foi aprovado nos exames, o que se passou que não estava servindo na Guarda Nacional? Deixemos que ele próprio conte a história:

Como você deve ter deduzido, embarquei nessa desesperada aventura sem avisar minha mãe; &, como você deve ter percebido, os sentimentos suscitados em casa não foram nada discretos. Na verdade, minha mãe ficou quase prostrada com as notícias, já que sabia que eram raras as chances de um sujeito frágil como eu sobreviver à rigorosa rotina do campo de treinamento. Suas enérgicas providências logo levaram a cabo minha carreira militar. Não foi preciso mais que algumas palavras do médico de nossa família a respeito de minha condição nervosa para que se anulasse meu alistamento, embora o médico do exército tenha declarado tal anulação muito pouco usual & praticamente contrária aos regulamentos do serviço militar [...] minha situação por fim era a de um homem "rejeitado por deficiência física".[18]

Esse relato também é cheio de interesse. Pode-se perguntar o que Susie e o médico de Lovecraft disseram aos membros da Guarda Nacional. Alguns especulam que o médico tenha revelado a paresia de Winfield Lovecraft. A ligação entre a paresia e a sífilis fora formulada em 1911, e é possível que àquela altura Susie e o médico tivessem uma boa ideia da verdadeira causa da doença de Winfield. Mas o exame físico presumidamente indicara que o próprio Lovecraft não sofria de paresia ou sífilis; portanto, não se sabe ao certo o efeito produzido pela informação acerca de Winfield. Penso ser mais seguro seguir com o testemunho do próprio Lovecraft e aceitar que o relato do médico sobre a "condição nervosa" de Lovecraft tenha causado a anulação.

Psicologicamente, Lovecraft admitia o sentimento de depressão e desapontamento:

Estou me sentindo desolado e infeliz como cidadão. Quase todas as pessoas de minhas relações trabalham em algum ramo do serviço militar, a maioria em

Plattsburg ou na Guarda Nacional [...] é de doer o coração ser um não combatente em meio a uma profusão de orgulhosos recrutas.[19]

Aqui há mais uma indicação, para Lovecraft, de ter sido deixado para trás na vida: tendo fracassado na conclusão do ensino médio e no ingresso na universidade, ele vira os amigos de juventude conseguirem bons empregos no jornalismo, nos negócios e na vida jurídica. Neste momento, ele os via seguir para a guerra enquanto ele permanecia escrevendo para a imprensa amadora.

Lovecraft fez seu registro no alistamento em 5 de junho — foi legalmente obrigado a fazê-lo. Em sua ocupação, ele escreveu "escritor". "Foime dito que há chances de eu ser convocado, muito embora tenha sido reprovado no teste físico para a atividade militar."[20] É claro que Lovecraft não seria utilizado. O registro de seu alistamento, se sobreviveu, não veio a lume.

Outro interesse sociopolítico que emergiu na primeira parte da vida de Lovecraft como jornalista amador foi a temperança. Esse realmente foi um entusiasmo de desenvolvimento notoriamente precoce: já em 1896 ele lera um trabalho de John B. Gough sobre o caso, *Sunlight and Shadow* ["Luz do sol e sombra"] (1880). O fato de esse volume estar na biblioteca da família Phillips não é de forma alguma surpreendente: recordemos que a cidade de Delavan, Illinois, fora fundada pelos ancestrais maternos de Lovecraft como cidade de temperança. Vimos que Whipple Phillips, ainda jovem, passou pelo menos um ano ali na década de 1850.

O próprio Lovecraft não teve nenhuma chance de tratar do assunto até mais ou menos 1915. Nessa época ele descobriu no universo amador um colega fervoroso na luta contra o demônio do rum — Andrew Francis Lockhart, natural de Milbank, Dakota do Sul. Um artigo intitulado "More *Chain Lightening*" ["Mais *raios em cadeia*"] (*United Official Quarterly*, outubro de 1915) é um elogio aos esforços de Lockhart na causa da temperança.

A despeito de a proibição de bebidas alcoólicas ser muito impopular em Rhode Island, não chega a ser surpresa que Lovecraft se convertesse à temperança, pois o movimento tinha fortes tons de raça e classe; como observa um historiador, ele foi "conduzido por norte-americanos tradicionalistas e protestantes de classe média"[21] ultrajados com o que consideravam o excessivo hábito de beber dos imigrantes, especialmente alemães e italianos.

Temos de imaginar por que Lovecraft ficou tão obcecado com a ideia da temperança. Ele próprio gostava de dizer que "nunca experimentei bebida intoxicante, nem quis".[22] Quando ele observa que "fico enjoado mesmo ao fedor distante de qualquer bebida alcoólica",[23] temos de recordar de sua aversão extrema a frutos do mar, e parece difícil não imaginar se algum acontecimento em sua mais tenra infância e vida de menino não ocasionou essa resposta psicológica e fisiológica severa. Nada sabemos dos hábitos de bebida da família imediata de Lovecraft; mesmo no que toca a seu pai, a despeito de quaisquer outros pecados que tenha cometido, não temos evidência de qualquer inclinação à bebida. Seria, portanto, irresponsável e injusto produzir quaisquer conjecturas sobre o assunto. O que deve ser dito é que a causa da temperança é o único aspecto da reforma social para o qual Lovecraft demonstra algum entusiasmo em seus anos de juventude — um entusiasmo que aparentemente não se encaixa com a filosofia "cósmica" que ele desenvolvera, a qual o levara à exterioridade da vida para manter uma perfeita indiferença em relação ao destino dos "parasitas de excrementos"[24] deste globo.

Lovecraft dizia que entre os grandes benefícios derivados do amadorismo estava a relação com pessoas de interesse e índole semelhantes (ou contrárias). Para alguém que se tornara praticamente recluso entre 1908 e 1913, o jornalismo amador permitiu a Lovecraft uma exposição gradual à sociedade humana — inicialmente de maneira indireta (por correspondência ou discussões na imprensa amadora), e depois diretamente. Levaria muitos anos para ele se sentir confortável mesmo como membro limitado da sociedade humana, mas a transformação ocorreu; e pelo resto de sua vida seus primeiros associados amadores permaneceram seus amigos mais próximos.

Talvez os três colegas mais próximos no primeiro período amador de Lovecraft tenham sido Maurice W. Moe, Edward H. Cole e Rheinhart Kleiner. Moe (1882–1940) era um professor do ensino médio na Appleton High School, em Appleton, Wisconsin (mais tarde na West Division High School, em Milwaukee), e um dos gigantes do mundo amador na época, embora não tivesse muitos cargos. Sua ortodoxia religiosa era constante fonte de atrito com Lovecraft, e deve ter ajudado a desenvolver e refinar a própria hostilidade de Lovecraft à religião. Nenhum dos duríssimos ataques à religião que Lovecraft dirigiu a Moe em suas cartas parece ter surtido qualquer efeito em relação ao diálogo travado por ambos.

Edward H. Cole (1892–1966) foi também um amador muito respeitado, porém apoiava firmemente a NAPA e hostilizava de maneira inflexível a UAPA. Foi editor oficial da NAPA no período de 1911–12 e presidente para o mandato de 1912–13. Seu jornal, o *Olympian*, é uma das joias da literatura amadora tanto em conteúdo quanto em tipografia, embora tenha sido descontinuado depois de 1917, retornando apenas duas décadas depois. Cole foi um dos primeiros amadores, além dos membros do Providence Amateur Press Club, que Lovecraft conheceu. Viveu em alguns subúrbios de Boston e foi a um encontro do clube em North Providence em fins de novembro de 1914. Cole tornou-se um correspondente próximo de Lovecraft, que em anos posteriores sempre o procurou quando viajava a Boston. A despeito de seu preconceito contra a UAPA, Cole casou-se em 1917 com Helene E. Hoffman (que fora presidente da UAPA no período de 1913–14, quando Lovecraft uniu-se ao grupo) e permitiu-se aparecer na lista de membros da UAPA. As primeiras cartas de Lovecraft a Cole são muito secas e formais, mas ao longo do tempo ele se soltou um pouco e ficou menos encabulado.

Rheinhart Kleiner (1892–1949), do Brooklyn, entrou em contato com Lovecraft quando recebeu o primeiro número da *Conservative*, no fim de março de 1915. Uma imediata e fluente correspondência surgiu, e Kleiner, como não podia deixar de ser, enviou a Lovecraft cópias de sua publicação amadora esporádica, a *Piper*. Os dois se encontraram pela primeira vez em 1° de julho de 1916, quando Kleiner e alguns outros passavam por Providence a caminho da convenção da NAPA em Boston. A partir dali — especialmente quando o próprio Lovecraft viveu no Brooklyn, entre 1924 e 1926 —, ele e Kleiner construiriam fortes laços de amizade.

No verão de 1916 Moe sugeriu a Lovecraft que formassem um ciclo de correspondência rotativa entre os membros da UAPA. Lovecraft, já um missivista de mão-cheia, assentiu prontamente no plano e sugeriu Kleiner como um terceiro membro. Moe sugeriu um quarto nome — Ira A. Cole, um amador de Bazine, Kansas, e editor do *Plainsman*. O ciclo de correspondência começou sob o nome (inventado por Moe) Kleicolomo, derivado das primeiras sílabas dos últimos nomes de cada membro. Cada um escrevia uma carta endereçada aos outros três. A ideia de início era resgatar do esquecimento a epistolografia como arte; tendo o grupo sido bem-sucedido ou não, isso certamente deu um ímpeto à própria escrita do missivista Lovecraft e ao desenvolvimento de seu pensamento filosófico.

Nesse meio-tempo mudanças de algum peso ocorriam na vida familiar de Lovecraft. Desde 1904 ele vivia com a mãe no número 598 da Angell

Street: com a morte do avô Whipple Phillips, a tia mais nova, Annie, casada e vivendo em Cambridge, Massachusetts, e a tia mais velha, Lillian, casada e vivendo em Providence, mas a certa distância, a atmosfera da casa bem pode ter começado a ficar claustrofóbica. Já registrei a descrição do ar "estranho e abafado" feita por Clara Hess mais ou menos nessa época.

Então, em 26 de abril de 1915, após quinze anos de casamento com Lillian, o tio de Lovecraft Franklin Chase Clark morreu, aos 67 anos de idade. É difícil saber quão próximo Lovecraft era de Clark passada a adolescência. É certo que não podemos medir as emoções de Lovecraft sobre o dr. Clark a partir de sua "Elegy on Franklin Chase Clark, M.D." ["Elegia sobre Franklin Chase Clark, médico"], publicada no *Providence Evening News* três dias depois de sua morte, pois seria difícil encontrar poema mais duro, mecânico e sem vida.

Mais ou menos um ano e meio depois, no último dia de 1916, o primo de Lovecraft Phillips Gamwell morreu de tuberculose, aos dezoito anos. Phillips, o único dos filhos de Annie E. Phillips Gamwell e Edward F. Gamwell a sobreviver à primeira infância, era o único membro masculino de sua geração na família. As várias referências de Lovecraft a Phillips deixam claro que tinha muita estima pelo primo, muito embora seja possível que eles tenham se visto apenas nas ocasiões em que Lovecraft visitou Cambridge e Phillips viajou a Providence. Lovecraft observa que na época Phillips, que então contava doze anos de idade, tinha "desabrochado como missivista elegante pronto a debater os mais variados temas científicos e literários suscitados em nossas ocasionais conversas em presença",[25] e Lovecraft atribui seu prazer pela epistolografia à correspondência de quatro ou cinco anos com Phillips.

Annie levara seu filho a Roswell, Colorado, em outubro de 1916 para tratar da saúde, mas a tuberculose estava em estágio já muito avançado, e ele morreu ali em 31 de dezembro de 1916. A "Elegy on Phillips Gamwell, Esq." ["Elegia sobre Phillips Gamwell, cavalheiro"], publicada no *Providence Evening News* de 5 de janeiro de 1917, é tão carente de inspiração quando seu tributo ao dr. Clark. Depois da morte de Phillips, Annie retornou a Providence, tendo aparentemente vivido com seu irmão Edwin até a morte deste, em 14 de novembro de 1918 (e note-se que Lovecraft nada diz sobre sua morte em qualquer carta dessa época ou mais tarde), e, depois, em vários cômodos alugados até o início de 1919, quando se mudou para viver com Lovecraft no 598 da Angell Street.

Tanto quanto posso dizer, nesse período Lovecraft não vinha fazendo mais do que escrever; porém, descobrira uma forma de lazer — o cinema. O entusiasmo de Lovecraft pelo drama arrefecera por volta de 1910, ao mesmo tempo que os filmes surgiam como entretenimento popular, embora não esteticamente qualificado. Em 1910 já eram 5 mil as salas de cinema baratas — as *nickle-odeons*, ou "odéons de um centavo" — pelo país, ainda que fossem tidas por lazer das classes trabalhadoras. Lovecraft registra que as primeiras sessões de cinema de Providence datam de março de 1906, e que, muito embora ele "soubesse bastante sobre literatura & drama para não reconhecer o completo e cabal vazio das imagens em movimento", ele as frequentava mesmo assim — "com o mesmo espírito com que lia Nick Carter, Old King Brady, & Frank-Reade no formato do romance de um centavo".[26] Há quem diga que os filmes talvez tenham ocupado parte, ou grande parte, dos anos "em branco" entre 1908 e 1913, como uma carta de 1915 sugere:

> Como você imagina, sou um devoto das imagens em movimento, já que posso frequentar os espetáculos a qualquer hora, uma vez que meus problemas de saúde raramente me permitem compromissos definitivos ou comprar com antecedência bilhetes para o teatro real. Alguns filmes modernos são realmente dignos de ver, embora quando eu pela primeira vez assisti a filmes seu único valor era o de matar o tempo.[27]

Quando Rheinhart Kleiner escreveu "To Mary of the Movies" ["Para a Mary do cinema"] na *Piper* de setembro de 1915, Lovecraft imediatamente respondeu com "To Charlie of the Comics" ["Para o Charlie da comédia"] (*Providence Amateur*, fevereiro de 1916). Não é surpresa que os dois poetas tenham escolhido homenagear Mary Pickford e Charlie Chaplin, as primeiras verdadeiras "estrelas" da indústria cinematográfica. Do poema de Lovecraft, apesar de fraco, destaca-se sua relativa modernidade de estilo e assunto e seu uso de quartetos octossilábicos. Lovecraft tinha uma clara predileção por Chaplin, observando: "Chaplin é infinitamente divertido — bom demais para os filmes vulgares em que costumava aparecer — e espero que no futuro ele seja um expoente de uma comédia mais refinada".[28]

Por três anos Lovecraft escrevera calhamaços de ensaios, poemas e críticas para publicações amadoras. Chegaria ele a retomar a escrita de ficção em que, nos idos de 1908, parecia tão promissor? Em 1915 Lovecraft escreveu para G.W. Macauley: "Queria muito saber escrever ficção, mas parece quase impossível".[29] Macauley diz que "discordou veementemente" — não porque tivesse visto algo da ficção de Lovecraft, mas porque, tendo enviado um conto para Lovecraft para que o comentasse, ele recebera uma tão acurada e elaborada análise que se convencera de que Lovecraft tinha em si a capacidade de escrever histórias curtas. A crítica e a escrita de ficção são, é claro, coisas completamente diferentes, mas no caso de Lovecraft não se pode evitar o sentimento de que a frequência com que ele comenta os pontos fracos das histórias publicadas na imprensa amadora aponta uma crescente urgência de provar que podia fazer melhor. A ficção era, é claro, sempre o ponto mais fraco da imprensa, não somente porque é mais difícil de dominar do que a prosa de não ficção, mas porque as limitações de espaço nas publicações amadoras não permitiam a publicação de muito mais do que perfis e crônicas.

Lovecraft finalmente levou "The Alchemist" à publicação na *United Amateur* de novembro de 1916. Era de esperar que ele próprio o atacasse no "Departamento de crítica pública" (*United Amateur*, maio de 1917), dizendo que "precisamos necessariamente pedir toda a caridosa indulgência que a associação possa estender a um humilde porém ambicioso iniciante". A palavra "ambicioso" pode sugerir a vontade de Lovecraft de escrever mais ficção caso esse único exemplo, não obstante o quanto ele próprio o pudesse depreciar, recebesse comentários favoráveis. Parece que foi exatamente o que aconteceu, porém mesmo assim levaria mais de um ano e meio até que Lovecraft quebrasse o autoimposto hiato de nove anos na escrita de ficção. Que ele finalmente o tenha feito, escrevendo "The Tomb" e "Dagon" em rápida sucessão no verão de 1917, isso se atribui em grande parte ao encorajamento de um novo associado, W. Paul Cook, de Athol, Massachusetts, que seria uma presença importante ao longo de toda a vida de Lovecraft a partir daí.

NOTAS

[1] HPL a J. Vernon Shea, 27 de outubro de 1932 (SL IV.97).

[2] L. Sprague de Camp, "Young Man Lovecraft" (1975), in *The Necronomicon*, ed. George Hay (Londres: Corgi, 1980), pp. 143–44.

[3] *Science versus Charlatanry: Essays on Astrology* (Madison, WI: Strange Co., 1979), p. xiv. Ver, nesta edição, *passim*, todos os artigos da controvérsia Lovecraft-Hartmann.

[4] HPL a Maurice W. Moe, 8 de dezembro de 1914 (SL I.3–4).

[5] HPL a Elizabeth Toldridge, 8 de março de 1929 (SL II.314–15).

[6] HPL a Maurice W. Moe, 8 de abril de 1931 (SL III.369–70).

[7] HPL a Rheinhart Kleiner, 13 de maio de 1921 (SL I.132).

[8] Steven J. Mariconda, "On Lovecraft's 'Amissa Minerva'", *Etchings and Odysseys* nº. 9 [1986]: 97–103.

[9] HPL a Rheinhart Kleiner, 23 de agosto de 1916 (SL I.24).

[10] Thomas Henry Huxley, *Man's Place in Nature* (1894), p. 233.

[11] De Camp, *Lovecraft*, pp. 95–99.

[12] Thomas F. Gossett, *Race: The History of an Idea in America* (Dallas: Southern Methodist University Press, 1963), p. 348.

[13] HPL a R.H. Barlow, 13 de junho de 1936 (SL V.266).

[14] HPL ao Gallomo, 30 de setembro de 1919 (SL I.89).

[15] James F. Morton, "'Conservatism' Gone Mad", *In a Minor Key* nº. 2 [1915]: [15–16].

[16] HPL a Rheinhart Kleiner, 23 de maio de 1917 (SL I.45–46).

[17] HPL a Rheinhart Kleiner, 27 de agosto de 1917 (SL I.49).

[18] Ver nota 16.

[19] HPL a Rheinhart Kleiner, 22 de junho de 1917 (SL I.48).

[20] HPL a John T. Dunn, 6 de julho de 1917 (manuscrito, JHL).

[21] Samuel Eliot Morison *et al.*, *The Growth of the American Republic*, 7ª ed. (Nova York: Oxford University Press, 1980), 2:285.

[22] HPL a Zealia Bishop, 13 de fevereiro de 1928 (SL II.229).

[23] HPL a J. Vernon Shea, 10 de novembro de 1931 (SL III.434).

[24] HPL a Maurice W. Moe, 15 de maio de 1918 (SL I.64).

[25] SL III.370 (nota 6).

[26] HPL a J. Vernon Shea, 4 de fevereiro de 1934 (SL IV.355).

[27] HPL a Rheinhart Kleiner, 6 de dezembro de 1915 (SL I.18).

[28] HPL a Rheinhart Kleiner, 30 de setembro de 1915 (SL I.14).

[29] "Extracts from the Letters to G. W. Macauley" (1938), *Lovecraft Studies* 1, nº. 3 (outono de 1980): 14.

7

Rabiscando febril e incessantemente

(1917–19)

W. Paul Cook (1881–1948) já era havia muito um gigante do mundo amador. Cook era irrevogavelmente um ser da Nova Inglaterra: nascera em Vermont, era descendente direto do governador colonial de New Hampshire Benning Wentworth, e residiu boa parte de sua vida adulta em Athol, Massachusetts. Por anos ele foi o chefe do departamento de impressão do *Athol Transcript*, e seu acesso à prensa e sua devoção à causa amadora permitiu que fosse um importante filantropista na impressão dos jornais amadores a praticamente custo nenhum. Começou a imprimir *The Conservative* em 1917. Durante seu período como presidente da UAPA Lovecraft nomeou Cook o impressor oficial, posição que manteve por três anos consecutivos (1917–20) e outra vez por mais três anos entre 1922 e 1925. Curiosamente, ao mesmo tempo Cook foi editor oficial da NAPA (1918–19) e seu presidente (1919–20).

Cook era um dos poucos amadores que tinham um forte gosto pela ficção fantástica; Lovecraft mais tarde diria que a "biblioteca de Cook era a mais notável coleção de prosa fantástica & outros materiais que já vi reunida num só lugar",[1] e frequentemente tomava de empréstimo muitos livros raros aos quais não tinha acesso. Praticamente não resta dúvida de que Cook, durante sua visita a Lovecraft em setembro de 1917 (da qual veremos mais a seguir), discutiu com ele esse tópico de mútuo interesse. Se foi ou não nessa época que Cook convenceu Lovecraft a deixá-lo publicar seu outro conto de juventude, "The Beast in the Cave", não se sabe com certeza; de todo modo, a história apareceu na *Vagrant*, de Cook (uma publicação da NAPA), em junho de 1918.

Lovecraft deixa muito claro que o encorajamento de Cook era instrumental em sua retomada da escrita fantástica; e esse encorajamento era tanto privado quanto público. Um exemplo desse último caso é o efusivo artigo de Cook intitulado "Howard P. Lovecraft's Fiction" ["A ficção de Howard P. Lovecraft"], prefaciando sua impressão de "Dagon" na *Vagrant* de novembro de 1919, um trabalho inteligente, muito embora pondere que Lovecraft possa ter sido influenciado por Maupassant, o qual ele provavelmente ainda não lera na época.

Poe é, evidentemente, a influência dominante nos primeiros contos de Lovecraft, e aparece como vulto por sobre a ficção de Lovecraft até pelo menos 1923. Registre-se, contudo, que mesmo "The Tomb" e "The Outsider" (1921), os contos de Lovecraft mais obviamente influenciados por Poe, estão longe de ser meros pastiches, não obstante seja fato que Lovecraft encontra em Poe um modelo de estilo e da construção mais geral da história curta.

Em particular, o idioma em que Lovecraft produz seus primeiros contos – denso, um pouco agitado demais, com termos abstrusos e arcaísmos, praticamente esquecido da apresentação realista das personagens e quase totalmente dado à exposição e à narração, com uma ausência de diálogos quase completa – é claramente tributário de Poe. Era tão comum o reconhecimento de Lovecraft no que se referia à influência de Poe que ele às vezes a exagerava, como em seu famoso lamento de 1929: "Existem meus trabalhos 'Poe' & meus trabalhos 'Dunsany', mas – ai! – existe algum trabalho 'Lovecraft'?".[2]

O mais óbvio aspecto estilístico comum a Poe e Lovecraft é o uso dos adjetivos. No caso de Lovecraft isto tem sido negativamente chamado de "adjetivite", como se houvesse um número canônico de adjetivos por polegada quadrada a ser permitido, sendo o menor excesso motivo de histérica condenação. Mas esse tipo de crítica é apenas remanescente de um modelo superficial e fora de moda de realismo que se vangloria do estilo "ossos a nu" de um Hemingway ou de um Sherwood Anderson como o único modelo aceito de prosa em língua inglesa. Lovecraft era predominantemente influenciado pelo "asianismo" de Johnson e Gibbon como oposição ao estilo "ático" de Swift e Addison; e poucos hoje em dia – especialmente hoje, que escritores como Thomas Pynchon e Gore Vidal restauraram a riqueza da textura da ficção inglesa moderna — condenarão Lovecraft sem o reconhecimento do uso de tal estilo.

No entanto, acho que se pode pensar que Lovecraft passou a melhor parte de sua carreira ficcional tentando escapar — ou, na melhor das hipóteses, dominar ou refinar — a influência estilística de Poe, como é sugerido por suas frequentes observações na última década de sua vida sobre a necessidade de simplicidade de expressão e sua exemplificação desse princípio na evolução de sua posterior maneira "científica".

Os contos do primeiro período de Lovecraft não precisam de muita análise; no conjunto, são relativamente convencionais, mostrando apenas breves indícios das concepções dinâmicas que estariam presentes em seu trabalho posterior. Alguns de seus contos são mais interessantes por sua gênese do que por seu conteúdo efetivo. "The Tomb", escrito no verão de 1917, conta a história de Jervas Dudley, um "sonhador e visionário" que parece ser possuído pelo espírito de um ancestral do século XVIII. A história foi inspirada pela caminhada de Lovecraft pelo Swan Point Cemetery em junho, na companhia de sua tia Lillian. Ele tinha deparado com uma pedra tumular datada de 1711, o que o levou a refletir: "Eis aqui uma ligação com a minha era predileta das perucas [...] Por que não posso falar com ele e adentrar mais intimamente a vida de minha era escolhida? O que havia deixado esse corpo, que não podia mais se comunicar comigo?".[3]

"Polaris", escrito no verão de 1918, antecipa incrivelmente os posteriores contos "dunsanianos" de Lovecraft, mas foi escrito um ano antes de ele ter lido lorde Dunsany. A história foi inspirada por um sonho ocorrido no fim da primavera daquele ano, quando Lovecraft viu a si mesmo vagando como uma inteligência desencarnada sobre "uma estranha cidade — uma cidade de muitos palácios e domos dourados, instalada num vale em meio a horríveis cadeias de montes acinzentados".[4]

O mais curioso de todos, "Beyond of the Wall of Sleep" (1919), retratando a possessão psíquica de um habitante da floresta das Catskill Mountains, no estado de Nova York, por uma entidade cósmica, foi inspirado num artigo publicado na *New York Tribune* sobre o encontro de agentes do estado com tais moradores daquela região.[5] O artigo foi publicado em 27 de abril de 1919 e menciona um sujeito de nome Slater ou Slahter, o mesmo nome utilizado por Lovecraft em sua história.

"Dagon", o segundo conto da maturidade de Lovecraft, é de interesse sobretudo pela contemporaneidade de seu espaço (estamos claramente no meio da Primeira Guerra Mundial) e pela sugestão de toda uma civilização alienígena que outrora vivera literalmente nas profundezas da terra. Trata-se de um tema que Lovecraft desenvolveria à exaustão em seu trabalho futuro.

Nesse período Lovecraft também aprendeu a expressar ideias acerca do fantástico em verso. Se até 1917 sua poesia fora basicamente georgiana em caráter, a partir dali Lovecraft começaria a ver que a poesia era capaz de mais do que simplesmente recapitular a atmosfera do século XVIII. A influência dominante desse período de sua poesia dedicada ao fantástico era, é claro, Poe, pois, embora Lovecraft possuísse e tivesse lido os "Graveyard Poets" ["Poetas do Túmulo"] de fins do século XVIII — as *Meditations and Contemplations*, de James Hervey (1746–47), os *Night-Thoughts*, de Edward Young, entre outros — eles não parecem tê-lo influenciado de maneira perceptível. É possível que sua mais notável peça seja um poema de 302 versos escrito em 1916, "The Poe-et's Nightmare", do qual a seção central expressa fortes noções cósmicas em versos brancos de inspiração miltoniana. Outro longo poema fantástico — o "Psychopompos", de 312 versos, iniciado no outono de 1917, mas não completo até maio ou junho de 1918 — é interessante por adotar a forma de uma balada narrativa semelhante à empregada por sir Walter Scott. Muitos outros poemas infelizmente tendem, contudo, às imagens cruas e calafrios óbvios. Mesmo o mais famoso dos primeiros poemas fantásticos de Lovecraft, "Nemesis" (escrito "à luz sinistra das primeiras horas de uma manhã negra depois do Halloween de 1917"[6]), é passível de crítica por sua imprecisão e pelo vazio das imagens de horror.

Enquanto isso os acontecimentos políticos não deixavam de atrair a atenção de Lovecraft. Embora não pudesse ele próprio lutar na Primeira Guerra Mundial, não lhe era vetado seguir o desenrolar do conflito — especialmente a entrada tardia dos Estados Unidos na guerra. Como era de esperar, Lovecraft escreveu uma série de poemas comemorando o apoio do país à "mãe" Inglaterra na luta contra a Alemanha ou incitando os soldados britânicos. Alguns desses poemas foram republicados na *National Enquirer*. Nenhum deles tem qualquer valor.

Nos termos do real progresso da guerra, Lovecraft observa em fins de 1917: "Quanto à situação geral, tudo parece bastante frustrante. Pode ser que uma segunda guerra ocorra para que as coisas se ajustem da maneira correta".[7] Esse comentário — profético sem que quisesse ou parecesse ser — foi feito no ponto mais difícil da guerra para os aliados: os alemães faziam consideráveis progressos e pareciam próximos de vencer a guerra antes que as novas forças norte-americanas pudessem ser mobilizadas. É, portanto, possível que Lovecraft estivesse considerando a possibilidade de uma vitória dos alemães, de modo que a "segunda guerra" fosse necessária para restabelecer as fronteiras nacionais do período pré-1914. Curiosamente, não consigo encontrar nenhum comentário de Lovecraft sobre o fim da guerra; mas isso talvez se deva à destruição ou perda de muitas cartas do período 1918–19.

O pesado ensaio de Lovecraft "The League" ["A liga"] (*Conservative*, julho de 1919) — uma cínica meditação sobre a inutilidade da Liga das Nações, ou de qualquer outra organização internacional, para prevenir a guerra — mostra que ele estava dando atenção considerável à conferência de paz em Versalhes. Lovecraft sem dúvida tinha grande satisfação de os Estados Unidos no início dos anos 1920 não terem ratificado a entrada norte-americana na Liga, a menina dos olhos do odiado presidente Wilson. Previsivelmente, ele aceitou a paranoia anticomunista do "medo vermelho" do período pós-guerra no ensaio "Bolshevism" ["Bolchevismo"] (*Conservative*, julho de 1919), falando do "corrupto exemplo da quase subumana multidão russa". Mais discretamente relacionado a seu racismo é o ensaio "Americanism" ["Americanismo"] (*United Amateur*, julho de 1919). Para Lovecraft, o americanismo não é mais que um "universo anglo-saxão expandido"; assim, a noção do "cadinho" — o *melting pot* — é sumariamente rejeitada:

> A mais perigosa e falaciosa das muitas concepções errôneas de americanismo é a do chamado "cadinho" das raças e tradições. É verdade que este país tem recebido um imenso influxo de imigrantes não ingleses que chegaram até aqui para desfrutar sem dificuldades as liberdades que nossos ancestrais britânicos talharam em trabalho e derramamento de sangue. É também verdade que alguns deles, como os de origem teutônica ou celta, são capazes de assimilar nossos tipos ingleses e de tornar-se valiosa contribuição a nossa população. Mas disto não se segue que uma mistura de sangue ou ideias realmente estranhos tenha ou possa realizar mais do que problemas [...] Talvez a imigração não possa ser de uma só vez extirpada, mas é necessário que se compreenda que os estrangeiros que escolheram os Estados Unidos como sua residência devem aceitar a cultura e a língua dominantes como sua, e jamais tentar modificar nossas instituições, nem tentar manter as suas vivas entre nós.

Essa afirmação, ofensiva como deve soar a muitos, não era de forma alguma estranha aos ianques da classe de Lovecraft. Deixemos de lado a flagrante inverdade de que os imigrantes chegaram de algum modo apenas para usufruir as "liberdades" talhadas por esses intrépidos saxões: mais uma vez a completa ignorância de Lovecraft sobre as dificuldades voluntariamente enfrentadas pelos imigrantes para se estabelecer nos Estados Unidos traiu-se num erro ridículo. O termo crítico aqui é "assimilação" — a ideia de que os influxos culturais estrangeiros deveriam se desfazer de suas próprias tradições e adotar a da civilização (anglo-saxônica) hegemônica. No tempo de Lovecraft era *esperado* que os imigrantes fossem assimilados; ou, como um historiador moderno comenta: "A expectativa predominante [no início do século XX] era que o recém-chegado, não importando seu lugar de origem, se conformasse aos padrões anglo-saxões de comportamento".[8] Lovecraft, embora à extrema direita no que se referia a seu ponto de vista sobre a Primeira Guerra Mundial e a Liga das Nações, era centrista no que se referia à assimilação dos imigrantes.

Não tenho dúvida de que Lovecraft aprovou três importantes leis de restrição à imigração no período: as de 1917 (que introduziam um teste de letramento), de 1921 (que limitavam a imigração da Europa, da Austrália, do Oriente Próximo e da África a 3% de cada população nacional estrangeira então residente nos Estados Unidos), e, as mais significativas, de 1924 (que reduziam a cota a 2%, porém tendo por base o senso de 1890, que tinha o efeito adicional de reduzir radicalmente a imigração do leste e do sul da Europa, já que os imigrantes dessas regiões viviam em número inexpressivo nos Estados Unidos então). Lovecraft não menciona nenhuma dessas leis de imigração, mas seu silêncio geral sobre o assunto da entrada de estrangeiros nos anos 1920 (exceto durante seu período em Nova York) sugere que ele sentia que esse assunto tinha, pelo menos naquela época, sido satisfatoriamente tratado. A política durante o relativamente tranquilo governo republicano dos anos 1920 tornou-se para Lovecraft menos uma questão de crise imediata do que uma oportunidade para a especulação teórica. Foi durante essa época que ele desenvolveu suas noções de aristocracia e "civilização", ideias que passariam por profundas modificações com o despontar da Depressão, retendo porém suas ideias gerais e levando à elaborada evolução de seu "socialismo fascista".

O fim dos anos 1910 viu Lovecraft emergir como figura de referência no universo mínimo do jornalismo amador. Tendo sido eleito presidente para o período de 1917–18, Lovecraft parecia estar numa boa posição para levar a cabo seu programa para uma UAPA que a um só tempo promovesse a pura literatura e servisse como ferramenta para a educação. Sob a batuta da competente editora oficial Verna McGeoch (pronuncia-se "Magu"), que esteve à frente do posto por dois anos consecutivos (1917–19), a United Amateur de fato floresceu para se tornar um órgão literário de interesse.

Uma ideia que Lovecraft levou adiante para encorajar a atividade amadora foi o lançamento de publicações cooperativas — publicações em que alguns indivíduos reuniam e empenhavam seus recursos, financeiros e literários. Ele tentou ensinar dando o exemplo ao participar de tal publicação, o jornal *The United Cooperative*, que conheceu três números: dezembro de 1918, junho de 1919 e abril de 1921. Lovecraft tem contribuições em cada um deles. Winifred Jackson — com quem Lovecraft havia antes colaborado com dois contos medíocres, "The Green Meadow" e "The Crawling Chaos" — era um dos editores cooperativos.

Quando o período de Lovecraft como presidente expirou, no verão de 1918, ele foi indicado a seu antigo posto de chefe do departamento de crítica pública pelo novo presidente, Rheinhart Kleiner. Entre 1919 e 1920 Lovecraft não ocupou nenhum cargo. No verão de 1920, contudo, foi eleito editor oficial, servindo em quatro dos cinco anos seguintes. Àquelas alturas Lovecraft dispunha de um controle ainda maior do conteúdo editorial da *United Amateur*, e aproveitou-o ao máximo, abrindo suas páginas à matéria literária escrita por muitos de seus antigos e novos colegas. Ademais, escreveu editoriais para praticamente todas as publicações e também estava incumbido de escrever as "Notas noticiosas", tratando das idas e vindas dos vários amadores, incluindo ele próprio.

Os rumores de descontentamento de alguns membros tornaram-se mais enfáticos nessa época. Pelos idos de novembro de 1920 ele estava tendo de responder contra as acusações de "excessiva centralização da autoridade" ("Editorial", *United Amateur*, novembro de 1920). É verdade que entre os anos de 1917 e 1922 um número relativamente pequeno de pessoas teve cargos na UAPA; mas é como se uma certa apatia tivesse tomado conta dos membros da UAPA, ao mesmo tempo que pareciam felizes por ter esses mesmos indivíduos continuamente à frente dos cargos ano a ano. Reduziram-se as publicações individuais, e mesmo o *Conservative*, de Lovecraft, devido a seus demais envolvimentos oficiais, foi levado a público com periodicidade anual nos anos de 1918 e 1919, entrando depois em recesso até 1923.

Porém, há também evidência de que o próprio Lovecraft, quando não seus colegas, começava a se comportar de forma autocrática. Talvez irritado com a lentidão do progresso literário da maioria dos membros, ele passou a clamar pelo desenvolvimento à força. Em uma palestra intitulada "Amateur Journalism: Its Possible Needs and Betterment" ["Jornalismo amador: suas possíveis necessidades e melhoramentos"] (proferida em uma convenção amadora em Boston, em 5 de setembro de 1920), ele propõe o estabelecimento de "uma autoridade centralizada capaz de exercer a condução gentil, confiável e mais ou menos invisível em questões estéticas e artísticas". Lovecraft antecipa as objeções de "qualquer pessoa idealista ou consciencioso" que pudesse fazer objeções às "possíveis tendências oligárquicas" do plano observando o fato de que todos os grandes períodos da história — a Atenas de Péricles, a Roma de Augusto e a Inglaterra do século XVIII — foram conduzidos por "grupos seletos dominantes". É lógico que Lovecraft chegara ao limite de sua paciência com páginas de pouca seriedade, poesia ruim e crítica oficial inútil. É desnecessário dizer que o plano nunca foi adotado.

Lovecraft deve, contudo, ter sido pego de surpresa quando, em outubro de 1921, o *Woodbee* trouxe um ataque a ele escrito por Leo Fritter, membro de longa data da UAPA que o próprio Lovecraft havia apoiado para ocupar o cargo de presidente em 1915. Fritter citava uma "ampla e difundida insatisfação" com a política editorial de Lovecraft na *United Amateur* e prossegue acusando-o de tentar forçar os membros a encaixar-se num molde que ele arbitrariamente produzira segundo ideias próprias. Lovecraft tentava contra-argumentar colocando que ele próprio recebera "numerosas e entusiasmadas palavras de natureza oposta" ("Editorial", *United Amateur*, setembro de 1921). Ao concluir afirmando que "a questão deve por fim ser decidida na pólis", Lovecraft demonstra que suas palavras são melhores que seus pensamentos, como veremos logo mais.

Esse período, contudo, viu Lovecraft desenvolvendo sua vida social a partir do desajuste extremo em direção à vida de uma pessoa que, embora jamais gregária, encontrava seu lugar numa sociedade de indivíduos com quem compartilhava interesses. Essa transformação, em curso à medida que sucessivos grupos de amigos — na maioria amadores — vinham visitá-lo ou que ele próprio se aventurava em breves passeios, é emocionante.

Duas visitas de amadores no ano de 1917 são instrutivas pelo contraste que formam. Em meados de setembro de 1917, W. Paul Cook, que só recentemente entrara em contato com Lovecraft, fez-lhe uma visita em Providence. Cook conta a história com brilho e elegância:

Da primeira vez que encontrei Howard, fiquei bem perto de não encontrá-lo [...] Estava viajando de Nova York para Boston e fiz uma parada em Providence com o propósito de vê-lo. Estava viajando de trem, o que me permitiu avisar com antecedência a hora de minha chegada, com uma variação de apenas alguns minutos. Chegando ao endereço na Angell Street que mais tarde seria o endereço mais conhecido do jornalismo amador, fui recebido à porta pela mãe e a tia de Howard. Howard passara a noite toda estudando e escrevendo, acabara de ir para a cama e não devia ser de forma alguma incomodado. Se eu fosse ao Crown Hotel, desse entrada e esperasse, elas me telefonariam quando, e se, Howard acordasse. Esse foi um dos momentos de minha vida em que agradeci aos deuses por ter nascido com senso de humor, ainda que pervertido. Era fundamental que estivesse em Boston no começo da noite, o que me permitia passar mais ou menos três horas em Providence, porém havia um trem saindo em meia hora que eu poderia pegar no caso de seguir em frente. Um avatar de minha pessoa passearia por Providence antes que Sua Majestade estivesse pronta para me receber! Anos depois eu e a sra. Clark nos riríamos mais de uma vez recordando o incidente. Eu estava a meio caminho da calçada e a porta estava quase fechada quando Howard apareceu de pantufas e camisola de dormir. Não era W. Paul Cook? Elas não haviam entendido que ele viria me encontrar tão logo chegasse? Fui quase escoltado pela guarda dos portões até o escritório de Howard.[9]

O relato de Cook sobre as três horas que passou com Lovecraft — eles falaram principalmente sobre jornalismo amador, como era de esperar — é discretamente acurado num detalhe que levarei em conta a seguir. O relato de Lovecraft sobre o encontro é registrado numa carta a Rheinhart Kleiner:

Uma semana atrás desfrutei a honra de uma visita do sr. W. Paul Cook [...] fiquei surpreso com sua aparência, pois ele é mais rústico & relaxado do que eu esperava de um homem célebre como ele. Na verdade, seu chapéu-coco, suas roupas amarrotadas, a gravata puída, o colarinho amarelado, o cabelo mal penteado & suas mãos nada imaculadas me fizeram lembrar de meu velho amigo Sam Johnson [...] Mas a conversa com Cook compensa quaisquer deficiências externas que ele possa ter.[10]

Antes de examinar esses relatos, voltemo-nos ao encontro de Rheinhart Kleiner com Lovecraft, que também ocorreu em algum momento de 1917 — possivelmente depois da visita de Cook. Kleiner conta a história da seguinte forma:

Fui saudado à porta do 598 da Angell Street por sua mãe, que era uma mulher apenas um pouco abaixo da estatura média, com os cabelos ficando grisalhos e os olhos que eram o ponto principal de semelhança entre ela e o filho. Ela era bastante cordial e mesmo vivaz, e a certa altura me conduziu ao quarto de Lovecraft.[11]

Por que as respostas tão diferentes de sua mãe a Cook e Kleiner? Creio que o fato determinante aqui é a diferença social. O desmazelo de Cook não poderia ter sido bem-aceito por Susie e Lillian, e elas estavam prontas a dificultar tanto quanto possível o acesso de Cook à casa. Lovecraft o admite num momento de candura, dizendo que "sobre o amadorismo em geral, a opinião dela [Susie] não era muito elevada, pois ela tinha algo como uma hipersensibilidade estética que tornava a crueza do meio muito clara e irritante para si".[12] Em outra ocasião ele diz que Lillian também não dava atenção ao amadorismo — "uma instituição cuja democracia extrema e ocasional heterogeneidade por vezes fez necessário que me desculpasse".[13] Se essas eram as razões pelas quais Lillian não gostava do amadorismo, então é muito evidente que os juízos sociais pesavam bastante em seus pensamentos: "democracia e heterogeneidade ocasional" não podem significar outra coisa senão o fato de que pessoas de todas as classes e formações educacionais estavam envolvidas no movimento amador. Kleiner, um polido e urbano *Brooklynite*, foi cordialmente recebido, pois sua posição social era, aos olhos de Susie, pelo menos igual à de Lovecraft.

Esses relatos estão entre os mais esclarecedores no que toca à vida de Lovecraft — e a suas relações com a mãe — nesse período. Cook e Kleiner estão unidos pela extrema solicitude de Susie e Lillian em relação a Lovecraft. Cook comenta: "A cada poucos minutos a mãe ou a tia de Lovecraft, ou ambas, espiava a sala para ver se ele havia desmaiado ou mostrava sinais de cansaço". Kleiner conta uma ainda mais espantosa história: "Percebi que mais ou menos de hora em hora sua mãe aparecia à porta com um copo de leite, e Lovecraft o bebia sem hesitação". É esse constante paparicar de Lovecraft por Susie e Lillian que sem dúvida ajudou a alimentar na mente dele seu senso de "invalidez".

Kleiner sugeriu que eles saíssem para dar uma volta, e que Lovecraft o levasse para conhecer a Providence colonial — um passeio que ele invariavelmente fazia com todos os seus convidados de fora da cidade, pois nunca se cansava de exibir os maravilhosos restos do século XVIII em sua cidade natal. Mas a pouca familiaridade de Lovecraft com a conduta social normal faz-se evidente quando Kleiner diz:

Em nosso caminho de volta para sua casa, e enquanto ainda estávamos no centro, sugeri que parássemos em um café. Ele concordou, mas tomou leite e observou-me tomar o café com bolo, ou talvez torta, com alguma curiosidade. Ocorreu-me depois que essa visita a um espaço de comes e bebes — mesmo o mais despretensioso — deve ter representado um momento de abandono de seus hábitos mais costumeiros.

É muito provável que tenha sido o caso: não apenas por causa das finanças em queda da família, mas devido ao contínuo isolamento de Lovecraft, a despeito de sua sempre crescente correspondência, uma ida ao restaurante não devia ser algo comum.

Essa correspondência, entretanto, levou ao contato de Lovecraft com dois indivíduos, ambos dignos de nota, cada qual a sua maneira, que se tornariam seus amigos para a vida toda — Samuel Loveman e Alfred Galpin. Loveman (1887–1976) — amigo de três dos mais interessantes escritores da literatura norte-americana (Ambrose Bierce, Hart Crane e H.P. Lovecraft) e também próximo de George Sterling e Clark Ashton Smith — parece estar sempre à sombra dos grandes. Mas ele próprio era um bom poeta — melhor que qualquer um do círculo de Lovecraft, exceto, talvez, Clark Ashton Smith, e enormemente superior ao próprio Lovecraft. Seu esporádico jornal amador, *The Saturnian*, trazia seus próprios e belos poemas *fin-de-siècle*, neo-helênicos, bem como traduções de Baudelaire e Heine; e ele espalhava sua poesia por outras publicações, pequenas ou amadoras, com displicência. Seu melhor trabalho é um longo poema, *The Hermaphrodite* (escrito talvez no fim da juventude e publicado em 1926 por W. Paul Cook), uma belíssima evocação do espírito da Grécia clássica.

Lovecraft entrou em contato direto com Loveman em 1917. Na época Loveman servia numa base militar, Camp Gordon, na Geórgia, onde ele estava na Companhia H da 4ª Infantaria, Regimento Reserva. Segundo a lista de membros da UAPA, ele permaneceu ali até a metade de 1919, quando retornou para sua Cleveland natal. Loveman tinha, contudo, estado fora do amadorismo organizado por alguns anos, e a primeira carta de Lovecraft, segundo diz, fora escrita essencialmente para saber se Loveman ainda estava no mundo dos vivos.[14] Loveman, considerando a dicção passadista da carta de Lovecraft, encantadora e levemente ridícula, acabou com as dúvidas de Lovecraft sobre o assunto. Por muitos anos sua relação foi praticamente toda conduzida no papel, mas em 1922 eles se encontraram em Cleveland, e então, entre 1924 e 1926, tornaram-se amigos próximos em Nova York.

Alfred Galpin (1901–1983) é um caso totalmente diferente. Esse indivíduo brilhante — tão dotado de puro intelecto quando Loveman de sensibilidade poética — se tornaria filósofo, compositor e professor de francês, embora talvez as rápidas alterações de suas aspirações intelectuais não tenham permitido que ele se destacasse em nenhuma dessas atividades. Galpin chamou a atenção de Lovecraft pela primeira vez no fim de 1917, quando foi indicado para ser o quarto vice-presidente, encarregado de recrutar estudantes de ensino médio para participar do universo amador. Essa indicação foi muito provavelmente sugerida por Maurice W. Moe, já que Galpin estava na época emergindo como aluno brilhante na Appleton High School, em Wisconsin, e especialmente no clube de imprensa de Moe, ligado ao colégio. Em janeiro de 1918, data da primeira carta restante de Lovecraft a Galpin, os dois eram ainda cordiais correspondentes.

O efeito mais profundo de Galpin sobre Lovecraft talvez tenha sido filosófico, pois já em agosto de 1918 Lovecraft diz que "o sistema filosófico [de Galpin] [...] mais se aproxima de minha crença em qualquer sistema, dentre os que conheço", e em 1921:

> Em termos intelectuais, ele é *exatamente como eu* exceto em grau. Em grau ele me é imensamente superior — é o que eu deveria querer ser mas não tenho cabeça para ser. Nossos pensamentos foram postos no mesmo molde, porém o dele é mais agudo. Só ele é capaz de compreender a direção de meus pensamentos e amplificá-los. E assim seguimos às obscuras profundezas do conhecimento; o velho que se arrasta, e à frente dele o menino alerta levando consigo a luz e apontando o caminho.[15]

Isto deve ser obviamente lido em parte como um gracejo, embora Lovecraft creia que há de fato mais do que uma pitada de verdade no que diz; e talvez Galpin tenha, sim, ajudado a dar forma às ainda nebulosas concepções filosóficas de Lovecraft, ajudando esse "velho homem" de 31 anos a afiar seu materialismo mecanicista. Mas não é isso que eu gostaria de estudar aqui; antes, Galpin teve um efeito mais imediato sobre o trabalho literário de Lovecraft, e ele envolve a produção de uma poesia agradavelmente brincalhona.

Lovecraft, é claro, escreveu uns tributos mais ou menos convencionais a Galpin, sobretudo em seu aniversário. Galpin parece ter tido inclinações amorosas em relação a várias garotas no ensino médio, e Lovecraft divertiu-se bastante sobre o assunto, especialmente em poemas como "Damon and Delia, a Pastoral" ["Damon e Delia: uma pastoral"] (*Tryout*, agosto de 1918); "To Delia, Avoiding Damon" ["A Delia, que evita Damon"] (*Tryout*, setembro de 1918); "Damon – a Monody" ["Damon – uma ode"] (*United Amateur*, maio de 1919); e talvez "Hylas and Myrrha" ["Hylas e Myrrha"] (*Tryout*, julho de 1919) e "Myrrha and Strephon" ["Myrrha e Strephon"] (*Tryout*, julho de 1919), se esses dois últimos são realmente sobre Galpin. Damon nesses poemas é Galpin; o nome vem do pastor presente na oitava écloga de Virgílio. Muitos desses poemas são divertidos, e um pouco da melhor poesia paródica de Lovecraft sobre o amor é encontrado nas cartas a Galpin.

A palavra final de Lovecraft sobre as paixões escolares de Galpin ocorre na adorável peça em dois atos e pentâmetros brancos intitulada *Alfredo: a Tragedy* ["Alfredo: uma tragédia"], cujo manuscrito declara ter sido escrita "por Beaumont e Fletcher", e é datado de 14 de setembro de 1918. Essa data deixa claro que duas das personagens principais – Rinarto, rei de Aragão e Castela, e Alfredo, o príncipe regente – representam Kleiner e Galpin, já que Kleiner era presidente da UAPA e Galpin o primeiro vice-presidente durante o período de 1918–19. Outras personagens obviamente reconhecíveis são Maurício (Maurice W. Moe), um cardeal, e Teobaldo (Lovecraft), o primeiro-ministro.

Não sei se precisamos mergulhar na leitura de todos esses poemas de amor sobre Galpin: certamente os amados georgianos de Lovecraft tinham neles uma especialidade, e *The Rape of the Lock* ["O rapto da madeixa"] é apenas o exemplo mais conhecido. Mas, ao sistematicamente reduzir a importância do amor nesses e em outros poemas, Lovecraft poderia estar se defendendo de cair sob sua influência. A probabilidade de que ele estivesse caindo era, no momento, relativamente pequena; ao contrário, ele não estava se arriscando. Durante seu envolvimento com o Providence Amateur Press Club, no período 1914–16, alguns poucos membros decidiram produzir uma brincadeira maldosa com ele, pedindo que um dos membros femininos fosse até ele e o convidasse para um encontro. Lovecraft disse com sobriedade: "Preciso perguntar a minha mãe",[16] e é claro que nada aconteceu. Numa carta a Galpin, Lovecraft comenta de passagem que "tanto quanto sei, nenhuma anomalia feminina deu-se ao trabalho de notar ou reconhecer a grandeza e a transcendência de meu intelecto".[17] Se isso é verdade ou não é algo de que devemos tratar mais tarde.

Embora o jornalismo amador ainda fosse o ponto fulcral do mundo de Lovecraft, ele estava pouco a pouco começando a fazer – talvez devido à pressão da mãe – sondagens de ocupações profissionais. Seu desprezo da escrita comercial não permitia que submetesse seu trabalho a revistas pagas, e o pequeno número de seus poemas republicados na *National Magazine* tiveram sua primeira aparição nos jornais amadores — ademais, presume-se que estes não tenham sido enviados por Lovecraft, mas selecionados pelo próprio editor da revista a partir do exame de publicações amadoras. Mas se Lovecraft não estava no momento inclinado a ganhar dinheiro escrevendo, de que modo ele poderia ganhar alguma coisa? A herança de Whipple Phillips, parte dela já comprometida por maus investimentos, diminuía lenta porém inexoravelmente; mesmo Lovecraft percebeu que não poderia dar a si a satisfação de permanecer um cavalheiro autor para sempre.

O primeiro sinal que temos de que Lovecraft estava na verdade tentando ganhar algum dinheiro surge numa carta a John T. Dunn em outubro de 1916. Explicando por que ele não era capaz de participar tão amplamente dos assuntos amadores quanto gostaria, Lovecraft diz: "Muitos de meus atuais deveres estão fora da associação, em conexão com o Symphony Literary Service, que agora lida com uma boa quantidade de versos".[18] Era um serviço de preparação de texto e *ghost-writing* que contava com Lovecraft, Anne Tillery Renshaw (que editava o jornal amador *The Symphony*) e a sra. J.G. Smith, colega de Renshaw (embora não na UAPA), que, como ela, vivia em Coffeeville, Mississippi. Nada indica que esse serviço, como tal, estivesse no mercado há muito tempo.

Essa é a primeira indicação de que Lovecraft começara o que seriam suas únicas verdadeiras ocupações remuneradas: preparação de originais e *ghost-writing*. Ele nunca tentou transformar essas ocupações numa concreta fonte regular de dinheiro, uma vez que geralmente pegava trabalhos apenas a partir de colegas e só muito esporadicamente de anúncios publicados para tanto. Em muitos sentidos era exatamente o tipo de trabalho errado para ele em termos de criatividade: primeiro, era semelhante demais em natureza a sua escrita de ficção, de modo que frequentemente o deixava esgotado física e mentalmente para tentar algum trabalho próprio; e depois, os preços baixos que ele cobrava e o grande esforço que ele despendia em alguns trabalhos lhe rendiam muito menos dinheiro do que uma quantidade de trabalho comparável em outra profissão.

E quanto a Lovecraft e sua família então? Vimos que, após a morte de seu marido, Franklin Chase Clark, em 1915, tia Lillian passou a viver em vários cômodos alugados na cidade. O relato de W. Paul Cook sobre sua visita em 1917 deixa claro que ela passava um tempo considerável com a irmã e o sobrinho. Tia Annie, após a separação de Edward F. Gamwell (não se sabendo ao certo quando) e a morte de seu filho Phillips no fim de 1916, retornou de Cambridge e provavelmente viveu com seu irmão Edwin em Providence. A morte de Edwin E. Phillips em 14 de novembro de 1918 passa totalmente em branco na correspondência restante de Lovecraft, tanto quanto a tenha visto. As cartas desse período são reconhecidamente poucas, mas o silêncio é, apesar de tudo, significante.

Enquanto isso o próprio Lovecraft continuava a viver sozinho com a mãe no número 598 da Angell Street, como fazia desde 1904. A natureza de suas relações para boa parte do período 1904–19 é um mistério. Levando tudo em consideração, eles não deviam ter uma convivência saudável. Lovecraft ainda não estava saindo da cidade, e a falta de um trabalho regular deve tê-lo mantido em casa quase todos os dias, semana após semana. Não bastasse isso, Clara Hess, a vizinha, comenta em tom perturbador: "Em retrospectiva, não consigo sequer me lembrar da sra. Lovecraft e seu filho juntos. Nunca ouvi um falar do outro. Talvez as coisas apenas fossem desse jeito, mas parecia bem estranho".[19]

Então, em maio de 1917, ocorreu a tentativa de Lovecraft de alistar-se na Guarda Nacional e, mais tarde, no exército. Vimos como Susie deu um basta ao primeiro desses esforços mediante manipulação. O comentário de Lovecraft em que diz "Se eu tivesse percebido de fato o quanto ela sofreria com meu alistamento, talvez eu não devesse ter sido tão ousado a ponto de tentar"[20] revela uma incrível dificuldade em termos de comunicação entre mãe e filho. Susie devia saber do militarismo de Lovecraft e de seu desejo de ver os Estados Unidos entrando na guerra ao lado da Inglaterra; mas ela deve ter sido pega de surpresa com essa tentativa de alistamento — que, lembremos, aconteceu antes do anúncio do presidente Wilson da retomada da convocação.

Kenneth W. Faig está provavelmente correto ao comentar: "O rápido declínio de Susie [...] parece ter começado na época da morte de seu irmão",[21] em novembro de 1918. Dentre os que restavam, Edwin era na família o homem de sua geração que lhe era mais próximo. Dali em diante, Susan, Lillian e Annie dependeriam materialmente das heranças deixadas por Whipple Phillips e (no caso de Lillian) Franklin C. Clark. (Como Annie nunca se divorciou legalmente do marido, Edward F. Gamwell, não fica claro se ela recebia ou não dele algum apoio financeiro; acho improvável.) Lovecraft era o único na família em condições de ganhar algum dinheiro, e era visível que ele não fazia grande coisa para sustentar nem a si mesmo, que dirá a mãe e as tias.

O resultado, para Susie, talvez fosse inevitável. No inverno de 1918–19 ela finalmente ruiu sob as tensões decorrentes das dificuldades financeiras. Em 18 de janeiro de 1919 Lovecraft escreve a Kleiner: "Minha mãe, sem se sentir muito bem por aqui, deixou nossa casa para visitar minha tia mais velha com o intuito de descansar, deixando minha tia mais nova como a autocrata desta casa".[22] Em 13 de março, Susie, "sem mostrar quaisquer sinais de recuperação",[23] deu entrada no Butler Hospital, onde seu marido morrera mais de vinte anos antes e onde ela permaneceria até sua morte dois anos depois.

Lovecraft diz em sua carta de janeiro a Kleiner que "tal enfermidade & ausência de sua parte são absolutamente *sem precedentes*", mas é caso de nos perguntarmos se o comentário procede. Mais uma vez Clara Hess oferece um testemunho assustador:

> Lembro-me de ouvir a sra. Lovecraft falar sobre estranhas e fantásticas criaturas que corriam de trás de prédios e cantos na escuridão, e que ela tremia e ficava observando ao redor apreensiva enquanto contava a história.
>
> Da última vez que vi a sra. Lovecraft, nós duas estávamos "descendo a rua" num bonde da Butler Avenue. Ela estava agitada e aparentemente não sabia onde estava. Atraiu a atenção de todos. Fiquei bastante envergonhada, já que era seu objeto de atenção.[24]

Creio que esses incidentes aconteceram pouco antes do colapso de Susie. Mais uma vez, se Lovecraft não percebia o gradual declínio de Susie, ele de fato tinha pouca proximidade ou quase nenhum contato significativo com ela.

E, no entanto, Lovecraft demonstrou-se profundamente atingido pelo colapso nervoso de Susie. Na carta de janeiro para Kleiner ele escreve:

> Você mais do que todos pode imaginar os efeitos da ausência & da doença maternais. Não consigo comer, nem consigo ficar de pé por muito tempo. Escrever, à mão ou a máquina, quase me leva à loucura. Meu sistema nervoso parece encontrar um escape rabiscando febril & incessantemente com um lápis [...] ela escreve cartas otimistas todos os dias, & eu tento produzir minhas respostas com igual otimismo; embora não consiga "me animar", comer & sair, como ela me encoraja a fazer.

É claro que Lovecraft se sentia muito próximo da mãe, não obstante o quanto ele não tenha sido capaz de compreendê-la ou ela de compreendê-lo. Não posso afirmar com certeza que sua resposta à doença dela seja patológica; antes, vejo-a como parte de um padrão segundo o qual qualquer alteração séria em seu ambiente familiar o levava a graves distúrbios nervosos. A morte do avô, em 1896, levou-o a sonhos com "criaturas da noite"; a morte do pai, em 1898, conduziu-o a um tipo de "quase colapso"; a morte de Whipple Phillips e a perda da casa em que nasceu, em 1904, fizeram Lovecraft pensar em suicídio. Mesmo acontecimentos menos trágicos resultavam em grandes traumas: a frequência escolar entre 1898 e 1899 e as aulas de violino produziram outro "quase colapso"; não obstante, outro colapso causou — ou foi causado por — sua incapacidade de concluir o ensino médio, e o levou a um período de muitos anos de ócio e isolamento.

O estado de saúde de Lovecraft durante todo esse período não dista de um mistério, já que temos apenas seu testemunho sobre o assunto. Obviamente, ele não tinha doenças físicas: o exame da Guarda Nacional, ainda que superficial, era claro a esse respeito. A Arthur Harris, Lovecraft faz essa interessante afirmação em 1915: "Consigo ficar fora da cama apenas três ou quatro horas por dia, e essas três ou quatro horas são geralmente carregadas com uma quantidade de deveres amadores que vai além de minhas capacidades".[25] Suas cartas a John Dunn e Alfred Galpin no período entre 1915 e 1918 estão cheias de referências a sua pseudoinvalidez. Parece claro que as doenças de Lovecraft são em grande parte psicológicas — talvez alimentadas, como já observei antes, pelos excessivos cuidados da mãe e das tias; sempre que ele se deixa absorver por qualquer assunto intelectual, sua "saúde frágil" sai da pauta e ele passa a estudar tão vigorosamente quanto qualquer pessoa. Talvez não seja tão cedo para trazer o testemunho de uma figura relativamente imparcial, George Julian Houtain, que conheceu Lovecraft em Boston nos anos 1920:

> Lovecraft acreditava honestamente que não era forte — que tinha problemas nervosos herdados e uma fadiga que se lhe impunham como um feitiço. Ninguém jamais suspeitaria que seu corpo bem constituído e grande sofresse de qualquer doença. Só de olhar para ele qualquer um pensaria duas vezes de entrar numa briga [...]
>
> Muitos de nós somos Lovecraft de alguma maneira peculiar, temos milhares de coisas que se nos impõem como feitiços — e não sabemos como nos livrar delas. Sempre reagimos à sugestão — devo chamar isso de maldição? — que se lança sobre nós. Na grande ordem das coisas, não era possível que um físico tão magnífico sucumbisse a qualquer determinação mental que o comandasse a ponto de estar sujeito a doenças nervosas e fadiga — nem que aquela maravilhosa

mentalidade pudesse fraca e infantilmente dar ouvidos àquilo — O QUE NÃO É O CASO.[26]

Lovecraft deu sua resposta em uma carta a Frank Belknap Long:

> Se Houtain soubesse quão constantes eram minhas lutas contra dores de cabeça terríveis, transes de tontura, uma fraqueza que se constrangia de todos os lados, e quão ardorosamente tentei utilizar todos os momentos à disposição para trabalhar, ele teria menos certeza ao classificar minhas doenças como imaginárias. Não me digo um inválido arbitrariamente *por causa* de uma hereditariedade nervosa. O problema é apenas aparente — a parte hereditária é só um fator explicativo.[27]

Devemos ver o lado verdadeiro do relato de Lovecraft, porém Houtain está mais próximo do alvo, e posteriormente Lovecraft o perceberia:

> Lovecraft não expressou surpresa com minhas colocações. Na verdade, foi receptivo em relação a elas. Cheguei à conclusão de que ele tem vontade de superar isso e o faria se lhe fosse permitido, pois outros, pessoas de seu relacionamento doméstico, não lhe permitiriam esquecer-se de seus problemas nervosos hereditários. Lovecraft, porém, é um gigante físico e mental, não por causa, mas a despeito desses problemas. Arrisco prever que, estivesse livre de todos esses pensamentos herdados e saísse para o mundo e entrasse em contato com o agito da multidão, ele seria uma figura nacional das letras, seu nome estaria no topo da lista nos anais da literatura atual — e digo mais: seria um nome conhecido de todos na imensidão deste país.

Mesmo hoje essa afirmação final guarda certo exagero, mas é mais acurada do que Houtain — ou Lovecraft — jamais imaginou. Como Lovecraft finalmente surgiu — intelectual, criativa e pessoalmente — da influência claustrofóbica da Angell Street para tornar-se o escritor, pensador e ser humano que conhecemos será o assunto dos capítulos subsequentes deste livro.

NOTAS

1 HPL a Richard Ely Morse, 30 de agosto de [1932] (manuscrito, JHL).
2 HPL a Elizabeth Toldridge, 8 de março de 1929 (SL II.315).
3 HPL ao Gallomo [janeiro de 1920] (AHT).
4 HPL to Maurice W. Moe, 18 de maio de 1918 (SL I.62).
5 Ver nota 3.
6 HPL a Rheinhart Kleiner, 8 de novembro de 1917 (SL I.51).
7 HPL a Rheinhart Kleiner, 23 de dezembro de 1917 (SL I.52).
8 Samuel Eliot Morison *et al.*, *The Growth of the American Republic*, 2:112.
9 Cook, *In Memoriam*, in *Lovecraft Remembered*, pp. 110–11.

[10] HPL a Rheinhart Kleiner, 24 de setembro de 1917 (SL I.49).

[11] Rheinhart Kleiner, "A Memoir of Lovecraft" (1949), in *Lovecraft Remembered*, p. 195.

[12] HPL a Winifred Virginia Jackson, 7 de junho de 1921 (SL I.138).

[13] HPL a Rheinhart Kleiner, 21 de setembro de 1921 (SL I.138).

[14] Samuel Loveman, "Howard Phillips Lovecraft" (1949), in *Lovecraft Remembered*, p. 204.

[15] HPL a Rheinhart Kleiner, 23 de abril de 1921 (SL I.128).

[16] L. Sprague de Camp, "Young Man Lovecraft", p. 144.

[17] HPL a Alfred Galpin, 27 de maio de 1918 (manuscrito, JHL).

[18] HPL a John T. Dunn, 14 de outubro de 1916 (manuscrito, JHL).

[19] Clara Hess, in August Derleth, "Lovecraft's Sensitivity", in *Lovecraft Remembered*, p. 35.

[20] HPL a Rheinhart Kleiner, 23 de maio de 1917 (SL I.46).

[21] Faig, *Parents*, p. 29.

[22] HPL a Rheinhart Kleiner, 18 de janeiro de 1919 (SL I.78).

[23] HPL a Rheinhart Kleiner, 19 de março de 1919 (SL I.80).

[24] Ver nota 19.

[25] HPL a Arthur Harris, 23 August 1915 (manuscrito, JHL).

[26] George Julian Houtain, "Lovecraft" (1921), in *Lovecraft Remembered*, p. 87.

[27] HPL a Frank Belknap Long, 26 de janeiro de 1921 (SL I.122).

8

Materialista cínico

(1919–21)

Os EFEITOS IMEDIATOS da ausência de Susie na Angell Street foram diversos: por vezes Lovecraft parecia incapaz de fazer coisa alguma por causa da "tensão nervosa"; em outros momentos ele se via munido de uma energia pouco ou nada habitual: "Recentemente escrevi um relatório crítico inteiro [ou seja, o 'Departamento de crítica pública', de março de 1919] numa tarde, & nesta manhã sinto-me capaz de escrever cartas mesmo tendo permanecido acordado a noite toda".[1] Em certo sentido, essa virada dos eventos — especialmente à luz das repetidas garantias de Lovecraft, as quais ele próprio recebera, por sua vez, dos médicos de Susie, de que ela não corria riscos físicos — pode ter sido um alívio, pois no que se refere à vida cotidiana de Lovecraft isso definitivamente tirou Susie do foco.

O que exatamente era o problema de Susie é hoje difícil dizer, já que seus registros do Butler Hospital estão entre os que foram destruídos por um incêndio há décadas. Winfield Townley Scott, contudo, chegou a consultá-los e os parafraseia da seguinte forma:

> Ela sofria de períodos de exaustão física e mental. Ele chorava frequentemente sob estresse emocional. Na linguagem comum, ela era uma mulher em pedaços. Quando entrevistada, enfatizou suas preocupações econômicas, e falava [...] a respeito de tudo o que havia feito por um "poeta do mais alto valor", que era, claro, seu filho. O registro do psiquiatra aponta um complexo de Édipo, um "contato psíquico-sexual" com o filho, mas observa que os efeitos de tal complexo são geralmente mais importantes sobre o filho do que sobre a mãe, e não investiga o assunto.[2]

O aspecto para todos os efeitos mais espantoso é a curiosa menção a um "contato psíquico-sexual"; é decerto, entretanto, inconcebível que qualquer abuso efetivo pudesse ter ocorrido entre dois indivíduos que de maneira tão inequivocamente declarada partilhavam da rígida moral sexual vitoriana da época. Não faltam razões para supor que o colapso de Susie decorre, antes de tudo, de preocupações financeiras: restavam da herança de Whipple Phillips, vamos lembrar, apenas 7,5 mil dólares para os dois, e em acréscimo havia uma pequena soma advinda dos pagamentos do arrendamento (geralmente 37,08 dólares pagos duas vezes por ano, em fevereiro e agosto) de uma pedreira em Providence, a Providence Crushed Stone and Sand Co., administrada pelo contratante Mariano de Magistris.

Era talvez inevitável que a ausência de Susie propiciasse, da parte de Lovecraft, ao menos a possibilidade de alguma liberação, ainda que somente em termos de atividades físicas. Na época já um gigante do jornalismo amador, ele era cada vez mais requisitado em várias convenções amadoras nacionais e internacionais. Isso ocorreu algum tempo antes de Lovecraft dar de fato o passo definitivo, que significaria o fim por completo de sua "excêntrica reclusão". Kleiner visitou-o em Providence em 1918. Em outubro de 1919 (como relatarei mais tarde), ele acompanhou vários amadores a Boston para escutar seu novo ídolo literário, lorde Dunsany. Na tarde de 21 de junho de 1920, Edward F. Daas foi a Providence para uma visita de dois dias. Naquele verão e outono o próprio Lovecraft fez três diferentes viagens a Boston para reuniões de amadores.

O primeiro encontro aconteceu na Webster Street, número 20, no subúrbio de Allston. A casa — ocupada em conjunto por Winifred Jackson, Laurie A. Sawyer e Edith Miniter — era na época um ponto de encontro central para o Hub Club. Lovecraft chegou em 4 de julho, uma segunda-feira, na companhia de Rheinhart Kleiner, que fora a Providence um dia antes. Na ocasião Lovecraft passou a noite sob um teto diferente do seu pela primeira vez desde 1901. A casa em que estava acomodado pertencia a Alice Hamlet e ficava no 109 da Greenbriar Street, em Dorchester. Porém, antes que reprovemos o fato de Lovecraft ter passado a noite na casa de uma jovem, é bom que se diga: um relatório da convenção no *Epgephi* de setembro de 1920 informa discretamente que "ele disse que precisava apenas de um 'quarto silencioso para si' e que ele e Hamlet foram acompanhados por Michael Oscar White e uma sra. Thompson.[3] O grupo de Dorchester retornou à Webster Street no dia seguinte para dar continuidade às festividades, e Lovecraft tomou o trem de volta para casa no início da noite.

Miniter (1869–1934) era talvez a figura literária mais conhecida do encontro. Em 1916 ela publicara um romance realista, *Our Natupski Neighbors* ["Nossos vizinhos Natupski"], e recebera boas avaliações, e seus contos haviam sido largamente publicados em revistas profissionais. Porém, a despeito de seu sucesso profissional, ela era dedicada à causa amadora. Sua lealdade, contudo, estendia-se à NAPA, não à UAPA. Entre seus jornais amadores estava ao menos um número de *The Muffin Man* (abril de 1921), que trazia sua bela e intrincada paródia de Lovecraft, "Falco Ossifracus: By Mr. Goodguile". É, talvez, o primeiro trabalho do gênero.

Miniter convidou Lovecraft para ir ao piquenique do Hub Club em 7 de agosto. Esse encontro reunia amadores das antigas que estavam em atividade desde bem antes da virada do século. A certa altura, enquanto o grupo caminhava pela reserva natural de Middlesex Fells, Miniter produziu uma coroa de louros e pediu que ele a usasse num banquete naquela noite dedicado a sua tripla homenagem.

A terceira viagem de Lovecraft a Boston começou em 5 de setembro. Ele chegou ao meio-dia no número 20 da Webster Street e sem querer encontrou James F. Morton:

> Nunca havia encontrado um erudito tão absolutamente comunicativo antes, e fiquei muito surpreso com a genialidade e cordialidade que cobrem suas realizações tão particulares. Só posso lamentar as limitadas oportunidades que tenho de encontrá-lo, pois Morton é alguém que tem de mim os mais declarados sentimentos.[4]

É evidente que o rancor cercando o *In a Minor Key* de Isaacson se acabara. Lovecraft teria posteriormente muitas oportunidades de encontrar Morton durante seus dois anos em Nova York. À tarde Lovecraft deu sua palestra "Amateur Journalism: Its Possible Needs and Betterment".

Uns meses antes, no começo de 1920, Lovecraft entrou em contato com um indivíduo que teria um importante papel em sua vida: Frank Belknap Long, Jr. (1901–1994). À época, Long, um nova-iorquino para toda a vida, nem bem contava dezenove anos quando entrou naquele outono na Universidade de Nova York para estudar jornalismo, transferindo-se dois anos depois para Columbia. Sua família dispunha de recursos — seu pai era um proeminente dentista da cidade — e vivia numa confortável residência no Upper West Side de Manhattan, no 823 da West End Avenue.

Long desenvolvera interesse pelo fantástico e exercera seus talentos na prosa e na poesia. Ele se uniu à UAPA por volta do fim de 1919.

Não é difícil ver por que Lovecraft gostou de Long, e por que ele viu nele uma espécie de companheiro para seu outro discípulo jovem, Alfred Galpin. É possível que Long não tivesse o brilhantismo incandescente de Galpin como filósofo, mas era um esteta, ficcionista e poeta, e foi exatamente nessa época que o próprio foco criativo de Lovecraft estava se voltando da poesia antiquária e do ensaísmo para a ficção fantástica. Os primeiros trabalhos de Long, inspirados em Edgar Allan Poe (incluindo o bom conto "The Eye Above the Mantel", *United Amateur*, março de 1921) e de forma alguma muito inferiores aos de Lovecraft, sem dúvida ajudaram a convencer este de que a nova direção que estava tomando poderia render-lhe frutos.

Perto do fim de 1919, Lovecraft e Kleiner iniciaram uma discussão um tanto desconexa sobre mulheres, amor e sexo. Kleiner, aparentemente, sempre fora suscetível às tentações da beleza feminina, e Lovecraft observava seus variados envolvimentos com uma mistura de leve surpresa, diversão e talvez algum escárnio altivo. Em determinado momento ele diz:

> Claro, não tenho familiaridade com os fenômenos do amor exceto pela leitura rápida. Sempre tive para mim que esperamos até que encontramos uma ninfa que para nós pareça radicalmente diferente do resto de seu sexo e sem a qual sentimos que não existimos mais. Assim, imaginava, começamos a cercar o coração dela com método, sem desistir até que a ganhemos ou sejamos rejeitados.[5]

Mas é verdade que Lovecraft não tinha "familiaridade com os fenômenos do amor"? Há talvez uma pequena razão para duvidar disso, e ela se concentra numa pessoa mencionada *en passant* no último capítulo — Winifred Virginia Jackson (1876–1959).

De acordo com a pesquisa feita por George T. Wetzel e R. Alain Everts, Jackson se casara com Horace Jordan, um homem negro, por volta de 1915; na época ela morava no 57 da Morton Street em Newton Centre, Massachusetts, um subúrbio de Boston. Wetzel e Everts acreditam que ela se divorciou no início de 1919,[6] embora ela continuasse a constar da lista de membros da UAPA com o nome de casada até setembro de 1921. Em janeiro de 1920 ela estava morando, com outras duas amadoras, no número 20 da Webster Street, em Allston.

Jackson e Lovecraft realmente parecem ter feito uma considerável quantidade de trabalho amador juntos. Com muitos outros, eles editaram e publicaram três números da *The United Cooperative* (1918–21), e ela era editora associada da *The Silver Clarion* num tempo em que Lovecraft dava alguma atenção ao jornal. Jackson ocupou a posição de segunda vice-presidente da UAPA por três anos consecutivos (1917–20), quando Lovecraft era presidente (1917–18) e chefe do departamento de crítica pública (1918–19). Datam dessa época, evidentemente, as duas histórias coescritas por Jackson e Lovecraft.

Nada disso sugeriria que Lovecraft e Jackson tenham sido outra coisa além de, ocasionalmente, colegas próximos de trabalho, não fossem alguns comentários feitos por Willametta Keffer, uma amadora de período um pouco posterior, a George T. Wetzel na década de 1950. Segundo Wetzel, Keffer lhe disse (e aqui Wetzel parafraseia uma carta de Keffer) que "todos no jornalismo amador pensavam que Lovecraft se casaria com Winifred Jordan"; a própria Keffer diz a Wetzel: "Um membro de longa data da NAPA que conhecia e se encontrava com HPL e Winifred Virginia me contou sobre o 'romance'".

É difícil saber o que fazer com essas informações. Lovecraft deve ter conhecido Jackson num período não anterior ao verão de 1920, já que ela residia então no número 20 da Wester Street, em Allston, onde Lovecraft esteve em pelo menos duas ocasiões; mas, estranhamente, ele não a menciona em nenhum de seus vários registros das viagens para lá. Escreveu um artigo efusivo, "Winifred Virginia Jackson: A 'Different' Poetess" ["Winifred Virginia Jackson: uma poetisa diferente"], na *United Amateur* de março de 1921; e passou o natal de 1920 escrevendo um exótico poema sobre uma fotografia que recebera dela, ao que tudo indica um presente de Natal que ela lhe enviara: "On Receiving a Portraiture of Mrs. Berkeley, ye Poetess" [De receber um retrato da sra. Berkeley, a poetisa].

Jackson realmente era uma mulher atraente, e o fato de ela ser catorze anos mais velha que Lovecraft não impedia um caso entre os dois. Mas outro fato deve ser levado em conta: embora estivesse divorciada na época, Jackson (segundo Wetzel e Everts) estava envolvida num romance com o conhecido poeta e crítico negro William Stanley Braithwaite (1878–1962), e ainda permaneceria com ele durante muitos anos. Lovecraft sabia disso? Acho impossível acreditar que soubesse, dada sua rígida opinião sobre a necessidade de manter uma "linha de cor" absoluta proibindo qualquer tipo de união sexual entre brancos e negros; se soubesse, teria abandonado Jackson imediatamente, mesmo como colega. Ele não deve ter sequer sabido que Horace Jordan era negro. Lovecraft, é claro, sabia da existência de Braithwaite, que na época já era o crítico negro mais proeminente do país; ele se corresponderia com Braithwaite brevemente em 1930. Como editor de literatura do influente *Boston Transcript* e como editor do anuário *Anthology of Magazine Verse* (1913–29), Braithwaite ocupava uma posição formidável na poesia norte-americana na época.

Há uma outra pequena evidência que parece fechar a questão de um caso amoroso entre Lovecraft e Jackson. A esposa de Lovecraft, Sonia Davis, disse a R. Alan Everts em 1967: "Roubei HPL de Winifred Jackson".[7] Como isso aconteceu será assunto de um capítulo posterior; mas esse caso amoroso, se é que merece tal nome, parece ter sido perseguido sem muito vigor por ambas as partes. Não há evidência de que Jackson tenha alguma vez visitado Providence para encontrar Lovecraft, como Sonia fez com frequência muito embora vivesse ainda mais longe (Brooklyn), e depois de Sonia tê-lo "roubado" pouco lemos a respeito de Winifred, seja da parte de Lovecraft, seja da imprensa amadora em geral.

Enquanto isso Lovecraft não parou de viajar. Duas outras viagens a Boston foram feitas nos primeiros meses de 1921, mais uma vez para convenções amadoras. Em 22 de fevereiro a Boston Conference of Amateur Journalists aconteceu na Quincy House. Na sessão vespertina Lovecraft apresentou um artigo, escrito no dia anterior, sobre um assunto previamente delimitado, "What Amateurdom and I Have Done for Each Other" ["O que eu e o amadorismo fizemos um pelo outro"]. Mais tarde Lovecraft se envolveria em várias discussões – a maioria delas com W. Paul Cook e George Julian Houtain –, mas recusou um convite para cantar, muito embora ele o tivesse aparentemente feito no encontro de setembro de 1920. Assim, os dias de Lovecraft como melancólico tenor não haviam acabado!

Um mês mais tarde, Lovecraft retornou a Boston para um encontro dos amadores num 10 de março, comemoração do dia de São Patrício. O encontro ocorreu no número 20 da Webster Street. Os membros estavam sentados em círculo na sala de estar, e as contribuições literárias foram recitadas na sequência. Na ocasião, Lovecraft leu a história "The Moon-Bog", escrita expressamente para o momento; foram muitos os aplausos recebidos, mas ele não ganhou o concurso.

Lovecraft estava planejando ainda outra viagem no início de junho, dessa vez para New Hampshire para visitar Myrta Alice Little em Hampstead, próximo de Westville (atravessando a divisa de Massachusetts, algumas milhas a norte de Haverhill). Mas a única carta restante de Lovecraft a Little, de 17 de maio de 1921, na qual ele trata dos planos de viagem, foi escrita uma semana antes do acontecimento mais traumático de toda a sua vida até então: a morte de sua mãe, em 24 de maio.

Em "A Confession of Unfaith" Lovecraft sugere que o período imediatamente posterior à guerra levou à solidificação de seu pensamento filosófico:

> A Conferência de Paz, Friedrich Nietzsche, Samuel Butler (o moderno), H.L. Mencken e outras influências aperfeiçoaram meu cinismo; uma qualidade que cresce de maneira mais intensa à medida que o advento da maturidade remove a cegueira do preconceito segundo o qual a juventude se curva à tíbia alucinação "está tudo em ordem com o mundo" a partir da força do desejo de querer que assim seja.

Essas influências certamente formam um conjunto heterogêneo, e elas parecem de início importantes para a filosofia ética, social, política e filosófica. O que ele não menciona aqui é o que parecem ser as duas influências centrais de seu pensamento metafísico na época — *The Riddle of the Universe*, de Ernst Haeckel (1899; tradução para o inglês, 1900), e *Modern Science and Materialism*, de Hugh Elliot (1919).

Quando Lovecraft descrevia sua filosofia como "materialismo mecanicista", seu intuito era negar certos princípios centrais da filosofia idealista ou religiosa; especificamente que qualquer evento pode ocorrer no universo para além das fronteiras das leis naturais (embora todas as leis naturais não sejam conhecidas atualmente e talvez nunca venham a ser); que qualquer substância "imaterial" (como a "alma") pode existir; e que o universo como um todo progride em direção a qualquer objetivo particular. A recusa de Deus, da alma e da vida após a morte está implícita em todas essas formulações.

O materialismo mecanicista como filosofia, é claro, remonta aos pré-socráticos, especificamente a Leucipo e Demócrito, os cofundadores do atomismo e defensores bastante engajados do determinismo. Entre os pensadores modernos o materialismo fez consideráveis avanços no século XVII (Hobbes), no XVIII (Helvétius, La Mettrie, D'Holbach) e no XIX, em parte através da redescoberta dos materialistas antigos e, com ainda maior importância, através dos crescentes avanços das ciências. De fato, as mais importantes influências filosóficas de Lovecraft são todas do século XIX — Darwin, Huxley, Haeckel e outros que, por seu trabalho pioneiro em biologia, química e física, trouxeram mais e mais os fenômenos ao campo do conhecido e do natural.

Uma das maiores armas encontradas por Lovecraft em sua batalha contra a metafísica religiosa foi a antropologia. Na mente de Lovecraft, o pensamento antropológico de fins do século XIX dera conta de maneira tão convincente das *origens* naturais da crença religiosa que nenhuma outra explicação se quis para seu forte amparo nos seres humanos. Essa concepção é discutida com maior profundidade em seu ensaio "Idealism and Materialism – A Reflection" ["Idealismo e materialismo – uma reflexão"], que foi publicado em número da *National Amateur* datado de julho de 1919. A noção de que os seres humanos primitivos eram, *grosso modo*, apenas filósofos ruins que desaprenderam a verdadeira natureza dos fenômenos foi desenvolvida por alguns importantes antropólogos do fim do século XIX. Gostaria de crer que Lovecraft lera *Primitive Culture*, de Edward Burnett Tylor (1871), um marco em sua área e ainda digno de leitura, porém não encontrei evidências de que ele o tenha lido. Caminhamos por terreno mais firme se sustentarmos que a antropologia da religião de Lovecraft vem dos *Myths and Myth-Makers* de John Fiske (1872) e de *The Golden Bough* (1890 e depois), de sir James George Frazer, os quais ele claramente leu (embora Frazer não tão cedo). O livro de Fiske estava em sua biblioteca. Como Haeckel, John Fiske (1842–1901) sofreu algum declínio em termos de estima, mas em seus dias era bastante conhecido como antropólogo, filósofo e (em seus anos finais) historiador.

Quero por fim dedicar-me a algumas curiosas afirmações feitas em "A Confession of Unfaith", onde Lovecraft atesta seu "materialismo cínico" e suas "perspectivas cósmicas pessimistas", pois eles ofereceram uma transição ao estudo da primeira ética de Lovecraft. Por que cínico? Por que pessimista? O que há no materialismo e no cosmicismo que poderia levar a tal instância ética? Bem, como questão de pura lógica, nada: materialismo e cosmicismo, como princípios metafísicos, não têm corolários éticos diretos, e assim se torna nosso objetivo compreender como e por que Lovecraft sentiu que tivessem. Consideremos algumas afirmações do período entre 1919 e 1920:

> Há um conforto real na convicção científica de que nada importa muito; de que o único objetivo legítimo da humanidade é minimizar o sofrimento agudo da maioria e derivar a satisfação possível do exercício do pensamento em busca da verdade.[8]

O segredo do verdadeiro contentamento [...] recai na realização de um ponto de vista cósmico.[9]

Mais uma vez deve ser enfatizado que nenhum desses preceitos éticos é um corolário direto do cosmicismo; eles são, antes, respostas psicológicas variadas à consciência de Lovecraft da insignificância cósmica da humanidade num universo sem fronteiras.

Uma passagem de uma carta de 1920 é uma das mais tocantes observações éticas iniciais de Lovecraft, e aqui ele explicitamente liga epicurismo, schopenhauerismo e cosmicismo num habilidoso (se não logicamente defensável) todo:

Mais ou menos pela época em que me associei à United eu não era muito feliz com a existência, tinha 23 anos e percebi que minhas enfermidades não permitiriam que tivesse muito sucesso no mundo. Sentindo-me como um enigma, sentia que poderia ser igualmente apagado da existência. Mas depois percebi que mesmo o sucesso é vazio. Embora fracassado, devo atingir o nível do maior — e do menor — nos monturos da terra ou na pira final. E vi que nesse ínterim as trivialidades não podem ser ignoradas. O sucesso é coisa relativa — e a vitória de um garoto com as bolinhas de gude é igual à vitória de um Otávio no Áccio quando medida pela escala da infinidade cósmica. Então voltei-me à observação de outras pessoas menores e inválidas ao meu redor, e encontrei prazer no aumento da felicidade daqueles que poderiam ser ajudados com palavras de encorajamento e serviços críticos, pois era capaz de fornecê-los. Que eu tenha sido capaz de animar aqui e ali um senhor de idade, uma senhora doente, um jovem bobo ou uma pessoa sem recursos por meio da educação, isso me dá a sensação de não ser de todo inútil, o que quase forma um substituto para o real sucesso que nunca conhecerei. Que importa se ninguém tiver notícia de meus trabalhos, ou se esses mesmos trabalhos chegarem apenas aos aflitos e medíocres? Está ótimo que a felicidade dos desafortunados seja feita tão grande quanto possível; e aquele que é bom, útil e paciente com seus companheiros de sofrimentos soma tão verdadeiramente ao fundo combinado de tranquilidade do mundo quanto aquele que, com grandes dons, promove o nascimento de impérios ou faz avançar o conhecimento da civilização e da humanidade.[10]

A citação acima pode ajudar a entender por que Lovecraft inicialmente derivou o pessimismo do cosmicismo. Não obstante seus vários comentários na direção contrária, suspeito que ele sofreu algum tipo de desilusão quando contemplou a infinidade de mundos do espaço infinito; a primeira reação pode bem ter sido de felicidade, mas talvez não muito tempo depois ele tenha sido acometido de uma sensação de futilidade final de todo o esforço humano à luz da vastidão do cosmos e da inconsequência da humanidade. Num estágio mais tardio Lovecraft obteve vantagens de seu pessimismo, e ele se tornou uma barreira contra as tragédias de sua própria existência — o fracasso em terminar o ensino médio e entrar na faculdade; o fracasso em conseguir um trabalho; a insatisfação com os progressos de sua escrita —, tão logo essas coisas pudessem ser consideradas cosmicamente desimportantes, embora surgissem imensas em suas circunstâncias particulares. Lovecraft abandonou amplamente o pessimismo schopenhaueriano ao longo da década seguinte, desenvolvendo em seu lugar a noção de "indiferentismo"; isso, porém, deve ser tratado num estágio posterior.

A filosofia era apenas uma das muitas preocupações de Lovecraft nesse período. Talvez de modo mais significante para sua futura carreira, ele simultaneamente começou — ou tentou começar — a afastar-se da atividade amadora e voltar-se determinadamente à escrita de ficção. Podemos, por fim, estudar a influência de lorde Dunsany em sua ficção, assim como muitos outros contos de horror sobrenatural que produzem a base para sua ficção mais substancial no futuro.

Edward John Moreton Drax Plunkett (1878–1957) tornou-se o 18° lorde Dunsany (pronunciado Dun-say-ny) a partir da morte de seu pai, em 1899. Ele era capaz de remontar sua linhagem ao século XII, mas poucos membros dessa família anglo-normanda tinham alguma aptidão para a literatura. O próprio Dunsany não o fez na juventude, vivendo alternadamente em várias casas na Inglaterra e no castelo de Dunsany em County Meath. Ele foi a Eton e Sandhurst, serviu na Guerra dos Bôeres e seguiu seu caminho de modo a ocupar um lugar discreto em meio à aristocracia anglo-irlandesa como esportista, caçador e homem da sociedade. Casou-se com Beatrice Villiers, filha do Earl de Jersey, em 1904.

Em 1904 Dunsany escreveu *The Gods of Pegäna.* Sem qualquer reputação literária, foi forçado a pagar por sua publicação a Elkin Matthews, de Londres. Nunca mais novamente, contudo, Dunsany recorreria à autopublicação.

The Gods of Pegäna, com sua prosa rítmica e assunto cósmico, ao mesmo tempo parte abertamente da *King James Bible* e introduz algo novo à literatura. Ali havia toda uma teogonia cuja motivação principal não era a expressão do fervor religioso (Dunsany era muito provavelmente ateu), mas uma realização do dito imperecível de Oscar Wilde: "O artista é o criador das coisas belas".[11] Enquanto há várias correntes filosóficas provocativas e subterrâneas em *The Gods of Pegäna*, como no trabalho de

Dunsany como um todo, sua função principal é tão somente a evocação da beleza — a beleza da linguagem, a beleza da concepção, a beleza da imagem. Leitores e críticos responderam da mesma forma a essa criação rarefeita de graça e exotismo, com sua mistura perfeita de sofisticação e inocência, de arcaísmo e modernidade, de humor sutil e horror mórbido, emoção contida e *páthos* silencioso.

Na época em que Lovecraft o conheceu, Dunsany publicara boa parte da ficção e do drama que lhe confeririam fama, adulação até, em ambos os lados do Atlântico: *Time and the Gods* (1906); *The Sword of Welleran* (1908); *A Dreamer's Tales* (1910); *The Book of the Wonder* (1912); *Five Plays* (1914); *Fifty-one Tales* (1915); *The Last Book of Wonder* (1916); *Plays of God and Men* (1917). *Tales of Three Hemispheres* apareceria no fim de 1919, marcando o definitivo fim dessa fase de seu trabalho. Nessa época, contudo, Dunsany já havia conquistado fama digna da idolatria nos Estados Unidos. Em 1916 ele teve cinco peças produzidas simultaneamente em Nova York, com cada uma de suas *Five Plays* aparecendo nas revistas mais sofisticadas e elitistas — *Vanity Fair, The Smart Set, Harper's* e (um pouco mais tarde) a *Atlantic Monthly.* Em 1919 Dunsany era provavelmente considerado um dos dez maiores escritores do mundo anglófilo.

Uma leitura dos primeiros contos e peças de Dunsany revela muitas similaridades temáticas e filosóficas com Lovecraft: o cosmicismo (restrito, basicamente, a *The Gods of Pegäna*); a exaltação da natureza; a hostilidade ao industrialismo; o poder do sonho de transformar o mundo material num espaço de beleza ricamente exótica; o papel incrível do tempo nos assuntos de homens e deuses; e, é claro, o uso evocativo da linguagem. Não precisamos nos espantar com o fato de Lovecraft ter pensado por um tempo que Dunsany dissera tudo o que ele teria desejado dizer numa dada direção literária e filosófica.

É bem improvável que Lovecraft não soubesse da reputação de Dunsany. Ele admite ter notícia dele bem antes de tê-lo lido, em 1919, mas Dunsany soara erroneamente então como escritor de fantasias benignas, caprichosas, do gênero de J. M. Barrie. O primeiro trabalho que leu não foi a estreia de Dunsany, *The Gods of Pegäna,* mas *A Dreamer's Tales,* que deve ter sido sua melhor coleção de histórias no que se refere à diversidade de conteúdos e seus vários e fortes contos de horror. Lovecraft admite: "O livro me foi recomendado por alguém cujo julgamento não tenho em alta estima".[12] Essa pessoa era Alice M. Hamlet, uma jornalista amadora que vivia em Dorchester, Massachusetts, e provavelmente fizera parte do pequeno grupo informal de escritores de Winifred Virginia Jackson.

Lovecraft diria repetidas vezes, mesmo mais tarde em sua vida, que Dunsany "certamente me influenciou mais do que qualquer outro escritor vivo".[13] O primeiro parágrafo de *A Dreamer's Tales* "arrebatou-me como um choque elétrico, & eu não havia lido mais do que duas páginas antes de me tornar um devoto de Dunsany para toda a vida".[14]

Hamlet dera a Lovecraft *A Dreamer's Tales* em antecipação à palestra de Dunsany na Copley Plaza, em Boston, em 20 de outubro de 1919, em sua intensa turnê norte-americana. Lovecraft foi à palestra na companhia da srta. Hamlet e da tia desta. O grupo guardou seus lugares na primeira fileira, a menos de três metros de Dunsany; foi o mais próximo que Lovecraft esteve de encontrar um de seus ídolos literários, já que era tímido demais para encontrar-se e corresponder-se com Machen, Blackwood ou M.R. James.

Na ocasião, Dunsany deve ter concordado em ser juiz laureado de poesia da UAPA para o período de 1919–20. Nessa função é possível que ele tenha lido um pouco da poesia de Lovecraft publicada na época, mas em sua carta para a presidente da UAPA, Mary Faye Durr, na qual anunciava sua decisão, ele não fazia referência a qualquer trabalho de Lovecraft. Hamlet, contudo, presenteou Dunsany com uma cópia da *Tryout* de novembro de 1919, que continha um dos dois poemas escritos por Lovecraft sobre Dunsany. "To Edward John Moreton Drax Plunkett, 18th Baron Dunsany" ["A Edward John Moreton Drax Plunkett, 18º barão Dunsany"] deve ter sido escrito pouquíssimo tempo depois de Lovecraft ter ido à palestra; trata-se de um poema terrível, duro, que mostra com crueza as inconveniências da utilização do estilo georgiano para assuntos que evidentemente não o comportam. Dunsany, contudo, observou compassivo numa carta publicada na *Tryout* que o tributo era "magnífico" e que se sentia "grato ao autor do poema por seu entusiasmo caloroso e generoso, cristalizado em verso".[15] Uns poucos meses mais tarde Lovecraft escreveu tributo muito melhor em três quartetos simples, "On Reading Lord Dunsany's Book of Wonder" ["Ao ler o *Livro das maravilhas*, de lorde Dunsany"] (*Silver Clarion*, março de 1920). Dunsany, ao que tudo indica, nunca leu o poema.

É fácil ver por que uma figura como Dunsany tinha um apelo imediato para Lovecraft: seu desejo de um passado não mortificado, sua criação puramente estética de um espírito mitológico belamente evocativo, e sua "prosa cristalina e musical" (como Lovecraft o caracterizaria de maneira memorável em seu "Supernatural Horror in Literature") fizeram Lovecraft pensar que tinha encontrado um irmão espiritual no fantasista irlandês. Em 1923 ele ainda sustentava que "Dunsany sou eu próprio [...] seu campo cósmico é o campo em que vivo; suas paisagens distantes e sem emoção da beleza da lua sobre telhados antigos e encantadores são as paisagens que conheço e pelas quais tenho afeição".[16] Também se deve conjecturar que a posição de Dunsany como nobre independente e rico que escrevia o que desejasse e não dava ouvidos às expectativas populares exercia uma poderosa fascinação sobre Lovecraft: eis aqui um escritor amador que atingira um enorme sucesso popular e crítico; eis aqui um caso em que uma aristocracia de sangue e uma aristocracia de intelecto se uniam.

A sucessão de pastiches à maneira de Dunsany que Lovecraft produziu entre os anos de 1919 e 1921 não chegam a valer um estudo detalhado. Talvez o débito real dessas obras a Dunsany — excetuando-se algumas qualidades superficiais e, é claro, o estilo como um todo e o assunto sobrenatural — tenha sido exagerado, e muitas delas realmente revelam preocupações centrais ao próprio temperamento de Lovecraft; mas no conjunto não estão entre seus melhores contos, mesmo do período inicial. "The White Ship", escrito em outubro de 1919 e baseado superficialmente em "Idle Days on the Yann" (de *A Dreamer's Tales*), de Dunsany, é uma interessante alegoria sobre a perda da esperança. "The Cats of Ulthar" (escrito em 15 de junho de 1920) é um de seus contos mais celebrados e permanece um de seus favoritos em seu retrato de como os gatos da cidade mítica de Ulthar vingaram a morte de um filhote nas mãos de um casal cruel da cidade. "Celëphais" (escrito em novembro de 1920) é, de certa forma, constrangedoramente derivado de "The Coronation of Mr. Thomas Shap" (em *The Book of Wonder*), em que um homem gosta de se imaginar o rei de uma região mítica da imaginação, a tal ponto que a situação afeta seu trabalho no mundo real e ele acaba num hospício. Em "Celephaïs", acontece mais ou menos o mesmo: um escritor sem sucesso sonha com as terras de Celephaïs, as quais ele de fato imaginou quando garoto; mais tarde ele ocupa a região permanentemente, enquanto seu corpo é encontrado lavado pelas ondas.

Muitas histórias escritas durante o período que não se tem considerado "dunsaniano" devem algo a Dunsany. "The Terrible Old Man" (escrita em 28 de janeiro de 1920) é colocada no mundo real (a cidade de Kingsport, em Massachusetts, inventada para este conto) e trata da justa punição de três potenciais ladrões de um indivíduo aparentemente decrépito que tinha muitos anos de vida. Ele lembra diversos contos de *The Book of Wonder*, que similarmente tratam da solene gravidade de assaltos que geralmente acabam mal para os criminosos.

"The Street" foi escrito no fim de 1919, e pode ter sido inspirado por uma das parábolas da guerra de *Tales of War*, de Dunsany (1919). O enredo básico envolve a transformação de uma rua não especificada (claramente na Nova Inglaterra), que deixa de ser uma rua ocupada por "homens de força e honra" para ser ocupada por estranhos. A história toda dos Estados Unidos é encapsulada em óbvias alusões. Por fim, a própria rua se rebela contra sua ocupação por um grupo de terroristas estrangeiros, explodindo por si mesma.

Lovecraft oferece a gênese da história numa carta — uma greve da polícia de Boston por boa parte de setembro e outubro de 1919, durante a qual o exército do estado teve de ser chamado para patrulhar as ruas.[17] Sem dúvida foi um acontecimento bastante perturbador, mas nessa época a formação dos sindicatos e as greves foram praticamente a única opção à mão para a classe trabalhadora em nome de melhores salários e melhores condições de trabalho.

"The Street" não é outra coisa senão uma versão em prosa de poemas como "New England Fallen" e "On a New-England Village Seen by Moonlight": há a mesma glorificação ingênua do passado, a mesma atribuição de todos os males a "estranhos" (que parecem ter expulsado aqueles fortes e valentes anglo-saxões com incrível facilidade), e, o que é notável, até uma mirada de passagem pelos efeitos sociais e econômicos devastadores da revolução industrial. Está entre seus piores trabalhos.

O que, então, Lovecraft aprendeu com Dunsany? A resposta pode não ser imediatamente evidente, pois levou muitos anos para a influência de Dunsany ser assimilada, e alguns dos mais interessantes e importantes aspectos da influência estão manifestos em contos que não trazem semelhança superficial com Dunsany. Talvez o mais perspicaz dos relatos de Lovecraft sobre a influência de Dunsany tenha ocorrido em uma carta de março de 1920: "Os voos da imaginação e o delinear das belezas pastoral ou natural podem ser realizados tanto em verso como em prosa — e nesta não raro melhor. Essa é a lição que o inigualável Dunsany me ensinou".[18] Esse comentário foi feito numa discussão sobre a poesia de Lovecraft; e não é acidental que sua produção poética tenha caído dramaticamente depois de 1920. Havia, desde que retomara a escrita de contos, uma dicotomia entre a produção de prosa e poesia de Lovecraft: como poderia haver qualquer relação entre contos de horror sobrenatural e o vazio e superficialmente "belo" georgianismo de seus versos? Com o declínio da escrita de versos, essa dicotomia desapareceu — ou, pelo menos, estreitou-se — à medida que a busca da beleza pura passou a ter expressão nos contos.

Mais precisamente, Lovecraft aprendeu de Dunsany como enunciar suas concepções estéticas, filosóficas e morais por meio da ficção, para além do simples cosmicismo de "Dagon" ou "Beyond the Wall of Sleep". A relação entre sonho e realidade — vagamente explorada em "Polaris" — é tratada de forma exaustiva e pungente em "Celephaïs"; a perda da esperança é esboçada profundamente em "The White Ship" e "The Quest of Iranon". Lovecraft considerou *Time and the Gods* "ricamente filosófico",[19] e todo o trabalho de Dunsany, o inicial e o posterior, oferece parábolas simples e emocionantes sobre assuntos humanos fundamentais. Em anos posteriores Lovecraft expressaria sua filosofia de formas cada vez mais complexas, enquanto sua própria ficção ganhava riqueza e horizontes.

A despeito de suas próprias afirmações do contrário, as fantasias "dunsiânicas" de Lovecraft são mais do que pastiches mecânicos de um mestre reverenciado; como obras apenas superficialmente derivadas de Dunsany, elas revelam considerável originalidade de concepção. É interessante que o próprio Dunsany tenha chegado a essa conclusão: quando o trabalho de Lovecraft foi postumamente publicado em forma de livro, Dunsany descobriu-o e confessou que nutriu "um peculiar interesse pelo trabalho de Lovecraft, pois nos poucos contos dele que li descobri que ele estava escrevendo segundo meu estilo, de maneira absolutamente original & sem nenhum empréstimo do que fosse meu, & no entanto com meu estilo & muito de meu material".[20] Lovecraft teria ficado feliz pelo reconhecimento.

Durante esse período Lovecraft não parou de escrever contos de horror sobrenatural, e um grupo deles demonstra seu crescente domínio da técnica do conto; alguns deles são também bons a sua maneira. Um dos mais conhecidos, pelo menos em termos de gênese, é "The Statement of Randolph Carter", escrito em dezembro de 1919 e, segundo consta, a virtual transcrição de um sonho no qual Lovecraft e Samuel Loveman exploram algumas tumbas centenárias e Loveman desce os degraus de uma tumba antiga para nunca mais retornar. Embora previsível, trata-se efetivamente de uma história, que primeiramente apareceu na *Vagrant*, de W. Paul Cook, de maio de 1920.

"The Temple" (provavelmente escrita no outono de 1920) requer um pouco de discussão. É um conto confuso sobre o comandante de um submarino alemão que desce às profundezas do oceano e chega a uma cidade construída por uma civilização antiga. A história é fraca, tendo uma grande quantidade de fenômenos sobrenaturais que nunca são adequadamente explicados. Consideravelmente melhor é "Facts Concerning the Late Arthur Jermyn and His Family" (também escrito no fim de 1920), uma história compacta de miscigenação: sir Arthur Jermyn havia, durante sua exploração do Congo, se casado com uma "macaca branca", o que suscita o surgimento de aberrações físicas e psicológicas na linhagem Jermyn. Curiosamente, Lovecraft admite que a história fora parcialmente inspirada por *Winesburg, Ohio*, de Sherwood Anderson (1919).[21] Evidentemente, Lovecraft considerou a exposição dos segredos de uma família de uma pequena cidade norte-americana algo um tanto insípido, de modo que providenciou um "esqueleto" um pouco mais assustador para o armário de Jermyn.

"From Beyond" (escrito em 16 de novembro de 1920) é quase uma caricatura do conto do cientista louco, mas é de interesse que ele tenha sido claramente derivado de passagens de *Modern Science and Materialism*, de Elliot, em particular as referentes à noção de que a maioria dos objetos materiais consiste sobretudo em espaços vazios. Na história, Crawford Tillinghast produz uma máquina que quebra as barreiras que nos impedem de ver as entidades repugnantes que passam por e através de nós a todo momento.

Um dos melhores contos — ou talvez crônicas — do primeiro período da obra de Lovecraft é o poema em prosa "Nyarlathotep", escrito no começo de 1920. Essa breve história é uma alegoria sobre o declínio da civilização. O misterioso Nyarlathotep é uma espécie de artista itinerante cujas exibições de fenômenos estranhos envolvendo luz e eletricidade fascinam o público, mas ele parece ser o arauto do fim de toda a cultura humana. Will Murray fez a conjectura plausível de que a figura de Nyarlathotep nesse conto pode ser baseada no cientista excêntrico (e parcialmente charlatão) Nicola Tesla.[22]

Outro conto forte é "The Picture in the House", escrito em 12 de dezembro de 1920. O simples conto sobre o que um jovem viajando pelo interior da Nova Inglaterra descobre em uma casa aparentemente abandonada faz menção à segunda, e mais famosa, cidade ficcional de Lovecraft, Arkham. Além disso, é o primeiro dos contos de Lovecraft a não usar uma ambientação real na Nova Inglaterra, mas sim a partir do que

Lovecraft claramente sentia ser a estranha herança da história da Nova Inglaterra, especificamente a história de Massachusetts. Para Lovecraft, o século XVII, com sua teocracia puritana, representava uma espécie de "idade das trevas" norte-americana precisamente análoga ao período medieval, e seu evento culminante — o julgamento das bruxas de Salem em 1692 — apenas confirma a impressão de Lovecraft acerca de uma época de ignorância, obscurantismo e terror potencial. "The Picture in the House" apenas suscita alguns desses temas, mas trabalhos posteriores os elaborariam consideravelmente.

"The Nameless City", escrito em janeiro de 1921, é um dos mais fracos contos de Lovecraft, não obstante o fato de ele próprio nutrir uma inexplicável afeição por ele. Esse conto histriônico, implausível e louco de um explorador que cava um túnel sob o deserto da Arábia e descobre uma cidade outrora habitada por alienígenas (preservados como múmias em caixões, em pé) tem pouco a ser recomendado. É, contudo, a primeira vez que Abdul Alhazred é mencionado na ficção de Lovecraft. "The Moon-Bog", escrito para aquele encontro do dia de São Patrício em março de 1921, é de modo similar um conto convencional de vingança sobrenatural.

De "The Outsider" — que muitos acreditam ser o grande conto de Lovecraft — é difícil tratar em poucas linhas. De fato, seu retrato de um estranho indivíduo que cava um buraco para dentro do que parece ser um castelo subterrâneo e, entrando em uma casa amplamente iluminada, descobre que ele próprio é o terrível e decrépito monstro que tem atormentado um grupo de convivas é um exemplo tocante de "as consequências acachapantes do autoconhecimento para a alma";[23] mas seu uso excessivo da dicção de Poe faz questionar se se trata de mais do que um exercício de imitação acrítica. O próprio Lovecraft chega a tal juízo:

> Outros [...] concordam com você ao gostar de "The Outsider", mas não posso dizer que partilho da mesma opinião. Na minha mente esse conto — escrito há uma década — é superficial e mecânico demais em seu clímax & quase cômico na bombástica pretensiosidade de sua linguagem. Quando o releio, mal posso entender como pude me deixar enredar por essa retórica abarrocada & vazia tão recentemente quanto há dez anos. Ele representa minha literal, não obstante inconsciente imitação de Poe em seu ponto mais alto.[24]

Muitos têm conjecturado sobre as influências por trás do conto, mais especificamente a imagem culminante da entidade que vê a si mesma num espelho. A sugestão mais plausível, creio eu, é que Lovecraft toma a cena de empréstimo de *Frankenstein*, de Mary Shelley, quando o monstro vê pela primeira vez a si mesmo num lago.

É, contudo, hora de examinar o problema do caráter autobiográfico da história. Lê-se na abertura: "Infeliz é aquele a quem as memórias da infância trazem apenas medo e tristeza". Uma das observações finais do *outsider* – "Sempre soube que sou um *outsider*; um estranho neste século e entre aqueles que ainda são homens" – tem sido tomada, talvez não injustamente, como prototípica de toda a vida de Lovecraft, a vida de um "estranho recluso" que desejava estar intelectual, estética e espiritualmente no porto seguro racional do século XVIII. Acho que já sabemos o suficiente sobre Lovecraft para saber que tal interpretação exagera o caso: sem negar sua enfática e sincera afeição, e em certo sentido mesmo a nostalgia, pelo século XVIII, ele também era inegavelmente parte de seu tempo, e foi um "*outsider*" apenas no sentido de que a maioria dos escritores encontram um abismo entre eles mesmos e a média de seus contemporâneos. A infância de Lovecraft não foi de forma alguma infeliz, e ele frequentemente olhava para ela como um momento idílico, livre e cheio de estímulos intelectuais prazerosos e com a amizade próxima de pelo menos um pequeno grupo.

É, então, "The Outsider" um símbolo da autoimagem de Lovecraft, em particular a imagem de alguém que sempre se pensou feio e cuja mãe disse a pelo menos uma pessoa ter um rosto "medonho"? Penso que essa é uma interpretação superficial, e teria o efeito de transformar a história numa narrativa chorosa e autopiedosa. Acho mais interessante não ler tanto o significado autobiográfico em "The Outsider": seu número considerável de influências literárias parece fazer dessa história mais um experimento de pastiche do que uma expressão profundamente sentida de feridas psicológicas.

É difícil caracterizar as histórias não dunsanianas desse período. Lovecraft ainda estava experimentando com diferentes tons, estilos, estados de espírito e temas num esforço de descobrir o que funcionaria melhor. Talvez o fato de muitos desses contos terem sido inspirados em sonhos seja o mais interessante acerca deles. As cartas de Lovecraft de 1920 estão cheias de relatos de sonhos incrivelmente estranhos, tendo alguns deles servido de núcleo para contos escritos anos mais tarde. Seria psicanálise simplória sustentar que as preocupações de Lovecraft sobre o estado de saúde de Susie fossem a principal causa desses distúrbios em seu subconsciente; a propósito, parece que a saúde de Susie tinha em certa medida estabilizado e que não havia suspeita de qualquer colapso no horizonte até apenas alguns dias antes de sua morte. Basta dizer que doze ou mais contos que Lovecraft escreveu em 1920 — mais do que ele escreveria em qualquer outro ano de sua vida — apontam uma guinada definitiva em seus horizontes estéticos. Lovecraft ainda não sabia, mas havia encontrado o trabalho de sua vida.

NOTAS

[1] HPL a Rheinhart Kleiner, 19 de março de 1919 (SL I.81).

[2] Scott, p. 16.

[3] *Epgephi*, setembro de 1920, pp. 6, 21.

[4] HPL a Rheinhart Kleiner, 10 de setembro de 1920; "By Post from Providence", *Californian* 5, nº. 1 (verão de 1937): 20.

[5] HPL a Rheinhart Kleiner, 27 de setembro de 1919 (SL I.88).

[6] Ver George T. Wetzel e R. Alain Everts, *Winifred Virginia Jackson — Lovecraft's Lost Romance* ([Madison, WI: Strange Co.,] 1976).

[7] *Ibid.*

[8] HPL a Rheinhart Kleiner, 14 de setembro de 1919 (SL I.87).

[9] HPL a Rheinhart Kleiner, 7 de março de 1920 (SL I.112).

[10] *Ibid.* (SL I.111–12).

[11] Oscar Wilde, "Prefácio" a *The Picture of Dorian Gray* (1891).

[12] HPL a Clark Ashton Smith, 14 de abril de 1929 (SL II.328).

[13] HPL a Richard Ely Morse, 28 de julho de 1932 (manuscrito).

[14] Ver nota 12.

[15] *Tryout* 5, nº. 12 (dezembro de 1919): 12.

[16] HPL a Frank Belknap Long, 3 de junho de 1923 (SL I.234).

[17] HPL a Frank Belknap Long, 19 de novembro de 1920 (AHT).

[18] HPL a Rheinhart Kleiner, 7 de março de 1920 (SL I.110).

[19] HPL a Rheinhart Kleiner, 3 de dezembro de 1919 (SL I.93).

[20] Lorde Dunsany: carta a August Derleth (28 de março de 1952), citado em *Lovecraft Studies* nº. 14 (primavera de 1987): 38.

[21] HPL a Edwin Baird [circa outubro de 1923]; *Weird Tales*, março de 1924.

[22] Will Murray, "Behind the Mask of Nyarlathotep", *Lovecraft Studies* nº. 25 (outono de 1991): 25–29.

[23] Donald R. Burleson, "On Lovecraft's Themes: Touching the Glass", in *An Epicure in the Terrible: A Centennial Anthology of Essays in Honor of H.P. Lovecraft*, ed. David E. Schultz e S.T. Joshi (Rutherford, NJ: Fairleigh Dickinson University Press, 1991), p.135.

[24] HPL a J. Vernon Shea, 19 de junho de 1931 (SL III. 379).

9

A maré alta de minha vida

(1921–22)

Sarah Susan Phillips morreu em 24 de maio de 1921, no Butler Hospital. Sua morte, contudo, não foi resultado de seu colapso nervoso, mas de uma operação de vesícula biliar da qual ela não se recuperou. Winfield Townley Scott, que teve acesso aos registros médicos de Susie, hoje perdidos, conta a história laconicamente: "Ela fez uma operação de vesícula que se pensava ter sido bem-sucedida. Cinco dias mais tarde sua enfermeira percebeu que a paciente expressou vontade de morrer: 'Ficarei viva apenas para sofrer', disse. Ela morreu no dia seguinte".[1]

A reação de Lovecraft foi a que qualquer um esperaria: "A morte de minha mãe em 24 de maio me causou um choque nervoso extremo, e julguei a concentração e o esforço contínuo impraticáveis [...] Não consigo dormir muito, ou trabalhar com qualquer ânimo ou sucesso".[2] Mais adiante nessa carta, escrita nove dias depois dos acontecimentos, Lovecraft acrescenta de maneira perturbadora:

> De minha parte, não penso que esperarei pela morte natural; já que não há mais qualquer razão em especial para que eu continue a existir. Durante a vida de minha mãe eu sabia que a eutanásia voluntária de minha parte lhe causaria sofrimento, mas hoje me é possível regular o tempo de minha existência com a certeza de que meu fim não causaria a ninguém mais do que um incômodo passageiro.

Lógico que suas tias não significavam muita coisa nessa equação. Mas essa foi uma fase passageira, como veremos logo mais.

Como, por fim, podemos entender a relação de Lovecraft com sua mãe? Susie Lovecraft não conheceu boa fama entre os biógrafos de Lovecraft, e seus defeitos são prontamente discerníveis: ela era demasiadamente possessiva, claramente neurótica, falhou (como o próprio Lovecraft e o resto da família) ao não pensar na necessidade de preparação de seu filho para algum tipo de ocupação remunerada, e psicologicamente causou estragos a Lovecraft pelo menos a ponto de declará-lo fisicamente horrível e talvez de maneiras hoje irrecuperáveis.

Mas o veredicto sobre Susie não devia ser de todo negativo. Kenneth W. Faig, Jr., observa corretamente:

> Lovecraft poliu com apuro sua sensibilidade estética e temperou seu julgamento artístico sem dúvida graças a algo da influência inicial de sua mãe [...] A maravilhosa casa que Susie e seu jovem filho dividiram com os pais e irmãs dela no número 454 da Angell Street durante a década de 1890 deve ter sido realmente adorável.[3]

A conivência de Susie com os muitos caprichos do filho — as *Mil e uma noites*, a química, a astronomia — pode parecer excessiva, mas isso permitiu a Lovecraft desenvolver amplamente seus interesses intelectuais e estéticos e, assim, produzir as fundações tanto do intelecto quanto da criatividade que ele exibiu nos anos posteriores.

A questão fulcral é se Lovecraft sabia e reconhecia — pelo menos para si — as formas como a mãe o afetava, tanto positiva quanto negativamente. Nas cartas de juventude e maturidade, ele fala da mãe sempre com respeito e admiração. Em muitas cartas da década de 1930, quando recordava seus anos de juventude, ele produziu afirmações como: "Minha saúde melhorou muito e rapidamente, embora sem qualquer causa determinável, por volta de 1920 e 1921",[4] o que não dá — ou parece não dar — a mínima evidência de que a morte de Susie tenha sido um fator de liberação de algum tipo. Mas Lovecraft era realmente tão pouco consciente de si nesse assunto? Já citei Sonia observando que pelo menos uma vez Lovecraft confessou a ela que a influência de Susie sobre ele havia sido "devastadora". Outra evidência bastante interessante vem não de uma carta ou ensaio, nem da memória de um amigo, mas de uma história.

"The Thing on the Doorstep" (1933) conta o caso de Edward Derby, que era filho único e tinha

> fraquezas orgânicas que alarmavam seus pais protetores e fazia que ambos o mantivessem sempre preso ao lado deles. Nunca lhe era permitido sair sem a

companhia da enfermeira, e raramente tinha a oportunidade de brincar com outras crianças sem qualquer restrição.

Um pouco depois o narrador pontua:

A mãe de Edward morreu quando ele contava 34 anos, e por meses ele permaneceu incapacitado por algum estranho mal psicológico. O pai levou-o para a Europa, contudo, e cuidou que se desfizesse de seus problemas, sem qualquer efeito visível. Na sequência, ele parece sentir um tipo de entusiasmo grotesco, como quem tivesse parcialmente escapado de algum elo invisível.

Essa última frase é toda a evidência de que precisamos: ela deixa bem claro que Lovecraft sabia (por volta de 1933, de todo modo) que a morte de Susie tinha em certo sentido tornado o resto de sua vida possível. Ela diz também que, na litania de seus "quase colapsos", a começar pelo de 1898, ele não lista qualquer colapso em 1921.

A curto prazo Lovecraft fez a coisa mais razoável que podia ter feito: continuou o curso normal de sua existência. Ele pode não ter, como Derby, viajado para a Europa, mas sempre haveria New Hampshire. Esteve com Myrta Alice Little entre os dias 8 e 9 de junho, e viu "Tryout" Smith em Haverhill. Repetiu a viagem em agosto. Mais tarde naquele mês foi com o velho amigo de colégio Harold Munroe para a antiga casa de seu clubinho em Rehoboth (que Lovecraft adorou ter encontrado quase intacta), e ainda posteriormente participou de outro encontro amador em Boston.

Nesse ínterim os acontecimentos no mundo amador esquentavam. Lovecraft havia sido facilmente eleito editor oficial para os anos de 1920–21 e 1921–22, e sua facção "literária" estava no controle tanto político quanto editorial da associação: Alfred Galpin foi presidente entre 1920 e 1921 (servindo, estranhamente, também como chefe do departamento de crítica pública), e Ida C. Haughton, de Columbus, Ohio, foi presidente durante os anos de 1921 e 1922; outras pessoas ligadas a Lovecraft, como Paul J. Campbell, Frank Belknap Long e Alice Hamlet, igualmente conquistaram posições no secretariado.

Mas o horizonte não era de modo algum tranquilo. Lovecraft tinha consideráveis desacordos com a presidente Haughton, e anos mais tarde declararia que ela "percorreu toda a escala de abuso & verdadeiro insulto — culminando inclusive numa acusação sobre minha administração dos fundos da União!".[5] Em resposta, Lovecraft escreveu "Medusa: A Portrait" no fim de 1921. Essa é a mais pesada e desbragada de todas as suas sátiras poéticas, fustigando Haughton sem dó nem piedade por suas medidas avantajadas e seu temperamento supostamente desvairado. O poema foi publicado na *Tryout* de dezembro de 1921.

Havia problemas em outras frentes também. Na *Woodbee* de janeiro de 1922 Fritter prosseguiu com seus ataques a Lovecraft e seu grupo literário. Embora Lovecraft tenha respondido duramente em seu "Editorial" na *United Amateur* de janeiro de 1922, neste caso ele não venceria. Na eleição da UAPA de julho de 1922, o lado da "literatura" perdeu para os oponentes. O próprio Lovecraft perdeu para Fritter o posto de editor oficial por 44 votos a 29. Foi, sem dúvida, um golpe fortíssimo, e deve ter servido para mostrar a Lovecraft que a fase amadora de sua vida estava chegando ao fim.

Mas coube a ele rir por último. A nova comissão oficial realmente tentou produzir seis números da *United Amateur*, mas na convenção de fim de julho de 1923 o grupo literário de Lovecraft foi quase totalmente eleito outra vez; incrivelmente, Sonia H. Greene foi eleita presidente, embora não soubesse que fora colocada na disputa. Toda essa reviravolta nos acontecimentos pareceu irritar Fritter e seus colegas, e eles agiram de forma a obstruir os trabalhos da nova comissão; a secretária do tesouro, Alma B. Sanger, reteve dinheiro e não respondeu a correspondência, e assim a *United Amateur* não pôde ser impressa até maio de 1924. Nenhuma convenção foi organizada até 1924, e evidentemente a comissão oficial daquele ano foi reeleita por correio; mas a administração produziu apenas mais um número (julho de 1925) — um número de interesse devido ao completo domínio dos membros do grupo literário de Lovecraft (Frank Belknap Long, Samuel Loveman, Clark Ashton Smith e, é claro, o próprio Lovecraft). Isso encerra o envolvimento oficial de Lovecraft com a UAPA. Embora ele tenha lutado com valentia para estabelecer a comissão seguinte (Edgar J. Davis como presidente, Victor E. Bacon como editor oficial), ela nunca decolou, e depois de um ou dois números da *United Amateur* esta se desfez em algum momento de 1926.

Lovecraft não estava de modo algum indiferente aos assuntos da NAPA. É irônico que as duas convenções nacionais às quais ele chegou a ir, em 1921 e 1930, tenham sido da NAPA, e não da UAPA. A convenção da NAPA de 1921 aconteceu entre os dias 2 e 4 de julho, em Boston. No banquete de 4 de julho o próprio Lovecraft proferiu um discurso, que sobreviveu sob o título "Within the Gates: By 'One Sent by Providence'". Perto de algumas de suas histórias curtas e bem-humoradas, esta é a mais inteligente das performances de Lovecraft. O texto é cheio de farpas graciosas dirigidas a Houtain, Edith Miniter e outros amadores, e conclui pedindo desculpas pelo "longo e sonoro silêncio intelectual" do discurso (que tem menos de mil palavras).

Um dos que provavelmente estavam na audiência era Sonia Haft Greene (1883–1972). Sonia fora introduzida no jornalismo amador por James F. Morton, que ela conhecia desde 1917. Ela era parte de um contingente de membros da NAPA oriundos da região de Nova York (entre os quais estão Morton, Rheinhart Kleiner e outros) presentes na convenção, e Kleiner posteriormente atestou que a apresentou a Lovecraft durante o evento.[6] Pouco tempo depois Sonia tornou-se uma ardente apoiadora da causa amadora, e não só se uniu à UAPA como contribuiu com a incrível quantia de cinquenta dólares para o fundo oficial do órgão.

É uma pena que saibamos relativamente tão pouco sobre a mulher com quem Lovecraft se casaria menos de três anos depois. Ela nasceu Sonia Haft Shafirkin em 16 de março de 1883 em Ichnya (próximo a Kiev), na Ucrânia. Seu pai, Simyon Shafirkin, ao que tudo indica morreu quando ela era criança. A mãe, Racille Haft, deixou Sonia com seu irmão em Liverpool — onde Sonia recebeu sua primeira educação — e ela própria foi para os Estados Unidos, onde se casou com Solomon H. (nome completo desconhecido) em 1892. Sonia reuniu-se com a mãe mais tarde naquele mesmo ano. Ela se casou com Samuel Seckendorff em 1899 — Sonia mal chegara aos dezesseis anos, e seu marido tinha 26. Um filho, nascido em 1900, morreu três meses depois, e uma filha, Florence, nasceu em 19 de março de 1902. Seckendorff, russo, adotou o nome Greene a partir de um amigo de Boston, John Greene. O casamento foi ao que tudo indica muito turbulento, e Samuel Greene morreu em 1916, aparentemente por suas próprias mãos.

Sonia fez alguns cursos de extensão na Universidade de Columbia, e conseguiu uma posição gerencial (com um salário de 10 mil dólares ao ano) na Ferle Heller's, uma rede de vestuário. (A rede tinha duas lojas, uma na 36 West 57th Street e a outra na 9 East 46th Street; Sonia, cuja especialidade eram chapéus, trabalhou na primeira loja). Ela morava no 256 da Parkside Avenue em Flatbush, no Brooklyn, uma região então em alta.

Kleiner a descreve fisicamente como uma "mulher muito atraente de proporções dignas de uma Juno"; Galpin, usando do mesmo qualificativo clássico, produz um quadro mais atraente:

Quando ela apareceu em minha vida de estudante, livresca e reservada, em Madison [entre 1921 e 1922], senti-me como uma andorinha inglesa capturada por uma cobra. Firme e de uma beleza impositiva como a de uma Juno, com olhos extraordinariamente belos e cabelos negros, ela era linda demais para ser uma personagem de Dostoiévski e parecia antes uma heroína de uma das passagens maritais de *Guerra e paz*. Proclamando a glória da personalidade livre e esclarecida, ela se declarava uma pessoa única em profundidade e intensidade de paixão e pedia que eu Escrevesse, Agisse, Criasse.[7]

Sonia gostou imediatamente de Lovecraft. Ela admitiu abertamente que, quando o viu pela primeira vez, "ficou admirada com sua personalidade, mas, francamente, logo de cara, não com sua figura"[8] — uma referência clara à aparência pura e simples de Lovecraft (alto, de compleição magra, prognata, com possíveis problemas de pele e pelos faciais), e também sua conduta formal e (particularmente irritante para alguém da indústria da moda) o corte arcaico de suas roupas.

Mas uma correspondência foi prontamente iniciada. Lovecraft teve notícias de Sonia já entre meados e fim de julho de 1921, época em que já havia lido algumas das histórias de Lovecraft publicadas na imprensa amadora. Lovecraft afirmou abertamente estar encantado com ela, pelo menos com seu intelecto.

Foi Sonia que tomou as rédeas dos acontecimentos. Ela visitou Lovecraft em Providence entre 4 e 5 de setembro, ficando hospedada no Crown Hotel. Lovecraft, como já era costume em seu tratamento de convidados de fora da cidade, mostrou-lhe os tesouros históricos de Providence, levou-a à Angell Street e a apresentou a sua tia Lillian. No dia seguinte, Sonia convidou Lovecraft e sua tia para um almoço no Crown Hotel.

Nessa mesma época Sonia contribuiu com a causa amadora de outras formas que não a monetária. Em outubro de 1921 publicou-se o primeiro dos dois números de seu *Rainbow*; ambos seriam fóruns para as realizações poéticas, ficcionais, ensaísticas e polêmicas de Lovecraft e seu círculo de colegas amadores. Lovecraft contribuiu com uma peça chamada "Nietzscheism and Realism", que ele diz ser um conjunto de excertos tirados de duas cartas a Sonia.[9] Esse compêndio de *bon mots* filosóficos compreende, infelizmente, quase tudo que restou (tirante um maço de cartões-postais e outro item a ser discutido posteriormente) do que deve ter sido uma extensa e excepcionalmente fascinante correspondência — que teríamos, de uma perspectiva biográfica, desejado ter mais do que qualquer outra de Lovecraft. Sonia, porém, é clara quanto ao destino dessa correspondência: "Eu tinha um baú de cartas que ele me escrevera ao longo dos anos, mas antes de me mudar de Nova York para a Califórnia [por volta de 1935] levei-as a um terreno e as queimei".[10] Sem dúvida, depois de tudo o que passou, Sonia estava em pleno direito de fazer o que fez, mas deve ter doído fundo em todos os estudiosos de Lovecraft quando leram essa afirmação.

Ser um profissional amador adequava-se perfeitamente ao temperamento aristocrático de Lovecraft, mas, à medida que o tempo passava e a herança familiar minguava mais e mais, era necessário pensar em algo que rendesse algum dinheiro. Lovecraft estava certamente consciente da principal razão para o colapso nervoso de sua mãe — sua preocupação quanto ao futuro financeiro dela e do filho. Talvez tenha sido isso que finalmente o levou a produzir algum esforço para ganhar uma renda; pois é nessa época que David van Bush surge em cena.

Bush havia feito parte da UAPA em 1916. Lovecraft o menciona pela primeira vez, segundo sei, no verão de 1918. De 1915 até o fim da década de 1920 Bush escreveu um número assustador de volumes de poesia e manuais de psicologia popular, a maioria deles com publicação própria. Há uma grande possibilidade de que Lovecraft tenha revisado boa parte desses volumes, tanto de prosa quanto de verso.

O fato é que Bush realmente se tornou um escritor e palestrante de psicologia popular muito conhecido. Lovecraft só começou a trabalhar para valer para Bush mais ou menos em 1920, e não é por acaso que os títulos de Bush começam a suceder rapidamente uns aos outros a partir de então. Lovecraft encarava Bush com uma mistura de irritação e condescendência elevada. Ele o encontrou no verão de 1922, quando Bush estava palestrando em Cambridge, Massachusetts, e pinta um retrato bastante vivaz deste:

> David V. Bush é um sujeito baixo, gordinho, de aproximadamente 45 anos, com um rosto tranquilo, careca, e de bom gosto no vestir. Na verdade ele tem uma aparência bastante agradável — gentil, afável, charmoso e sorridente. Provavelmente tem de agir de tal maneira para induzir as pessoas a deixá-lo viver depois de lerem seus versos. Sua tônica é uma amizade calorosa, e acho que ele é até sincero ao tratar disso. O que entende por "sucesso na vida" não é piada, tanto quanto compete ao dinheiro; pois com sua postura de charlatão "psicológico", com seus livros de poesia de quinta categoria e sua revista recém-fundada, a *Mind Power Plus*, ele nada numa boa quantidade de dinheiro. Caso contrário jamais se hospedaria numa suíte no Copley-Plaza.[11]

A carta vai além, tratando da criação rural de Bush, sua esposa, seus empregos estranhos (psiquiatra num circo, histrião, clérigo), e de seu "novo evangelho da dinâmica psicológica" ("que tem todas as virtudes do 'Novo Pensamento' somadas a uma salutar vaguidão que fazia que seu absurdo não viesse à tona diante do público crédulo em meio ao qual seu trabalho de missionário se instalava").

Lovecraft não podia fazer troça de David V. Bush: ele era um cliente regular e pagava prontamente e bem. Em 1917 Lovecraft cobrava um dólar por sessenta versos; por volta de 1920 concordou em pagar um dólar por 48 versos; e em setembro de 1922 estava pagando um dólar por oito versos revisados. É um preço impressionante, uma vez que o melhor que Lovecraft foi capaz de conseguir com sua própria poesia publicada profissionalmente foi 25 centavos de dólar por verso em *Weird Tales.* Lovecraft prossegue e anota: "Eu lhe disse que apenas a um alto preço podia garantir-lhe meus serviços pessoais — ele não gosta tanto do trabalho de Morton, e pediu-me que fizesse tanto quanto pudesse".[12] O que isso claramente significa é que Lovecraft e Morton formavam uma equipe produzindo trabalhos de preparação de originais. Quão formal era tal trabalho? É difícil dizer, mas consideremos o seguinte anúncio que apareceu no jornal amador *L'Alouette* (editado por Charles A.A. Parker) em setembro de 1924:

O CRAFTON SERVICE BUREAU oferece assistência da melhor qualidade a partir de um grupo de especialistas experientes e altamente preparados em edição de originais e datilografia de manuscritos de todos os tipos, prosa ou verso, a preços razoáveis.

O BUREAU também está equipado com ferramentas próprias para todo tipo de pesquisa, tendo afiliações internacionais de grande importância. Seus agentes estão em posição de preparar artigos especiais sobre qualquer tópico com prazos razoáveis. Ele tem uma equipe de hábeis tradutores e pode oferecer o melhor do serviço nesse departamento, cobrindo todas as mais importantes línguas clássicas e modernas, incluindo a língua internacional esperanto. Ele também está a postos para preparar e supervisionar cursos de estudo particular ou de leitura em qualquer campo, e para fornecer aconselhamento confidencial profissional no que toca a problemas pessoais.

INSCRIÇÕES e INFORMAÇÕES podem ser dirigidas aos chefes do BUREAU:

Howard P. Lovecraft
598 ANGELL STREET, PROVIDENCE, R.I.
James F. Morton, Jr.
211 WEST 138th STREET, NOVA YORK, N.Y.

Lovecraft (ou Morton) realmente pegaram o espírito da propaganda! Não tenho ideia de quantos negócios esse anúncio altamente exagerado — sugerindo que Lovecraft e Morton fossem "chefes" de um escritório inexistente de editores, revisores, tradutores e solucionadores de "problemas pessoais" — atraiu; Bush parece ter sido o principal cliente de edição de Lovecraft ao longo de boa parte da década de 1920. É provável que muitos dos "serviços" arrolados acima fossem oferecidos por Morton. Mesmo os "problemas pessoais" estavam, ao que tudo indica, sob a jurisdição de Morton, já que entre seus trabalhos publicados estava pelo menos um tratado em colaboração sobre moralidade sexual. É, em todo caso, difícil imaginar Lovecraft a essa altura lidando com os problemas pessoais de qualquer pessoa que não fosse ele próprio.

No meio de toda essa atividade, tanto amadora quanto profissional, Lovecraft finalmente embarcou numa carreira de publicações profissionais de ficção; inevitavelmente, a oportunidade lhe foi oferecida por ligações amadoras. Por volta de setembro de 1921, George Julian Houtain (que se casara com a escritora amadora E. Dorothy MacLoughlin) teve a ideia de lançar uma revista alegre e de humor levemente indecente chamada *Home Brew*. Para seus colaboradores, ele entrou em contato com vários colegas amadores e procurou adquirir textos de James E. Morton, Rheinhart Kleiner e outros para os números iniciais. Por alguma estranha razão ele quis que Lovecraft escrevesse uma história de terror seriada, muito embora a coisa aparentemente entrasse em conflito com o tom humorístico geral da revista. Ele ofereceu a Lovecraft a soma principesca de cinco dólares por 2 mil palavras referentes a cada seção (um quarto de centavo por palavra). Lovecraft reporta as instruções de Houtain: "Você não pode fazê-la mórbida demais".[13] O primeiro número da revista saiu, como esperado, em fevereiro de 1922, trazendo a primeira seção de "Herbert West — Reanimator", que Houtain imprimiu sob o título "Grewsome Tales" (*grewsome* era uma variante ortográfica legítima de *gruesome* — "chocante" — nessa época).

Lovecraft tem um prazer quase masoquista ao reclamar por ter sido reduzido ao nível de um escritor comercial da Grub Street. Constantemente ao longo dos meses seguintes ele choraminga coisas como:

> Isso tudo é manifestamente não artístico. Escrever sob encomenda, para arrastar uma figura por uma série de episódios artificiais, envolve a violação de toda a espontaneidade e singularidade da impressão que deveria caracterizar o trabalho do contista. Isso reduz o autor infeliz da arte ao lugar-comum do trabalho comer-

cial e não imaginativo. Não obstante, quando se necessita de dinheiro acabam os escrúpulos — então aceitei o trabalho.[14]

Tem-se a impressão de que Lovecraft na verdade divertiu-se com essa indigência literária.

A despeito do fato de os seis episódios de "Herbert West — Reanimator" terem sido escritos ao longo de um período extenso — outubro de 1921 a meados de junho de 1922 —, o conto mantém alguma unidade, e Lovecraft parece tê-lo concebido como algo uno desde o início: no episódio final todos os cadáveres imperfeitamente ressuscitados criados por Herbert West retornam para assassiná-lo cruelmente. Em outras palavras, a história constrói-se em torno de certo poder acumulativo e suspense, e de forma alguma é o pior trabalho de ficção de Lovecraft. A fraqueza estrutural exigida pelo formato seriado é óbvia e inevitável: a necessidade de recapitulação do enredo dos episódios anteriores no começo de cada novo capítulo, e a necessidade de um clímax de horror no fim de cada episódio.

Não se pode dizer que "Herbert West — Reanimator" seja uma obra-prima da sutileza, mas prende a atenção a sua maneira chocante. Creio também que a história, não *começando* como uma paródia, *torna-se uma* à medida que o tempo passa. Em outras palavras, Lovecraft inicialmente tentou escrever um conto sobrenatural mais ou menos sério (se não bem *grewsome*); porém, percebendo o crescente absurdo do projeto, abandonou a tentativa e transformou a história naquilo que de fato ela já era desde o princípio: uma autoparódia.

Pode valer a pena estudar brevemente a questão da influência. Ocasionalmente, dá-se por certo que a influência clara sobre a história é *Frankenstein*; mas tenho minhas dúvidas quanto à procedência da aproximação. O método de reanimação dos mortos de West (corpos inteiros que haviam morrido recentemente) é muito diferente daquele de Victor Frankenstein (que reúne partes diversas de corpos, formando um grande corpo composto), e apenas a influência mais geral pode ser detectada. O cerne da história tem uma concepção tão bizarra que nenhuma influência literária precisa ser arrogada.

Tem-se acreditado — com base no comentário de Lovecraft de junho de 1922 de que "o pagamento tornou-se um mito depois do segundo cheque"[15] — que Lovecraft nunca recebeu propriamente pelo trabalho; porém, uma carta a Samuel Loveman em novembro de 1922 diz que Houtain "pagou sua dívida passada" e até ofereceu um adiantamento de dez dólares para as primeiras duas seções de "The Lurking Fear".[16]

Lovecraft organizou-se para escrever duas outras histórias enquanto trabalhava esparsamente em "Herbert West — Reanimator", e elas trazem propostas bem diferentes umas das outras. "The Music of Erich Zann" parece ter sido escrita no fim de 1921, provavelmente em dezembro. A primeira de suas muitas publicações foi na *National Amateur* de março de 1922. A história — que trata de Erich Zann, um violista mudo que mora no alto de um sótão em Paris e aparentemente toca sua música estranha para espantar uma entidade sem nome que cerca furtiva o lado de fora da janela — tornou-se, com justiça, uma das favoritas de Lovecraft, pois revela um cerceamento das manifestações sobrenaturais (no limite da obscuridade, o que seria raro em sua obra como um todo), a caracterização emocionalmente aguda do protagonista e um cuidado geral com a linguagem que Lovecraft poucas vezes atingiu nos anos seguintes.

As outras histórias desse período são "Hypnos", provavelmente escrita em março de 1922 e primeiramente publicada na *National Amateur* de maio de 1923. É um conto curioso, porém bastante denso, que não tem recebido a atenção que merece, talvez porque nos anos seguintes Lovecraft tenha vindo a detestá-lo. "Hypnos" conta o caso de um escultor que encontra outro homem numa estação de trem, fica fascinado com ele e passa a empreender estranhas viagens oníricas pelo tempo e o espaço em sua companhia. Depois de uma experiência particularmente terrível, os dois homens lutam para permanecer acordados tanto quanto possível, numa tentativa de afastar os sonhos estranhos. Mais tarde o amigo desaparece, e tudo que fica é um belo busto de sua imagem em mármore, com a palavra grega HYPNOS ("sono") inscrita em sua base.

Parece que a interpretação da história reside em saber se o amigo do narrador existe realmente ou não; mas esse ponto não chega a afetar a análise de maneira consequente. Por fim, o que temos aqui é, como em "The Other Gods", um caso de *hybris*, mas em nível mais sutil. A certa altura o narrador afirma: "Indicarei — tão somente indicarei — que ele tinha intenções que envolviam o domínio do universo visível e mais; desígnios de acordo com os quais a terra e as estrelas se moveriam sob seu comando, e o destino de todas as coisas vivas estaria em suas mãos". Isso soa de algum modo extravagante, mas no contexto da história é forte e funciona, muito embora não se dê muita evidência de como a pessoa poderia tornar efetivo seu domínio do universo. No fim, "Hypnos" é uma subutilização de um tema já trazido à luz em muitos outros contos anteriores, mais notadamente "Beyond the Wall of Sleep" — a noção de que certos "sonhos" dão acesso a outras regiões do ser para além dos cinco sentidos ou do mundo acordado.

Pouco tempo depois de escrever "Hypnos", Lovecraft iniciou uma série de peregrinações que não terminariam antes de outubro. Em primeiro lugar na agenda estava sua primeira viagem para fora da Nova Inglaterra — uma breve estada em Nova York entre 6 e 12 de abril. A viagem foi, é claro, organizada por Sonia. Ela visitara Cleveland a trabalho em algum momento entre o fim de 1921 e o início de 1922, e ali encontrou Samuel Loveman e Alfred Galpin, que havia temporariamente se instalado por lá depois do fim de seu trabalho no Lawrence College. Desenvolvendo a ideia de reunir os melhores amigos de Lovecraft em Nova York, Sonia convenceu Loveman a ir à cidade à procura de trabalho. Loveman chegou em 1º de abril, mas não teve muito sucesso. Como forma de mantê-lo na cidade — e, ao mesmo tempo, de arrancar Lovecraft de seu eremitério — Sonia telefonou a Lovecraft e pediu-lhe veementemente que fosse à cidade conhecer seu correspondente de longa data. Loveman, Morton e Kleiner ajudaram com seu encorajamento, e o novo protegido de Lovecraft, Frank Long, provavelmente também estava a disposição. Esses convites em conjunto fizeram efeito, e Lovecraft tomou o trem 10.06 saindo de Providence no dia 6.

Cinco horas mais tarde ele viu os "traços ciclópicos de Nova York"[17] pela primeira vez. Dali se seguiu uma infindável sessão de debates com seus amigos, acompanhados de visitas a museus, vistas panorâmicas (eles subiram ao topo do Woolworth Building, a mais elevada estrutura da cidade na época), idas a livrarias e todas as outras coisas que a maioria dos turistas mais livrescos faz quando chega à cidade grande. Sonia cedeu magnanimamente seu apartamento na Parkside Avenue, no Brooklyn, para Loveman e Lovecraft, dormindo na casa de uma vizinha. Ela diz em suas memórias estar "surpresa consigo mesma" por sua "ousadia"[18] ao convidar dois homens para ficarem em seu apartamento.

Certamente o ponto alto para Lovecraft foi encontrar dois de seus amigos mais próximos, Loveman e Long. Claro, eles se encontraram muitas vezes com Sonia, e pelo menos uma vez encontraram sua "despojada filha" Florence — uma "garota vivaz, mimada e ultraindependente, de semblante mais duro que o de sua dadivosa mãe".[19] Sonia preparou várias refeições para o grupo no apartamento, das quais mesmo o ascético Lovecraft confessou gostar. Uma das passagens mais provocativas de suas memórias trata de um acontecimento que se relaciona ao fim da estadia de Lovecraft:

> Logo S.L. retornou a Cleveland, e H.P. ficou. Minha vizinha que tão gentilmente me deu guarida tinha um belo gato persa, que levou a meu apartamento. Tão logo Lovecraft viu o gato ele fez "amor" com ele. Parecia conhecer uma linguagem que o irmão felino compreendia, pois ele saltou sobre seu colo e começou a ronronar feliz.
>
> Um pouco séria, um pouco jocosa, eu comentei: "Quanto carinho para desperdiçar com um simples gato, quando uma mulher bem o poderia apreciar muitíssimo!". Sua resposta foi: "Como uma mulher poderia gostar de um rosto como o meu?". Eu rebati com: "Uma mãe poderia, mas outras mulheres que não uma mãe poderiam tentar para valer". Todos rimos enquanto Felis desfrutava de mais carinho.[20]

A esta altura já não é necessário desenvolver o complexo de inferioridade de Lovecraft acerca de sua aparência. Mas as intenções de Sonia estavam ficando claras, embora talvez ela não estivesse de todo ciente delas.

No fim de maio Lovecraft visitou Myrta Alice Little mais uma vez em New Hampshire. No começo ou meio de junho houve a viagem para ouvir a palestra de David Van Bush. Mais tarde naquele mês, Sonia, que não queria deixar a chama se apagar, encontrou um modo de passar um tempo na Nova Inglaterra e visitar Lovecraft, levando-o para Magnolia, Massachusetts, uma estilosa estância de águas a norte de Boston. Sonia convenceu Lovecraft a passar alguns dias com ela em Magnolia e Gloucester no fim de junho e começo de julho. Uma tarde, enquanto passeavam pela esplanada dos precipícios de Magnolia, a vista da lua refletindo sua luz sobre as águas do mar envolveu Sonia de tal maneira que ela teve uma ideia para um conto de horror. Encorajada por Lovecraft, ela a escreveu, e Lovecraft a revisou. O resultado foi "The Horror at Martin's Beach", uma louca e improvável história sobre um monstro do mar que apareceu em *Weird Tales* em novembro de 1923 (apenas assinada por Sonia) como "The Invisible Monster".

Outra história que pode ter sido escrita nessa mesma época é o pequeno conto macabro "Four O'Clock". Numa carta a Winfield Townley Scott, Sonia diz que Lovecraft apenas sugeriu mudanças no estilo da prosa do conto,[21] donde concluo que ela não pertence ao *corpus* de Lovecraft, e tampouco a incluí na versão revista de *The Horror in the Museum and*

Other Revisions (1989). A julgar, contudo, por suas memórias posteriores, Sonia não parece ter sido uma escritora coerente, elegante e habilidosa, de modo que Lovecraft provavelmente contribuiu com alguma coisa para essa história, que é um pouco mais frágil que a primeira.

Sonia acrescenta ao relato da noite em que "The Horror at Martin's Beach" foi concebido um comentário alarmante:

> Seu contínuo entusiasmo no dia seguinte era tão genuíno e sincero que, em agradecimento, eu o surpreendi e choquei beijando-o. Ele ficou tão confuso que corou e, depois, ficou branco. Quando brinquei com ele a respeito do beijo ele disse que não era beijado desde a infância e que nunca fora beijado por mulher alguma, nem mesmo por sua mãe e suas tias, desde que cresceu e se tornou adulto, e que provavelmente nunca mais seria beijado de novo. (Mas eu provei a ele o contrário.)[22]

Isso é realmente impressionante. Primeiramente, se a afirmação de Lovecraft aqui é verdadeira, ela de fato torna seu "caso" com Winifred Jackson realmente platônico. Depois, a questão de não ter sido beijado nem mesmo por suas tias e sua mãe desde o fim da adolescência faz pensar no grau de reserva dessa antiga família da Nova Inglaterra. A afeição de Lovecraft por suas tias — e delas por ele — é inquestionável; mas uma ausência tão inusitada de contato íntimo é estranha mesmo para seu tempo e seu meio social. Não espanta que Lovecraft tenha sido tão lento na resposta a uma mulher que tão abertamente expressou seus sentimentos em relação a ele. As emoções de Lovecraft tinham sido claramente recalcadas nessa direção.

Essa viagem de uma semana com Sonia foi, tanto quanto posso dizer, a primeira vez que Lovecraft passou qualquer tempo considerável sozinho na companhia de uma mulher com quem ele não tinha qualquer relação familiar. Sonia era inteligente em termos de conquista e arranjou tudo para conseguir retornar a Rhode Island num domingo, 16 de julho, quando ela e Lovecraft foram para Newport.

Dez dias mais tarde, em 26 de julho, uma quarta-feira, vemos Lovecraft escrevendo do apartamento de Sonia no Brooklyn: de algum modo ela havia tratado de convencê-lo a fazer uma viagem para Cleveland para ver Galpin e Loveman. Ele fez uma escala de apenas três dias em Nova York, pois em 29 de julho, às 18h30, ele embarcou na Lake Shore Limited, na Grand Central Station, numa longa viagem de trem para Cleveland. A viagem levou dezesseis horas, e Lovecraft chegou a Cleveland às 10h30 do dia 30.

Lovecraft permaneceu na cidade até 15 de agosto, a maior parte do tempo na residência de Galpin, no número 9231 da Birchdale Avenue (o prédio já não existe mais). Os hábitos ali praticamente em nada se assemelhavam aos padrões de comportamento de Lovecraft em sua própria casa: "Levantamos ao meio-dia, comemos duas vezes por dia, e nos recolhemos depois da meia-noite". Uma interessante nota sobre o estado psicológico e físico de Lovecraft está registrada numa carta a Lillian:

> Quanto ao modo como tenho vivido — está ótimo! Tenho todo o incentivo de que preciso para me manter ativo & livre da melancolia, & pareço tão bem que duvido que alguma pessoa de Providence me reconhecesse ao me ver! Não tenho dores de cabeça ou crises de depressão — em resumo, por ora me sinto realmente vivo & bem de saúde & humor. A companhia dos jovens & o gosto artístico são o que faz qualquer um seguir em frente![23]

A liberdade da rédea curta da mãe (e, em menor medida, das tias), as viagens para diferentes pontos do país, e a companhia de pessoas de mesmo tipo que lhe tinham apreço, respeito e admiração farão maravilhas a um recluso que nunca viajara cem milhas longe de casa até os 31 anos de idade.

Naturalmente, eles encontraram Samuel Loveman (que estava no Lonore Apartments, logo ao lado) com frequência, e foi através de Loveman que Lovecraft encontrou vários outros interessantes literatos — George Kirk (1898–1962), o livreiro que acabara de publicar a edição de Loveman das *Twenty-One Letters*, de Ambrose Bierce (1922), e, mais notadamente, o jovem Hart Crane (1899–1932) e seu círculo de amigos relacionados às artes e à literatura. Lovecraft fala sobre sua ida a um encontro com "todos os membros do círculo de Loveman":

> Isso me deu a sensação até então completamente desconhecida em meus desertos de ser "adulado" por homens tão talentosos quanto o pintor Summers [*sic*], Loveman, Galpin & outros. Encontrei novas figuras — o poeta Crane, Lazar [*sic*], um ambicioso jovem estudante de literatura agora no exército, & adorável jovem estudante agora no exército chamado Carroll Lawrence, que escreve histórias fantásticas & quer ler todas as minhas.[24]

Terei mais a dizer sobre Kirk e Crane adiante, já que Lovecraft os encontrará novamente em seu período em Nova York; por ora, podemos apontar seu breve encontro com o aquarelista e designer William Sommer; William Lescaze, depois conhecido internacionalmente como arquiteto; Edward Lazare (que Lovecraft encontraria novamente em Nova York e que posteriormente se tornaria editor de longa data da *American Book-*

Prices Current); e outros do círculo de Crane. Crane acabara de começar a publicar poesia em revistas, embora seu primeiro volume, *White Buildings*, não fosse publicado até 1926. Lovecraft deve, contudo, ter lido a "Pastorale" de Crane (publicada no *Dial* de outubro de 1921), pois ele escreveu uma paródia chamada "Plaster-All". Demonstrando um divertido uso do que Lovecraft acreditava ser o verso livre sem forma dos modernistas, o poema é um tipo de relato impressionista — alguém ousaria dizer imagético? — da viagem a Cleveland.

Outra pessoa com quem Lovecraft travou contato na época, embora apenas por correspondência, foi Clark Ashton Smith. Loveman e Smith eram correspondentes de longa data, e o primeiro mostrou a Lovecraft as pinturas e desenhos de Smith, enquanto Galpin e Kirk, respectivamente, apresentaram a Lovecraft cópias das primeiras coletâneas de poesia de Smith, *The Star-Treader and Other Poems* (1912) e *Odes and Sonnets* (1918). Lovecraft ficou tão entusiasmado com o material literário e pictórico que de pronto, já no fim de sua viagem, escreveu uma carta de admiração a Smith. Essa carta, quase efusivamente elogiosa, foi o início de uma correspondência de quinze anos que cessaria apenas com a morte de Lovecraft.

Clark Ashton Smith (1893–1961) teve um destino a tudo estranho justamente por seu trabalho ser tão particular e inclassificável. Suas coletâneas de versos foram produzidas na linha da poesia *fin-de-siècle*, um pouco à maneira de um Swinburne ou George Sterling (o primeiro mentor de Smith), porém com uma marca bastante autoral. De fato, após a publicação do primeiro volume, aos dezenove anos, Smith — natural da Califórnia, ele nascera em Long Valley e vivera boa parte de sua vida em Auburn — foi saudado pelos críticos locais como um novo Keats ou Shelley. Esses elogios não estavam, talvez, distantes da verdade. Segundo penso, os primeiros poemas de Smith são bastante superiores à poesia cósmica de Sterling, embora ele tenha aprendido bastante de *The Testimony of the Suns* (1903), de Sterling, e *A Wine of Wizardry* (1907). O problema com Smith — ou, antes, com seu reconhecimento como poeta significativo — é que a tradição da poesia fantástica ou de temática bizarra não é muito profunda ou substancial; ademais, entusiastas modernos (e críticos) de literatura fantástica parecem pouco confortáveis com poesia, de modo que o enorme conjunto de poesia de Smith tem sido ignorado pelos mesmos leitores que deveriam exaltá-lo e mantê-lo vivo. E embora Smith tenha escrito algum verso livre, boa parte de seus versos está escrita em métrica tradicional e numa dicção elevadíssima, carregada de metáforas, em contraste extremo com o trabalho simples, cotidiano e (em meu juízo) inteiramente prosaico de "poetas" que, seguindo o exemplo tedioso de William Carlos Williams e Ezra Pound, estão atualmente em voga. É surpreendente que a poesia de Smith, depois de seu elogio inicial na costa oeste, tenha caído em ouvidos moucos e permanecido uma das joias perdidas da literatura do século XX.

Smith não trabalhou em causa própria, produzindo grande quantidade de contos fantásticos e de ficção científica no fim dos anos 1920 e começo da década seguinte, alguns deles (talvez boa parte) escritos sob o encorajamento de Lovecraft. Esse conjunto de trabalhos em certa medida persevera enquanto esforço, porém para mim é muito inferior a seu verso; terei mais a dizer sobre eles adiante. Se Smith produziu algo digno de interesse em prosa, foram seus poemas em prosa, alguns dos quais Lovecraft conheceu — e admirou — a partir de seu volume *Ebony and Crystal* (1918). Trata-se de uma impressionante realização literária, e não seria estranho sustentar que Smith é o melhor poeta em prosa de língua inglesa; no entanto, a forma é por demais abstrusa para inspirar seguidores ou atenção da crítica.

Quanto ao trabalho de Smith como artista plástico, eu o considero bastante amador e cru, e não tenho ideia da razão por que Lovecraft derramou-se em sua escrita sobre ela. Smith era um artista autodidata, e seus trabalhos o comprovam; suas obras são, de fato, reminiscências de uma arte primitivista, e ocasionalmente uns efeitos bizarros bastante chamativos são utilizados, mas boa parte da produção — em pena e tinta, giz de cera, aquarela e óleo — é imaginativamente poderosa, porém tecnicamente primária. Suas pequenas esculturas e estatuetas são mais interessantes, em certa medida. Lovecraft, contudo, nunca deixou de admirar Smith como um novo Blake capaz de escrever grandes trabalhos e ilustrá-los.

Para Lovecraft naquele momento, contudo, eram os benefícios e delícias de viajar que estavam em questão. Viajando a Nova York em 15 de agosto, ele passou pelo menos dois meses como convidado de Sonia no Brooklyn, o que lhe rendeu um total até então inusitado de praticamente três meses inteiros longe da Angell Street. Essa longa viagem foi possível graças à grande generosidade dos amigos de Lovecraft: já que Galpin, Loveman e Kirk insistiram em pagar muitas de suas despesas em Cleveland (especialmente as refeições), assim como Long (ou, mais precisamente, seus pais) frequentemente convidava Lovecraft para almoçar ou jantar e

Sonia pagava ou preparava muitas refeições para ele. Não creio que houvesse qualquer pena nessa postura: os amigos de Lovecraft certamente sabiam de suas dificuldades financeiras, porém sua hospitalidade era produto tanto de sua bondade e genuína afeição por Lovecraft quanto de seu desejo de tê-lo ao lado tanto quanto possível. Veremos que esse será um padrão de todas as peregrinações de Lovecraft pelo resto de sua vida.

Como suas tias compreenderam essa longa ausência de seu único sobrinho? Já em 9 de agosto, em Cleveland, Lovecraft escreve a Lillian, de maneira comovente: "Sinto muito por você sentir minha falta — embora esteja feliz em saber!". Em setembro Sonia e Lovecraft tentaram persuadir uma ou ambas as tias a unir-se a eles em Nova York; a sóbria Lillian declinou do convite, mas Annie — que em seus dias de juventude gostava de circular na sociedade — aceitou.

Na tarde de 16 de setembro Lovecraft e Kleiner fizeram uma visita à bela Igreja Holandesa Reformada (1796) da Flatbush Avenue, no Brooklyn, próxima ao apartamento de Sonia. Essa magnífica edificação tem um sinistro pátio antigo nos fundos, repleto de pedras tumulares em ruína gravadas em holandês. O que Lovecraft fez?

> De uma das pedras tumulares em pedaços — datada de 1747 —, eu tirei uma pequena lasca para levá-la comigo. Ela fica ao meu lado enquanto escrevo — & há de me sugerir algum tipo de história de horror. Uma noite dessas preciso colocá-la debaixo do meu travesseiro enquanto durmo [...] quem pode dizer que coisa seria capaz de saltar da terra de séculos para buscar vingar-se por sua tumba violada?[25]

Verdade seja dita, o incidente levou diretamente à escrita de "The Hound", provavelmente em outubro, depois de retornar para casa. Essa história envolve as ousadas aventuras do narrador e seu amigo St. John (muito lateralmente baseado em Kleiner, a quem Lovecraft se refere em correspondência como Randolph St. John, como se ele fosse parente de Henry St. John, visconde Bollingbroke) naquele "horripilante extremo do ultraje humano, a abominável prática da violação de túmulos".

"The Hound" tem sido duramente criticado pela extrema artificialidade de seu estilo; entretanto, o que de algum modo parece escapar à atenção da maioria dos críticos é que a história é claramente uma autoparódia. Isso começa a ficar cada vez mais evidente a partir das óbvias alusões literárias bem como de frases grotescas como "manifestações bizarras eram, dessarte, por demais frequentes para que fossem referidas". E, não obstante, a história é um inegável sucesso em termos de excesso e ornamentação, desde que se leve em conta que Lovecraft visava abertamente a tal efeito e assim o fazia, pelo menos em parte, com bastante ironia.

Lovecraft finalmente retornou para casa em meados de outubro. Houtain já o consultava para outra série, desta vez para ser lançada em quatro partes. Lovecraft começou o trabalho com alguma preguiça em meados de novembro, mas — talvez porque Houtain finalmente tenha pago "Herbert West — Reanimator" e oferecido metade do pagamento referente à nova história — por fim pôs-se a trabalhar e escreveu "The Lurking Fear" mais tarde naquele mês. Como a história foi escrita num período mais condensado do que "Herbert West — Reanimator", ela deixa uma impressão muito maior de unidade do que sua predecessora, a despeito de ter de trazer uma conclusão chocante ao fim de cada segmento.

É provável que ninguém se recorde de "The Lurking Fear" como uma das obras-primas de Lovecraft, mesmo entre as obras de seu início de carreira; não obstante, não estamos falando de um conto tão ruim quanto muitos de seus críticos o consideraram, adiantando mais uma vez técnicas e estratégias a serem mais bem utilizadas posteriormente. O conto se movimenta com vigor em seu relato da busca do narrador por uma entidade desconhecida que aterrorizava e causava estragos entre os posseiros de Catskills, nas imediações da mansão Martense. Por fim descobrimos que não há entidade alguma, mas uma legião de mutantes que não são mais do que o resultado de séculos de cruzamento incestuoso de membros da antiga e outrora aristocrática família Martense.

"The Lurking Fear" foi publicado na *Home Brew* de janeiro a abril de 1923. Ao que tudo indica a pedido de Lovecraft, Clark Ashton Smith foi pago para ilustrar a série, produzindo duas ilustrações por pagamento. O último número anuncia que a revista mudará seu nome para *High Life*; depois dessa mudança de nome a revista fecharia em 1924. Sem dúvida Lovecraft ficou feliz de livrar-se daquele "lixo horrível".[26]

Embora fosse o fim do ano e a sensibilidade de Lovecraft para o frio não lhe permitisse aventurar-se muito fora de casa, suas viagens no ano de 1922 não haviam se acabado. No meio de dezembro ele visitou Boston para participar de um encontro do Hub Club com Edith Miniter e os demais. Depois, decidiu fazer uma viagem solitária de reconhecimento antiquário em algumas das cidadezinhas do litoral norte da Nova Inglaterra, especialmente Salem. Salem deve ter oferecido um passeio muitíssimo agradável — foi a primeira verdadeira experiência de Lovecraft com o século XVII, e ele examinou cuidadosamente a Casa das Bruxas

(1642), a Casa das Sete Cornijas e outros lugares celebrados; ali, porém, soube pelos habitantes locais que havia uma cidadezinha ainda mais ao norte chamada Marblehead, ainda mais charmosa e misteriosa. Partindo de ônibus, Lovecraft adentrou "a mais maravilhosa região com que já havia sonhado, fornecendo-me uma forte e singular impressão estética, como não recebia há anos".[27]

Marblehead era — e, no geral, ate hoje é — um dos mais belos recantos de Massachusetts, repleta de casas coloniais bem restauradas, ruas estreitas e angulosas, e um cemitério espectral ao topo da colina, do qual se tem uma magnífica vista panorâmica da cidade e do porto próximo. Na parte antiga da cidade, a antiguidade é estranhamente *completa*, e muito pouco de modernidade se intromete ali. Foi isso que tanto cativou Lovecraft. Mais de sete anos depois, Lovecraft ainda testemunhava a força daquela primeira experiência do lugar:

Deus! Que eu nunca me esqueça de meu primeiro e embasbacado contato com a vista dos telhados arcaicos e apinhados de MARBLEHEAD sob a neve naquela auréola delirante do pôr-do-sol às quatro da tarde do dia 17 de dezembro de 1922!!! Não sabia até uma hora antes que já devia ter experimentado um lugar como Marblehead, e eu não soube *até aquele momento* a extensão total do maravilhamento que experimentava. Tenho aquele instante — entre as 16h05 e as 16h10 de 17 de dezembro de 1922 — como a emoção mais forte e singular vivida ao longo de quase quarenta anos de vida. Num clarão, todo o passado da Nova Inglaterra — todo o passado da velha Inglaterra — todo o passado do mundo anglo-saxão e ocidental — atravessou-me e identificou-me com a estupenda totalidade de todas as coisas de uma maneira como nunca vivera antes, nem algum dia voltarei a viver. Aquela foi a maré cheia da minha vida.[28]

O que exatamente foi isso que, em Marblehead, suscitou uma experiência tão forte? O próprio Lovecraft esclarece: com sua tremenda faculdade imaginativa — e com os símbolos visíveis do presente quase totalmente banidos pelo menos por um curto intervalo de tempo —, Lovecraft sentiu-se unido a todo o seu passado cultural e racial. Como disse em outro contexto: "O passado é real — é *tudo o que existe*".[29]

Levaria praticamente um ano — e muitas outras viagens a Marblehead — para internalizar tais impressões e transmutá-las em ficção; mas quando ele o fez, em "The Festival" (1923), estava a caminho de trazer à vida a Nova Inglaterra num dos conjuntos de prosa fantástica mais bem situado topográfica e historicamente até hoje. Ele já começara de maneira imperfeita a caminhar nessa direção com "The Picture in the House", mas para ele a Nova Inglaterra era ainda um território relativamente inexplorado, e seriam necessárias outras muitas viagens para que absorvesse a essência da região – não apenas sua antiguidade e história, mas também sua gente e suas relações antigas e íntimas com o solo – e a tornasse apta para o uso ficcional. E levaria ainda dois anos longe da Nova Inglaterra para ter ideia de quanto a região o havia moldado, de modo que pudesse expressar o terror e a beleza dessa terra antiga.

NOTAS

1 Scott, "His Own Most Fantastic Creation", p. 17.

2 HPL a Anne Tillery Renshaw, 1º de junho de 1921 (SL I.133).

3 Faig, *Parents*, p. 40.

4 HPL a Maurice W. Moe, 5 de abril de 1931 (SL III.370).

5 HPL a Maurice W. Moe, 15 de junho de 1925 (manuscrito, JHL).

6 Rheinhart Kleiner, "A Memoir of Lovecraft", in *Lovecraft Remembered*, p. 197.

7 Alfred Galpin, "Memories of a Friendship" (1959), in *Lovecraft Remembered*, p. 170.

8 Davis, *Private Life*, p. 15.

9 HPL ao Gallomo, 21 de agosto de 1921 (AHT).

10 Davis, *Private Life*, p. 24.

11 HPL a Anne Tillery Renshaw, 14 de junho de 1922 (SL I.185–86).

12 HPL a Lillian D. Clark, 29 de setembro de 1922 (SL I.199).

13 HPL a Anne Tillery Renshaw, 3 de outubro de 1921 (SL I.154).

14 HPL a Frank Belknap Long, 8 de outubro de 1921 (SL I.158).

15 HPL a Rheinhart Kleiner, 17 de junho de 1922 (SL I.188).

16 HPL a Samuel Loveman, 17 de novembro [de 1922]; *Letters to Samuel Loveman and Vincent Starrett*, pp. 9–10.

17 HPL a Maurice W. Moe, 18 de maio de 1922 (SL I.176).

18 Davis, *Private Life*, p. 16.

19 SL I.180 (nota 17).

20 Davis, *Private Life*, p. 17.

21 Sonia B. Davis a Winfield Townley Scott, 11 de dezembro de 1948 (manuscrito, JHL).

22 Davis, *Private Life*, p. 19.

23 HPL a Lillian D. Clark, 9 de agosto de 1922 (manuscrito, JHL).

24 *Ibid.*

25 HPL a Lillian D. Clark, 29 de setembro de 1922 (SL I.198).

26 HPL a Robert E. Howard, 25–29 de março de 1933 (SL IV.170).

27 HPL a Rheinhart Kleiner, 11 de janeiro de 1923 (SL I.204).

28 HPL a James F. Morton, 12 de março de 1930 (SL III.126–27).

29 HPL a James F. Morton, 19 de outubro de 1929 (SL III.31).

10

Para divertimento próprio

(1923–24)

Bem na época em que a atividade de Lovecraft na UAPA parecia perder força, seu envolvimento com a NAPA tomou um rumo totalmente imprevisto: tratava-se, nada mais nada menos, do que o provimento interino do cargo de presidente da associação, datado de 30 de novembro, em substituição ao presidente William J. Dowdell, forçado a renunciar. Não se sabe ao certo o que teria levado Dowdell a tal decisão: Lovecraft mais tarde comentaria que, "em 1922", Dowdell "fugiu com uma corista".[1]

Lovecraft produziu o primeiro de cinco relatórios oficiais (quatro "Mensagens do presidente" e um "Relatório anual do presidente") para o número de novembro de 1922 e janeiro de 1923 da *National Amateur*. Escrito em 11 de janeiro de 1923, o relatório é um pedido eloquente para a retomada das atividades passada a confusão envolvendo a comissão oficial, bem como a apatia geral que aparentemente dominava todo o universo amador; o próprio Lovecraft prometeu lançar um ou dois novos números de seu *The Conservative* e levou sua promessa a cabo. O mais incrível de tudo, dada sua pobreza crônica, foi que Lovecraft chegou ao ponto de contribuir com dez dólares (o equivalente a uma semana de aluguel em seu período nova-iorquino) para o caixa do grupo. Aproximando-se de seu nono ano de atividade amadora, Lovecraft viu-se ainda ligado à causa.

Já em fevereiro, Edward H. Cole pediu que Lovecraft concorresse à presidência para o período de 1923 a 1924. Lovecraft empalideceu ante a proposta, pois detestava profundamente os tediosos encargos administrativos atrelados à posição; de qualquer forma, sua reeleição como editor oficial da UAPA em julho de 1923 o forçou a voltar a dar atenção à sua primeira associação amadora. Levaria ainda uma década até que ele retomasse seu contato com a NAPA.

Um importante acontecimento foi a primeira aparição de Lovecraft em capa dura, num volume chamado *The Poetical Works of Jonathan E. Hoag*. Hoag era o sábio poeta (nascido em 1831) de Troy, Nova York, a quem Lovecraft escrevia odes de aniversário desde 1918. Hoag quis ver seus versos em livro, e convenceu Lovecraft a reunir, revisar e publicar seu trabalho. Lovecraft, por sua vez, chamou Loveman e Morton para ajudá-lo. Hoag estava, evidentemente, pagando a conta toda — ponto digno de ênfase, já que se acredita há algum tempo que Lovecraft ajudou com as despesas do livro, hipótese bastante improvável dados seus parcos recursos. O livro foi publicado no fim daquela primavera; incrivelmente, Lovecraft abriu mão de "toda a remuneração monetária no tocante à minha parte na edição"[2] em troca de vinte cópias do volume!

Enquanto isso multiplicavam-se as viagens à vista. Lovecraft visitou a região de Salem e Marblehead pelo menos três vezes no início de 1923 — no início de fevereiro, em março e mais uma vez em abril. Na terceira viagem ele foi a Danvers — cidade outrora chamada Salem-Village, fundada em 1636 por alguns membros do assentamento original, de 1626, e onde, em 1692, se deram as condenações das bruxas — e estudou minuciosamente a casa de Samuel Fowler (1809), onde viviam dois idosos horrendos descendentes do proprietário original. Então seguiu viagem pelo interior, procurando a velha casa de fazenda construída por Townsend Bishop em 1636 — na qual em 1692 viveu Rebekah Nurse, quando esta foi acusada de bruxaria pela escrava Tituba e, aos setenta anos, enforcada no Gallows Hill ["Morro da Forca"]. Ele encontrou a casa e o túmulo de Rebekah Nurse nas imediações. Diferentemente da casa de Fowler, a casa de fazenda fora construída ao estilo acanhado do século XVII, com enormes troncos de árvore e cômodos baixos.

No dia seguinte (14 de abril) Lovecraft rumou para Merrimac, onde vivia seu amigo amador Edgar J. Davis, então com quinze anos de idade. Os dois visitaram cemitérios nas imediações de Amesbury (onde Whittier, o poeta, vivera), e no dia seguinte foram a Newburyport. Essa cidade costeira, que posteriormente se transformou em retiro de lazer *yuppie*, em 1923 era uma cidadezinha tranquila que preservava suas relíquias quase tão completamente quanto Marblehead. A cidade tinha tão pouca vida que Lovecraft e Davis a atravessaram inteira num bonde sem perceber que já tinham passado de seu destino, o centro. Retornando a pé à praça central, Lovecraft e Davis desfrutaram a atmosfera passadiça de uma outrora próspera cidade portuária colonial.

Sonia visitou Lovecraft em Providence entre 15 e 17 de julho. Esse é o primeiro encontro dos dois de que temos notícia desde a visita de Lovecraft a Nova York em setembro anterior; Sonia, contudo, deixa claro que nos dois anos que precedem seu casamento, em março de 1924, eles travaram "uma correspondência quase diária — H.P. me escrevendo sobre tudo que fazia e todos os lugares que visitava, apresentando nomes de amigos e sua opinião acerca deles, às vezes preenchendo trinta, quarenta, até cinquenta páginas com boa escrita".[3] É uma pena que Sonia tenha sentido necessidade de queimar todas essas cartas! Para ela, a visita em julho era uma viagem que misturava prazer e negócios: na segunda-feira, 16 de julho, Lovecraft lhe mostrou as costumeiras relíquias arquitetônicas de Providence; então, no dia seguinte, os dois foram à cidade costeira de Narragansett Pier, no sul do estado, para admirar o mar, passando por Apponaug, East Greenwich e Kingston. Na volta, Sonia seguiu para Boston, e Lovecraft foi para casa.

Em 10 de agosto deu-se um acontecimento não menos importante na vida de Lovecraft: o primeiro encontro pessoal com seu grande amigo Maurice W. Moe, que fazia uma viagem pela costa leste. Lovecraft o encontrou na YMCA de Providence naquela manhã, mostrando-lhe todos os principais pontos da cidade antes de embarcar num ônibus para Boston, onde encontrariam Cole, Albert A. Sandusky, a mulher de Moe e seus dois filhos, Robert (onze anos) e Donald (nove anos). No dia seguinte Lovecraft fez sua costumeira performance como guia. Assim Cole o descreve em suas memórias:

> Lembro-me vividamente da tarde de sábado [...] quando Lovecraft, Maurice Moe, Albert Sandusky e eu fomos à antiga Marblehead para visitar as numerosas casas coloniais e outros lugares de interesse, dos quais Howard era grande conhecedor. Sua minúcia era tal que nosso amigo do oeste não perdeu uma única relíquia ou vista daquele porto e cidade tão solitários, pelos quais ele nos fez andar por milhas e milhas, impelido tão somente por seu inextinguível entusiasmo, até que nossos corpos se rebelaram e, não obstante seus protestos, nos arrastamos para o trem. Lovecraft ainda estava animado.[4]

Que tristeza, para quem estivera em doentia reclusão uma década antes!

Embora não tivesse consciência disso na época, o verão de 1923 trouxe uma mudança radical na carreira literária de Lovecraft — talvez tão radical quanto sua descoberta do jornalismo amador nove anos antes. Se a mudança foi positiva ou não, essa é uma questão que teremos de enfrentar em outro momento. Em março de 1923 o primeiro número de *Weird Tales* foi publicado, e um mês ou dois depois Lovecraft foi instado — inicialmente por Everett McNeil (um autor de livros para meninos que Lovecraft encontrara em Nova York) e Morton, mas provavelmente também por Clark Ashton Smith e outros — a enviar sua contribuição.

A *Weird Tales* era criação de Jacob Clark Henneberger, que com J.M. Lansinger fundou a Rural Publications, Inc., em 1922 para publicar revistas populares. Henneberger já havia amealhado grande sucesso com a revista *College Humor*, e então visava a fundar uma linha variada de periódicos dedicados a histórias de detetive e de horror. Henneberger recebera o apoio de escritores tarimbados como Hamlin Garland e Ben Hecht, os quais se apresentavam interessados em contribuir com histórias "não convencionais" que não conseguiriam emplacar nas revistas de grande tiragem; estes, porém, não chegaram a fazê-lo quando a revista foi lançada.[5] Como os próximos acontecimentos mostrarão, Henneberger não fundou a *Weird Tales* a partir de algum objetivo altruísta de dar sustentação artística à literatura fantástica, mas principalmente para fazer dinheiro estampando nomes de importância; e quando isso não aconteceu ele rapidamente se livrou de sua criação. A *Weird Tales* nunca produziu uma boa importância em dinheiro, e em muitas ocasiões — especialmente durante a Depressão — ficou perto de fechar; não obstante, cuidou-se para que ela permanecesse em circulação por 31 anos, 279 números, realização sem precedentes para uma revista *pulp*.

Henneberger escolheu Edwin Baird (1886–1957) como editor, tendo por assistentes Farnsworth Wright e Otis Adelbert Kline. Baird não parecia ter qualquer sensibilidade para o fantástico. Os primeiros vários números — que variavam em dimensões de seis por nove a nove por doze polegadas (o *bedsheet size*, ou "formato lençol"), todos bem crus e com capas amadoras — são, para dizer o mínimo, um balaio de gatos: o número de março de 1923 trazia uma novela impactante, "Ooze", de Anthony M. Rud, da qual Lovecraft gostou, porém por outro lado continha uma verdadeira barafunda de histórias amadoras sem pé nem cabeça escritas mormente por iniciantes. Poucos escritores já conhecidos, mesmo do mundo *pulp*, apareceram nos primeiros números: Harold Ward, Vincent Starrett, Don Mark Lemon, e Francis Stevens são os únicos nomes reconhecíveis. Ao longo de sua história, a *Weird Tales* foi muito mais afeita a novos escritores do que outras *pulps*, política que teve tantas vantagens quanto problemas.

Lovecraft leu esses primeiros números de *Weird Tales* e considerou algumas histórias bem fortes. Ainda que Morton e os demais não lhe tivessem sugerido enviar seus contos para a *Weird Tales*, ele o teria feito por conta própria; pois era notório que ele estava produzindo esforços — ainda que ingênuos e pouco habilidosos — para adentrar o mundo da imprensa profissional num nível mais elevado do que a *Home Brew*. Já em 1919, por insistência de uma de suas tias, ele enviou "The Tomb" para a *Black Cat*;[6] mais tarde na mesma época, ele enviou "Dagon" para a *Black Mask*. Ambos os contos foram recusados. Essa talvez não fosse a escolha mais sábia para cada caso. Embora Lovecraft tivesse lido alguns dos primeiros números da *Black Cat* na virada do século, a revista não fora destinada inicialmente à ficção fantástica e, proporcionalmente, dela publicava muito menos do que as revistas de Munsey. Quanto à *Black Mask*, esta foi fundada em 1920 como revista de ficção voltada a múltiplos interesses; mas em meados de 1920 os primeiros contos de Carroll John Daly e Dashiel Hammett surgiram em suas páginas, e com Joseph T. Shaw no comando a partir de novembro de 1926, a *Black Mask* se tornaria o ponto de partida para a dura escola da ficção policial. Histórias de fantasmas até apareciam, mas a viagem ao horror antiquário de "The Tomb", fortemente influenciado por Poe, não encontraria ali lugar.

Quando Lovecraft submeteu seus contos à apreciação da *Weird Tales*, ele enviou cinco deles — "Dagon", "Arthur Jermyn", "The Cats of Ulthar", "The Hound" e "The Statement of Randolph Carter" — juntamente com uma carta explicativa que procurava comentar a recusa de "Dagon" pela *Black Cat*. Baird respondeu a Lovecraft numa carta pessoal, dizendo que poderia até aceitar os contos desde que estivessem datilografados com espaço duplo entre as linhas. (Lovecraft, acostumado às maneiras relativamente informais dos jornalistas amadores e provavelmente querendo economizar papel, havia datilografado com espaçamento simples.) Para alguém cujo horror da máquina de escrever alcançaria nos anos seguintes as proporções de uma fobia, a ideia de ter de submeter-se a tal trabalho por aquilo que julgava não ser uma completa certeza de aceitação inspirava pavor; não obstante, ele datilografou "Dagon", que foi aceito, a exemplo dos outros quatro.

É uma das muitas anomalias do envolvimento de Lovecraft com a *Weird Tales* que seu primeiro trabalho publicado na revista não tenha sido um conto, mas uma carta. Com alguma maldade, Baird publicou toda a carta explicativa que acompanhava os cinco contos; a carta foi publicada no número de setembro de 1923, quando seus contos já haviam sido aceitos. Eis alguns extratos:

> Meu caro senhor: Tendo o hábito de escrever contos bizarros, macabros e fantásticos para divertimento próprio, fui mais recentemente instado por alguns amigos a enviar alguns de meus horrores góticos a sua revista recém-fundada [...]
>
> Não tenho ideia da adequabilidade desses trabalhos, pois não dou atenção às exigências da escrita comercial. Meu objetivo é o prazer que posso obter da criação de algumas imagens, situações e atmosferas de estranhamento; e o único leitor que tenho em vista sou eu próprio [...]
>
> Muito me agrada a *Weird Tales*, embora tenha visto apenas o número de abril. A maioria das histórias, é claro, mostra-se comercial — ou deveria dizer convencional? — no que concerne à técnica, mas todas são de alguma forma desfrutáveis [...]

Não surpreende que Baird tenha acrescido ao fim da carta: "A despeito do que se diz acima, ou por causa disso, faremos uso de algumas das histórias inusitadas do sr. Lovecraft". Poder-se-ia pensar que a carta era, em certa medida, uma autoparódia, mas não parece ser o caso. Altiva e indulgente, ela reflete com precisão a teoria estética que Lovecraft desenvolvera na época.

Lovecraft rapidamente tornou-se *habitué* da *Weird Tales*, publicando em cinco de seis números, de outubro de 1923 a abril de 1924 (não houve publicação em dezembro de 1923). Poderíamos até considerar sua presença em todos os seis números desse período, se a publicação de "The Horror at Martin's Beach", de Sonia Greene (renomeado "The Invisible Monster", para o constrangimento de Lovecraft), em novembro de 1923 fosse incluída na conta.

Não há dúvida de que Lovecraft viu no dinheiro que recebeu da revista um pequeno porém bem-vindo alívio a sua pobreza. A *Weird Tales* pagou pela publicação, não pela aceitação (como as *pulps* mais bem posicionadas e as revistas de grande tiragem faziam); e, a julgar pela evidência de seus primeiros pagamentos, ele parecia inicialmente receber muito mais do que um centavo por palavra. Por "Dagon", uma história que não chegava a 2500 palavras, recebeu 55 dólares, uma média de mais de dois centavos por palavra. Mais tarde essa média cairia, mas Lovecraft ainda receberia a mais "alta" média da *Weird Tales*, 1,5 centavo por palavra.

Outro acontecimento do verão de 1923 que afetou significativamente a ficção fantástica de Lovecraft foi a descoberta do grande escritor galês Arthur Machen (1863–1947; pronunciado MACK-en). Como no caso das descobertas de Ambrose Bierce e lorde Dunsany em 1919, é incrível que ele não o tivesse lido antes, pois o auge de Machen ocorrera na década de 1890, e por volta de 1923 já se dizia que ele havia publicado seus melhores trabalhos muito tempo antes. Machen amealhara fama e notoriedade com obras como *The Great God Pan and The Inmost Light* (1894), *The Three Impostors* (1895), *The House of Souls* (1906), e *The Hill of Dreams* (1907), que muitos acreditavam serem realizações de uma mente doente. A bem da verdade, Machen submetia-se à mesma discrição sexual vitoriana que ele ostensivamente desprezava; e as sugestões de sexo aberrante em contos como "The Great God Pan" e "The White People" eram tão horríveis para si quanto para seu público. Em termos de temperamento, Machen não era de todo semelhante a Lovecraft: anglo-católico ferrenho, violentamente hostil à ciência e ao materialismo, sempre em busca de algum sentido místico de "êxtase" que pudesse libertá-lo do que fantasiava ser o prosaísmo da vida contemporânea, Machen consideraria o materialismo mecanicista e o ateísmo de Lovecraft repugnantes ao extremo. Ambos partilhavam de uma mesma hostilidade geral aos tempos modernos, mas chegaram a ela por diferentes caminhos. E no entanto, por Machen sentir tão sinceramente o sentido de pecado e transgressão nessas coisas que "a religião rotula como horror e desafio à lei",[7] ele procura expor seus sentimentos ao leitor de tal forma que seu trabalho permanece poderoso e efetivo. O próprio Lovecraft chegou a considerar "The White People" ao lado de "The Willows", de Algernon Blackwood, o maior conto fantástico de todos os tempos — e não seria estranho dizer que ele está certo.

Embora Lovecraft tenha lido tão detidamente quanto pôde a obra de Machen, foram os contos de horror que tocaram mais fundo seu coração. Em particular, toda uma série de trabalhos — incluindo "The White People", "The Shining Pyramid", "Novel of the Black Seal" (parte do romance episódico *The Three Impostors*) e outros — faz uso das velhas lendas do "pequeno povo" — uma suposta raça pré-ariana de demônios anões que ainda viviam escondidos em lugares secretos da terra e de tempos em tempos roubavam crianças humanas, deixando uma das suas próprias para trás. Lovecraft transformaria esse *tópos* em algo ainda mais sinistro em alguns de seus contos futuros.

Lovecraft parece ter creditado a descoberta de Machen a Frank Long. Não consigo detectar qualquer influência de Machen nos contos de Lovecraft antes de 1926, mas o trabalho do galês foi claramente filtrado pela imaginação de Lovecraft, emergindo numa forma bastante modificada, porém ainda perceptível em algumas de suas mais conhecidas histórias.

Lovecraft não havia, de fato, escrito outros contos desde "The Lurking Fear" em novembro de 1922; mas então, em questão de dois ou três meses, ele escreveu em rápida sucessão "The Rats in the Walls", "The Unnamable" e "The Festival". Todos os três são de considerável interesse, e o primeiro é, sem dúvida, o melhor conto de sua primeira fase.

O enredo de "The Rats in the Walls" (provavelmente escrito no fim de agosto ou no começo de setembro) chega a ser simplório. Um virginiano de ascendência britânica, de nome Delapore, decide passar os anos finais de sua vida recuperando e ocupando a propriedade familiar no sul da Inglaterra, Exham Priory, cuja fundação remonta a um passado não pouco distante, um período anterior mesmo à conquista dos romanos, em I d.C. Delapore fica sabendo de estranhas lendas ligadas à casa — incluindo a história de um enorme exército de ratos que devorava tudo em seu caminho na Idade Média —, porém não lhes dá ouvidos. Estranhas e variadas manifestações (muitas delas soando como ratos correndo nos muros do castelo) começam a surgir a partir da ocupação do lugar por Delapore, em 16 de julho de 1923, culminando num estudo (acompanhado de alguns renomados cientistas) do porão do castelo. Os exploradores deparam, então, com um imenso depósito de ossos, e fica claro que os próprios ancestrais de Delapore foram os chefes de um culto canibalista às bruxas que tinha origem em tempos primitivos. Delapore enlouquece, desce a escala da evolução (o que se proclama pelo arcaísmo crescente das juras que profere no final) e é encontrado curvado sobre o corpo parcialmente devorado de seu amigo, o capitão Norrys.

É difícil dar conta da riqueza e do horror cumulativo dessa história em qualquer análise: ao lado de *The Case of Charles Dexter Ward*, trata-se do maior triunfo de Lovecraft na veia tradicional do gótico — embora mesmo aqui as marcas do repertório gótico (o castelo antigo com uma câmara secreta; a lenda fantasmagórica que se prova fundada em fatos) tenham sido modernizadas e buriladas para que ficassem absolutamente convincentes. E a premissa fundamental da história — que um ser humano pode de repente viver a reversão do curso da evolução — só poderia ter sido escrita por alguém que tivesse aceitado a teoria de Darwin.

Algumas marcas de superfície do conto — e pelo menos um aspecto fulcral do enredo — foram extraídos de outros trabalhos. Como Steven J. Mariconda observa,[8] a história do "épico dos ratos" de Lovecraft parece derivar de um capítulo de *Curious Myths of the Middle Ages* (1869), de S. Baring-Gould. Algumas partes dos gritos de conclusão de Delapore foram extraídos diretamente de "The Sin-Eater", de Fiona Macleod, que Lovecraft leu na antologia de Joseph Lewis French, *Best Psychic Stories* (1920).

O que é ainda mais significativo, a própria ideia do atavismo ou retorno de características humanas a princípio desaparecidas parece ter sido recuperada diretamente de uma história de Irvin S. Cobb, "The Unbroken Chain", publicada na *Cosmopolitan* de setembro de 1923 (o número, como ainda é costume em muitas revistas, foi às bancas pelo menos um mês antes da data estampada na capa). Lovecraft diz que Long lhe deu a revista em 1923.[9] O conto trata de um francês que tem uma pequena proporção de sangue negroide oriunda de um escravo trazido da América em 1819. Quando atingido por um trem, ele grita numa língua africana — "*Niama tumba!*" — as palavras que seu ancestral negro gritara ao ser atacado por um rinoceronte na África.

"The Rats in the Walls" foi primeiramente enviado não a *Weird Tales*, mas a *Argosy All-Story Weekly*, revista de Munsey cujo editor administrativo, Robert H. Davis, recusaria a peça de Lovecraft por ser (nas palavras do escritor) "horrível demais para as sensibilidades de um público delicado".[10] Lovecraft enviou, então, a história para Baird, que a aceitou e publicou no número de março de 1924.

"The Unnamable" e "The Festival", as duas outras histórias de Lovecraft datadas de 1923, retornam à Nova Inglaterra de diferentes maneiras. A primeira é fraca, porém pode ser lida como uma espécie de justificativa velada para o tipo de conto fantástico que Lovecraft estava desenvolvendo; boa parte dela mais parece um tratado estético. No início há uma longa discussão sobre o fantástico entre Randolph Carter e Joel Manton (claramente baseado em Maurice W. Moe). Manton não crê que possa haver qualquer coisa de "inominável" na vida ou na literatura; mas descobre o contrário quando, sentados no pátio de uma igreja da Nova Inglaterra, uma entidade os ataca.

Além de seu interesse em reflexões estéticas, "The Unnamable" alimenta a noção do horror inerente à história e topografia da Nova Inglaterra que já vimos em "The Picture in the House" e se tornaria um tropo dominante em seu trabalho posterior. O conto é ambientado em Arkham, mas a verdadeira inspiração para o cenário — uma "tumba dilapidada do século XVII" e, perto desta, um "chorão gigante no centro do cemitério, cujo tronco quase cobre uma lápide antiga e ilegível" — é o cemitério da Charter Street em Salem, onde se pode encontrar tal lápide quase coberta pelo chorão.

"The Festival" (escrito provavelmente em outubro) pode ser considerado um poema em prosa de 3 mil palavras pela modulação de sua escrita. O narrador em primeira pessoa retorna de Kingsport e é levado a uma câmara subterrânea debaixo de uma igreja, encontrando ali monstros alados espetaculares que fogem rumo ao desconhecido carregando os habitantes da cidade em suas costas. Esse é o primeiro conto em que a cidade mítica de Kingsport (primeiramente citada em "The Terrible Old Man") é definitivamente identificada com Marblehead. Muito da topografia citada na história corresponde exatamente à de Marblehead, embora muitos dos lugares reais mencionados tenham apenas recentemente sido assinalados por Donovan K. Loucks. Por exemplo, a igreja em que incide o foco do conto provavelmente não é a Igreja Episcopal de St. Michael, como se pensou por muito tempo. Se Lovecraft tinha uma igreja específica em mente, ele talvez tenha se referido tanto à First Meeting House (construída em 1648 em Old Burial Hill) ou à Second Congregational Church (construída em 1715 na 28 Mugford Street), ou a uma fusão das duas.

Há, em acréscimo à topografia de Marblehead, uma influência literária (ou científica) na história. Em 1933 Lovecraft afirmou em referência ao conto: "Ao sugerir uma raça alienígena tinha em mente a sobrevivência de algum clã de bruxos pré-arianos que preservaram seus ritos primitivos como o do culto às bruxas — eu acabara de ler *The Witch Cult in Western Europe*, da sra. Murray".[11] Essa importante obra da antropologia escrita por Margaret A. Murray, publicada em 1921 (e hoje bastante desacreditada no mundo acadêmico), afirma que o culto às bruxas tanto na Europa quanto na América tinha sua origem numa raça pré-ariana que fora levada aos subterrâneos porém continuava à espreita em lugares recônditos do planeta. Lovecraft — tendo lido uma exposição ficcional bastante similar da ideia nas histórias do "pequeno povo" de Machen — ficara bastante interessado na ideia e faria alusões a ela em muitas referências subsequentes às bruxas de Salem em seus contos; em 1930 ele via a teoria com seriedade.

Enquanto isso, Lovecraft encontrara um escritor de ficção fantástica em sua própria cidade natal — Clifford Martin Eddy, Jr. (1896–1971), que, ao lado de sua mulher Muriel, tornou-se bem próximo de Lovecraft no período de um ou dois anos que antecedeu seu casamento. Os Eddy viviam na época em East Residence, cruzando o rio Seekonk, e, depois de um momento inicial de correspondência e algumas ligações telefônicas, Lovecraft caminhou cinco quilômetros para visitá-los em sua casa, em agosto de 1923.

Mas como Lovecraft entrou em contato com os Eddy? Restam dúvidas quanto à forma. Muriel Eddy escreveu duas importantes memórias abordando sua relação com Lovecraft, uma publicada em 1945, a outra em 1961. A primeira parece no todo bastante confiável; a segunda, escrita de maneira afetada e verborrágica, faz muitas afirmações que não constam da primeira, incluindo que as mães de Lovecraft e de Eddy (sra. Grace Eddy) fizeram-se amigas ao se conhecerem num encontro de sufragistas e que nessa época (provavelmente em 1918, embora Muriel não se refira a uma data), as duas descobriram que os filhos eram entusiastas do fantástico.[12] Essa é uma informação forte, e francamente sou cético em relação a ela. Tanto quanto sei, Lovecraft não menciona os Eddy em correspondência anterior a outubro de 1923, quando se refere a Eddy como o "novo amador de Providence".[13] Não há indicações de que ele tivesse antes estado em contato com os Eddy e só então restabelecia o contato. Sinto, portanto, que toda a história sobre Susie Lovecraft e Grace Eddy — e sobre a relação inicial dos Eddy com Lovecraft — é uma fabricação, feita por Muriel para aumentar o senso da importância dele e de sua mulher na vida de Lovecraft.

De qualquer forma, C.M. Eddy já era autor profissionalmente publicado nessa época. Ele estava trabalhando em contos que seriam enviados à *Weird Tales*, cujo editor, Edwin Baird, era seu conhecido. Dois deles — "Ashes" e "The Ghost-Eater" — já haviam sido recusados, mas Lovecraft os "corrigiu",[14] e Baird, então, os aceitou. "Ashes" (*Weird Tales*, março de 1924) é talvez o pior conto a constar das "preparações de originais" de Lovecraft, e ninguém suspeitaria a presença de seu dedo nele se ele próprio não o admitisse. Esse conto convencional e sentimental sobre um cientista louco que descobrira um composto químico que reduziria qualquer substância a finas cinzas brancas traz um tom extremamente bobo de romance que deve ter levado Lovecraft à náusea. "The Ghost-Eater" (*Weird Tales*, abril de 1924) é um pouco melhor, embora não seja mais do que uma história de lobisomem estereotipada. Aqui, mais uma vez, não consigo identificar a prosa de Lovecraft, a não ser que ele estivesse deliberadamente alterando seu estilo para harmonizá-lo com o estilo mais irregular e menos poético de Eddy.

No fim de outubro, Eddy trabalhava em outra história, intitulada "The Loved Dead". É muito evidente que Lovecraft teve um papel maior nessa história do que nas duas anteriores; na verdade, a versão publicada (*Weird Tales*, maio-junho de 1924) soa como se Lovecraft a tivesse escrito inteira. O conto trata de um necrófilo que trabalha em sucessivas companhias funerárias para sustentar uma desejada intimidade com cadáveres. "The Loved Dead" parece ser uma paródia, de si e dessa ficção histérica repleta de violência gratuita. Porém, como veremos, quando foi publicada ninguém a considerou tão divertida assim. Lovecraft editou ainda uma última história para Eddy, "Deaf, Dumb, and Blind" (*Weird Tales*, abril de 1925), por volta de fevereiro de 1924, um pouco antes de sua mudança para Nova York.

Em 1929 Lovecraft fez a seguinte avaliação do progresso de seu pensamento estético:

> Olhando para trás [...] vejo dois períodos distintos de opinião, cujas fundações sucessivamente acabei por rejeitar — um período mais ou menos anterior a 1919, quando o peso da autoridade clássica influenciava-me de maneira excessiva, e outro período, de 1919 a 1925, quando elevei demasiadamente o valor dos elementos de revolta, floreios e extravagâncias ou intensidade emocional.[15]

Colocadas de forma pura e simples, essas duas fases (que seriam, então, seguidas por uma terceira fase final que combinava as melhores características de ambas e que poderia ser chamada de "regionalismo cósmico") são o classicismo e a decadência. Da fase clássica já tratei: a primeira absorção, da parte de Lovecraft, dos autores e ensaístas augustanos e dos clássicos greco-romanos (no original e nas traduções dos augustanos) e seu curioso senso de união psíquica com o século XVIII alimentaram um classicismo que simultaneamente condenava sua poesia à irrelevância antiquária e o tornava violentamente oposto aos movimentos estéticos radicais que emergiam no início do século.

Como, então, um sujeito que se dizia, ao longo dos primeiros trinta anos de sua vida, mais confortável com a peruca e os trajes do século XVIII subitamente adota uma postura de "revolta, floreios e extravagâncias ou intensidade emocional"? Como alguém que, em 1919, dizia ser possível afirmar que "o gênio literário de Grécia e Roma [...] esgotou a arte e a ciência da expressão" chega a escrever em 1923: "O que é a arte, senão uma questão de impressões, imagens, emoções e sensações simétricas? Deve ser pungente e bela, nada mais importa. Ela não precisa necessariamente de coerência"?[16] A guinada parece radical, porém são muitos os pontos de contato entre a nova e a velha perspectivas; e em muitos aspectos a mudança de perspectiva que ocorria na mente de Lovecraft era espelho da mudança em curso na estética anglo-saxã em geral. Ainda que pudesse ter achado a ideia surpreendente ou mesmo abominável, Lovecraft estava se tornando um contemporâneo; ele começava a viver, intelectualmente, no século XX, não no XVIII.

Não é minha intenção subestimar a extensão e significado da mudança na estética de Lovecraft; ele próprio pensava que algo de revolucionário estava em curso. Já não estava preocupado com noções antiquadas de "regularidade métrica" ou de "rima permitida", mas sim com questões mais profundas e amplas. Especificamente, Lovecraft buscava compreender alguns achados científicos que poderiam acarretar mudanças decisivas na criação artística, em particular o trabalho de Sigmund Freud. Consideremos esta reveladora afirmação em "The Defense Reopens!" (janeiro de 1921):

> Decerto elas [as doutrinas de Freud] reduziram a propalada nobreza do homem a um vazio cuja contemplação causa horror [...] somos forçados a admitir que os freudianos superaram seus predecessores em muitos aspectos, e que embora muitos dos detalhamentos mais importantes de Freud possam estar errados [...] ele não obstante abriu um novo caminho na psicologia, construindo um sistema cujas doutrinas mais se aproximam dos trabalhos reais da mente do que qualquer um até aqui imaginou.

Embora Lovecraft rejeite a noção central de libido de Freud como o principal fator motivador na psicologia humana — algo que ele talvez tenha achado difícil de entender, já que sua própria libido parece inativa —, ele no entanto aceita a perspectiva de que muitas de nossas crenças e processos mentais são resultado não do racionalismo desinteressado, mas da violência (a vontade de poder de Nietzsche), da afirmação do ego e em alguns casos do puro e simples irracionalismo. Sob a fachada aparentemente plácida da civilização burguesa reúnem-se poderosas forças emocionais que as restrições sociais não são capazes de controlar plenamente. O efeito sobre a arte será, portanto, forte. Lovecraft expõe suas ideias em "Lord Dunsany and His Work" (1922):

> A ciência moderna tem, por fim, se provado uma inimiga da arte e do prazer, pois, revelando toda a base sórdida e prosaica de nossos pensamentos, motivos e atos, ela nos desfez do mundo de glamour e maravilhamento e de todas as ilusões de heroísmo, nobreza e sacrifício que costumavam soar tão marcantes quando romanticamente tratadas. Não é muito dizer que as descobertas psicológicas e químicas e físicas e fisiológicas destruíram em muito o elemento de emoção entre os mais informados e sofisticados ao convertê-lo em duas partes combinadas – ideia intelectual e impulso animal. A dita "alma" com todos os seus predicados de intensidade e tibieza em termos de sentimentalidade, veneração, seriedade e devoção, entre outros, se desfaz sob a análise.

Essas são palavras não pouco interessantes. A despeito de sua afirmação de independência intelectual de sua época, está claro que Lovecraft absorveu o suficiente da crença vitoriana em "heroísmo, nobreza e sacrifício" para ser sacudido pela revelação, via Freud e Nietzsche, de sua "base prosaica e sórdida". Temporariamente, ele adotou uma espécie de estética decadentista que lhe permitia que essas ilusões se mantivessem de algum modo precisamente pelo reconhecimento de sua artificialidade. Não podemos recobrar a feliz ignorância de nossa trivialidade na estrutura cósmica das coisas e no vazio de nossos elevados ideais que permitiram às eras anteriores criar a ilusão de significado dos assuntos humanos. A solução – por ora – é "adorar mais uma vez a música e o colorido da linguagem divina e granjear o prazer divino dessas combinações de ideias e fantasias que sabemos serem artificiais". Se há uma fonte literária para qualquer uma dessas perspectivas, é Oscar Wilde. Não penso que Wilde tenha gerado a perspectiva de Lovecraft; contudo, Lovecraft encontrou em Wilde um representante bastante articulado para o tipo de perspectiva que ele nebulosamente começa a adotar.

Há duas advertências que se deve ter em mente quando estudamos a postura decadente de Lovecraft: primeiro, é evidente que ele desejava acreditar que sua posição não o comprometia inteiramente, ou de forma alguma, com as vanguardas; e, em segundo lugar, ele não tinha o desejo de seguir os decadentes em seu repúdio ao vitorianismo no nível da conduta pessoal. Quanto ao primeiro ponto, deixe-me expor na íntegra aquela afirmação de "In the Editor's Study", de julho de 1923, que citei anteriormente:

> O que é a arte, senão uma questão de impressões, imagens, emoções e sensações

simétricas? Deve ser pungente e bela, nada mais importa. Ela não precisa necessariamente de coerência. Se ocupada com amplos exteriores e singelas fantasias ou produzida em tempos de simplicidade, é provável que disponha de padrões claros e contínuos; mas se parte das reações individuais à vida num tempo analítico e complexo, caso da arte moderna, ela tende a irromper em transcrições detalhadas de sensações abstrusas e oferecer um tecido frouxo que exige do espectador a duplicação esclarecedora dos humores do artista.

Essa afirmação — em particular a observação sobre a "vida num tempo analítico e complexo" — é notadamente similar à celebrada definição e justificação do modernismo de T.S. Eliot, tal como colocada em "The Metaphysical Poets" (1921), em especial o ponto segundo o qual "os poetas de nossa civilização, tal como existem no presente, precisam ser *difíceis*".[17] Por fim, contudo, Lovecraft recua: talvez consciente de que seu público amador ficaria confuso ao supor a adesão do antiquado fóssil Lovecraft às vanguardas, ele rapidamente acrescenta que "não se converteu ao dadaísmo", concluindo:

> Nada, pelo contrário, parece mais certo [...] do que o fato de o conjunto da prosa e do verso radicais representar apenas o extremo extravagante de uma tendência cuja verdadeira aplicação artística é muito mais limitada. Traços dessa tendência, de acordo com a qual métodos pictóricos são utilizados, e palavras e imagens empregados, sem suas conexões convencionais com vistas à sensação, podem ser encontrados por toda a literatura; especialmente em Keats, William Blake e nos simbolistas franceses. Essa concepção mais ampla de arte não ofende qualquer tradição eterna; honra, sim, todas as criações do passado e do presente que possam mostrar genuíno fogo extático e um brilho nunca vulgarizado pela reprodução de emoções comezinhas.

Lovecraft apresenta-se abrindo lentamente um lugar para si mesmo entre a convencionalidade vitoriana e o modernismo radical: nesse espaço ele pode seguir detonando questões como o fluxo de consciência, o verso livre e o caos das ilegítimas extensões dos princípios decadentes levadas a cabo por Eliot e Joyce.

O segundo ponto de toda essa questão — a decadência como modo de conduta — se esclarece na discussão de Lovecraft com Frank Long, entre 1923 e 1924, sobre os méritos do puritanismo. Ocasionalmente a discussão fica um pouco frívola, e Lovecraft parece às vezes hiperbólico numa tentativa deliberada de provocar Long. Depois de condenar os "boêmios" por suas "vidas loucas",[18] ele prossegue dizendo:

Um puritano intelectual é um estúpido — quase tão estúpido quanto um antipuritano —, mas um puritano na conduta da vida é o único tipo de homem que honestamente merece respeito. Não tenho respeito ou reverência por qualquer pessoa que não viva de forma pura e abstêmia — posso gostar dela e tolerá-la e admitir que seja uma igual em termos sociais, como faço com Clark Ashton Smith e Mortonius e Kleiner e outros como eles, mas em meu coração sinto que é inferior a mim — próxima da ameba abissal ou do neandertal — e por vezes não consigo esconder uma espécie de condescendência ou desprezo sarcástico por ela, não importando quão estética e intelectualmente superior essa pessoa me seja. [19]

Evidentemente, as várias palavras em código nessa passagem ("forma pura e abstêmia") são um véu fino demais para restrições no comportamento sexual; as menções a Smith e Kleiner — ambos abertamente desejosos de companhia feminina e orgulhosos de suas conquistas de várias mulheres, casadas ou solteiras — são também chocantes. Lovecraft tinha, portanto, extirpado (ou, a bem da verdade, jamais adotado) a estética do vitorianismo, mas não conseguia — ou não queria — subjugar o puritanismo sexual que ele, sem dúvida, desenvolvera desde o berço.

Não obstante, Lovecraft não estava de forma alguma no campo dos modernistas. Muitos documentos sem dúvida bastante interessantes desse período corroboram esse ponto com bastante ênfase. É de fato peculiar que os dois grandes marcos do modernismo — *Ulysses*, de Joyce, e *The Waste Land*, de Eliot — tenham sido publicados no mesmo ano, 1922; porém, sua aparição fortuitamente conjunta levou Lovecraft a comentá-los de uma forma ou de outra. Lovecraft leu *The Waste Land* em sua primeira publicação norte-americana, na *Dial* de novembro de 1922 (aparecera antes na Inglaterra na revista de Eliot, a *Criterion*, de outubro). Pouco tempo depois, ele escreveu uma de suas respostas — ou talvez as duas — ao poema. A primeira é um editorial para o *Conservative* de março de 1923 chamado "Rudis Indigestaque Moles" (tomado das *Metamorfoses* de Ovídio: "Uma massa tosca e disforme"). Lovecraft afirma: "O antigo heroísmo, a devoção e o sentimento estão mortos entre as gentes sofisticadas; e mesmo alguns de nossos juízos acerca da beleza natural estão ameaçados". *The Waste Land* é um resultado desse estado de confusão e turbulência:

Aqui observamos uma coleção praticamente sem sentido de frases, alusões eruditas, citações, gíria e fragmentos em geral, oferecida ao público (trote ou não, não sabemos) como algo cuja justificativa se encontra em nossa mente moderna a partir da recente compreensão de sua própria trivialidade caótica e desorganizada. E observamos o público, ou uma considerável parte dele, recebendo essa mixórdia ridícula como algo vital e exemplar, como "um poema de significado profundo", para citar seus patrocinadores.

Essa é uma das mais fortes evidências da suposta insensibilidade de Lovecraft ao modernismo, bem como de seu conservadorismo inato; mas é difícil ver que outra reação ele poderia ter nesse estágio de seu desenvolvimento. Também deve ser assinalado que muitos outros críticos — não apenas vitorianos empedernidos como J.C. Squire, mas modernistas judiciosos como Conrad Aiken — também julgaram o poema incompreensível ou pelo menos ambíguo e incoerente, embora alguns não tenham por isso considerado o poema ruim. Quanto a Lovecraft, a essa altura ele já deixara para trás sua adesão literal às formas do século XVIII — ou, pelo menos, sua exigência de que todos os poetas a elas aderissem —, mas a forma exterior de *The Waste Land*, com seu verso livre e sua progressão aparentemente aleatória, o ofendia tanto que ele viu no poema um exemplo presente da fragmentação estética da civilização moderna que outros críticos sentiram ser expressiva.

Acho que muito se falou sobre as supostas similaridades em filosofia e temperamento entre Eliot e Lovecraft: de fato, ambos podem ter sido classicistas (em alguma medida) e acreditaram na continuidade da cultura; mas Lovecraft com razão escarneceu do monarquismo final de Eliot como mero fechar de olhos à realidade e acumulou ainda mais imprecações sobre a crença de Eliot na religião como fundação necessária ou salvaguarda da civilização.

Mas a outra resposta de Lovecraft a *The Waste Land* — a curiosa paródia "Waste Paper: A Poem of Profound Insignificance" — merece maior atenção, pois este é seu melhor poema satírico. Pena não existir uma evidência acerca de quando o poema foi escrito e quando foi publicado "no jornal", como Lovecraft comenta *en passant* uma década depois.[20] Essa é a única ocasião, tanto quanto se sabe, em que Lovecraft chega a mencionar o poema; pesquisas foram feitas em diversos periódicos de Providence publicados no período, mas não se chegou a quaisquer resultados.

O que Lovecraft muito simplesmente procura fazer nesse poema é conduzir a uma *reductio ad absurdum* sua própria afirmação no editorial do *Conservative* de que *The Waste Land* é "uma coleção praticamente sem sentido de frases, alusões eruditas, citações, gíria e fragmentos em geral".

Em muitas partes desse longo poema (135 versos) ele parodia com bastante fidelidade a insularidade da poesia moderna — a possibilidade de que seja entendida apenas por um pequeno grupo de leitores conhecedores do que seja íntimo ao poeta. Citemos o fim do poema:

> *Henry Fielding wrote* Tom Jones.
> *And cursed be he that moves my bones.*
> *Good night, good night, the stars are bright*
> *I saw the Leonard-Tendler fight*
> *Farewell, farewell, O go to hell.*
> *Nobody home*
> *In the shantih.*[1]

Essa divertida piada final "confirma a falta de substância da vida e da arte moderna", como Barton L. St. Armand e John H. Stanley apontam; e quanto ao poema como um todo, seus "fragmentos de conversas, notícias, pronunciamentos públicos, manchetes e *jingles* do século XX refletem a vulgaridade mundana do presente em contraste com a grandeza épica do passado.[21]

Enquanto isso Lovecraft se esforçara em produzir uma teoria do conto fantástico que, com algumas modificações, lhe serviria por toda a vida. Essa teoria é, como sua estética em geral, um desenvolvimento íntimo de todo o seu pensamento filosófico, especialmente de sua ética e metafísica. O documento central aqui são os ensaios de *In Defense of Dagon* — uma série de três artigos que ele escreveu para um grupo de correspondência anglo-americano, o *Transatlantic Circulator*, em defesa de suas perspectivas filosóficas e estéticas. Ele começa dividindo o universo da ficção, de forma talvez pouco ortodoxa, em três — a romântica, a realista e a imaginativa. A primeira é dirigida "àqueles que valorizam a ação e a emoção por si; que estão interessados em acontecimentos marcantes acomodados num padrão abstrato preconcebido". A segunda é destinada "àqueles que são antes intelectuais e analíticos do que poéticos e emocionais [...] ela tem a virtude de estar próxima à vida, mas a desvantagem de perder-se por vezes no lugar-comum e no desagradável". Lovecraft não oferece uma explicação explícita da ficção imaginativa, mas dá a entender que ela

1. "Henry Fielding escreveu Tom Jones./ E maldito seja aquele que movimenta meus ossos./ Boa noite, boa noite, as estrelas brilham/ Vi a luta entre Leonard e Tendler/ Adeus, adeus, Oh vá para o inferno./ Ninguém em casa/ No shantih." [N. do T.]

extrai o melhor das duas anteriores: como a romântica, a imaginativa baseia seu apelo nas emoções (medo, surpresa e terror); já do realismo ela deriva o importante princípio da verdade — não a verdade do fato, como no realismo, mas a verdade do sentimento humano. Deste modo, Lovecraft apresenta uma dedução de certa forma surpreendente — a de que "o escritor imaginativo dedica-se à arte em seu sentido mais essencial".

Lovecraft sustentaria seu ataque ao que chamou de "romantismo" até o fim. O termo não deve ser entendido aqui em qualquer sentido histórico — Lovecraft tinha grande respeito e admiração por poetas românticos como Shelley, Keats e Coleridge —, mas sim em sentido puramente teórico, referindo-se a uma postura não só literária, mas relacionada à vida em geral:

> A única forma de atrativo literário que julgo *absolutamente sem valor, charlatânica e vazia* — frívola, insincera, irrelevante e sem sentido — é aquele modo de lidar com acontecimentos e valores humanos conhecido como *romantismo*. Dumas, Scott, Stevenson — meu Deus! Eis a mais pura infantilidade — a mistura de falsos brilhos e entusiasmos e acontecimentos a partir de um fundo distorcido e podre que não tem qualquer relação com os pensamentos genuínos, sentimentos e experiências da humanidade desenvolvida e adulta.[22]

Essa observação, embora feita em 1930, deixa claro que seu inimigo aqui é o garoto mimado de 1923, o vitorianismo. Era essa abordagem — o instilar do "brilho" ou do significado em certas fases da atividade humana (mais notadamente no amor) — que Lovecraft julgava ser a mais problemática em face dos achados da ciência moderna. Entretanto, a violência de seu posicionamento sobre o assunto pode também derivar de outra questão: a possibilidade de a ficção fantástica — seu subgênero particular — ser confundida com (ou ser considerada tributária do) romantismo. Lovecraft sabia que o conto fantástico surgira no decorrer do movimento romântico em fins do século XVIII e começo do XIX, de modo que, aos olhos de muitos, tal modelo de ficção aparecia como uma fase do romantismo e, nesse sentido, sem "qualquer relação com os pensamentos genuínos, sentimentos e experiências da humanidade desenvolvida e adulta".

Assim, Lovecraft sempre tentou relacionar a ficção fantástica ao realismo, que ele sabia ser o modo dominante da expressão contemporânea. Esse realismo se estendia não apenas à técnica ("um conto deve ser plausível — mesmo um conto fantástico, *exceto pelos elementos específicos implicados pelo supernaturalismo*", ele diz em carta de 1921),[23] mas também aos termos da orientação filosófica. Ela não pode, evidentemente, ser realista no que tange aos *acontecimentos*; assim, precisa atingir o realismo no que toca às *emoções humanas*. Lovecraft mais uma vez contrasta o romantismo (uma "representação excessivamente colorida do que *tenciona ser a vida real*") com a fantasia.

> Mas a fantasia é algo completamente diferente. Aqui temos uma arte baseada na vida imaginativa da mente humana, *reconhecida como tal*; e a seu modo — segundo a natureza e a ciência — tão verdadeiramente relacionada a processos psicológicos naturais (ainda que delicados e incomuns) quanto o mais extremo realismo fotográfico.[24]

Quando perguntado por A.H. Brown, um membro canadense do Transatlantic Circulator, por que não escrevia sobre "pessoas comuns", já que isso poderia aumentar o público de seu trabalho, Lovecraft respondeu com altivez:

> Não posso escrever sobre "pessoas comuns", pois não estou minimamente interessado nelas. Sem interesse não pode existir arte. As relações interpessoais não cativam minha imaginação. São apenas as relações do homem com o cosmo — com o desconhecido — que despertam em mim a centelha da imaginação criativa. A postura humanocêntrica é impossível para mim, pois não consigo atingir a miopia primitiva que engrandece a terra e ignora o fundo.

Essa é a primeira declaração *explícita* da perspectiva que mais tarde Lovecraft chamaria de "cosmicismo". O cosmicismo é a um só tempo uma posição metafísica (uma consciência da vastidão do universo no espaço e no tempo), ética (uma consciência da insignificância dos seres humanos diante do universo), e estética (uma expressão literária dessa insignificância, a ser atingida pela minimização da personagem humana e a exposição de abismos titânicos de tempo e espaço). O estranho a respeito disso é que levou muito tempo para ser articulado, e também que foi muito tenuemente exposto em sua ficção fantástica até essa época — mais especificamente até 1926.

Um interessante desenvolvimento da metafísica pura de Lovecraft se deu em maio de 1923:

> Não tenho opiniões — creio em nada [...] meu cinismo e ceticismo crescem, e por uma causa inteiramente nova — a teoria de Einstein. As observações do último eclipse parecem colocar esse sistema entre os fatos que não podem ser ignorados, e presumidamente ele remove o último obstáculo que a realidade ou o universo podem impor à mente independente. Tudo é acaso, acidente, ilusão efêmera — talvez uma mosca seja maior do que Arcturus, e Durfee Hill talvez supere o monte Everest — supondo que eles sejam removidos do presente planeta e instalados de

outro modo no contínuo espaço-tempo. Não há valores em todo o infinito — a menor ideia que existe é a suprema gargalhada dirigida a tudo. Todo o cosmo é uma piada e deve ser tratado tão somente como piada; uma coisa é tão verdadeira quanto a outra.[25]

A história da aceitação da teoria da relatividade sugeriria um estudo interessante por si. A teoria foi exposta à apreciação em 1905, contudo tornou-se fonte de muito ceticismo da parte de filósofos e cientistas; alguns a ignoraram, talvez esperando que ela desaparecesse. O mentor de Lovecraft Hugh Elliot rejeitou Einstein numa nervosa nota de rodapé na *Modern Science and Materialism*. A teoria realmente permaneceu em estado dedutivo até que os resultados da observação de um eclipse total do sol em 21 de setembro de 1922 foram finalmente relatados no *New York Times* de 12 de abril de 1923, levando muitos cientistas a aceitar a relatividade e inspirando o comentário de Lovecraft.

Não é preciso salientar que as disparatadas conclusões de Lovecraft a partir de Einstein são totalmente infundadas; sua reação, contudo, talvez não seja atípica em relação a muitos intelectuais da época — especialmente os que não eram capazes de entender de fato os precisos detalhes e ramificações da relatividade. Veremos que Lovecraft bem rapidamente se desfez de suas perspectivas ingênuas sobre Einstein e, por volta de 1929, saudou-o como outro meio de dar sustentação a um materialismo modificado que permanecia além da teleologia, do deísmo, da espiritualidade e outros pontos que ele acreditava serem obsoletos à luz da ciência do século XIX. Ao fazê-lo, ele desenvolveu um sistema ético e metafísico de modo algum diverso do de seus dois mentores filosóficos posteriores, Bertrand Russell e George Santayana.

Algumas palavras sobre os posicionamentos políticos de Lovecraft são apropriadas para a ocasião. A entrada dos norte-americanos na guerra o aliviara do fardo de vociferar contra o "pacifismo covarde" de Woodrow Wilson. Encontrei poucas menções nas cartas de Lovecraft ao desfecho da guerra, especialmente em relação às exigências impostas à Alemanha pelos aliados: mais tarde Lovecraft chegou a considerar injustos os termos do Tratado de Versalhes, embora ele os julgasse mais segundo um erro tático do que como questão de ética abstrata.

Na relativa tranquilidade política de uma década dominada por Republicanos, Lovecraft refletiu mais abstratamente nos assuntos de governo. "Nietzscheism and Realism" traz uma porção de aforismos cheios de certezas sobre o assunto, amplamente derivados de Nietzsche, mas com uma espécie de fundação extraída de Schopenhauer. Por exemplo: "Creio numa aristocracia, pois a considero o único agente para a criação de refinamentos que tornam a vida suportável para os animais humanos de organização elevada". Lovecraft naturalmente se julgava um desses animais de organização elevada, e era totalmente lógico para ele, quando falava abstratamente do governo ideal, procurar um que se adequasse a suas exigências. O que ele parecia imaginar é uma sociedade como a da Atenas de Péricles, da Roma de Augusto ou da Inglaterra augustana, onde a aristocracia tanto simbolizava refinamento e cultura (embora nem sempre os colocasse em prática) como patrocinava artistas para que produzissem aqueles "ornamentos da vida" que resultavam numa civilização rica e próspera. É, de fato, um sistema — pelo menos abstratamente — bastante sedutor, mas Lovecraft certamente não imaginava que ele pudesse ter muita relevância para as preocupações presentes.

Quando se refere a tais preocupações, seu tom é de condenação professoral. A democracia merece dele todo o desprezo. Vejamos uma carta de fevereiro de 1923: "A democracia [...] é um falso ídolo — uma palavra vazia, uma ilusão de classes inferiores, utopias e civilizações moribundas".[26] Já esta é manifestadamente nietzschiana: "Caracterizo [...] a democracia moderna [...] como a *forma decadente* do Estado".[27] Não sei se Lovecraft chegou alguma vez a adotar a democracia, mas certamente sua leitura de Nietzsche logo depois da guerra parece ter lhe oferecido a sustentação necessária a seu ponto de vista.

O comentário acima se encontra em carta inserida numa discussão sobre Mussolini e o fascismo. Ninguém deveria se surpreender com o fato de Lovecraft ter apoiado a ascensão de Mussolini ao poder na Itália (no fim de outubro de 1922) e de sentir-se atraído pela ideologia fascista — ou, de qualquer forma, pelo que ele pensava que ela era. Duvido que Lovecraft tivesse qualquer real entendimento das forças políticas internas que levaram à ascensão de Mussolini. O fascismo era, em sua base, oposto tanto ao liberalismo convencional quanto ao socialismo; sua popularidade cresceu rapidamente depois do fim da guerra quando os socialistas, ganhando a maioria em 1919, pouco puderam fazer para reerguer a sociedade italiana. A tomada de poder de Mussolini foi realmente apoiada, como mais tarde Lovecraft observaria, pela maioria da população italiana; mas cada grupo tinha diferentes reivindicações, e quando, depois de muitos anos, essas reivindicações não se converteram em conquistas, havia tanto descontentamento que medidas repressivas tiveram de ser adotadas.

Na época, contudo, Lovecraft podia se animar com o fato de que havia ali um político "forte" que escarnecia do liberalismo e podia "ter o único tipo de controle e autoridade social e política capaz de produzir coisas que fazem a vida valer a pena".[28] Não se pode dizer, é claro, que o fascismo tenha produzido qualquer tipo de renascimento artístico; mas esse assunto não parecia interessar muito a Lovecraft naquele momento.

O fim de 1923 teve ainda outros pequenos passeios – ao novo museu privado de George L. Shepley na Benefit Street e (na companhia de C.M. Eddy e James F. Morton) à bela Primeira Igreja Batista (1775) na North Main Street. Ali Lovecraft subiu à galeria do órgão e tentou tocar "*Yes, We Have Bananas*", porém foi desestimulado, "já que a máquina não tomou a iniciativa".[29]

Nesse ínterim, *Weird Tales* oferecia bastante trabalho a Lovecraft, em particular um rápido *ghost-writing* para Harry Houdini. Porém, no meio de toda essa atividade literária encontramos uma mudança de todo especial em sua vida pessoal. Em 9 de março de 1924, Lovecraft escreve uma carta a sua tia Lillian postada do número 259 da Parkside Avenue, Brooklyn, Nova York. Seria essa outra visita de longa ou curta duração, como as duas viagens a Nova York de 1922? Não exatamente.

Em 3 de março, na capela de St. Paul na Broadway com a Vesey Street, no sul de Manhattan, H.P. Lovecraft casou-se com Sonia Haft Greene.

NOTAS

[1] HPL a Lillian D. Clark, 27 de julho de 1925 (manuscrito, JHL).

[2] HPL a Rheinhart Kleiner, 29 de abril de 192[3] (SL I.131). A carta foi datada errada de 1921 em SL.

[3] Davis, *Private Life*, p. 18.

[4] Cole, "Ave atque Vale!" (1940), in *Lovecraft Remembered*, p. 101.

[5] Ver Robert E. Weinberg, *The Weird Tales Story* (West Linn, OR: FAX Collector's Editions, 1977), p. 3.

[6] HPL ao Gallomo [janeiro] 1920 (AHT).

[7] HPL a Bernard Austin Dwyer [1932] (SL IV.4).

[8] Steven J. Mariconda, "*Curious Myths of the Middle Ages* and 'The Rats in the Walls'", *On the Emergence of "Cthulhu" and Other Observations* (West Warwick, RI: Necronomicon Press, 1995), pp. 53–56.

[9] HPL a J. Vernon Shea, 8–22 de novembro de 1933 (manuscrito, JHL).

[10] HPL a Frank Belknap Long, 8 de novembro de 1923 (SL I.259).

[11] HPL a Robert E. Boward, 2–5 de novembro de 1933 (SL IV.297).

[12] Muriel E. Eddy, *The Gentleman from Angell Street* ([Providence: privately printed,] 1961), p. 2.

[13] HPL a Frank Belknap Long, 7 de outubro de 1923 (SL I.254).

[14] HPL a James F. Morton, 28 de outubro de 1923 (SL I.257).

[15] HPL to August Derleth [1929] (manuscrito, SHSW).

[16] "In the Editor's Study", *Conservative*, julho de 1923.

[17] T.S. Eliot, "The Metaphysical Poets" (1921), *Selected Essays* (Nova York: Harcourt, Brace, 1950), p. 248.

[18] HPL a Frank Belknap Long, 13 de maio de 1923 (SL I.229).

[19] HPL a Frank Belknap Long, 20 de fevereiro de 1924 (SL I.315).

[20] HPL a J. Vernon Shea, 24 de março de 1933 (SL IV.159).

[21] Barton L. St. Armand e John H. Stanley, "H.P. Lovecraft's *Waste Paper:* A Facsimile and Transcript of the Original Draft", *Books at Brown 26* (1978): 40.

[22] HPL a Clark Ashton Smith, 17 de outubro de 1930 (SL III.195).

[23] HPL a Myrta Alice Little, 17 de maio de 1921; *Lovecraft Studies* nº. 26 (primavera de 1992): 28.

[24] HPL a Clark Ashton Smith, 16 de novembro de 1926 (SL II.90).

[25] HPL a James F. Morton, 26 de maio de 1923 (SL I.231).

[26] HPL a James F. Morton, 10 de fevereiro de 1923 (SL I.207).

[27] *Twilight of the Idols* [1888], in *Twilight of the Idols and The Anti-Christ*, tr. R.J. Hollingdale (Harmondsworth: Penguin, 1968), p. 93.

[28] SL I.208 (nota 26).

[29] HPL a Samuel Loveman [5 de janeiro de 1924] (SL I.277).

11

Patroa

(1924)

NOVA YORK EM 1924 era um lugar extraordinário. De longe a maior cidade do país, seus cinco distritos totalizavam (em 1926) uma população de 5.924.138 habitantes, dos quais Manhattan tinha 1.752.018, e o Brooklyn (antes, como agora, o maior dos distritos, tanto em tamanho quanto em população), 2.308.631 habitantes. A incrível parcela de 1,7 milhão era de origem judaica, enquanto aproximadamente 250 mil eram negros e se concentravam no Harlem (estendendo-se das ruas 125th a 151st a oeste e da 96th a norte do lado leste de Manhattan) devido ao terrível preconceito que impedia que ocupassem outras áreas da cidade. O sistema de metrô, iniciado em 1904, permitia fácil acesso a muitas regiões da metrópole, e foi suplementado por extensas linhas elevadas e de superfície, atualmente quase todas fora de operação. Em algumas de suas excursões na região em busca de oásis de antiguidade, Lovecraft considerou necessário tomar os bondes, mais caros do que os cinco centavos dos metrôs e trens elevados. Os *Hudson Tubes* (hoje chamados PATH *trains*) foram construídos entre 1908 e 1910 para ligar Manhattan aos terminais de Hoboken e Jersey City, New Jersey; o serviço de balsa também era comum entre os dois estados. As regiões mais remotas do estado — Long Island a oeste, ou Westchester County, a norte do Bronx — eram de acesso mais difícil, embora as linhas de trem da N.Y.N.H & H (Nova York, New Haven e Hartford) trouxessem gente de Connecticut. O prefeito da cidade era John F. Hylan; este, porém, foi expulso do cargo em 1925, e James J. Walker elegeu-se em 1926. O governador era o democrata Alfred E. Smith (1923-28).

É difícil sintetizar qualquer impressão dessa imensa metrópole, que na época, como hoje, era a mais diversa região do planeta. O caráter da cidade pode mudar de quarteirão para quarteirão, e toda a região desafia a boa generalização. Quando falamos do Harlem, de Hell's Kitchen ou de Greenwich Village, corremos o risco de deixar estereótipos assumirem o lugar da realidade. Lovecraft descobriu a cidade aos poucos ao longo de dois anos de peregrinações, mas seu coração estava naqueles surpreendentemente numerosos recantos de antiguidade (muitos deles hoje tristemente destruídos) que ainda resistiam mesmo no coração de Manhattan. Alguns dos distritos mais distantes ainda preservavam esses lugares, e Lovecraft os procurou com paixão quase desesperada. A região de Flatbush, no Brooklyn, onde ele e Sonia viviam, ficava nos limites do distrito, e foi então (como ainda é hoje) o lugar favorito dos mais prósperos na área. Não era Providence, mas também não era um substituto completamente inferior.

Não está em questão que, ao menos durante os primeiros meses, a euforia do casamento e da residência no centro do país em termos de editoras, finanças, arte e cultura em geral o ajudou a espantar quaisquer dúvidas sobre sua partida abrupta de Providence. Com sua mulher, muitos amigos e mesmo boas perspectivas de trabalho, Lovecraft tinha razões para acreditar que começava uma nova e promissora fase de sua vida.

O casamento de Lovecraft parece ter produzido entre seus amigos e conhecidos reações que variaram da surpresa ao choque e ao alarme. Rheinhart Kleiner escreve:

> Lembro-me muito bem de que foi dentro de um táxi com os Houtain [...] que a notícia do casamento entre Lovecraft e Greene me foi dada. Na hora, senti um vazio no estômago e fiquei branco. Diante do efeito do anúncio, Houtain gargalhou, mas concordou que sentira o mesmo que eu.[1]

O silêncio que Lovecraft manteve sobre seus planos de casamento até o último minuto — e, a bem da verdade, também depois — é confirmado por uma das mais impressionantes cartas escritas por ele: a carta a sua tia Lillian anunciando o casamento — *seis dias depois de consumado.* É mais do que certo que ele simplesmente tomou o trem 11.09 na manhã de domingo, 2 de março, casou-se com Sonia no dia seguinte, começou a se instalar na Parkside Avenue e finalmente decidiu dar a notícia a sua tia mais velha. Lovecraft enviou a Lillian vários cartões-postais de Nova York e Filadélfia (onde o casal passou a lua de mel) entre 4 e 5 de março, mas sem qualquer indicação da verdadeira situação.

Alguns trechos do laborioso preâmbulo ao real assunto da carta são surpreendentes:

> vida mais ativa, para alguém do meu temperamento, exige muitas coisas das quais precisaria me livrar enquanto vago sonolento e inerte, evitando um mundo que me exaure e me enoja, sem qualquer objetivo que não seja um frasco de cianureto para quando meu dinheiro acabar. Havia me decidido a seguir esse rumo e preparei-me inteiramente para buscar o olvido caso o dinheiro se esgotasse ou esse imenso tédio fosse demais para mim; foi quando, de repente, há aproximadamente três anos, nosso benevolente anjo S.H.G. adentrou o circuito de minha consciência e começou a combater aquelas ideias com as que a elas se opunham, as de esforço e alegria de viver através das recompensas que esse esforço traria.

Bem, talvez um casamento e uma mudança para a cidade grande seja melhor do que o suicídio por pobreza e tédio. Mas e quanto ao ponto crucial da afeição do casal um pelo outro?

> Enquanto isso — ainda que possa parecer egoísta dizê-lo —, começou a ficar aparente que não estava sozinho em considerar a solidão psicológica mais ou menos uma limitação. O convívio intelectual e estético desde 1921 e uma visita de três meses em 1922, quando nossa sociabilidade foi testada e julgada perfeita de uma infinidade de formas, forneceu provas abundantes não apenas de que S.H.G. é a influência mais alegre e encorajadora que poderia recair sobre mim como também de que ela própria passou a me considerar mais próximo do que qualquer outra pessoa e começou a depender em grande medida de minha correspondência e diálogo para seu contentamento intelectual e artístico e prazer filosófico.[2]

Esse é, certamente, um dos mais óbvios exemplos da inabilidade de Lovecraft para falar de amor ou de qualquer coisa remotamente relacionada a ele. Sua reserva natural em falar sobre tais assuntos com a tia deveria ser levada em conta; porém, teremos mais tarde de lidar com a própria constatação de Sonia de que Lovecraft jamais disse a palavra "amor" para *ela*.

Quais eram os sentimentos de Sonia relacionados ao caso? Falando sobre os dois anos que precederam o casamento, Sonia escreve: "Sabia bem que ele não estava em condições de se casar, no entanto suas cartas indicavam seu desejo de deixar sua cidade natal e se estabelecer em Nova York".[3] A primeira parte do comentário se refere, presumo, tão somente a sua condição financeira; quanto à segunda parte, embora não tenhamos acesso às cartas de Lovecraft a Sonia, tenho de crer que se trata de um exagero. Sonia prossegue dizendo que pediu a Lovecraft que informasse suas tias sobre os planos de casamento antes da cerimônia, mas ele preferiu surpreendê-las. "No que se referia a produzir a certidão de casamento, a comprar o anel e a outros detalhes relativos ao casamento, ele parecia muito animado. Dizia que as pessoas eram capazes de pensar que ele estava se casando pela enésima vez; ele tomou para si o assunto de maneira muito metódica."[4]

O que Sonia não diz é que ela havia escrito a Lillian um mês antes do casamento, e de forma tal que sinalizava que algo estava em processo. Numa carta datada de 9 de fevereiro de 1924, Sonia escreve:

> Não tenho nada na vida que me atraia à Vida e se puder ajudar a boa e bela alma de Howard Lovecraft a encontrar-se financeiramente do mesmo modo como se encontrou espiritual, moral e mentalmente, meus esforços não terão sido em vão [...]
>
> Assim, minha senhora, não tema. Estou tão desejosa de seu sucesso [de Lovecraft] quanto você, e estou igualmente ansiosa, talvez até mais, por vê-la viva para compartilhar dos frutos de seu trabalho [de Lovecraft] e das honras que se acumularão sobre seu belo e abençoado nome.[5]

Aquele "não tema" provavelmente veio em resposta a alguma carta de Lillian, talvez perguntando diretamente a Sonia sobre quais eram suas reais "intenções" para com seu sobrinho.

A alegria de Lovecraft durante a cerimônia se confirma por várias e divertidas cartas a seus amigos mais próximos. A James Morton ele escreve, depois de mais um longo preâmbulo cheio de suspense sobre a aparente estranheza de sua vida na Parkside Avenue:

> Sim, meu garoto, você sacou de primeira. Louco para observar a arquitetura colonial em todos os seus possíveis usos, piquei a mula até lá; e na segunda-feira, 3 de março, tomei pelos cabelos a presidente da United — S.H.G. — e a arrastei até a capela de St. Paul [...] onde após considerável genuflexão e com a ajuda de um honesto clérigo, padre George Benson Cox, e de duas testemunhas eclesiásticas menores logrei afixar a sua série de patronímicos [de Sonia] o não pouco pretensioso nome de Lovecraft. Que doido eu sou, hein! Ninguém consegue adivinhar o que um sujeito como eu pode fazer![6]

Soa como se Lovecraft estivesse tomando a coisa toda como uma brincadeira; e, realmente, veremos cada vez mais evidências de que ele estava arrebatado pelo encanto e a novidade de estar casado, mas não tinha noção da quantidade de esforço necessária para fazer um casamento funcionar. Honestamente falando, Lovecraft não era maduro o suficiente para tamanha empreitada.

Vale a pena parar para pensar na origem da atração de Lovecraft por Sonia. Parece fácil dizer que ele estava procurando uma mulher que substituísse sua mãe; e, no entanto, o surgimento de Sonia em sua vida apenas seis semanas depois da morte da mãe de Lovecraft não deixa de ser uma coincidência digna de nota. Dado que a afeição tenha inicialmente existido mais do lado de Sonia que do dele — ela foi a Providence mais frequentemente do que ele foi a Nova York —, Lovecraft pode, não obstante, ter sentido necessidade de confidenciar seus pensamentos e sentimentos a alguém de forma tal que ele não parecia ter feito com suas tias.

Sonia, é claro, nada tinha de Susie Lovecraft: ela era dinâmica, emocionalmente aberta, ligada ao presente, cosmopolita e, talvez, um pouco dominadora (este foi precisamente o termo que Frank Belknap Long certa vez usou para descrever-me Sonia), enquanto Susie, embora também dominadora a sua maneira, era submissa, emocionalmente reservada, apequenada mesmo, e um típico produto do vitorianismo norte-americano. Mas lembremos que a essa altura Lovecraft estava ainda em pleno florescimento de sua fase decadente: seu desprezo do vitorianismo e seu flerte com as vanguardas estéticas e intelectuais podem ter encontrado um eco bem-vindo numa mulher que era, sem dúvida, um ser do século XX.

Sonia fez uma confissão posterior de algum interesse. Num manuscrito (claramente escrito depois da dissolução do casamento, assinado que está como Sonia H. Davis) intitulado "The Psychic Phenominon [*sic*] of Love", ela incorporou parte de uma das cartas de Lovecraft endereçadas a ela. Numa nota do manuscrito ela escreveu: "Foi essa parte da carta de Lovecraft que fez que eu me apaixonasse por ele; ele, porém, não fez justiça a suas palavras; tempo e lugar e a inversão de alguns de seus pensamentos e expressões não foram de bom agouro para a felicidade".[7] Essa carta foi publicada como "Lovecraft on Love". É um documento muito estranho. Estendendo-se por 1200 palavras da maneira mais abstrata e pedante, Lovecraft rebaixa completamente o aspecto erótico do amor como produto do fogo da juventude extrema, dizendo que, em seu lugar:

> Aos quarenta ou cinquenta anos passa a operar um completo processo de transformação, e o amor atinge profundezas calmas e frias baseadas na associação carinhosa diante da qual a extravagância erótica da juventude ganha as som-

bras da vulgaridade e da degradação. O amor pacificado e maduro produz uma fidelidade idílica que é um testemunho de sua sinceridade, pureza e intensidade.[8]

E assim por diante. Na verdade não há muita substância nessa carta, e algumas partes dela devem ter deixado Sonia um pouco nervosa, como quando ele diz que "o verdadeiro amor prospera igualmente bem na ausência e na ausência" ou que cada parte, no que toca à compatibilidade, "não pode ser tão oposta em seus valores, forças motrizes, perspectivas e modos de expressão e realização".

Mas os meses que precederam e se seguiram ao casamento foram suficientemente intensos para que ambos não tivessem muito tempo para reflexão. Em primeiro lugar, Lovecraft teve de terminar um trabalho de *ghost-writing* para a *Weird Tales*. A revista não estava indo bem nas bancas, e num esforço de alavancar as vendas o proprietário J. C. Henneberger empenhou os serviços do escapista Harry Houdini (nascido Ehrich Weiss, 1874–1926), então no auge de sua popularidade, para escrever uma coluna e outros textos. Henneberger também contratou Lovecraft para escrever um estranho conto que Houdini tentava fazer passar por caso verídico supostamente ocorrido no Egito. Lovecraft rapidamente descobriu que o relato era falso; assim, convenceu Henneberger a dar-lhe maior liberdade para escrever a história, que como está parece ser totalmente lovecraftiana em termos de prosa e principalmente em sua concepção. Por volta de 25 de fevereiro ele não tinha ainda começado a escrevê-la, embora o prazo fosse 1° de março. De algum modo ele conseguiu terminá-la pouco antes de embarcar no trem para Nova York em 2 de março; porém, na correria deixou o manuscrito em algum lugar na Union Station, em Providence. Embora ele tenha visto o anúncio que apareceu no dia seguinte na coluna de achados e perdidos do *Providence Journal* (em que a história está intitulada "Under the Pyramids"), a versão datilografada nunca foi recuperada. Ela apareceu como "Imprisioned with the Pharaohs" no número de primeiro aniversário (maio-junho-julho de 1924) da *Weird Tales*.

A preocupação de Lovecraft no momento, contudo, era enviar uma nova versão datilografada para Henneberger o mais rápido possível. Felizmente, ele levara consigo a versão manuscrita, e então, na manhã do dia 3 de março, esteve no escritório da The Reading Lamp (sobre ela falaremos mais a seguir) datilografando alucinadamente a longa história; porém, ela estava apenas parcialmente concluída quando chegou a hora de seguir para a capela de St. Paul para a cerimônia. Eles completaram o trabalho de datilografia uma ou duas noites depois, na Filadélfia. A história foi enviada à *Weird Tales* imediatamente, e Lovecraft recebeu o pagamento de cem dólares — a maior quantia que recebera até então como escritor de ficção — em 21 de março. Foi a única ocasião em que ele recebeu adiantado da *Weird Tales.*

"Under the Pyramids" é um trabalho de força e permanece subvalorizado como conto, embora algumas de suas passagens iniciais mais pareçam um diário de viagem ou enciclopédia. Parte do imaginário da história provavelmente deriva do maravilhoso conto de horror egípcio não sobrenatural "One of Cleopatra's Nights", de Théophile Gautier. Lovecraft dispunha da tradução de Lafcadio Hearn de *One of Cleopatra's Nights and Other Fantastic Romances* (1882).

Um adendo bizarro a toda essa história tem relação com "The Loved Dead", de C.M. Eddy, que aparece no mesmo número da *Weird Tales.* Lovecraft tinha, é claro, revisado o conto. Quando o número saiu, foi imediatamente banido sob o argumento de que "The Loved Dead" tratava de necrofilia (de fato) e, ao que tudo indica, por sua obscenidade. Não se sabe ao certo o que aconteceu, mas parece que a revista foi proibida apenas no estado de Indiana.[9] Em que medida a notoriedade da proibição alimentou as vendas da *Weird Tales* também não se sabe ao certo: não se pode dizer que esse banimento de algum modo tenha "salvado" a revista por causar uma corrida para comprá-la, já que levaria quatro meses até que o número seguinte chegasse às bancas. Podemos constatar, contudo, que consequências menos auspiciosas surgiram — pelo menos no que se refere a Lovecraft — nos anos seguintes.

Nesse ínterim, Lovecraft começou a ficar bastante envolvido com a *Weird Tales* — talvez até mais do que quisesse. No meio de março ele registra que Henneberger

> está fazendo uma mudança radical na política da *Weird Tales* e tem em mente uma revista completamente nova para cobrir o campo do horror na linha de Poe e Machen. Essa revista, ele diz, vai ser "a minha cara", e ele quer saber se eu consideraria a hipótese de mudar-me para CHICAGO para editá-la![10]

Há certa ambiguidade nesse comentário, mas creio que o sentido não é que Henneberger começaria uma "revista completamente nova", mas que a própria *Weird Tales* seria renovada e transformada numa "nova" revista, dedicada a contos de horror ao estilo de Poe e Machen. Lovecraft havia mencionado anteriormente que Baird fora destituído do cargo de editor e

Farnsworth Wright ocupara seu lugar.[11] Tratava-se de uma medida tapa-buraco: Lovecraft era a primeira escolha de Henneberger para editar a *Weird Tales.*

Lovecraft é frequentemente criticado por não ter aceitado o convite, feito num momento em que, recém-casado, era preciso garantir rendimentos; o argumento é que ele devia ter superado sua aversão puramente estética à arquitetura moderna de Chicago e aceitar a oferta. Mas o caso é um pouco mais complicado do que a situação sugere. Em primeiro lugar, embora Sonia fosse favorável à mudança, teria significado, para ela, enfrentar perspectivas profissionais incertas na nova cidade — ou ainda, para o casal, ter de viver a 1500 quilômetros de distância um do outro por causa de um trabalho. Depois, Lovecraft sabia que Henneberger estava profundamente endividado: Henneberger perdera 51 mil dólares com suas duas revistas, *Weird Tales* e *Detective Tales*, e não havia garantia de que ambas continuassem no mercado por muito mais tempo. Se Lovecraft fosse para Chicago, correria o risco, passados alguns meses, de ficar preso na cidade sem trabalho e com poucas perspectivas de conseguir outro. Lovecraft foi, penso eu, sábio ao não aceitar a oferta. De todo modo, mesmo em circunstâncias financeiras ideais, ele não teria sido o melhor editor para uma revista como *Weird Tales.* Seu gosto meticuloso e crítico teria acabado por rejeitar muito do que se publicava em suas páginas: não havia o suficiente de ficção fantástica bem escrita para preencher o que não era mais que uma revista *pulp* barata que pagava um centavo por palavra.

O que de fato aconteceu com a *Weird Tales* nessa crise foi que Henneberger vendeu sua parte na *Detective Tales* ao cofundador da Rural Publications, J.M. Lansinger (que manteve Baird como editor da revista), nomeou Farnsworth Wright como editor permanente da *Weird Tales* (ele permaneceria na posição até 1940), e então — como única saída para pagar a dívida de 40 mil dólares que acumulara — entrou em acordo com B. Cornelius, o impressor da revista: "Cornelius tornou-se o principal acionista mediante um acordo em que, se os 40 mil dólares devidos a ele fossem pagos pelos lucros da revista, Henneberger teria suas ações de volta".[12] Uma nova empresa, a Popular Fiction Publishing Co., foi aberta para lançar a revista, com Cornelius, Farnsworth Wright e William Sprenger (o gerente de negócios da *Weird Tales*) na condição de acionistas; depois de um hiato de alguns meses, a *Weird Tales* voltou à atividade com o número de novembro de 1924. Henneberger nunca teve pela nova companhia o interesse dedicado à anterior, e a *Weird Tales* nunca produziu lucros suficientes para que a dívida fosse liquidada; de todo modo, ele parece ter perdido completamente o interesse na operação depois de alguns anos e por fim saiu de cena.

Farnsworth Wright (1888–1940) merece algum comentário, uma vez que Lovecraft desenvolveria com ele num futuro próximo um relacionamento muito curioso. Ele fora desde o começo o avaliador de originais da revista, e publicara muitos contos sem expressão em seus primeiros números. Serviu na Primeira Guerra Mundial e depois se tornou crítico musical da *Chicago Herald and Examiner*, seguindo nessa última atividade por algum tempo mesmo depois de ter assumido a edição da *Weird Tales*. No início de 1921 desenvolveu mal de Parkinson, e a doença piorou progressivamente ao longo de sua vida, a ponto de no final da década já não conseguir assinar o próprio nome.

É difícil medir precisamente o sucesso de Wright como editor da *Weird Tales*, especialmente porque muitas escalas diferentes podem ser usadas para medir o "sucesso" numa empreitada desse gênero. Conta a seu favor, decerto, que ele tenha mantido a revista em circulação mesmo durante os piores anos da Depressão; por outro lado, também não há como negar que ele tenha publicado uma quantidade medonha de ficção estereotipada, batida ou simplesmente ruim que nunca teria sido publicada em outro lugar e, antes de tudo, nunca deveria sequer ter sido publicada. Lovecraft sentia que Wright era errático, caprichoso e mesmo um pouco hipócrita, pelo menos no que toca ao modo como ele lidava com sua própria ficção; e, a despeito daqueles que têm saído em defesa de Wright nesse quesito, essa é uma opinião bastante plausível. Talvez Lovecraft tenha alimentado expectativas excessivamente altas quanto a seu sucesso com Wright — e, assim, as recusas acabaram acompanhadas de decepção. Em alguns casos, sua irritação decorria do que ele posteriormente entendeu como uma ideia ingênua de que o trabalho literário deveria ser recompensado à altura de seus méritos estéticos. Levaria anos até que ele compreendesse que escrever para revistas *pulp* era apenas um negócio, e que essa era a postura de Wright no que toca ao problema. Se a maioria dos leitores da *Weird Tales* queria escritos vulgares carregados de fórmulas, era exatamente isso que Wright lhes oferecia.

A curto prazo, contudo, Lovecraft e Sonia tinham uma vida doméstica a organizar. A primeira coisa a ser feita foi convencer tia Lillian (e talvez também Annie) a vir a Nova York para viver com eles. Esse parece ter sido um desejo totalmente sincero da parte tanto de Lovecraft quanto de Sonia. Contudo, Lillian já contava quase 66 anos na época, e muito provavelmente sua saúde estava em declínio; ademais, é possível que ela própria não tivesse vontade de se mudar — especialmente depois de o sobrinho não ter confiado nela no que se referia à mudança mais dramática de sua vida pessoal.

Uma pessoa com quem o casal não precisava se preocupar era a filha de Sonia. Florence Carol Greene tivera uma briga com a mãe alguns anos antes: ela se apaixonara por seu meio-tio Sydney (apenas cinco anos mais velho), e Sonia, enfurecida, recusara-se teimosamente a permitir que se casasse com ele. (Tal casamento teria, de todo modo, sido proibido pelos princípios do judaísmo ortodoxo.) A disputa levou a um rompimento que, infelizmente, durou por toda a vida de ambas. Florence deixou a residência de Sonia pouco tempo depois de atingir a maioridade (19 de março de 1923), embora tenha permanecido em Nova York. Há relatos de que ela própria não tinha qualquer interesse por Lovecraft e não aprovava o casamento da mãe com ele. A vida de Florence se fez de momentos altos e tragédia: ela se casou com um jornalista chamado John Weld em 1927, porém divorciou-se em 1932; ela própria foi à Europa e tornou-se repórter, tornando-se célebre por ter sido a primeira repórter a cobrir o romance do príncipe de Gales (futuro Edward VIII) e da sra. Sallis Simpson. De volta aos Estados Unidos, trabalhou para jornais de Nova York, mudando-se posteriormente para a Flórida e tornando-se assessora da marketing da indústria cinematográfica. Afora uma referência de passagem em suas memórias, Sonia nunca fala dela. Lovecraft também alude a ela apenas duas vezes em toda a correspondência a que tive acesso.

Nesse meio-tempo, contudo, Lovecraft tinha de pensar em trabalho. Sonia ganhava então 10 mil dólares por ano na Ferle Heller — uma quantia principesca, considerando que o salário que garantia o "mínimo de bem-estar e decência" para uma família de quatro membros na década de 1920 era de 2 mil dólares —, porém, por volta de fevereiro de 1924, ela perderia o emprego. Como ela tinha economias que somavam dezenas de milhares de dólares,[13] não havia necessidade imediata de reabastecer a poupança.

Uma boa perspectiva surgia no horizonte com algo chamado The Reading Lamp. Tanto quanto sou capaz de dizer, tratava-se de uma revista (embora nenhum exemplar dela exista em qualquer biblioteca do mundo), bem como uma agência literária que produzia artigos ou livros sob encomenda a seus clientes; era administrada por certa Gertrude E. Tucker.

Edwin Baird recomendara Lovecraft a Tucker em janeiro de 1924; Sonia, sabendo disso, tomou para si a responsabilidade de encontrar Tucker e levar a ela uma reunião dos escritos de Lovecraft. Em 10 de março Lovecraft foi entrevistado no escritório da Reading Lamp, com o seguinte parecer:

> A sra. T. julga plausível um livro de meus ensaios sobre antiguidades & outros assuntos, & pede-me que prepare pelo menos três deles como amostra. Também pensa poder me arrumar um contrato com uma cadeia de revistas para escrever sob encomenda sobre assuntos menores. E mais — assim que meus manuscritos chegarem, ela quer vê-los todos, com a perspectiva de um livro fantástico [...] O que a sra. T. deseja no que se refere a esses ensaios são coisas originais com um toque de sobrenatural.[14]

Tudo isso soa promissor, e a certa altura Lovecraft chega a referir-se à possibilidade de a Reading Lamp ser capaz de garantir-lhe um emprego numa editora, o que claramente não aconteceu. Mais tarde naquele mês, ele diz estar trabalhando em vários capítulos de um livro sobre as superstições norte-americanas; a ideia, evidentemente, era que ele escrevesse três capítulos, enquanto Tucker tentava conseguir um contrato de publicação para o projeto. Mas como em 1º de agosto Lovecraft se refere à "não materialização das variadas perspectivas literárias",[15] a inferência óbvia é que o negócio da Reading Lamp deu em nada.

Mas Lovecraft ainda tinha Bush. Eles se encontraram em 25 de maio; em julho, lemos que está fazendo "trabalhos para Bush". Bush publicou pelo menos oito livros entre 1924 e 1925 (todos eles manuais de psicologia — ele havia evidentemente desistido da poesia), e sem dúvida Lovecraft conseguiu algum dinheiro, ainda que modesto, editando-os. Pagamentos da *Weird Tales* também pingavam — por "The Hound" (fevereiro), "The Rats in the Walls" (março), "Arthur Jermyn" (abril) e "Hypnos" (maio-junho-julho), juntamente com "Under the Pyramids", embora eu não tenha informação sobre quanto rendeu qualquer uma dessas histórias, tirante o trabalho com Houdini.

O casal sentia-se tão relativamente próspero que em maio eles deram entrada na compra de uma propriedade com duas casas em Bryn Mawr Park, um empreendimento em Yonkers, Nova York. Em sua autobiografia, Sonia diz que uma das casas serviria para que ela, Lovecraft e suas duas tias vivessem num espaço maior e a outra seria utilizada para especulação. Yonkers é a cidade imediatamente ao norte do Bronx, na região sul de Westchester County, a uma curta distância, de bonde ou trem, de Nova York. Desde a virada do século ela se tornara para os nova-iorquinos uma cidade-dormitório em alta; entretanto, ainda era uma pequena e idílica cidade com muito verde e uma atmosfera parecida com a da Nova Inglaterra, e poderia ter sido o lugar ideal para Lovecraft se fixar, já que ele precisava se estabelecer na região de Nova York por questões de trabalho. Contudo, em fins de julho Lovecraft escreveu à imobiliária informando que não podia mais pagar as mensalidades pelos lotes. O que exatamente aconteceu com as finanças do casal?

Ao que tudo indica, Sonia tentou abrir sua própria loja de chapéus. Isso me leva a pensar num negócio de alto risco. Em tempos em que todos os homens e mulheres usavam chapéu em público, o negócio era bastante competitivo: a lista telefônica de 1924–25 para Manhattan e o Bronx listava pelo menos 1200 chapelarias. Só o que me ocorre é que Sonia, como mulher casada, não quisesse fazer a grande quantidade de viagens que seu trabalho na Ferle Heller requeria, e preferiu abrir sua chapelaria para permanecer na cidade tanto quanto possível. Mas se esse era o caso, a circunstância irônica é que Sonia permaneceu fora a trabalho quase todo o resto do ano e foi então forçada a aceitar uma série de trabalhos no meio-oeste, mantendo-a ainda mais separada do marido do que o emprego na Ferle Heller provavelmente teria exigido. Ela não diz nada sobre o assunto em suas memórias; mas Lovecraft, escrevendo a Lillian em 1º de agosto, faz clara menção ao "colapso desastroso do negócio com a chapelaria *independente* [ênfase minha] de S.H.", resultando que então haveria "um aperto nas contas".[16]

O resultado de tudo isso foi que Lovecraft se viu forçado a procurar com empenho ainda maior um trabalho — qualquer trabalho. Agora, e apenas agora, começa a inútil e patética busca de todos os domingos nos classificados do *New York Times* por qualquer vaga de emprego que possa estar em aberto; e também agora Lovecraft fica face a face com uma constatação tão verdadeira ontem quanto hoje: "Empregos de todo tipo parecem virtualmente impossíveis para pessoas sem experiência [...]".[17] O que Lovecraft diz é que o trabalho que "mais perto chegou de se concretizar" foi o de vendedor de serviços na Casa Nacional de Compensação de Credores, localizada no número 810 da Broad Street, em Newark, New Jersey. Era uma agência coletora de letras de crédito, e Lovecraft seria responsável não apenas por recolher as letras, mas por vender os serviços da agência entre atacadistas e varejistas de Nova York. Ele parece ter sido contratado para um período de experiência no fim de julho, mas era mais do que claro que Lovecraft não era dotado da suavidade ou da disposição necessárias a um vendedor bem-sucedido, e assim ele rapidamente deixou o emprego.

Todo o episódio — bem como outro, posterior, em que Lovecraft arranjou um emprego no departamento de testes de lâmpada de um laboratório elétrico — mostra quão difícil era para ele conseguir um emprego que lhe servisse, mais especificamente um emprego no mercado editorial. Não há razão para, com sua experiência, ele não ter sido capaz de encontrar tal trabalho; mas o fato é que não conseguiu. Muitos de seus amigos comentaram um terrível currículo que ele enviou nessa época. No primeiro parágrafo, lemos:

> Se um envio não requerido de currículo para uma vaga de trabalho parece de algum modo inusitado nestes dias de procedimento sistêmico, agências & classificados, penso que as circunstâncias relacionadas a este poderão ajudar a mitigar o que, doutro modo, poderia ser grosseira precipitação. Este caso é tal que algumas aptidões de interesse incontestável para o mercado devem ser oferecidas ao escrutínio de modo pouco convencional, uma vez que necessitam superar o fetiche corrente da exigência de experiência convencional & da postura de empregadores em sondagem, os quais ignoram sem qualquer interesse a resposta de qualquer aspirante à vaga que não possa vangloriar-se de prestar serviços profissionais específicos numa linha específica.[18]

E assim por diante ao longo de outros seis parágrafos, comentando abertamente que, nos últimos dois meses, ele respondera a mais de cem anúncios sem um retorno sequer.

Evidentemente, essa não deve ter sido a carta ideal, porém o padrão da escrita formal de negócios era outro há setenta anos. Não obstante, Kleiner comenta a carta, suscitando a anuência de outros: "Acho que tenho razão em dizer que era o tipo de carta que um cavalheiro inglês um tanto constrangido teria escrito num esforço de produzir conexões lucrativas com o mundo dos negócios em outro tempo que não o presente".[19]

Então, numa seção de classificados do *New York Times* de um domingo, 10 de agosto, surgiu o seguinte anúncio na categoria "Vagas requeridas — homens":

> ESCRITOR E EDITOR, autônomo, deseja ligação permanente e regular assalariada com qualquer negócio que necessite de serviços literários; experiência absolutamente completa na preparação de textos corretos e fluentes em assuntos designados, e no enfrentamento dos mais difíceis e intrincados problemas de reescrita e preparação construtiva, em prosa ou verso; também levaria em conta trabalho que lidasse com edição que exigisse percepção rápida e precisa, acuidade

ortográfica, meticulosidade estilística e um senso agudamente desenvolvido dos refinamentos da prosódia; bom datilógrafo; 34 anos, casado; há sete anos lida com toda a prosa e verso de um conhecido palestrante e editor norte-americano. Y 2292 Times Annex.

Esse anúncio — que toma muitas frases de seu currículo — é ainda mais suscetível a críticas do que a própria carta, pois é mais longo do que qualquer outro em sua seção e de extensão absolutamente desnecessária, visto que uma nota mais compacta teria comportado os mesmos pontos a um preço menor. O preço era considerável: a taxa para anúncios nas "Vagas requeridas" era quarenta centavos por palavra, e esse anúncio — de 99 palavras — custou 39,60 dólares. Isso era o equivalente a um mês de aluguel no apartamento de um quarto em que Lovecraft viveria entre 1925 e 1926. Surpreende-me que Sonia tenha permitido que ele produzisse um anúncio desse tamanho, pois é certo que ela pagou por ele.

Então, em setembro, um velho amigo reapareceu no cenário — J.C. Henneberger. Lovecraft diz que Henneberger o havia contratado para uma "nova revista" pagando quarenta dólares por semana. Que tipo de revista era essa? A *College Humor*, fundada em 1922, ia bem e não parecia precisar de um novo editor; mas havia outra revista, chamada *Magazine of Fun*, que Henneberger iniciara nessa época e cuja editoria ou vaga semelhante era, por incrível que pareça, o que aparentemente ele estava lhe oferecendo. Lovecraft fala sobre Henneberger lhe telefonar "querendo que eu mostrasse uns exemplos de adaptação de piadas para sua revista".[20] Foi a partir desses exemplos que Henneberger "contratou" Lovecraft em meados de setembro.

Claro que nada resultou desse contato. O pagamento prometido para o trabalho editorial de Lovecraft foi convertido num crédito de sessenta dólares na Scribner Book Shop; e embora Lovecraft tenha tentado transformar o crédito em dinheiro, ele não conseguiu; por fim, em 9 de outubro, ele levou Long à livraria para comprar alguns livros, a maioria do gênero fantástico. Frank Long trata do episódio de forma interessante em suas memórias,[21] mas parece sob a impressão de que o crédito era um pagamento por histórias publicadas na *Weird Tales*, quando na verdade era por esse trabalho editorial que nunca se concretizou.

Assim, Lovecraft voltou a responder a anúncios de jornal, embora a essa altura as dificuldades estivessem ficando severas para alguém que não tinha qualquer tino para negócios e talvez considerasse qualquer atividade de algum modo abaixo de sua dignidade. Ele escreve a Lillian no fim de setembro: "Aquele dia [domingo] fez-se de sombra e tensão – mais respostas a anúncios, o que tem se transformado numa tal pressão psicológica que quase chego a desmaiar diante dela!".[22] Qualquer um que tenha ficado sem trabalho por qualquer período já se sentiu assim.

Enquanto isso os amigos de Lovecraft tentavam lhe oferecer ajuda. Houdini ficou muito bem impressionado com "Under the Pyramids", e no fim de setembro colocou Lovecraft em contato com certo Brett Page, chefe de um jornal de sindicato; mas Page não tinha trabalho a oferecer. No meio de novembro, Samuel Loveman tentou apresentar Lovecraft ao chefe de um departamento de catalogação de uma livraria na 59th Street, mas de nada adiantou.

Como era de esperar, Sonia não permaneceu desempregada durante todo esse período; sem dúvida ela também respondia a anúncios, e esteve empregada numa chapelaria ou loja de departamentos durante algumas semanas em setembro. Contudo, ela sentiu que seu trabalho não era seguro e começou a procurar algo melhor. Mas então as coisas ficaram piores. Na noite de 20 de outubro Sonia foi acometida de "súbitos espasmos gástricos [...] enquanto permanecia na cama após um dia todo sentindo-se mal".[23] Lovecraft levou-a de táxi para o Hospital do Brooklyn, poucas quadras distante. Ela ficaria os onze dias seguintes internada, deixando o hospital no dia 31.

Talvez não reste muita dúvida quanto ao fato de a doença de Sonia ter em boa parte um fundo nervoso ou psicológico. Ela deve ter ficado bastante preocupada durante os muitos desastres, financeiros ou não, que acometeram o casal, e sem dúvida deixou-se abater pelo crescente desânimo de Lovecraft no que se referia a seus esforços fracassados para arranjar um trabalho e talvez a sua constatação de que toda a sua vida teria tomado o rumo errado. Lovecraft nunca fez tal afirmação em suas cartas do período, mas tenho dificuldade de acreditar que algo desse tipo não estivesse passando por sua cabeça.

Lovecraft estava particularmente próximo de Sonia no hospital: ele a visitava todos os dias (era a primeira vez que ele pisava de fato num hospital), levando seus livros, papéis e envelopes, e – o que deve ter sido um grande sacrifício em nome da felicidade conjugal – reaprendeu a jogar xadrez para poder dividir o tabuleiro com ela. Sonia venceu todas as vezes. Ele, por sua vez, começou a aprender a ser mais independente nos afazeres domésticos: fazia café, ovo cozido e até macarrão a partir de instruções escritas por Sonia, e mostrou-se visivelmente orgulhoso de manter a casa limpa e arrumada para seu retorno. Essas observações sobre a culinária sugerem que ele nunca havia preparado uma refeição sozinho.

Um dos médicos de Sonia, dr. Westbrook, recomendou-lhe uma operação para a remoção da vesícula; mas Lovecraft — lembrando vividamente que sua mãe morrera em decorrência dessa mesma operação — insistiu com veemência que Sonia procurasse uma segunda opinião, e o outro médico não concordou com a cirurgia; ou esse médico, ou o dr. Kingsman, um especialista em nervos, recomendou a Sonia descansar por seis semanas no interior antes de retornar ao trabalho. Assim, ela deu entrada numa clínica de repouso privada em New Jersey em 9 de novembro, planejando ficar por seis dias. Era uma fazenda administrada por certa sra. R.A. Craig e seus dois filhos perto de Sommerville, New Jersey, na região central do estado. O próprio Lovecraft passou a noite na fazenda, e então foi embora na manhã seguinte para passar o resto da semana na Filadélfia examinando antiguidades coloniais. Retornando no dia 15, ele ficou surpreso de ver que Sonia fora para casa um dia antes; parece claro que ela não considerou o lugar totalmente a seu gosto. Ela julgou, contudo, estar bem o suficiente, passados apenas seis dias, para retomar a procura por um emprego.

Quase imediatamente após o retorno de Sonia, uma decisão dramática foi tomada: Sonia aceitou um trabalho no meio-oeste, enquanto Lovecraft se mudava para um apartamento menor na cidade. O casal planejava sair de Parkside já no começo de novembro, mas a mudança não se deu antes do fim de dezembro. A primeira escolha de Lovecraft de um lugar para ficar foi Elizabeth, New Jersey, que ele visitara no começo daquele ano e considerara um adorável recanto colonial. Caso as coisas não ocorressem como planejado, então Lovecraft optaria por Brooklyn Heights, onde Loveman e Hart Crane moravam.

Lillian veio a Nova York por volta de 1º de dezembro para ajudar na transição. O mês de dezembro é um vazio, já que Lillian ficou o mês todo e o começo de janeiro, e assim Lovecraft não escreveu mais cartas para ela; tampouco cartas escritas a outros vieram à luz. Uma coisa que permanece sem esclarecimento é exatamente quando ou como Sonia conseguiu o emprego no meio-oeste. Nem ela, nem Lovecraft têm nada digno de nota a dizer sobre o assunto.

É importante notar que essa separação não ocorreu — pelo menos na aparência — senão em virtude de uma questão econômica. Podemos questionar se Lovecraft teria ou não secretamente gostado dessa virada nos acontecimentos. Preferiria ele um casamento por correspondência a uma relação pessoal? É hora de olhar para trás e ver o que conseguimos saber das relações pessoais entre Sonia e Lovecraft.

A observação seca de que, depois de datilografar o manuscrito de Houdini, eles estavam "cansados e exaustos demais para curtir a lua de mel ou o que quer que fosse" é decerto uma maneira delicada de referir-se ao fato de que não houve sexo em sua primeira noite juntos. O problema da conduta sexual de Lovecraft precisa ser enfrentado, embora as informações que temos sobre o assunto sejam bastante esparsas. Sabemos por R. Alain Everts, que entrevistou Sonia sobre o assunto, que: primeiro, ele era virgem quando se casaram; depois, que antes do casamento ele lera vários livros sobre sexo; e, por fim, que ele *nunca* iniciava as relações, mas correspondia a Sonia quando ela começava.[24]

Nenhuma dessas informações, exceto a segunda, surpreende. Podemos nos perguntar que livros Lovecraft teria lido sobre o tema (esperando que não tenha sido *Practical Psychology and Sex Life* (1922), de Van Bush! — é bem possível que ele tenha lido alguns dos escritos de James F. Morton sobre o assunto). Sua criação vitoriana — especialmente por uma mãe cujo marido morrera em circunstâncias desagradáveis — deixou-o claramente inibido no que dizia respeito a sexo; não obstante, há razões para acreditar que Lovecraft era apenas uma pessoa com impulso sexual fraco e para quem o assunto despertava pouco interesse. Não passa de psicologia de quinta categoria dizer que ele de algum modo sublimou suas necessidades sexuais na escrita e em outras atividades.

Sonia tem apenas dois comentários sobre o assunto: "Como marido ele era um amante suficientemente excelente, mas se recusava a mostrar seus sentimentos na presença de outros. Ele se manteve longe de relacionamentos com mulheres antes do casamento".[25] Não sei o significa ser "amante suficientemente excelente" [*adequately excellent lover*]. A outra observação é de uma trivialidade mais constrangedora.

> Lovecraft não se articulava verbalmente para expressar o amor, exceto com sua mãe e suas tias, a quem declarava seus sentimentos com bastante vigor; aos demais o que expunha era tão somente a estima. Uma forma de expressão dos sentimentos de H.P. era envolver meu dedo mindinho no seu e dizer "Umph"![26]

Cai fora, Casanova! O comentário sobre a "estima" leva a uma das mais célebres passagens de suas memórias:

> Creio que ele me amava tanto quanto fosse possível a um temperamento como

o dele. Ele nunca mencionava a palavra "amor". Ele dizia, no entanto: "Minha querida, você não imagina o quanto eu a estimo". Tento compreendê-lo e me sinto feliz por todas as migalhas saídas de sua boca que cruzaram meu caminho.[27]

Mais uma vez, nada disso é totalmente surpreendente, dado o que sabemos sobre a criação de Lovecraft.

Se não era capaz de fazer Lovecraft agir sexualmente tão bem quanto ela gostaria, Sonia podia transformá-lo de outras formas. Para começar, havia sua dieta. Embora ele tivesse ganhado peso considerável no período de 1922–23, Sonia observa:

Quando nos casamos, ele era alto e magro e tinha "aparência de fome". Veio a calhar o fato de que eu gostava do tipo aparentemente ascético dele, mas H.P. era demais, mesmo para meu gosto, então eu costumava fazer todas as noites um jantar bem equilibrado, preparava um café da manhã substancioso (ele adorava *soufflé* de queijo — um prato meio fora de hora para um desjejum), deixava uns sanduíches para ele, um pedaço de bolo e algumas frutas para o almoço (ele adorava doces) e lhe pedia que tomasse um chá ou café.[28]

Em outro momento ela diz: "Viver uma vida normal e comer a comida que eu lhe preparava o fez ganhar algum peso, o que lhe era bem-vindo".[29] Ela pode ter pensado dessa maneira, mas Lovecraft não: posteriormente, ele se referiria a si mesmo como uma "baleia",[30] e de fato ele chegou a aproximadamente noventa quilos, o que é peso demais para qualquer pessoa.

Outra coisa de que Sonia não gostava em Lovecraft, além de sua compleição macilenta, eram suas roupas:

Lembro-me muito bem de quando o levei a uma pequena alfaiataria, de como ele reclamou da atualidade do casaco e do chapéu que o convenci a aceitar e vestir: "Mas, minha querida, isso é estiloso demais para o 'vovô Teobaldo', não se parece comigo. Pareço mais um dândi da moda!". Ao que respondi: "Nem todos os homens que se vestem segundo a moda são necessariamente dândis".[31]

Para alguém no mercado da moda, as roupas conservadoras geralmente vestidas por Lovecraft devem tê-la deixado verdadeiramente irritada. Sonia acrescenta com alguma ironia: "Acho que ele ficou feliz de verdade quando esse mesmo chapéu e casaco foram posteriormente roubados".

Esse incidente simples pode levar além no que se refere ao que pode ter ido mal no casamento. Embora em anos posteriores Lovecraft tenha caridosamente dito que o fracasso do casamento fora "98% financeiro",[32] na verdade tanto Sonia quanto Lovecraft enganaram a si próprios ao pensar que compartilhavam uma "sociabilidade" (como Lovecraft colocou na carta do anúncio do seu casamento para Lillian) que estava além de questões intelectuais e estéticas e incluía modos de comportamento e valores básicos. Haja vista que os problemas financeiros eram de considerável — se não absoluta — importância, essas diferenças de valores acabariam cedo ou tarde por emergir e destruir o casamento. Em certo sentido, foi melhor — pelo menos para Lovecraft — que tudo tenha ocorrido mais cedo que tarde.

Porém, naqueles primeiros meses da euforia de estar casado, a agitação da cidade grande (e de perspectivas concretas de trabalho), a chegada acidental de Annie Gamwell no fim de março e, é claro, seus muitos amigos mantiveram Lovecraft de bom humor. O trabalho amador ainda tomava algum tempo: Sonia como presidente e Lovecraft como editor oficial da UAPA tentaram publicar um número da *United Amateur* em maio de 1924, embora deva ter saído mais ou menos um mês depois, já que a "Mensagem da presidente" de Sonia é datada de 1º de maio.

A atividade social com os amadores ainda constava da agenda. Sonia levava Lovecraft com frequência aos encontros mensais do Blue Pencil Club (um grupo da NAPA) no Brooklyn; Lovecraft não se interessava muito por esse grupo, porém o frequentava para agradar a mulher; em 1925–26, ele só não faltava aos encontros quando Sonia estava na cidade e o fazia ir junto com ela. Havia um grupo chamado The Writer's Club, de cujos encontros Lovecraft participou em março, embora essa não pareça ter sido uma organização amadora. Quando perguntado por Morton se iria a um encontro em maio, ele escreve: "Depende da patroa". Embora sublinhemos a menção à "patroa" (espera-se que seja tão somente um gracejo de ocasião), Lovecraft acrescenta de maneira carinhosa: "Ela geralmente tem de pegar cedo no batente, e eu tenho de ir para casa num horário que a respeite, já que ela não dorme antes de eu chegar".[33] O casal dividia uma cama de casal, e sem dúvida Sonia já se acostumara a ter o marido a seu lado e sentia-se desconfortável quando ele não estava lá.

Lovecraft considerou o apoio dos amigos fundamental para manter o equilíbrio emocional durante esse período, quando as muitas mudanças em sua vida pessoal e profissional e, mais tarde, os desapontamentos e dificuldades sucessivas ameaçaram acabar com sua estabilidade mental. As cartas mais calorosas de 1924 para suas tias não são as que envolvem Sonia (é incrível a pouca frequência das menções de Lovecraft a ela), mas as que tratam de suas saídas surpreendentemente variadas com amigos novos e antigos. Esse era, é claro, o auge do Kalem Club, embora o termo não tivesse sido cunhado antes do começo do ano seguinte.

Alguns desses homens (e só havia homens), nós já os encontramos – Kleiner (na época contabilista na Fairbank Scales Co. e vivendo em algum lugar do Brooklyn), Morton (que vivia no Harlem; não estou certo de sua ocupação na época) e Long (residente, com seus pais, no número 823 da West End Avenue, na região noroeste de Manhattan, e estudante de jornalismo na Universidade de Nova York). Agora outros se uniam ao "bando".

Havia Arthur Leeds (1882–1952), um tipo inquieto que estivera com um circo itinerante quando garoto e então, contando seus quarenta anos, sustentava-se com dificuldade como colunista do *Writer's Digest* e escritor esporádico de literatura *pulp* para a *Adventure* e outras revistas. Talvez fosse o mais necessitado de todo esse grupo de estetas sem recursos. Na época ele vivia num hotel da West 49th Street em Hell's Kitchen.

Outro era Everett McNeil (1862–1929), que como Morton ganhou um verbete no *Whos' Who in America*, porém por força dos dezesseis romances para garotos que publicou entre 1903 e 1929, a maioria na E.P. Dutton. A maior parte eram romances históricos nos quais McNeil edulcorava a história com casos de ação impactante sobre exploradores ou aventureiros derrotando índios ou colonizando a fronteira norte-americana. O mais popular talvez fosse *In Texas with Davy Crockett* (1908), que chegou a ser reimpresso em 1937. George Kirk o descreve em carta à noiva como um "velhinho – cabelo todo branquinho e bonitinho [que] escreve livros para meninos e não precisa sequer imaginá-los para as crianças; mentalmente, ele lhes é um igual".[34] Kirk não quis com esse último comentário diminuí-lo. Lovecraft – que já havia encontrado McNeil em uma de suas viagens a Nova York em 1922 – sentiu o mesmo e gostou de sua simplicidade ingênua, muito embora McNeil tenha sido gradativamente repelido pelo resto do grupo por ser cansativo e pouco estimulante em termos intelectuais. Assim como em 1922, ele vivia em Hell's Kitchen, não distante de Arthur Leeds.

Por fim, lá estava o próprio George Kirk (1898–1962), que conhecera Lovecraft em Cleveland em 1922 e chegara a Nova York em agosto (pouco antes de Samuel Loveman, que chegou no início de setembro) para dar prosseguimento a seu negócio livreiro, estabelecendo-se no número 50 da West 106th Street, em Manhattan. Sua única experiência como editor havia sido *Twenty One Letters of Ambrose Bierce* (1922), a edição de Loveman das cartas que Bierce lhe escrevera. Ele noivara com Lucile Dvorak no fim de 1923, porém não queria se casar antes de se estabelecer como livreiro em Nova York; isso levou três anos, e nesse ínterim ele escreveu cartas a Lucile que rivalizavam com as cartas de Lovecraft no que se refere aos quadros detalhados do "bando". Esses são os únicos documentos contemporâneos desse tipo de que dispomos, e são os únicos de considerável ajuda para o preenchimento das lacunas das próprias cartas de Lovecraft e para definir o quadro geral do grupo.

O Kalem Club existia de forma bastante rudimentar — e sem nome — antes da chegada de Lovecraft à cidade; ao que tudo indica, Kleiner, McNeil e talvez Morton encontravam-se uns nas casas dos outros ocasionalmente. O grupo, no entanto — cujo vínculo maior era sua correspondência e associação com Lovecraft —, solidificou-se como tal apenas com a chegada de Lovecraft.

Frank Long oferece um saboroso testemunho da postura de Lovecraft nesses encontros:

> Quase invariavelmente [...] Howard era quem mais falava, pelo menos nos primeiros dez ou quinze minutos. Ele afundava numa poltrona — nunca parecia à vontade em cadeiras de encosto em tais ocasiões, e eu tomava o cuidado de guardar uma poltrona das mais confortáveis até sua chegada —, e as palavras vinham dele num fluxo contínuo.
>
> Ele nunca parecia experimentar a menor necessidade de parar entre as palavras. Não importava quão abstrusa fosse a conversa, não havia aquele tatear em busca do melhor termo. Quando surgia a necessidade de alguma minúcia metafísica, era fácil visualizar as tesouras afiadas para uma agudeza cirúrgica eliminando excessos nas profundezas de sua mente [...]
>
> Em geral a conversa era viva e bastante variada. Era uma boa miscelânea, e as discussões variavam dos acontecimentos atuais de natureza política ou sociológica a alguma peça ou livro recente ou cinco ou seis meses de literatura francesa e inglesa, arte, filosofia e ciências naturais.[35]

Este é um momento igualmente propício para explorar a questão da voz de Lovecraft, já que muitos de seus colegas em Nova York revelaram suas impressões sobre ela. Parece consensual que sua voz era de algum modo aguda. Sonia dá mais detalhes:

> Sua voz era clara e ressonante quando ele lia ou palestrava, porém ficava fina e aguda nas conversas em geral, e chegava a soar esganiçada, mas quando recitava seus poemas favoritos ele tentava manter a voz num nível equilibrado de ressonância profunda. Também a voz com que cantava, embora não fosse forte, era

bastante doce. Ele não cantava canções modernas, apenas as mais conhecidas de mais ou menos meio século antes.[36]

Wilfred Blanch Talman oferece um relato menos elogioso:

Sua voz tinha aquela qualidade monocórdica e levemente anasalada que às vezes se apresenta como marca estereotipada da Nova Inglaterra. Quando ele ria alto, um guincho desagradável vinha à tona revertendo a impressão de seu sorriso; para os não iniciados, poderia ser considerado a versão de um ator ruim da risada de uma gralha. Os amigos evitavam qualquer tentativa de conseguir mais do que um sorriso durante as conversas com ele, tão indesejável era o resultado.[37]

O Kalem Club começou a se encontrar semanalmente nas noites de quinta-feira, porém mais tarde mudou para as quartas-feiras. Foi depois de um desses encontros que Lovecraft começou a diligente, se não sistemática, descoberta das antiguidades da região metropolitana. Em 21 de agosto, uma quinta-feira, houve um encontro do grupo na casa de Kirk na 106th Street. O encontro terminou à uma e meia da manhã, e o grupo começou a descer a Broadway, despedindo-se sucessivamente nas várias estações de metrô ou de trem no caminho de suas respectivas casas. Por fim restaram apenas Lovecraft e Kirk, e eles seguiram pela Oitava Avenida em direção ao Greenwich Village passando por Chelsea, explorando todos os sítios coloniais ainda existentes no caminho de Grove Court, Patchin e Milligan Place, Minetta Lane e outros lugares. Era quase manhã, e eles continuavam caminhando, descendo a (hoje quase toda destruída) "clareira colonial" das ruas Varick e Charlton até o City Hall. Eles devem ter percorrido entre onze e doze quilômetros, pelo menos. Finalmente se separaram às oito da manhã. Lovecraft chegou em casa por volta das nove. (A despeito da orientação de chegar cedo para ir para a cama com Sonia. Numa excursão pela madrugada com Kleiner, pouco anterior a essa, ele retornou às cinco da manhã e, "tendo evitado com sucesso o ataque de ferros de passar roupa e rolos de macarrão, encontrei Hypnos, o Senhor do Sono".[38] Pressupõe-se que Lovecraft esteja brincando aqui.)

Em 19 de setembro Lovecraft foi ao apartamento de Loveman na Columbia Heights e encontrou-se com Crane. Ele relata que "Crane está escrevendo um longo poema sobre a ponte do Brooklyn numa forma moderna":[39] trata-se, evidentemente, da obra-prima de Crane, *The Bridge* (1930), na qual ele trabalhava pelo menos desde fevereiro de 1923. Crane não era tão tolerante com Lovecraft quanto este era com ele em suas várias cartas. Escrevendo em 14 de setembro a sua mãe e sua avó, Crane fala da chegada de Loveman à cidade, mas diz que não passam muito tempo juntos pois este está às voltas com seus muitos amigos:

A sra. Sonia Green [*sic*] e seu marido de voz fina, Howard Lovecraft (o sujeito que visitou Sam em Cleveland num verão quando Galpin estava lá), ficaram com Sam camelando pelos cortiços e ruas das docas até as quatro da manhã procurando exemplos de arquitetura colonial até que, segundo me disse, Sam gritou em desespero e cansaço e implorou pelo metrô![40]

Lovecraft, o antigo "inválido", estava ficando famoso por superar todos os seus amigos em caminhadas!

Num testemunho, Kleiner oferece uma resposta parcial a uma questão que talvez tenha ocorrido a praticamente todos os que leram sobre as longas caminhadas de Lovecraft por Manhattan à noite, sozinho ou acompanhado: como foi que ele escapou de ser vítima de um crime? Kleiner escreve:

No Greenwich Village, a cujos moradores excêntricos ele estava pouco acostumado, Lovecraft gostava de lançar-se em investigações meio sem método por becos por onde seus amigos preferiam não andar. Nos anos da Lei Seca, com brigas violentíssimas entre negociantes de rum e contrabandistas podendo ocorrer em qualquer lugar, esse era um negócio meio perigoso. Qualquer casa naquela vizinhança era suspeita de vender bebida ilegalmente. Recordo-me de pelo menos uma situação, quando tropeçava entre caixotes em algum canto escuro do bairro, em que Lovecraft encontrou uma porta subitamente acesa e um estrangeiro irritado, vestindo o avental que era um sinal quase infalível de tratar-se de um atendente de casa ilegal, perguntando sem qualquer cerimônia o que ele queria ali. Loveman e Kirk saíram em socorro de Lovecraft e o tiraram dali em segurança. Nenhum de nós, é certo, tinha qualquer ilusão quanto ao que poderia muito bem acontecer num canto obscuro da cidade como aquele.[41]

Lovecraft era um destemido — talvez um tanto aventureiro — no que se refere a essas incursões. Evidentemente, nessa época ele era um sujeito de físico bastante impositivo, com quase um 1,80 metro e noventa quilos; mas o tamanho físico não significa nada quando alguém se vê diante de uma faca ou de uma arma, e muitos criminosos não se deixam abalar pela aparente falta de recursos da possível vítima. Lovecraft teve, na verdade, apenas sorte de não sofrer violência nessas peregrinações.

Na noite de 26 de setembro houve um encontro do Blue Pencil Club, e o tópico fixado para contribuições literárias foi "A velha cidade natal". Era um tema caro ao coração de Lovecraft, e ele produziu um poema de treze estrofes chamado "Providence" para a ocasião — o primeiro trabalho de criação produzido desde "Under the Pyramids", em fevereiro. Foi publicado na *Brooklynite* de novembro de 1924 e, em algum momento de novembro, no *Providence Evening Bulletin*, do qual recebeu cinco dólares.

No início de outubro, Lovecraft fez sua primeira visita a Elizabeth, New Jersey (que chama persistentemente por seu nome do século XVIII, Elizabethtown). Ele foi alertado sobre a existência de antiguidades coloniais ali por um editorial do *New York Times*, e ficou completamente encantado. Sua visita serviu de catalisador para a primeira história em oito meses, "The Shunned House". Ele deparou com uma "casa antiga e medonha" (já demolida), "um lugar infernal onde fatos dignos do negrume da noite devem ter tido lugar nos idos dos 1700",[42] e esta o fez pensar numa casa em Providence, a de número 135 da Benefit Street, onde Lillian vivera entre 1919 e 1920 como acompanhante de certa sra. C.H. Babbit. A casa fora construída por volta de 1763 numa colina, com as portas do porão levando diretamente à calçada, e dispunha de uma portentosa estrutura, contando com o dito porão, dois andares e um sótão. Ela foi consideravelmente recuperada desde os idos de Lovecraft, mas naquela época devia ser um lugar de atmosfera fantasmagórica. Lovecraft passou os dias entre 16 e 19 de outubro escrevendo um esboço da história, produzindo consideráveis "eliminações & reordenações" e fazendo mais revisões no dia seguinte depois de tê-la lido para Frank Long. (Foi na noite desse dia que Sonia foi acometida de seu ataque gástrico e teve de ser levada para o hospital.)

"The Shunned House" fala de uma casa que exercia fascinação sobre o narrador, em primeira pessoa, desde sua infância. Depois de conduzir uma pesquisa histórica exaustiva sobre o lugar, ele chegou a suspeitar que alguma entidade ou objeto sem nome estivesse causando as mortes frequentes no lugar ao, de algum modo, sugar a vida de seus ocupantes. Com seu tio, Elihu Whipple, o narrador passa uma noite na casa, durante a qual Whipple morre de forma terrível. No dia seguinte o narrador leva seis garrafões de ácido sulfúrico à casa, cava a terra onde jaz uma forma antropoide dobrada em si mesma e derrama o ácido no buraco — constatando então que a forma em questão era apenas o "cotovelo titânico" de um monstro imenso.

O que é notável sobre "The Shunned House" é o belo intrincamento de história real e imaginária ao longo do conto. Boa parte da história da casa é real, assim como outros detalhes. Porém, por outro lado, há sutis inserções de acontecimentos fictícios e conexões no registro histórico. A elaboração mais interessante a partir de dados históricos é a figura de Étienne Roulet, uma espécie de vampiro do século XVII que se descobre ser a causa de a casa ser mal- assombrada. A figura é mítica, mas seu suposto descendente, Jacques Roulet de Caude, é bem real. A breve menção de Lovecraft a ele é tomada quase *ipsis litteris* do livro de John Fiske *Myth and Myth Makers* (1872), que já vimos ser uma importante fonte para as primeiras noções de Lovecraft sobre a antropologia das religiões.

A parte mais interessante da história — em termos do futuro desenvolvimento de Lovecraft como escritor — é uma passagem em que o narrador tenta desvendar a natureza exata da entidade maligna. Ele chega a crer que a entidade peculiar "certamente não era um imponderável de ordem física ou bioquímica à luz da ciência mais recente, que inclui as teorias da relatividade e da ação intra-atômica". Essa importante passagem transforma "The Shunned House" num tipo de proto-história de ficção científica, à medida que enuncia a racionalidade científica como princípio crucial para o entendimento de uma ocorrência ou evento aparentemente sobrenatural. Um ano e meio depois de ter demonstrado incômodo e perplexidade com a teoria de Einstein, Lovecraft começa a fazer um uso conveniente dela na ficção. A referência à "ação intra-atômica" é um tipo de concessão à teoria quântica, embora eu não tenha encontrado qualquer discussão sobre ela em cartas dessa época. A questão não está em discutir se esse registro científico é ou não de todo convincente ou plausível; o gesto, sim, é importante. Que a entidade seja morta não com um estaca atravessando-lhe o coração, mas com ácido sulfúrico — isto, sim, é impactante.

Lovecraft leu a história ao grupo em 16 de novembro e ficou lisonjeado com a recepção entusiasmada de todos. Loveman estava particularmente entusiasmado, e quis que Lovecraft a datilografasse até o dia 19 para que pudesse mostrá-la a um leitor na Alfred A. Knopf. Isso não aconteceu, já que Lovecraft não terminou de datilografar a história até o dia 22; Loveman, contudo, seguiu tentando promover a história ao longo de 1925. Descobriremos que desempenho desta em formato impresso não será dos melhores.

Lovecraft mudou-se para um apartamento de um cômodo (com duas alcovas) no número 169 da Clinton Street, em Brooklyn Heights, em 31 de dezembro, o mesmo dia em que Sonia tomou o trem para Cincinnati. O casal coabitou continuamente por apenas dez meses; as ocasiões em que Sonia retornou do meio-oeste a Nova York ao longo do ano seguinte e mais um trimestre somaram, ao todo, mais ou menos treze semanas. É muito cedo para julgar Lovecraft como marido; devemos primeiro examinar o que os próximos quinze meses trarão. Ele pode ou não ter ficado secretamente feliz com a partida de Sonia; porém, se pensava que 1924 era um ano para ser esquecido, ele não tinha ideia do que 1925 lhe reservava.

NOTAS

[1] Kleiner, "A Memoir of Lovecraft", in *Lovecraft Remembered*, pp. 197–98.

[2] HPL a Lillian D. Clark, 9 de março de 1924 (SL I.319–22).

[3] Davis, *Private Life*. p. 18.

[4] *Ibid.*

[5] Sonia H. Greene a Lillian D. Clark, 9 de fevereiro de 1924 (AHT).

[6] HPL a James F. Morton, 12 de março de 1924 (SL I.325).

[7] Nota a Sonia H. Davis, "The Psychic Phenominon of Love" (manuscrito, JHL).

[8] "Lovecraft on Love", *Arkham Collector* nº. 8 (inverno de 1971): 244.

[9] HPL a Lillian D. Clark. 22–23 de dezembro de 1924 (manuscrito, JHL).

[10] HPL a Frank Belknap Long, 21 de março de 1924 (SL I.332).

[11] HPL a Frank Belknap Long, 7 de fevereiro de 1924 (SL I.304).

[12] Weinberg, *The Weird Tales Story*, p. 4.

[13] Sonia H. Davis, ["Autobiography"] (manuscrito, JHL).

[14] HPL a Lillian D. Clark [10 de março de 1924] (cartão-postal) (manuscrito, JHL).

[15] HPL a Lillian D. Clark, 1º de agosto de 1924 (SL I.337).

[16] *Ibid.*

[17] SL I.338 (nota 15).

[18] Currículo, 1924 (SL I.xxvii-xxviii).

[19] Kleiner, "A Memoir of Lovecraft", pp. 201–02.

[20] HPL a Lillian D. Clark, 29–30 de setembro de 1924 (manuscrito, JHL).

[21] Frank Belknap Long, *Howard Phillips Lovecraft: Dreamer on the Nightside* (Sauk City, WI: Arkham House, 1975), pp. 80–82.

[22] Ver nota 20.

[23] HPL a Lillian D. Clark, 4–6 de novembro de 1924 (manuscrito, JHL).

[24] R. Alain Everts, "Howard Phillips Lovecraft and Sex; or, The Sex Life of a Gentleman", *Nyctalops* 2, nº. 2 (julho de 1974): 19.

[25] Sonia H. Davis, "Memories of Lovecraft: I", in *Lovecraft Remembered*, p. 275.

[26] *Ibid.*, pp. 275–76.

[27] Ver nota 24.

[28] Davis, *Private Life*, p. 13.

[29] Ver nota 25.

[30] HPL a Maurice W. Moe, 15 de junho de 1925 (SL II.19).

[31] Davis, *Private Life*, p. 12.

[32] HPL a August Derleth, 16 de janeiro de 1931 (SL III.262).

[33] HPL a James F. Morton, 6 de maio de 1924 (SL I.337).

[34] Mara Kirk Hart "Walkers in the City: George Willard Kirk and Howard Phillips Lovecraft in New York City, 1924–26" (1993) in *Lovecraft Remembered*, p. 224.

[35] Long, *Dreamer on the Nightside*, pp. 157–58.

[36] Davis, *Private Life*, pp. 18–19.

[37] Wilfred B. Talman, "The Normal Lovecraft" (1973),in *Lovecraft Remembered*, p. 220.

[38] HPL a Lillian D. Clark, 1º de agosto de 1924 (AHT).

[39] Ver nota 20.

[40] Hart Crane, carta a Grace Hart Crane e Elizabeth Belden Hart (14 de setembro de 1924), *Letters of Hart Crane and His Family*, ed. Thomas S.W. Lewis (Nova York: Columbia University Press, 1974), pp. 342–43.

[41] Kleiner, "A Memoir of Lovecraft", p. 200.

[42] Ver nota 23.

12

Moriturus te saluto

(1925–26)*

Lovecraft achou agradável o apartamento no primeiro andar do número 169 da Clinton Street, sobretudo porque as duas reentrâncias – uma para vestir-se, a outra para lavar-se – permitiam-lhe manter o cômodo com aparência de estúdio. Não havia cozinha no apartamento. A única coisa que ele julgou frustrante, pelo menos inicialmente, foi o estado de decadência da região; no entanto, ele também sabia que mendigos não tinham muita escolha. A quarenta dólares por mês o lugar era um bom negócio, especialmente por poder acomodar Sonia – durante suas raras visitas – com algum conforto, já que o sofá se desdobrava numa cama de casal. Quando Sonia não estava, Lovecraft não raro deitava-se no sofá sem abri-lo, ou às vezes cochilava na poltrona reclinável.

Primeiramente examinemos o grau exato de solidão de Lovecraft em 1925. O trabalho de Sonia na Mabley & Carew's, a loja de departamentos de Cincinnati, lhe oferecia a oportunidade de fazer viagens mensais de alguns dias a Nova York. Entretanto, já no fim de fevereiro Sonia perdera o emprego, ou pedira demissão. Também em duas ocasiões ela passou um curto período num hospital privado de Cincinnati. Assim, Sonia retornou ao Brooklyn por um período extenso, de fevereiro a março, para cumprir seis semanas de descanso sob recomendação médica. Ela passou boa parte do período entre o fim de março e o começo de junho na casa de uma médica em Saratoga Springs, ao norte do estado de Nova York.

---

*. "Tu, que hás de morrer, te saúdo" [N. do T.]

Sonia passou outro período longo, em junho e julho, no Brooklyn. No meio de julho ela conseguiu trabalho numa chapelaria ou loja de departamentos em Cleveland, partindo no dia 24. Em meados de outubro, contudo, mais uma vez perdeu ou abandonou o emprego (que era comissionado). Por volta da terceira semana de novembro, no mais tardar, talvez até antes, Sonia conseguiu um novo emprego, desta vez na Halle's, na época (e até mais ou menos a década de 1990, quando fechou suas portas) a principal loja de departamentos de Cleveland. Esse trabalho aparentemente durou até boa parte de 1926.

O resultado de tudo isso foi que Sonia permaneceu na Clinton Street por um total de apenas 89 dias em 1925 e durante as nove ocasiões a seguir: de 11 a 16 de janeiro; de 3 a 6 de fevereiro; de 23 de fevereiro a 19 de março; de 8 a 11 de abril; de 2 a 5 de maio; de 9 de junho a 24 de julho; de 15 a 20 de agosto; de 16 a 17 de setembro; de 16 a 18 de outubro. Ela quis retornar para as festas de Natal, mas o movimento na Halle's estava pesado demais para permiti-lo. Nos três meses e meio que Lovecraft passou no Brooklyn em 1926, Sonia esteve por lá durante um período de três semanas, de mais ou menos 15 de janeiro a 5 de fevereiro. Em outras palavras, ao longo de quinze meses e meio, Sonia esteve presente por um período total de mais ou menos três meses em períodos bastante espaçados; as seis semanas em junho e julho constituíram a visita mais longa.

Se a carteira de trabalho de Sonia durante esse período foi marcada por altos e baixos, a de Lovecraft sequer soube o que era esperança. Das 160 mil palavras da correspondência a Lillian entre 1925 e 1926, são apenas três as referências à procura nos classificados de vagas de emprego no *Times* de domingo; e todas as três deram em nada. É evidente que, com Sonia fora do caminho, Lovecraft simplesmente parou de procurar trabalho a sério. Não sei se há algo que possa ser criticado nessa postura: muitos indivíduos que passam por longos períodos de desemprego acabam ficando desencorajados, e, a despeito da inexperiência e da inaptidão com que Lovecraft tentou encontrar um emprego em 1924, ele produziu suas tentativas com determinação e zelo.

As tentativas de Lovecraft de encontrar um emprego em 1925 foram, quase sempre, produto das várias indicações oferecidas por seus amigos. O único a parecer mais promissor foi um trabalho freelance num jornal de negócios em que Arthur Leeds estava envolvido com outro homem chamado Yesley. Isso não soa exatamente como um trabalho para o qual Lovecraft se adequasse, mas exigia apenas facilidade de escrita, o que ele certamente tinha. Por mais difícil que seja imaginar Lovecraft escrevendo anúncios, temos diante de nós a evidência sob a forma de cinco peças encontradas em meio a seus bens (logicamente jamais publicadas). R.H. Barlow batizou-as com o título genérico de "Commercial Blurbs". Infelizmente, o trabalho não deu certo, e não por causa de Lovecraft. Em fevereiro Morton conseguiu seu emprego no Paterson Museum, no qual permaneceria pelo resto da vida. Em meados de julho Lovecraft conversou sobre a possibilidade de Morton o contratar como assistente, e essa chance remota seguiu sendo aventada esporadicamente até a partida de Lovecraft de Nova York, em abril de 1926.

Havia, claro, o dinheiro que pingava da *Weird Tales.* Lovecraft teve cinco contos publicados pela revista em 1925. Sabemos do dinheiro recebido por três deles: 35 dólares por "The Festival" (janeiro); 25 dólares por "The Unnamable" (julho); e cinquenta dólares por "The Temple" (setembro); não sabemos exatamente quanto foi pago pelos outros dois ("The Statement of Randolph Carter", em fevereiro, e "The Music of Erich Zann", em maio), mas cada um provavelmente amealhou cerca de trinta dólares. Essa cinco vendas produzem um total bruto de mais ou menos 170 dólares no ano – o equivalente a aproximadamente quatro meses de aluguel.

De onde vinha o resto do dinheiro – para comida, lavanderia, pequenas viagens, roupas, itens domésticos e, claro, para os outros oito meses de aluguel? É lógico que Sonia o auxiliava substancialmente, e suas tias contribuíam tanto quanto podiam. Sonia, contudo, fala muito amargamente sobre o assunto numa carta a Loveman:

> Quando vivíamos na Parkside Avenue, suas tias lhe enviavam cinco dólares por semana. Elas esperavam que eu o sustentasse. Quando ele se mudou para a Clinton Street, elas enviavam quinze dólares por semana. O aluguel dele era de quarenta dólares por mês. Comida, táxi, lavanderia e artigos de papelaria custam mais que cinco dólares por semana. Era esse "mais" que eu fornecia.[1]

É possível, no entanto, que Sonia estivesse exagerando um pouco. Lovecraft frequentemente acusa o recebimento de somas (a maioria inespecífica) em dinheiro de Lillian, e Annie pagava por sua assinatura diária do *Providence Evening Bulletin.* Em outras palavras, há razões para acreditar que suas tias contribuíam tanto quanto podiam, embora, sem sombra de dúvida, competisse a Sonia a maior parte das contas de Lovecraft.

A ausência de trabalho remunerado propiciava a Lovecraft muito mais tempo, é claro, para estar com os amigos. O ano de 1925 conheceu o verdadeiro ápice do Kalem Club. Lovecraft e Kirk permaneceram próximos; embora Kirk estivesse nominalmente empregado na condição de dono de livraria, ele podia estabelecer os próprios horários, e assim pôde se tornar companhia à altura para Lovecraft, a coruja da madrugada.

Não houve um dia sequer no ano inteiro que Lovecraft não tenha encontrado algum de seus amigos — que tanto iam a sua casa como o encontravam nos vários cafés de Manhattan e do Brooklyn, além dos encontros formais das quartas-feiras. Ele estava tão ocupado com essas obrigações sociais — tanto quanto com a correspondência aparentemente volumosa relacionada à UAPA — que não escreveu praticamente nada durante os sete primeiros meses do ano, exceção feita a alguns poemas, muitos deles escritos para os encontros do Blue Pencil Club.

Kirk escreve a sua noiva em 6 de fevereiro sobre o nome do clube: "Como os sobrenomes de todos os membros permanentes de nosso clube começam com K, L e M, decidimos batizá-lo KALEM KLYBB. Meia dúzia de amigos estará aqui. Em sua maioria chatos [...] exceto eu e HPL [...]".[2] Não sei se a forma exata do nome não tem algo a ver com uma antiga companhia cinematográfica de 1905 chamada Kalem, formada exatamente sob os mesmos princípios por George Kleine, Samuel Long e Frank Marion. É possível que um ou mais de seus membros inconscientemente tenham se referido ao nome da companhia para formar o nome de seu clube. Lovecraft, contudo, nunca remete ao grupo como os Kalems na correspondência do período, citando-o meramente como "o bando" ou "os Garotos".

A princípio Lovecraft tentou passar algum tempo com Sonia durante suas infrequentes visitas à cidade: ele observa que faltou a um encontro dos Garotos em 4 de fevereiro pois ela não estava passando bem. Mas à medida que o tempo passou — e especialmente durante a longa estadia de Sonia entre junho e julho — ele ficou menos atencioso. Mesmo durante sua estadia entre fevereiro e março, Lovecraft ficava na rua até tão tarde que chegava bem depois de Sonia ter se recolhido e acordava tarde de manhã (ou mesmo no início da tarde), quando ela já havia saído.

Uma coisa que Lovecraft podia fazer durante a ausência de Sonia era controlar seus hábitos alimentares. Ele disse a Moe que depois de passar dos 87 quilos se recusou a subir na balança; mas em janeiro começou uma dieta a sério. O resultado foi que em poucos meses saiu de quase noventa quilos para 66; de um colarinho dezesseis para um 14,5. Todos os seus paletós tiveram de ser reajustados, e a cada semana ele comprava colarinhos menores e menores. Qual foi a reação de seus amigos, família e mulher a essa reeducação radical?

Como você pode imaginar, minha mulher protestou, ansiosa, contra o que parecia um alarmante declínio. Recebi longas cartas de reprimenda de minhas tias, e escutava um sermão da sra. Long sempre que visitava o pequeno Belknap. Mas sabia o que estava fazendo, e segui em frente resoluto [...] Hoje reconheço publicamente o domínio pessoal de minha dieta, e não permito que minha mulher me dê mais comida que o necessário.[3]

As cartas de Lovecraft a suas tias elaboram consideravelmente esse relato. Ele escreve em abril:

Dieta & caminhada são a chave do negócio — o que me lembra que nesta noite comecei meu cardápio caseiro de jantar, tendo gastado trinta centavos por comida suficiente para durar três refeições:

1 pão de forma 0,06
1 lata média de feijão 0,14
100 gramas de queijo 0,10
Total 0,30[4]

Lovecraft parece ter escrito a lista acima num esforço de provar sua habilidade para economizar durante tempos difíceis, e sem dúvida esperava ser cumprimentado por sua frugalidade; a carta seguinte, porém, sugere uma resposta bem diversa:

Quanto a minha dieta — bobagem! *Estou* comendo o suficiente! Tome um pão de forma de tamanho médio, corte-o em quatro partes iguais & acrescente a cada uma delas um quarto de uma lata de feijão Heinz (média) & um bom pedaço de queijo. Se o resultado não for uma boa & saudável cota de ração para um velho cavalheiro, pedirei afastamento do comitê de dieta da Liga das Nações!! Custa apenas oito centavos — mas não alimente preconceitos em relação a isso!! É boa comida, & muitos chineses vigorosos vivem com menos que isso. Claro, de tempos em tempos produzo variações no "cardápio", trocando o feijão por outra coisa — macarrão enlatado, carne a vapor, carne seca, &c., &c., &c., &c. — e de vez em quando acrescento uma sobremesa de biscoitos ou coisa do gênero. Frutas também são uma ideia.[5]

Essa é, de fato, uma das mais interessantes passagens de toda a correspondência de Lovecraft. Sugere muitas coisas de uma só vez — a grande pobreza em que ele estava vivendo na época (e na qual, não obstante sob condições de algum modo atenuadas, viveria até o fim da vida, mesmo de volta a Providence); o fato de que ele havia praticamente abandonado as refeições em restaurantes em nome da economia; e o tom adolescente de toda a passagem, como se tentasse justificar seu comportamento a seus pais.

Há, porém, uma nota ainda mais deprimente em tudo isso. Em outubro, Lovecraft foi forçado a comprar um aquecedor a óleo para o inverno, já que o aquecimento provido por sua senhoria, sra. Burns — em que pese o início de uma greve nacional de mineiros carvoeiros organizada pelo sindicato dos mineiros e que durou entre setembro de 1925 e fevereiro de 1926 —, era insuficiente. O aquecedor vinha com um encaixe de boca de fogão, de modo que Lovecraft podia então se dar ao luxo de "preparar *pratos quentes*. Chega de feijão & macarrão frios [...]"[6] Isso significa que, pelos primeiros nove meses e meio do ano, Lovecraft comeu comida fria, quase sempre enlatada? A despeito de um comentário anterior sobre aquecer feijões num *sterno* (uma lata com uma substância inflamável semelhante a cera), essa parece ser uma possibilidade, ainda que terrível — afinal, por que mais ele comemoraria a comida quente?

O cômodo na Clinton Street era realmente terrível — numa região decadente, com uma frequência duvidosa e infestado de ratos. Para resolver esse último problema, Lovecraft comprou ratoeiras de cinco centavos, como recomendado por Kirk, "já que posso jogá-las fora sem remover o *corpus delicti*, algo que detestaria fazer tendo usado um mecanismo mais caro".[7] Lovecraft costuma ser ridicularizado por esse nojo, mas penso ser injusto. Poucos de nós desejariam lidar com cadáveres de ratos.

O insulto final veio na manhã de domingo de 24 de maio. Enquanto Lovecraft dormia no sofá depois de uma longa sessão de escrita madrugada adentro, seu *closet* foi invadido através do apartamento vizinho, e ele acabou tendo quase todos os seus ternos roubados, juntamente com outros pertences. Os ladrões levaram três de seus ternos (datados de 1914, 1921 e 1923), um sobretudo (o elegante casaco que Sonia lhe havia comprado em 1924), uma mala de Sonia (embora o conteúdo tenha sido posteriormente encontrado no apartamento dos ladrões), e um aparelho de rádio caro, no valor de cem dólares, que Loveman havia guardado ali. Tudo o que restou a Lovecraft foi, em termos de vestuário, um terno azul de 1918, deixado sobre uma cadeira no cômodo principal, onde os ladrões não entraram. Lovecraft não descobriu o roubo até a madrugada (uma e meia da manhã) da terça-feira, 26, uma vez que não tivera razão para entrar antes no *closet*.

Como era de esperar, os pertences nunca foram encontrados, embora tenha surgido um detetive de polícia prometendo dar o melhor de si. E no entanto, passada uma explosão de raiva e frustração, Lovecraft procurou responder a toda a situação com um surpreendente bom humor, pois apenas dois dias depois escreveu uma longa carta para Lillian sobre o assunto, procurando aliviar o peso do caso à medida que o relatava:

> Pobres roupas de minha infância, perenes em seu florescer & agora interrompidas — para não dizer roubadas — no mais belo florir de suas primeiras poucas décadas. Elas conheceram as formas esguias de outrora, & foram aumentadas para acomodar o cidadão de formas avantajadas na meia-idade — sim, & foram reduzidas mais uma vez para cobrir as formas secas da velhice! E agora elas se foram — se foram — & seu portador gris & curvado ainda vive a lamentar a nudez; reunindo sobre o corpo macilento os fios de sua longa barba branca que lhe farão as vezes das vestes![8]

A consequência foi uma busca de cinco meses pelos mais baratos e elegantes ternos que Lovecraft se sentisse apto a vestir; durante o processo, Lovecraft adquiriu conhecimento considerável acerca de promoções em lojas de roupas e mesmo sobre rudimentos da barganha. Ele não conseguia se ver confortável sem pelo menos quatro conjuntos de ternos — dois claros, dois escuros, com um par separado para o verão e outro para o inverno. Realmente considerava impossível — baseio-me em conversas com Long, Leeds e outros — conseguir um bom terno por menos de 35 dólares, mas no início de julho, quando Sonia estava na cidade, ele encontrou um bom conjunto por 25 dólares na Monroe Clothes, uma cadeia de lojas. Era um terno de verão, e Lovecraft começou a usá-lo imediatamente. Em outubro, com o clima ficando mais frio, decidiu comprar um conjunto mais pesado para o inverno. Essa, ele sabia, seria uma ideia de realização mais complicada, pois bons ternos de inverno raramente eram colocados em promoção. Para seu espanto ele descobriu, em suas aborrecidas peregrinações, que

> Nesse tempo de casas bem aquecidas os homens pararam de usar as roupas pesadas que costumavam usar [...] de modo que esta vítima infeliz de um contrato de aluguel no qual o nome Burns ["queima"] se aplica à família, não ao combustível, acaba literalmente abandonada ao frio![9]

Lovecraft finalmente encontrou o que queria na Borough Clothiers, localizada na Fulton Street, no Brooklyn. Foi bastante perspicaz na negociação com o vendedor: disse que realmente queria apenas um terno provisório até poder comprar outro melhor, dando a entender que poderia comprar outro conjunto no mesmo lugar posteriormente (sem mencionar que levaria mais de um ano até poder fazê-lo); o vendedor consultou um superior e mostrou-lhe um terno mais caro, porém reduziu seu valor a 25 dólares. Lovecraft o comprou, e daí em diante passou a chamá-lo de "o triunfo".

Não obstante, ele não demorou a chegar à conclusão de que precisaria comprar um terno de inverno mais barato para não gastar o bom; assim, no fim de outubro, Lovecraft empreendeu outra longa busca por um terno abaixo de quinze dólares para o dia a dia. Primeiro, foi ao conjunto de lojas da 14th Street, entre a Sexta e a Sétima Avenidas, em Manhattan, na época (como hoje) o centro das roupas com desconto na cidade. O que ele conseguiu, depois de tentar "uma dúzia de casacos de variados graus de impossibilidade", foi um casaco que era "um farrapo torto; empoeirado, batido, torcido & disforme, mas vi que o corte, o tecido & o tamanho estavam bons". Era parte de uma promoção de 9,95 dólares; o problema é que não havia calças que combinassem. O vendedor tentou fazê-lo aceitar calças curtas, mas Lovecraft queria as longas; depois de muito pechinchar, ele persuadiu o vendedor a vender-lhe o casaco, as calças longas e uma das curtas, tudo por 11,95 dólares. Isso foi bastante perspicaz da parte de Lovecraft; um alfaiate ajustou as calças e o casaco no dia seguinte. Toda essa aventura é também narrada por Lovecraft numa longa e divertida carta a Lillian, ao longo da qual ele deixa escapar um violento desabafo:

> Em geral, acho que desenvolvi olhos para a diferença entre as roupas que um cavalheiro veste & não veste. O que tem depurado essa ideia é a constante imagem dessa rábula suja & maldita que infesta as ruas de Nova York, & cujas roupas apresentam tamanha & sistemática diferença das roupas das gentes de bem na Angell Street & na Butler Avenue ou nos bondes da Elmgrove Avenue que começo a sentir uma tremenda saudade de casa & de pular avidamente sobre qualquer cavalheiro cujas roupas sejam apropriadas & de bom gosto & evocativas do Blackstone Boulevard & não do Borough Hall ou de Hell's Kitchen [...] Maldição! Ficaria bem ou no bom gosto de Providence ou num roupão de banho!! Certos cortes de lapela, texturas & modelos contam toda uma história. Impressiona-me ver como alguns desses jovens "babacas" esbanjadores & estrangeiros gastam fortunas em vários tipos de roupas caras que tomam por evidência de bom gosto, mas que na verdade são sua absoluta desgraça estética & social — ficando bem perto de parecerem trazer placas gritando em letras gigantes: "SOU UM CAPIAU IGNORANTE", "SOU UM RATO BASTARDO DE ESGOTO" ou "SOU UM CAIPIRA SEM GOSTO *&* SOFISTICAÇÃO".

Ao que ele acrescenta, com a mais absoluta inventividade: "Mas talvez essas criaturas não estejam, apesar de tudo, procurando se conformar ao padrão artístico da boa família".[10] Essa interessante passagem mostra a inabilidade de Lovecraft para dissociar-se dos códigos de vestimenta e comportamento social mais gerais instilados na juventude. Por ora ele adquirira seus quatro ternos, e não precisava mais pensar no assunto.

Não ter um trabalho significava que Lovecraft podia sair com os Garotos quase sempre que quisesse e também permitir-se pequenas viagens. Seus diários e cartas estão repletos de relatos de viagens para Van Cortland Park, Fort Greene Park, Yonkers e outros lugares; havia ainda as caminhadas usuais pelas áreas coloniais do Greenwich Village e atravessando a ponte do Brooklyn.

Na noite do dia 11 de abril, Lovecraft e Kirk, desejando aproveitar uma excursão promocional por cinco dólares com destino a Washington D.C., tomaram um trem noturno na Pennsylvania Station à meia-noite e chegaram pela manhã na capital. Eles tinham apenas uma manhã e uma tarde na cidade, assim procuraram desfrutá-las ao máximo. Graças à presença de dois colegas que faziam as vezes de guias turísticos, Anne Tillery Renshaw (que tinha um carro) e Edward L. Sechrist, o grupo viu uma incrível quantidade de lugares em poucas horas: a Biblioteca do Congresso, o Capitólio, a Casa Branca, o Monumento a Washington, o Memorial a Lincoln, Georgetown (a cidade colonial fundada em 1751), a Igreja de Cristo (uma bela estrutura georgiana em Alexandria), Mount Vernon (a casa de Washington), Arlington (a propriedade da família Custis), e o imenso Anfiteatro Memorial, completado em 1920, que Lovecraft considerou "um dos mais prodigiosos e espetaculares triunfos arquitetônicos do mundo ocidental".[11] Eles tomaram o trem 4.35 de volta a Nova York a tempo.

Durante a longa estadia de Sonia, Lovecraft e ela realizaram algumas viagens. Os dois foram a Scott Park, em Elizabeth, em 13 de junho. No dia 28 foram à região do Bryn Mawr Park, em Yonkers, onde haviam tentado comprar uma casa no ano anterior. Com Long, Lovecraft mais uma vez visitou o Cloisters em Fort Tryon Park, no extremo noroeste de Manhattan.

Em 2 de julho Sonia e Lovecraft foram a Coney Island, onde ele comeu algodão-doce pela primeira vez. Na ocasião Sonia teve seu perfil retratado por um negro chamado Perry; Lovecraft tivera o seu feito antes, em 26 de março. Esse perfil tornou-se bem conhecido recentemente, e por ser bastante fiel (talvez até mesmo favorável) acabou por tornar-se um ícone; o perfil de Sonia, por outro lado, é tão pouco conhecido que quase ninguém tem ideia de sua existência.

Agora que Sonia estava fora do caminho e seu trabalho amador aparentemente se encerrava (ele conseguiu publicar a *United Amateur* de julho de 1925 com atraso de umas poucas semanas e também ajudou a organizar o comitê editorial seguinte através de uma eleição por correio), Lovecraft sentiu que era hora de aplicar-se concretamente ao trabalho criativo. Em 1° e 2 de agosto ele escreveu "The Horror at Red Hook", que descreve numa carta a Long (este em viagem de férias):

O conto trata de práticas de culto as mais terríveis, estas disseminadas entre grupos de jovens vagabundos e barulhentos cujo mistério essencial tem muito me impressionado. O conto é longo e intrincado, não penso que seja bom, mas representa pelo menos uma tentativa de extrair o horror de uma atmosfera à qual você negaria quaisquer qualidades exceto a do lugar-comum vulgar.[12]

Lovecraft está, infelizmente, correto em sua análise dos méritos da história, pois trata-se de um dos piores de seus mais longos esforços.

Red Hook é uma pequena península do Brooklyn localizada diante da Governor's Island, três quilômetros a sudoeste de Borough Hall. Lovecraft podia caminhar tranquilamente até ali partindo da Clinton Street, e o fez em várias ocasiões. Na época, como hoje, era um dos bairros mais pobres de toda a área metropolitana. Na história Lovecraft não o descreve de todo imprecisamente, embora carregado no amargor; não obstante, não é apenas a decadência material que o interessa:

A população é um enigma, um nó sem esperança: sírios, espanhóis, italianos e elementos negros se chocando uns com os outros, e fragmentos das regiões escandinava e norte-americana próximos. É uma babel de barulho e imundície a enviar estranhos gritos em resposta ao quebrar das ondas oleosas no píer sujo e às monstruosas litanias de órgão dos apitos do porto.

Aqui está, em essência, o centro da história, pois "The Horror at Red Hook" não é outra coisa além de um grito de fúria e desprezo aos "estrangeiros" que tomaram Nova York da população branca à qual a cidade presumidamente pertencia.

Sonia em suas memórias diz conhecer a inspiração para o conto:

Foi num começo de noite, quando ele e, acho, Morton, Sam Loveman e Rheinhart Kleiner jantavam num restaurante em algum lugar em Columbia Heights e uns sujeitos mal-encarados e durões entraram. Ele ficou tão irritado com o comportamento vulgar deles que a partir dali escreveu "The Horror at Red Hook".[13]

Lovecraft deve ter mencionado o incidente em carta a ela; não estou, porém, inteiramente convencido de que haja um acontecimento específico na origem da história, e sim um desgosto de viver em Nova York, o qual se acumulara anos após ano, e uma pitada de pobreza e inconsequência.

O enredo de "The Horror at Red Hook" é simples e apresentado como um conflito do "bem contra o mal" entre Thomas Malore, um investigador de polícia irlandês que trabalha fora da base de Borough Hall, e Robert Suydam, um homem rico de ascendência holandesa que se torna o foco do horror no conto. O que surpreende nesse conto, além das manifestações sobrenaturais batidas, é a pobreza absoluta da escrita. A retórica zelosa e extravagante que, em outros contos, oferece um divertimento inofensivo aqui surge forçada e histriônica. Lovecraft não consegue terminar a história sem uma nota sombria e carregada ("Onipresente, a alma do monstro triunfa") e com uma indicação translúcida de que os horrores aparentemente controlados pela polícia voltariam a ocorrer no futuro próximo. É um fim cujos estereótipos estão à altura de uma história que não faz mais que acumulá-los — seja no que concerne à questão da raça, seja no que se refere ao imaginário ficcional fantástico.

A figura de Malone é de algum interesse em relação à possível gênese — ou forma particular — do conto. Algum tempo depois de escrever "The Horror at Red Hook" Lovecraft apresentara "The Shunned House" à *Detective Tales*, a revista que fora lançada junto com *Weird Tales* e da qual Edwin Baird era o editor. Embora *Detective Tales* publicasse esporadicamente contos de horror e do sobrenatural, Baird recusou a história. No fim de julho, Lovecraft escreve sobre produzir "um romance ou novela sobre os horrores de Salem, o qual seria capaz de colocar num molde suficientemente 'detetivesco' para vendê-lo a Edwin Baird para a *Detective Tales*";[14] contudo, ele não parece ter começado a escrever tal trabalho. O que tudo isso sugere, no entanto, é que Lovecraft está tentando desenvolver, ainda que sem muita habilidade, um mercado alternativo à *Weird Tales* — e para isso recorria ao homem que, como editor da *Weird Tales*, aceitou todos os seus contos. Como era esperado, no começo de agosto Lovecraft fala de seus planos sobre enviar "The Horror at Red Hook" para a *Detective Tales*; se ele realmente o fez, não se sabe, mas, caso o tenha feito, o conto foi obviamente recusado. Lovecraft mais tarde diria que o conto fora escrito com a *Weird Tales* em mente,[15] e ele acabou publicado no número de janeiro de 1927.

"The Horror at Red Hook" apresenta uma boa oportunidade — boa como qualquer outra — para a discussão do desenvolvimento (se é que podemos chamar assim) da postura racial de Lovecraft nesse período. Não resta dúvida de que o racismo de Lovecraft chegou a picos nessa época – pelo menos no papel (tal como representado pelas cartas às tias) –, e mais forte do que em qualquer outra época de sua vida. Não precisamos nos apoiar no aparente paradoxo de Lovecraft estar casado com uma judia ao mesmo tempo que começa a dar sinais de antissemitismo, pois, segundo pensava, Sonia atendia a seu requisito da assimilação passiva dos estrangeiros à população norte-americana, caso do também judeu Samuel Loveman. Não obstante, Sonia fala com mais demora sobre a postura de Lovecraft acerca do assunto. Um de seus comentários mais conhecidos é o que segue:

> Embora ele tenha dito certa feita que amava Nova York e que dali em diante o tornaria seu "estado de adoção", logo vi que ele o odiava, juntamente com todas as suas "hordas estrangeiras". Quando o rebatia dizendo que eu era parte delas, ele me dizia que eu "não pertencia mais àqueles bastardos". "Você é a sra. H.P. Lovecraft, da Angell Street, 598, Providence, Rhode Island!"[16]

Descontemos o fato de que Lovecraft e Sonia jamais viveram no 598 da Angell Street. Uma observação posterior é ainda mais surpreendente: "Logo depois de nos casarmos ele me disse que, sempre que tivéssemos companhia, ele preferiria que fosse de 'arianos' em sua maioria".[17] Isso deve dizer respeito ao ano de 1924, já que eles não se divertiram muito juntos em 1925. A observação final de Sonia sobre o assunto é ainda mais condenatória. Sonia diz que parte de seu desejo de unir Lovecraft e Loveman em 1922 tinha o objetivo de "curar" Lovecraft de seu preconceito contra judeus fazendo-o estar frente a frente com um. Ela prossegue:

> Infelizmente, muitas vezes se julga um povo inteiro pelo caráter da primeira pessoa que se encontra. Mas H.P. garantiu-me que estava "curado"; que, como eu estava tão bem assimilada ao modo de vida norte-americano e ao ambiente norte-americano, ele tinha certeza de que nosso casamento seria um sucesso. Mas, infelizmente (e aqui devo falar de algo que nunca pensei que tornaria público), sempre que encontrávamos muita gente – no metrô, na hora do almoço nas calçadas de Manhattan, ou multidões, sempre que calhasse de ele as encontrar, feitas mormente de trabalhadores de minorias raciais – ele ficava branco de ódio e raiva.[18]

Mais uma vez, não há nada aqui que precise nos surpreender. Não obstante, a despeito do que o antigo biógrafo de Lovecraft, L. Sprague de Camp, sugere, comentários sobre estrangeiros são relativamente raros na correspondência do período destinada a suas tias. Uma longa carta do início de janeiro aprofunda-se na fundamental impossibilidade de assimilação dos judeus à vida norte-americana, sustentando que "grande estrago é promovido pelos idealistas que encorajam a crença numa convivência que não pode existir". Quando ele prossegue dizendo que "de nossa parte há uma repugnância de dar calafrios à maioria dos tipos semíticos",[19] sem querer toca o cerne da questão, pelo menos tanto quanto lhe cabe: apesar da conversa de Lovecraft sobre a impossibilidade de assimilação cultural, o que ele realmente julga ofensivo em relação aos estrangeiros (ou, de maneira mais geral, não "arianos", já que muitas das etnias em Nova York já são de imigrantes de primeira ou segunda geração) é o fato de eles lhe parecerem estranhos.

É claro, a hostilidade de Lovecraft foi exacerbada por seu estado psicológico cada vez mais combalido em virtude de forçar-se a viver a vida numa cidade nada familiar e pouco amigável à qual ele sentia não pertencer e onde ele tinha poucas perspectivas de trabalho e conforto permanente. Estrangeiros eram convenientes bodes expiatórios, e Nova York, desde sempre a cidade mais cosmopolita e culturalmente heterogênea do país, colocava-se em contraste com a homogeneidade e o conservadorismo que ele conhecera em seus primeiros 34 anos de vida na Nova Inglaterra. A cidade que parecia uma fonte de glamour e maravilhas dunsanianas tornara-se um lugar sujo, superpovoado e barulhento que lhe aplicava repetidos golpes na autoestima ao negar-lhe um trabalho apesar de suas habilidades e ao forçá-lo a refugiar-se num buraco dominado pelo crime e infestado de ratos onde tudo que lhe restava era escrever histórias racistas como "The Horror at Red Hook" como válvula de escape para a raiva e o desespero.

Lovecraft não abandonara, entretanto, o trabalho criativo. Dois dias depois de escrever a história, em 10 de agosto, ele começou uma longa e solitária caminhada noturna através do Greenwich Village rumo ao Battery e então foi de balsa a Elizabeth, onde chegou às sete da manhã. Comprou um caderno de dez centavos numa lojinha, foi a Scott Park e escreveu o conto "He". É interessante que, neste caso, Lovecraft tenha deixado Nova York para escrever sobre a cidade. "He", muito superior a "The Horror at Red Hook", é um grito de desespero tão dilacerante — e escancaradamente pessoal — quanto seu predecessor. Sua abertura é conhecida:

I saw him on a sleepless night when I was walking desperately to save my soul and my vision. My coming to New York had been a mistake; for whereas I had looked for poignant wonder and inspiration in the teeming labyrinths of ancient streets that twist endlessly from forgotten courts and squares and waterfronts to courts and squares and waterfronts equally forgotten, and in the Cyclopean modern towers and pinnacles that rise blackly Babylonian under waning moons, I had found instead only a sense of horror and oppression which threatened to master, paralyze, and annihilate me.

Neste conto Lovecraft apresenta uma espécie de sociologia de Nova York: os imigrantes que se reuniam ali não tinham "conexão familiar" com a cidade, pois esta fora fundada por holandeses e ingleses, e esses imigrantes eram todos de uma tradição cultural diversa. Tal sofisma permite a Lovecraft concluir que

> essa cidade de pedra e ruído não é uma perpetuação sensível da antiga Nova York como Londres é da antiga Londres e Paris da antiga Paris, mas um corpo morto estendido, imperfeitamente embalsamado e infestado de estranhas coisas animadas, que nada tem a ver com o que ela era quando tinha vida.

Os imigrantes são colocados aqui no mesmo nível dos vermes.

O narrador, como Lovecraft, investiga o Greenwich Village em particular; é aqui, às duas da manhã numa noite de agosto, que ele encontra "o homem", que o leva a uma antiga mansão e lhe revela visões espetacularmente apocalípticas do passado e do futuro de Nova York através de uma janela. É possível identificar o local específico da história? No fim do conto o narrador se vê "na entrada de um pequeno gramado escuro na Perry Street"; isso é tudo de que precisamos para perceber que essa parte do conto fora inspirada por uma caminhada similar pela Perry Street, feita por Lovecraft em 24 de agosto de 1924 a partir de um artigo do *New York Evening Post* daquele dia publicado numa coluna regular chamada "Pequenos retratos de nossa cidade". O lugar preciso é o número 93 da Perry Street, onde um arco leva a uma trilha entre três prédios. Além disso, segundo uma monografia histórica sobre a Perry Street, toda a região havia sido densamente ocupada por índios (eles a chamavam Sapohanican), e, ademais, uma suntuosa mansão fora construída no quarteirão contornado pelas ruas Perry, Charles, Bleecker e West Fourth, entre 1726 e 1744, sendo a residência de uma sucessão de cidadãos abastados até ser demolida em 1865.[20] É praticamente certo que Lovecraft tenha conhecido a história da região e incorporado habilidosamente ao conto.

Farnsworth Wright aceitou "He" no início de outubro, publicando-o na *Weird Tales* de setembro de 1926. Estranhamente, Lovecraft não havia apresentado "The Shunned House" a Farnsworth; porém, quando o fez (provavelmente no começo de setembro), o editor recusou alegando que o conto começava em andamento muito lento. Lovecraft não fez qualquer comentário digno de nota sobre essa recusa, embora tenha sido a primeira a vir da *Weird Tales*.

A escrita de "He", contudo, não pôs fim aos esforços ficcionais de Lovecraft. O encontro do Kalem Club na quarta-feira, 12 de agosto, terminou às quatro da manhã; Lovecraft imediatamente foi para casa e esboçou "uma nova história — talvez uma novela" que chamou "The Call of Cthulhu".[21] Embora diga, confiante, que "a escrita em si será uma questão bastante simples", levaria mais de um ano até ele escrever essa história seminal. É um pouco triste perceber como Lovecraft tenta justificar seu estado de desemprego crônico ao sugerir a Lillian que uma história longa daquele tipo "deve render um cheque de valores dignos"; antes ele afirmara que a novela ou conto longo sobre Salem, "se fosse aceita, renderia uma boa quantia".[22] É como se ele estivesse tentando desesperadamente convencer Lillian de que não estava sugando os recursos dela (e de Sonia), a despeito da ausência de um trabalho regular e de seus frequentes encontros com os Garotos nos cafés.

Em algum momento em agosto Lovecraft recebeu a ideia de um enredo de C.W. Smith, editor da *Tryout*. O conto que dela resultou, "In the Vault", escrito em 18 de setembro, é mais fraco que "He", porém não tão terrivelmente ruim quanto "The Horror at Red Hook"; é apenas medíocre. Trata-se, basicamente, de um conto de vingança sobrenatural que reconta o que se passou com George Birch, um diretor de funerária relaxado e casca-grossa que se vê preso num túmulo do cemitério que dirige. Ele tenta escrever de maneira despretensiosa e coloquial, mas o resultado não é bom. August Derleth cultivou um gosto infeliz por esse conto, de modo que ele ainda permanece embalsamado entre os volumes de "melhores" histórias de Lovecraft.

O sucesso imediato do conto não foi grande, tampouco. Lovecraft dedicou a história a C.W. Smith, e ela foi publicada na *Tryout*, de Smith, em novembro de 1925. Claro que Lovecraft também procurou publicá-la profissionalmente; e embora pareça que "In the Vault", com seu escopo limitado e orientação convencionalmente macabra, cairia como uma luva na *Weird Tales*, Wright a rejeitou em novembro. A razão da recusa, segundo Lovecraft, é curiosa: "O terror extremo não passou pela censura em Indiana".[23] A referência, claro, é o banimento de "The Loved Dead", de Eddy. Eis aqui a primeira vez — e não a única — que a aparente controvérsia acerca de "The Loved Dead" mostrou um impacto negativo sobre Lovecraft.

Havia, contudo, boas notícias vindas de Wright. Lovecraft lhe enviara "The Outsider" apenas para exame, já que havia se comprometido com W. Paul Cook — aparentemente para publicá-lo na *Recluse*, que Cook fundara por volta de setembro. Wright gostou tanto da história que pediu a Lovecraft para publicá-la. Lovecraft tratou de convencer Cook a liberá-la, e Wright a aprovou em algum momento do fim daquele ano; seu aparecimento na *Weird Tales* de abril de 1926 seria um marco.

O resto do ano transcorreu agitado em meio às atividades com os Kalems, à recepção a visitantes de fora da cidade e às viagens solitárias de abrangência cada vez maior à procura de santuários de antiguidades. Lovecraft sentiu prazer em servir de anfitrião dos Kalems em uma ocasião, e suas cartas mostram o quanto lhe agradou oferecer a seus amigos café, bolo e outras humildes delícias em sua melhor porcelana azul. Em 29 de julho ele comprou por 49 centavos um recipiente de alumínio para buscar café quente na mercearia da esquina das ruas State e Court.

Alguns novos colegas emergiram no horizonte de Lovecraft nessa época. Um deles, Wilfred Blanch Talman (1904–1986), era um amador de ascendência holandesa que frequentava a Brown University. Os dois se conheceram no fim de agosto, e Lovecraft gostou dele imediatamente. Talman tornou-se repórter do *New York Times* e depois editor do *Texaco Star*, publicação patrocinada pela companhia de petróleo. Aventurou-se sem muita frequência na ficção profissional, e teria uma de suas histórias posteriormente submetida (ao que tudo indica, sem o querer) aos cuidados editoriais de Lovecraft. Talman foi, talvez, a primeira adição ao núcleo duro de membros do Kalem Club, embora não tenha começado a frequentá-lo regularmente até Lovecraft deixar Nova York.

Um colega ainda mais próximo foi Vrest Teachout Orton (1897–1986). Orton era amigo de W. Paul Cook, e na época trabalhava no departamento de propaganda da *American Mercury*. Mais tarde ele granjearia reconhecimento como editor da *Saturday Review of Literature* e, depois, como fundador da Vermont Country Store. Orton tornou-se talvez o segundo membro honorário dos Kalems, embora sua frequência aos encontros também fosse irregular até depois da partida de Lovecraft. Orton produziu trabalhos literários próprios — compilou uma bibliografia de Theodore Dreiser, *Dreiserana* (1929), fundou a *Colophon*, uma revista de bibliófilos, e posteriormente a Stephen Daye Press, em Vermont, para a qual Lovecraft faria alguns trabalhos como freelancer —, porém tinha pouco interesse em literatura fantástica. Não obstante, as origens de ambos na Nova Inglaterra e seu desgosto em relação a Nova York deram aos dois homens muitos assuntos em comum.

Além das atividades com amigos, Lovecraft empreendeu muitas viagens solitárias na segunda metade de 1925. Uma das mais extensas foi uma viagem de três dias a Jamaica, Mineola, Hempstead, Garden City e Freeport, em Long Island. Jamaica — hoje parte do Queens — era, então, uma comunidade em separado; as outras cidadezinhas ficam em Nassau County, a leste do Queens. Em 27 de setembro Lovecraft foi a Jamaica, que o "surpreendeu por completo":

> O lugar tem tudo a ver comigo. Ali está um verdadeiro vilarejo da Nova Inglaterra, com casas coloniais de madeira, igrejas georgianas & ruas deliciosamente umbrosas & tranquilas onde elmos gigantes & plátanos se alinham bela & densamente.[24]

As coisas hoje em dia são, suspeito, um pouco diferentes. Dali ele seguiu para Flushing, também antes uma municipalidade independente e hoje parte do Queens. Era um vilarejo holandês que também mantinha um agradável toque colonial. Uma estrutura — a casa Bowne (1661), na Bowne Street com a 37th Avenue — o tocou em particular.

No dia 29, contudo, houve seu grande passeio por Long Island. Chegando a Garden City, ele viu os extensos prédios de tijolos da Doubleday, Page & Co., hoje (depois de muitos anos como Doubleday, Doran) simplesmente Doubleday; a editora mudou seus escritórios editoriais para Manhattan, mas ainda mantém uma considerável presença em sua cidade de origem. Continuando rumo ao sul a pé, ele chegou a Hempstead, que o cativou por completo. Mais uma vez eram as igrejas que o deleitavam — a Episcopal de St. George, a Metodista, a Primeira Presbiteriana em Cristo e outras. Passou tempo considerável em Hempstead e então prosseguiu para o sul a pé até Freeport, que achou agradável, mas sem importância de uma perspectiva antiquária. Toda essa caminhada deve ter chegado perto de quinze quilômetros.

A importância dessas viagens para a saúde mental de Lovecraft não pode ser superestimada. Os arranha-céus brilhantes de Manhattan haviam provado, sob exame mais detido, ser de um horror opressivo; como ele próprio observou na época da recusa da oferta de viver em Chicago para editar a *Weird Tales*, "é a atmosfera colonial que me dá o sopro vital".[25] Lovecraft tinha, de fato, desenvolvido um faro sobrenatural para antiguidades, estivesse em Manhattan, no Brooklyn ou em regiões mais distantes da metrópole.

Depois de setembro Lovecraft mais uma vez voltou à hibernação literária. Então, em meados de novembro, ele escreve que "W. Paul Cook quer um ensaio meu sobre a questão do terror & do fantástico na literatura" para sua revista, a *Recluse*.[26] E prossegue dizendo que "vou me preparar com calma", no que não mentia — levaria um ano e meio até dar os toques finais em "Supernatural Horror in Literature".

Lovecraft começou a escrever o ensaio no fim de dezembro; no começo de janeiro já havia escrito os primeiros quatro capítulos e estava lendo *O morro dos ventos uivantes*, de Emily Brontë, preparando-se para escrever sobre ele no fim do capítulo v; em março, escreveu o sétimo capítulo, sobre Poe; e no meio de abril já havia passado "pela metade de Arthur Machen" (capítulo x).[27] Não fica totalmente claro, a partir de sua primeira menção, que Cook quisesse uma monografia histórica — um ensaio sobre "a questão do horror e do fantástico" poderia ter sido igualmente temático ou teórico —, mas Lovecraft interpretou dessa forma.

Lovecraft, é claro, havia lido boa parte da melhor literatura fantástica produzida até então, mas ainda fazia descobertas. Foi apenas nessa época que ele entrou em contato com dois escritores que passaria a ter em altíssima conta. Ele lera Algernon Blackwood (1869–1951) pela primeira vez no início dos anos 1920, sob recomendação de James F. Morton, mas o escritor não despertou seu interesse na época. Então, no fim de setembro de 1924, ele leu *The Listener and Other Stories* (1907), com destaque para "The Willows", "talvez a mais devastadora prosa de sugestão de horror sobrenatural que li em toda uma década".[28] Nos anos finais, Lovecraft não hesitaria em dizer (corretamente, penso eu) que "The Willows" era a maior história do gênero fantástico já escrita, seguida de "The White People", de Machen.

Como nos casos de Machen e Dunsany, Blackwood é um autor que Lovecraft poderia ter descoberto antes. Seu primeiro livro, *The Empty House and Other Stories* (1906), é reconhecidamente pequeno, embora traga algumas peças notáveis. *John Silence — Physician Extraordinary* (1908) tornou-se um best-seller, permitindo a Blackwood passar os anos de 1908 a 1914 na Suíça, onde escreveu boa parte de seus melhores trabalhos. *Incredible Adventures* (1914) — o mesmo volume em relação ao qual Lovecraft reagiu com indiferença no início dos anos 1920 — é uma das maiores coleções de prosa fantástica de todos os tempos.

Blackwood era abertamente místico. Em sua autobiografia, *Episodes Before Thirty* (1923), ele confessa aliviar o peso da religiosidade convencional de sua casa absorvendo filosofia budista, e por fim desenvolveu um panteísmo notadamente vital e intensamente sentido que emerge de maneira mais clara em seu romance *The Centaur* (1911), o trabalho central de sua obra, equivalente a uma autobiografia espiritual. De certa forma Blackwood procurou o mesmo tipo de retorno ao mundo natural que Dunsany. Mas como era, diferentemente de Dunsany, um místico, ele via no retorno à natureza o fim das amarras morais e espirituais que, segundo seu ponto de vista, a civilização urbana moderna lança sobre nós; daí seu objetivo final ser uma expansão da consciência que abra nossa percepção ao universo sem fim e suas latências. Muitos de seus romances lidam explicitamente com a reencarnação, sugerindo que Blackwood acreditava nela. Filosoficamente, portanto, Blackwood e Lovecraft eram opostos; mas o último nunca deixou que isso o incomodasse, e há muito a desfrutar em Blackwood ainda que não partilhemos de sua visão de mundo.

Montague Rhodes James (1862–1936) é um caso bem diferente. A prosa fantástica representa uma porção menor de sua obra, e de fato foi apenas um descanso de seu trabalho como educador, autoridade em manuscritos medievais e acadêmico ligado ao estudo da Bíblia. Sua edição do Novo Testamento Apócrifo (1924) permaneceu por muito tempo a melhor. Em Cambridge, James gostava de contar histórias de fantasmas, e seus primeiros contos foram lidos em voz alta num encontro da Chitchat Society em 1893. Mais tarde ele se tornou reitor de Eton e começou a narrar suas histórias a seus jovens assistentes no Natal. Elas foram depois compiladas em quatro volumes: *Ghost Stories of an Antiquary* (1904); *More Ghost Stories of an Antiquary* (1911); *A Thin Ghost and Others* (1919); e *A Warning to the Curious* (1925). Esse corpo de obras relativamente pequeno é, no entanto, um marco da literatura fantástica. Para dizer o mínimo, ele representa a grande renovação das histórias convencionais de fantasmas. James era um mestre da forma do conto curto; também era um dos poucos capazes de escrever num estilo informal, divertido e imprevisível sem destruir o potencial do horror. Como Lovecraft e Machen, James atraiu um núcleo fanático de aficionados. Porém, com toda a honestidade, grande parte do trabalho de James carece de densidade: ele não dispõe de uma visão de mundo a ser exposta, como Machen, Dunsany, Blackwood e Lovecraft, e muitos de seus contos parecem exercícios acadêmicos de produção de terror. Lovecraft parece ter lido James pela primeira vez em meados de dezembro de 1925. Embora seu entusiasmo por ele fosse grande na época, esfriaria com o tempo. Em "Supernatural Horror in Literature" ele coloca James como um "mestre moderno", contudo em 1932 declara que "ele não está no nível de Machen, Blackwood e Dunsany. Ele é o mais terreno dos 'quatro grandes'".[29]

Na época não havia muita crítica de ficção fantástica que servisse a Lovecraft de baliza para seu ensaio. Ele leu *The Tale of Terror* (1921), de Edith Birkhead, um marco do estudo da ficção gótica, no fim de novembro; é bastante evidente que ele se apoiou muitíssimo nos primeiros capítulos (II-V) do trabalho sobre o gótico, tanto na estrutura da análise quanto em alguns pontos de avaliação. *The Haunted Castle* (1927), de Eino Railo, foi publicado coetaneamente ao ensaio de Lovecraft; é um estudo temático e histórico bastante perspicaz que Lovecraft mais tarde leu com prazer. Por outro lado, o único estudo mais detalhado de ficção fantástica moderna era *The Supernatural in Modern English Fiction* (1917), de Dorothy Scarborough, que Lovecraft não leria até 1932; porém, quando o fez, criticou-o com bastante acerto por ser quase sempre esquemático em suas análises temáticas e arrastado em sua incrível má vontade diante do horror explícito de Stoker, Machen e outros.

Desse modo, como estudo histórico o ensaio de Lovecraft apresenta maior força e originalidade em seus seis capítulos finais. O capítulo aprofundado em Poe é, penso eu, uma das mais agudas análises curtas já escritas sobre o autor, apesar da ornamentação talvez excessiva em termos de dicção. Lovecraft não suscita muito entusiasmo pelos vitorianos tardios na Inglaterra, mas sua discussão mais estendida de Hawthorne e Bierce no capítulo VIII é esclarecedora. Sua maior realização, talvez, seja designar Machen, Dunsany, Blackwood e M.R. James como os quatro "mestres modernos" do conto fantástico; um julgamento que se tem confirmado por trabalhos acadêmicos subsequentes. De fato, o único "mestre" ausente dessa lista é o próprio Lovecraft.

Lovecraft diz que a escrita desse ensaio produziu dois bons efeitos; primeiro, "é uma boa preparação para compor uma nova série de contos fantásticos de próprio punho";[30] em segundo lugar,

> essa sequência de leitura & escrita para o artigo de Cook propicia uma excelente disciplina mental, & um belo gesto de demarcação entre minha existência perdida

& sem rumo do último ano ou dois & a retomada de meu isolamento ao estilo de Providence, no qual espero produzir alguns contos dignos de escritura.[31]

O segundo efeito é mais um de uma sucessão de resoluções para acabar com sua prazerosa vagabundagem dia e noite ao lado dos Garotos e focar no trabalho; quão bem-sucedido ele foi é difícil dizer, na falta de um diário para o ano de 1926. Quanto à primeira consequência, ela veio à tona e à apreciação no fim de fevereiro, quando "Cool Air" aparentemente foi escrito.

"Cool Air" é a última e talvez a melhor das histórias escritas em Nova York. É uma exposição compacta de pura repulsa que trata do que acontece quando certo dr. Muñoz, que requer um ambiente constantemente fresco em seu apartamento em Nova York, depara com o ar-condicionado que não funciona, e o narrador não é capaz de encontrar quem o conserte. O resultado é que Muñoz, que está na verdade morto e tenta manter-se vivo sob preservação artificial, termina como "um tipo de trilha escura e viscosa que leva do banheiro aberto à porta de entrada [...] sem o que a defina".

O apartamento que serve de ambiente para o conto está baseado no prédio em arenito marrom em que George Kirk vivia e onde trabalhou por dois meses durante o fim do verão de 1925, em sua Chelsea Book Shop, no número 317 da West 14th Street, em Manhattan. No que toca às referências literárias, Lovecraft posteriormente confessou que a grande inspiração não foi "Facts in the Case of M. Valdemar", de Poe, mas "Novel of the White Powder", de Machen (um episódio de *The Three Impostors*),[32] no qual um estudante desafortunado toma uma droga que o reduz a uma massa liquefeita repugnante. Não obstante, não se pode negar que M. Valdemar, o homem que, depois da presumida morte, é mantido de algum modo vivo meses a fio sob hipnose e termina entrando em colapso "como uma massa repugnante quase liquefeita – de podridão medonha", estava, bem ou mal, em algum lugar do universo mental de Lovecraft durante a escrita de "Cool Air". Esse conto, muito mais que "The Horror at Red Hook", é a mais bem-sucedida evocação do horror encontrado no burburinho indefinido da única verdadeira megalópole norte-americana.

Farnsworth Wright, incrível e inexplicavelmente, recusou "Cool Air", muito embora seja o tipo de conto macabro de que teria gostado. Talvez, como com "In the Vault", ele estivesse com receio de sua conclusão repugnante. De qualquer forma, Lovecraft foi obrigado a vender a história por dezoito dólares à publicação de vida curta *Tales of Magic and Mystery*, onde apareceu em março de 1928.

Enquanto isso Lovecraft finalmente conseguiu um emprego, muito embora fosse temporário e, francamente, péssimo. Em setembro, Loveman havia sido aceito na prestigiosa livraria Dauber & Pine entre a 12th Street e a Quinta Avenida, e convenceu seus superiores a contratar Lovecraft para o preenchimento de envelopes por três semanas, começando provavelmente em 7 de março. Lovecraft ajudara Kirk nessa função em várias ocasiões em 1925, fazendo o trabalho de graça por causa das muitas gentilezas de Kirk ao amigo. O pagamento na Dauber & Pine seria de 17,50 dólares por semana. Lovecraft fala do trabalho como uma piada ("*Moriturus te saluto*! Antes do mergulho final no abismo eu quito todas as minhas dívidas com a humanidade"),[33] mas deve ter achado o trabalho terrivelmente tedioso, já que nunca lhe agradaram as tarefas mecânicas e repetitivas de qualquer tipo.

O próprio Lovecraft não diz nada a Lillian sobre gostar ou não do trabalho. Talvez não quisesse parecer com má vontade de ganhar a vida; mas talvez, em 27 de março, ele tivesse outras coisas em mente. Sua carta a Lillian da mesma data começa:

> Muito bem! Todas as suas epístolas chegaram & receberam belas boas-vindas, mas a terceira foi o clímax que lançou tudo para muito longe!! Whoop! Bang! Tinha de ir a uma festa naquele momento, [...] & agora acabei de chegar para comemorar & responder. A carta de A E P G chegou também — que simpósio agitado!!
>
> E agora, a respeito de seu convite. Uau! Vida longa ao estado de Rhode Island & plantações de Providence!!![34]

Em outras palavras, Lovecraft finalmente fora convidado a retornar a Providence.

NOTAS

[1] Sonia H. Davis, carta a Samuel Loveman (1º de janeiro de 1948), citado em Gerry de la Ree, "When Sonia Sizzled", in Wilfred B. Talman *et al.*, *The Normal Lovecraft* (Saddle River, NJ: Gerry de la Ree, 1973), p.29.

[2] Hart, "Walkers in the City", p. 233.

[3] HPL a Maurice W. Moe, 15 de junho de 1925 (SL II.18–19).

[4] HPL a Lillian D. Clark, 2 de abril de 1925 (manuscrito, JHL).

[5] HPL a Lillian D. Clark, 11 de abril de 1925 (manuscrito, JHL).

[6] HPL a Lillian D. Clark, 24–27 de outubro de 1925 (manuscrito, JHL).

[7] Ver nota 5.

[8] HPL a Lillian D. Clark, 28 de maio de 1925 (SL II.11–12).

[9] HPL a Lillian D. Clark, 14–15 de outubro de 1925 (manuscrito, JHL).

[10] HPL a Lillian D. Clark, 24–27 de outubro de 1925 (manuscrito, JHL).

[11] HPL a Lillian D. Clark, 21 de abril de 1925 (manuscrito, JHL).

[12] HPL a Frank Belknap Long, 2 de agosto de 1925 (SL II.20).

[13] Davis, *Private Life*, p. 12.

[14] HPL a Lillian D. Clark, 27 de julho de 1925 (manuscrito, JHL).

[15] HPL a August Derleth, 26 de novembro de 1926 (manuscrito, JHL).

[16] Davis, *Private Life*, p. 11.

[17] *Ibid.*, p. 20.

[18] *Ibid.*, pp. 26–27.

[19] HPL a Lillian D. Clark, 11 de janeiro de 1926 (manuscrito, JHL).

[20] Ver Elaine Schechter, *Perry Street – Then and Now* (Nova York: Impresso privado, 1972).

[21] HPL a Lillian D. Clark, 13 de agosto de 1925 (manuscrito, JHL).

[22] HPL to Lillian D. Clark, 8 de agosto de 1925 (manuscrito, JHL).

[23] HPL a Lillian D. Clark, 2 de dezembro de 1925 (manuscrito, JHL).

[24] HPL a Lillian D. Clark, 28–30 de setembro de 1925 (manuscrito, JHL).

[25] *Ibid.*

[26] HPL a Lillian D. Clark, 14–19 de novembro de 1925 (manuscrito, JHL).

[27] HPL a Lillian D. Clark, 12–13 de abril de 1926 (manuscrito, JHL).

[28] HPL a Lillian D. Clark, 29–30 de setembro de 1924 (manuscrito, JHL).

[29] HPL a J. Vernon Shea, 8 de fevereiro de 1932 (SL IV.15).

[30] HPL a Lillian D. Clark, 6 de janeiro de 1926 (cartão-postal) (manuscrito, JHL).

[31] HPL a Lillian D. Clark, 11 de janeiro de 1926 (manuscrito, JHL).

[32] HPL a Henry Kuttner, 29 de julho de 1936; *Letters to Henry Kuttner* (West Warwick, RI: Necronomicon Press, 1990), p. 21.

[33] HPL a Lillian D. Clark, 6 de março de 1926 (manuscrito, JHL).

[34] HPL a Lillian D. Clark, 27 de março de 1926 (manuscrito, JHL).

13

Paraíso reconquistado

(1926)

A SAGA DOS ESFORÇOS de Lovecraft para retornar a Providence remonta, suponho, a mais ou menos abril de 1925, quando ele escreve a Lillian dizendo que "não seria capaz de rever Providence até que pudesse ficar para sempre".[1] Lillian sugerira a Lovecraft que lhe fizesse uma visita, talvez para aliviar o tédio e mesmo a depressão que a falta de trabalho, o apartamento horrível na Clinton Street e a situação difícil de seu casamento haviam engendrado.

Quando Lovecraft disse, em novembro de 1925, que "minha vida mental está realmente em casa", em Providence,[2] ele não estava exagerando. Ao longo de toda a sua estadia em Nova York, ele assinou o *Providence Evening Bulletin*, lendo o *Providence Sunday Journal* (o *Bulletin* não tinha edição dominical) com o *New York Times* aos domingos. Em termos mentais, ele tentou permanecer em contato com Providence de outras maneiras, especificamente lendo livros sobre a história de Providence, tantos quanto pôde.

Mas ler livros evidentemente não bastava. Uma das passagens mais interessantes das cartas de Lovecraft a suas tias versa sobre as posses pessoais, e nos dá uma boa medida de seu estado de espírito durante a pior fase de sua vida em Nova York. Lillian fizera o comentário (talvez consequência do longo e aborrecido relato de Lovecraft sobre a compra de um bom terno) de que "as posses são um fardo"; Lovecraft, em agosto de 1925, o rebate violentamente:

Acontece que sou incapaz de me interessar ou de obter prazer de coisa alguma que não seja uma recriação mental de dias outros & melhores – pois, na verdade, não vejo possibilidade de jamais encontrar novamente um meio realmente afeito a mim ou de viver em meio a gente civilizada e às antigas relíquias da história ianque –, de modo que, para evitar a loucura que conduz à violência & ao suicídio, preciso me voltar aos poucos fragmentos dos dias & modos de outrora que me foram deixados. Assim, ninguém deve esperar de mim que me livre da bela mobília & das pinturas, relógios & livros que ajudam a manter o 454 para sempre em meus sonhos. Quando eles se forem, hei de ir, pois eles são tudo o que me torna possível abrir os olhos de manhã ou aguardar outro dia de consciência sem gritar em absoluto desespero & esmurrar as paredes & o chão num louco clamor por ser acordado do pesadelo da realidade em meu próprio quarto em Providence. Sim, tamanha sensibilidade de temperamento é bastante inconveniente quando não se tem dinheiro – mas é mais fácil criticá-la do que curá-la. Quando um pobre idiota possuindo essas coisas permite-se ser exilado & desviado de seu curso por perspectivas temporariamente falsas & a ignorância do mundo, a única coisa a fazer é deixá-lo entregar-se a seus restos patéticos tanto quanto ele os consiga manter. Eles são a própria vida para ele.[3]

Um trabalho inteiro poderia ser escrito a partir dessa passagem. Como Lillian reagiu a seu único sobrinho lhe falar com aparente seriedade – ou, pelo menos, com amargor extremo – sobre suicídio e sobre gritar e esmurrar paredes é impossível saber.

Há, contudo, uma curiosidade tributária de toda essa questão. Winfield Townley Scott escreve que, segundo Samuel Loveman, durante a parte final de seu tempo em Nova York Lovecraft (palavras de Loveman) "trazia consigo um frasco de veneno" para poder colocar um fim em sua vida se as coisas ficassem intoleráveis.[4] Com toda a honestidade, acho essa hipótese absurda. Penso, com toda a certeza, que Loveman inventou o caso. Posteriormente Loveman se voltaria contra a memória de Lovecraft, sobretudo por crer que o antissemitismo de Lovecraft (do qual ele soube a partir de Sonia somente em 1948) o teria transformado num hipócrita. É também possível que Loveman apenas não tenha compreendido algo que Lovecraft tenha dito – talvez algo que não passava de uma piada sarcástica. Não há qualquer confirmação independente dessa anedota, e nenhuma menção a ela da parte de qualquer outro amigo ou correspondente; e suspeita-se que Lovecraft tenha confiado mais em Long do que em Loveman no que toca a assuntos tão delicados. Acho que não seria do feitio de Lovecraft ter estado tão próximo do suicídio mesmo durante um período tão difícil; o tom geral das cartas a suas tias, mesmo levando em consideração passagens como a que citei acima, não é de forma alguma lúgubre nem uniformemente depressivo.

O assunto do retorno de Lovecraft foi aventado mais uma vez em dezembro. Dessa vez ele disse que "S H endossa sem ressalvas meu desejo de um retorno à Nova Inglaterra & ela própria pensa em buscar vagas de trabalho no distrito de Boston depois de algum tempo", e então prossegue celebrando as qualidades de Sonia de forma comovente, apesar do tom quase insincero:

> A postura de S H em todos esses assuntos é tão gentil & magnânima que qualquer projeto de isolamento permanente de minha parte parecia não menos do que bárbaro & completamente contrário aos princípios de gosto que impelem qualquer pessoa a reconhecer & reverenciar uma devoção de qualidades as mais altruístas & de incomum intensidade. Nunca tinha visto uma postura mais admirável de desinteresse & solicitude, na qual cada problema financeiro de minha parte é aceito & perdoado tão logo se prova inevitável, & na qual o consentimento se estende até mesmo a minhas vontades [...] de que um ingrediente essencial de minha vida é certa possibilidade de quietude & liberdade para minha composição literária [...] uma devoção capaz de aceitar essa combinação de incompetência & egoísmo estético sem um murmúrio, ainda que contrário a todas as expectativas outrora alimentadas, é sem dúvida um fenômeno tão raro & tão próximo da qualidade histórica da santidade que ninguém com o menor senso de proporção artística poderia responder a essas coisas de outra forma senão a da mais viva & recíproca estima, respeito, admiração & afeição.[5]

O que, creio eu, inspirou essa passagem tão tediosa foi uma sugestão de Lillian de que Lovecraft simplesmente foi para casa e esqueceu-se de Sonia, levando Lovecraft a contra-argumentar que ele não era capaz de tolerar "qualquer projeto de isolamento permanente" dela, dada sua ilimitada paciência e postura compreensível.

Porém, depois de dezembro, o caso do retorno de Lovecraft foi obviamente evitado, talvez porque todas as partes envolvidas estivessem esperando para ver a possibilidade de Lovecraft conseguir um emprego no museu em Paterson por intermédio de Morton. Três meses se passaram sem qualquer perspectiva de trabalho para Lovecraft, exceto um trabalho temporário no preenchimento de envelopes; e assim, em 27 de março, ele finalmente recebeu o convite para voltar para casa.

O que, e quem, estava por trás do convite? Teria sido convite de Lillian? Annie teria apoiado? Outras pessoas estariam envolvidas? Há evidências conflituosas neste caso. Frank Long disse a Winfield Townley Scott que escrevera para Annie "exortando a que tudo fosse organizado de modo que [Lovecraft] pudesse voltar para Providence";[6] contudo, em suas memórias de 1975, Long observa que sua mãe escreveu uma carta para as tias de Lovecraft.[7] Quem realmente escreveu a carta, Long ou sua mãe? A última teoria não é de todo improvável: durante o mês de permanência de Lillian em Nova York entre dezembro de 1924 e janeiro de 1925, ela e Lovecraft visitaram os Long algumas vezes; e um vínculo foi aparentemente criado entre as duas mulheres mais velhas cujos respectivos filho e sobrinho eram amigos próximos. De todo modo, as primeiras menções de Long ao fato de que ele próprio teria escrito a carta são talvez mais confiáveis; ou talvez Long e sua mãe o tenham feito.

Depois de fazer o convite preliminar, Lillian evidentemente sugerira Boston ou Cambridge como lugares mais prováveis para que Lovecraft arranjasse trabalho literário. A contragosto, Lovecraft admitiu o aparente bom senso da ideia, mas então, em palavras mais comoventes e um pouco tristes, fez o pedido para viver em Providence:

> Para todos os objetivos & projetos sou mais naturalmente isolado da humanidade do que Nathaniel Hawthorne, que viveu sozinho em meio às multidões & que Salem descobriu só depois de morto. Assim sendo, que se tome de maneira axiomática que as pessoas de qualquer lugar não significam mais do que nada para mim exceto como parte da paisagem geral & do cenário [...] Minha vida não está entre as pessoas, mas em meio aos cenários — meus sentimentos locais não são pessoais, mas topográficos & arquitetônicos [...] sempre sou um marginal — para todas as paisagens & pessoas —; entretanto, os marginais têm suas preferências sentimentais quanto ao ambiente visual. Serei dogmático apenas a ponto de dizer que meu lugar *é* a *Nova Inglaterra* — de uma forma ou de outra. Providence é parte de mim — eu *sou* Providence [...] Providence é meu lar & lá devo terminar meus dias, se poderei fazê-lo com qualquer forma de paz, dignidade ou adequação [...] Providence sempre estará em minha mente como o objetivo a ser buscado — o Paraíso final a ser reconquistado.[8]

Pouco tempo depois Lillian decidiu que seu sobrinho deveria retornar a Providence. Ela encontrou um lugar para os dois no número 10 da Barnes Street, ao norte do campus da Brown University, e perguntou a Lovecraft se devia aceitar. Ele respondeu com outra carta quase à beira da histeria:

> Whoopee!! Bang!! Rah!! Meu Deus do céu, agarre esse apartamento sem pensar duas vezes!! Não posso acreditar — é bom demais para ser verdade! [...] Que alguém me desperte antes que o sonho fique tão comovente que eu não seja mais capaz de acordar!!![9]

Cito essas cartas tão longamente — e muitas delas seguem por páginas e páginas nessa toada — para mostrar quão perto do limite Lovecraft deve ter estado. Ele tentara por dois anos emprestar as melhores tintas a tudo — tentara convencer Lillian, e talvez a si próprio, de que sua ida a Nova York *não* fora um engano —, mas quando o prospecto de voltar para casa foi aventado, ele saltou sobre ele com uma rapidez que traía seu desespero.

A grande questão, é claro, era onde Sonia entrava nos planos — ou mesmo se entrava. Embora Sonia tenha retornado do meio-oeste para ajudar Lovecraft a empacotar as coisas e acompanhá-lo para instalá-lo confortavelmente em seu novo lar, não resta dúvida de que, a essa altura, não havia qualquer ideia de ela viver em Providence ou trabalhar ali. Não obstante, tal projeto foi obviamente levado em consideração a certa altura — pelo menos por Sonia, e talvez também por Lovecraft. Em suas memórias ela diz:

Ele queria mais que tudo voltar para Providence, mas também queria que eu fosse com ele, e isso não era possível, pois não havia qualquer vaga de trabalho aberta para mim ali que se adequasse a minhas necessidades e habilidades.

Uma passagem de suas memórias, talvez a mais dramática de todas, trata desse período crítico:

Quando ele já não podia mais tolerar viver no Brooklyn, eu mesma sugeri que retornasse para Providence. Ele disse: "Se nós dois retornássemos para viver em Providence, a cidade abençoada onde nasci e fui criado, estou certo de que lá seria feliz". Concordei: "Eu adoraria viver em Providence se pudesse fazer meu trabalho por lá, mas em Providence não há qualquer mercado em que eu possa me inserir". Ele retornou a Providence sozinho. Fui muito tempo depois.

Na época, H.P. vivia num amplo apartamento em forma de estúdio, onde a cozinha era dividida com outros dois ocupantes. Sua tia, a sra. Clark, tinha um cômodo na mesma casa, enquanto a sra. Gamwell, a tia mais nova, vivia em outro lugar. Então tivemos uma reunião com as tias. Eu disse que arrumaria uma casa maior, contrataria uma empregada, pagaria todas as despesas e teríamos as duas tias conosco sem qualquer custo para elas, ou pelo menos que elas viveriam melhor sem grandes gastos. H.P. e eu na verdade negociamos o aluguel de uma casa daquele tipo com a opção de comprá-la se gostássemos dela. H.P. usaria uma parte da casa para seu escritório e biblioteca, e eu usaria a outra para abrir meu próprio negócio. Foi quando as tias, gentil porém firmemente, informaram-me que nem elas nem Howard poderiam aceitar que a mulher de Howard trabalhasse para ganhar a vida em Providence. Foi isso. Compreendi a situação. O orgulho preferia sofrer em silêncio; o orgulho deles e o meu.[10]

Esse relato é repleto de problemas. Primeiro, está claro que não foi

Sonia quem "sugeriu que ele retornasse para Providence", caso contrário Lovecraft não teria dito a Lillian repetidas vezes que ela estava apenas "endossando" a mudança. Depois, não se pode precisar quando essa "reunião" em Providence aconteceu. Pode ter ocorrido no começo do verão; depois mais uma vez, o comentário de Sonia de que ela fora para Providence "muito tempo depois" pode significar que ela só foi para lá anos mais tarde — talvez só em 1928, quando então se deu entrada no pedido de divórcio — instaurado por sua própria insistência.

O tema-chave é o "orgulho" mencionado por Sonia. Aqui vemos escancarado o conflito de culturas e gerações: de um lado a dinâmica e talvez dominadora mulher de negócios lutando para salvar seu casamento ao tomar as rédeas da situação, e do outro lado as matronas vitorianas carcomidas e aristocráticas que não podiam "sustentar" a catástrofe social de ver a mulher de seu único sobrinho organizar uma loja e sustentá-los na mesma cidade onde o nome Phillips ainda representava algo próximo de uma aristocracia. As palavras exatas utilizadas no comentário de Sonia são dignas de nota: elas dão a entender que as tias toleravam que ela abrisse sua loja em outro lugar, mas não em Providence.

Seriam as tias passíveis de crítica por sua postura? Certamente, muitos daqueles que atualmente pensam que a aquisição de dinheiro é o bem moral mais elevado que os seres humanos possam atingir considerarão essa postura absurda, incompreensível e ofensivamente classista; mas os anos 1920 na Nova Inglaterra eram um tempo em que os padrões de propriedade significavam mais que um rendimento, e as tias estavam apenas aderindo aos códigos de comportamento segundo os quais haviam conduzido toda a sua vida. Se alguém deve ser criticado, esse alguém é Lovecraft: se ele concordou com as tias ou não (e, apesar de sua criação vitoriana, sinto que não concordou neste caso), deveria ter se esforçado um pouco mais para expressar suas próprias ideias e agir como um intermediário para firmar algum tipo de acordo. Em vez disso, ele parece ter permanecido passivo e deixado as tias tomarem todas as decisões por ele. Com toda a honestidade, é bem provável que ele realmente tenha desejado que o casamento acabasse ali — ou, no mínimo, que estivesse perfeitamente contente de mantê-lo apenas por correspondência, como de fato aconteceu nos anos seguintes. Tudo o que ele queria era voltar para casa; Sonia que se virasse por conta própria.

Como podemos julgar a experiência de dois anos de Lovecraft no matrimônio? Há, é claro, bastante culpa a ser compartilhada por todas as partes envolvidas: das tias, que foram indiferentes a toda a situação e por terem fracassado na oferta de ajuda adequada — financeira e emocional — ao casal em conflito; de Sonia, por sentir que poderia moldar Lovecraft segundo seus desejos; e, é claro, de Lovecraft, que foi em geral relapso, fraco, indiferente emocionalmente e incompetente financeiramente. Não há mais do que evidências circunstanciais para o primeiro ponto; consideremos, contudo, os últimos dois mais atentamente.

As memórias de Sonia deixam claro que ela viu em Lovecraft uma espécie de matéria bruta a ser moldada segundo seus próprios desígnios. O fato de que muitas mulheres entram no casamento com tais concepções não alivia sua situação. Em essência, ela queria refazer toda a sua personalidade — com o intuito claro de favorecê-lo, mas na verdade para torná-lo mais adequado a suas expectativas. Ela é clara e direta quando diz que inicialmente desejou que Lovecraft e Loveman se conhecessem para "curar" Lovecraft de seu preconceito racial; e de fato teria sido algo muito positivo se tivesse acontecido, contudo isso estava além de seus poderes.

Tampouco chegaremos a algum lugar, a esta altura, caso culpemos Lovecraft por suas inúmeras falhas como marido — nada pode ser alcançado com tal postura professoral —, mas muitas coisas em seu comportamento eram inaceitáveis. A pior, evidentemente, é sua própria decisão de se casar, uma decisão que tomou com muito pouca consciência das dificuldades envolvidas (descontadas aqui quaisquer preocupações financeiras que emergissem inesperadamente em momento posterior) e sem nenhuma noção de quão inadequado ele era para ser um marido. Era um homem com impulso sexual incrivelmente baixo, com um amor por sua terra natal profundamente arraigado, com imensos preconceitos contra minorias raciais e que, subitamente, decide se casar com uma mulher que, embora muitos anos mais velha do que ele, claramente desejava uma união física e intelectual e deixar sua terra para se mudar para uma megalópole agitada, cosmopolita e racialmente heterogênea sem um trabalho e, supõe-se, totalmente satisfeito com o fato de ser sustentado por sua mulher até conseguir um.

Uma vez casado, Lovecraft demonstrou pouquíssima consideração por sua mulher. Julgou muito mais interessante passar a maioria das noites, e mesmo madrugadas, com os Garotos. Fez um esforço planejado de encontrar um trabalho em 1924, mas virtualmente desistiu da tarefa em 1925 e 1926. Tão logo chegou à conclusão de que a vida de casado não lhe servia, ficou feliz — quando Sonia foi forçada a se mudar para o meio-oeste, em 1925 — por conduzir seu casamento a distância, por correspondência.

Três anos depois do desastre, Lovecraft pensou sobre o caso, e a suas palavras não é necessário acrescentar muita coisa. Ele confessa abertamente que uma diferença fundamental de caráter causou o rompimento:

> Não tenho dúvida de que o matrimônio possa ser um arranjo permanente muito agradável de muita valia quando ambas as partes abrigam potencialidades de vida mental e imaginativa paralelas, similares, ou pelo menos reações mutuamente compreensíveis aos mesmos pontos salientes em termos de ambiente, leituras, reflexões históricas e filosóficas e assim por diante; e necessidades e aspirações correspondentes em âmbito geográfico, social e intelectual [...] Com uma mulher de mesmo temperamento como minha mãe e minhas tias, eu provavelmente teria sido capaz de reconstruir um tipo de vida doméstica não distante daquele dos tempos da Angell Street, muito embora com uma situação diversa na hierarquia doméstica. Mas os anos trouxeram à tona diferenças básicas e essenciais nas reações a várias referências de fluxo de tempo, e ambições e concepções de valor contrárias ao planejar e fixar um espaço comum. Foi o conflito entre o abstrato-tradicional-individual-retrospectivo-esteticamente-apolíneo e o concreto-presente-doméstico-social-ético-esteticamente-dionisíaco; e, em meio a isso, a originalmente imaginada afinidade, baseada numa desilusão compartilhada, de fundo filosófico, e numa sensibilidade à beleza, resultou numa luta perdida.[11]

Ainda que abstrata, a passagem revela um domínio dos fundamentos do assunto: ele e Sonia simplesmente não eram adequados um para o outro em termos de temperamento.

O que é mais impressionante é que em anos posteriores Lovecraft em muitas ocasiões chegaria a esconder o fato de que fora casado. Quando transmitia os dados essenciais de sua vida aos novos correspondentes, ele mencionava o período em Nova York, mas não Sonia nem seu casamento; e só se algum correspondente perguntasse, direta e intrometidamente, se já havia sido casado, ele dizia que sim. É como se seu casamento e toda a sua permanência em Nova York jamais tivessem existido.

Enquanto isso, havia a mudança a ser empreendida do Brooklyn para Providence. As cartas de Lovecraft a suas tias datadas da primeira metade de abril estão repletas de detalhes práticos sobre o assunto — que companhia de mudança contratar, como embalar seus livros e outros pertences, quando chegariam, e coisas do gênero. Comentei anteriormente que Sonia planejava retornar para auxiliá-lo na mudança; de fato, ela observa, e não sem amargor, que "foi com as minhas economias que [a mudança] foi paga, incluindo sua viagem".[12]

Lovecraft embarcou no trem na manhã de 17 de abril, um sábado, e chegou no começo da tarde. Ele conta a história de maneira inimitável a Long:

> Bom, o trem começou a ganhar velocidade, & experimentei silenciosas convulsões de felicidade ao retornar passo a passo a uma vida tridimensional & desperta. New Haven — New London — & então a encantadora Mystic, com sua colina colonial & seus bucólicos recessos sem ligação com o mar. Então por fim uma mágica ainda mais sutil enche o ar — telhados & pináculos ainda mais nobres, com o trem correndo feliz sobre eles em seu elevado viaduto — *a oeste* — na província de Sua Majestade de RHODE ISLAND & PLANTAÇÕES DE PROVIDENCE! DEUS SALVE O REI!! Adveio o prazer — Kingston — East Greenwich com seus becos georgianos íngremes subindo a partir da ferrovia — Apponaug & seus antigos telhados — Auburn — fora dos limites da cidade — agarrei-me nervosamente a minhas malas & embrulhos num esforço desesperado de parecer calmo — ENTÃO — um delirante domo de mármore visto pela janela — o assovio dos freios — a velocidade reduzida — a emergência do êxtase & o desanuviar de meus olhos & mente — LAR — UNION STATION — *PROVIDENCE!!!!*[13]

O texto impresso não é capaz de contar a história inteira, pois à medida que Lovecraft se aproxima da triunfante conclusão sua caligrafia começa a crescer mais e mais, até que a palavra final fica praticamente uma polegada maior. Ela está simetricamente equilibrada por quatro exclamações e quatro traços que a sublinham. W. Paul Cook fez uma celebrada observação que o resto do livro irá, creio eu, exemplificar: "Ele chegou a Providence como um ser humano — e que ser humano! Havia sido lançado ao fogo e dele surgiu em ouro puro".[14]

Cook traz outro memorável relato da readaptação de Lovecraft:

> Eu o vi em seu retorno de Nova York a Providence e antes mesmo de desempacotar suas coisas e arrumar seu cômodo, e ele era sem dúvida o homem mais feliz que já vi — ele podia ter posado para uma foto do "Depois de tomar" dos anúncios de medicamentos. Ele *tinha* tomado e mostrado que *podia* tomar. Suas mãos eram carinhosas ao ajeitar as coisas em seus lugares, um brilho amoroso luzia em seus olhos enquanto olhava pela janela. Ele estava tão feliz que murmurava — se dispusesse do aparato necessário, ele teria ronronado.[15]

Não sabemos muito do que Lovecraft fez durante os primeiros meses de seu retorno a Providence. Em abril, maio e junho ele diz ter visto partes da cidade que nunca vira antes, uma delas pelo menos em companhia de Annie Gamwell. Ele expressa o desejo de ler mais e coligir mais material sobre Rhode Island, e diz que um canto específico da biblioteca pública de Providence estará entre suas principais moradas.

Providence entra em vários dos contos que ele escreveu no ano após seu retorno; de fato, esse período — do verão de 1926 à primavera de 1927 — representa a mais impressionante explosão de escrita ficcional de toda a carreira de Lovecraft. Apenas um mês após ter deixado Nova York ele escreve a Morton:

> É incrível quão melhor a velha cabeça trabalha desde seu retorno a suas paisagens nativas. À medida que meu exílio progredia, até minha escrita e minha leitura se tornaram processos relativamente lentos e dolorosos.[16]

Agora as coisas eram completamente diferentes: quatro novelas, duas delas curtas, e três contos, totalizando algo como 150 mil palavras, foram escritos nessa época, juntamente com alguns poemas e ensaios. Todos os contos se passam, pelo menos em parte, na Nova Inglaterra.

O primeiro da lista é "The Call of Cthulhu", provavelmente escrito em agosto ou setembro. O conto foi, como se colocou anteriormente, planejado um ano antes, entre 12 e 13 de agosto de 1925. O enredo desse conto bastante conhecido não precisa de uma descrição muito elaborada. O narrador, Francis Wayland Thurston, trata de fatos peculiares que veio a saber a partir tanto de documentos de seu tio-avô recém-falecido, George Gamwell Angell, quanto de investigações pessoais. O fim dessas investigações é a revelação de uma extraordinária entidade cósmica, Cthulhu, que viera das estrelas na alvorada dos tempos e fundara uma cidade de pedra, R'lyeh, que então foi tragada pelo oceano Pacífico. No começo de março de 1925, a cidade surgiu das águas como resultado de um terremoto, e Cthulhu momentaneamente emerge; mas, presumidamente por as estrelas não estarem "prontas", a cidade afunda novamente, com Cthulhu retornando ao fundo do mar. Contudo, a mera existência dessa entidade titânica é uma constante fonte de profundo incômodo a Thurston, pois mostra quão tênue é a propalada supremacia humana sobre o planeta.

É difícil chegar à rica textura desse trabalho por este resumo simplório: as implicações da ameaça cósmica, seu clímax gradual e sutil, a complexidade de sua estrutura e a pluralidade de vozes narrativas, e a absoluta perfeição do estilo — sóbrio e clínico desde o início, mas alcançando no fim as alturas estilísticas da prosa poética do horror que chegam a uma grandeza quase sublime.

A origem do conto remonta mesmo a antes da detalhada sinopse de

1925. Seu cerne está registrado numa entrada de seu caderno de notas (nº. 25) que provavelmente data de 1920, sobre um homem que visita um museu de antiguidades trazendo consigo uma estátua que acabara de produzir. Trata-se do registro literal de um sonho que Lovecraft tivera no início da década de 1920, o qual ele descreve com maiores detalhes em duas cartas do período.

A influência literária dominante no conto é "Le Horla", de Guy de Maupassant. Em "Supernatural Horror in Literature", Lovecraft escreve que ele

> relata o advento na França de um ser invisível que vive de água e leite, controla a mente dos outros e parece ser a vanguarda de uma horda de organismos extraterrestres que chegam à terra para subjugar e sobrepujar a humanidade. Essa tensa narrativa talvez não conheça igual em seu nicho particular.

Cthulhu não é, logicamente, invisível, mas o resto da descrição bate sensivelmente com os acontecimentos do conto. Não obstante, é preciso admitir que Lovecraft lida com o tema com sutileza e riqueza muito maiores do que Maupassant. É possível identificar também a influência de Machen; especialmente relevante é "Novel of the Black Seal", na qual o professor Gregg, como Thurston, reúne informações que por si próprias revelariam pouco, porém quando postas em conjunto sugerem um terrível horror para a raça humana.

Muitos dos locais em Providence são reais, mais notadamente o edifício Fleur-de-Lys na Thomas Street, número 7, onde vivia o artista Wilcox (que produziu uma escultura de Cthulhu depois de sonhar com ele). O terremoto citado na história também é um acontecimento real. Steven J. Mariconda, que escreveu exaustivamente sobre a gênese do conto, observa: "Em Nova York, luminárias caíam das mesas e espelhos das paredes; as próprias paredes rachavam, e as janelas quebravam; as pessoas corriam para as ruas".[17] É interessante que a celebrada cidade submersa de R'lyeh, que emerge pelo terremoto, foi primeiramente batizada por Lovecraft como L'yeh.[18]

A verdadeira importância de "The Call of Cthulhu", contudo, reside não na incorporação de detalhes autobiográficos, nem mesmo na excelência intrínseca, mas em ser a primeira contribuição significante ao que viria a ser chamado de "mito de Cthulhu". Esse conto traz praticamente todos os elementos que seriam subsequentemente utilizados na ficção do "mito de Cthulhu" por Lovecraft e outros. Há, é certo, algo que acontece nos contos de Lovecraft escritos em sua última década de produção: eles são frequentemente inter-relacionados por uma série complexa de referências cruzadas mediante um corpo constantemente trabalhado de mitologia imaginada, e muitos deles baseados em marcas — superficiais ou profundas, a depender do caso — produzidas em contos anteriores. Mas certos pontos básicos podem agora ser colocados, embora alguns deles estejam envolvidos em controvérsia: primeiro, não foi o próprio Lovecraft o responsável pela expressão "mito de Cthulhu"; depois, Lovecraft sentiu que *todos* os seus contos traziam em si seus próprios princípios filosóficos básicos; em terceiro lugar, o mito, se é passível de definição, não está nos contos nem na filosofia por trás dos contos, mas numa série de *estruturas de enredo* utilizadas para trazer à tona essa filosofia. Vamos estudar cada um desses pontos a seguir.

Em primeiro lugar, a expressão "mito de Cthulhu" foi inventada por August Derleth após a morte de Lovecraft; quanto a isso não há o que dizer. O mais próximo que Lovecraft chegou de dar a seu panteão inventado e fenômenos relacionados um nome foi quando ele fez uma referência casual ao "Cthulhuism & Yog-Sothothery",[19] e não era claro o que esses termos realmente significavam.

Depois, Lovecraft utilizou sua pseudomitologia como uma (entre muitas) das formas de dar vazão a sua mensagem filosófica, cuja característica principal era o cosmicismo. Esse ponto se faz claro numa carta escrita a Farnsworth Wright em julho de 1927 sobre o reenvio de "The Call of Cthulhu" à *Weird Tales* (ele fora recusado na primeira apreciação):

> Agora todos os meus contos estão baseados na premissa fundamental de que as leis humanas comuns e interesses e emoções não têm validade ou significado para o vasto cosmo. Para mim não há nada senão puerilidade num conto no qual as formas humanas — e as paixões humanas locais e as condições e padrões — são propostos como nativos a outros mundos e outros universos. Para alcançar a essência da real externalidade, seja de tempo, espaço ou dimensão, deve-se esquecer que coisas como a vida orgânica, o bem e o mal, o amor e o ódio e todos os predicados locais de uma raça temporária e insignificante como a humana tenham qualquer vigência.[20]

Essa passagem sustenta que todos os contos de Lovecraft enfatizam o cosmicismo de uma forma ou de outra. Se, então, separamos alguns dos contos de Lovecraft por empregarem a estrutura de seu "panteão artificial e fundamento mítico" (como ele escreve em "Some Notes on Non-Identity"), é pura e simplesmente por conveniência, com toda a consciência de que o trabalho de Lovecraft não deve ser agrupado arbitrária, rígida ou exclusivamente em categorias distintas ("contos da Nova Inglaterra", "contos dunsanianos" e "contos do mito de Cthulhu", como Derleth estabelece), já que é mais do que evidente que essas (ou quaisquer outras) categorias são bem definidas ou mutuamente exclusivas.

Em terceiro lugar, é descuidado e pouco preciso dizer que o mito de Lovecraft seja a filosofia de Lovecraft: sua filosofia é o materialismo mecanicista e todas as suas ramificações, e, se o mito de Lovecraft chega a ser alguma coisa, ele é uma série de mecanismos de enredo produzidos para facilitar a expressão dessa filosofia. Esses vários mecanismos de enredo não precisam nos ocupar aqui, exceto em suas mais amplas feições. Talvez elas possam ser divididas em três grupos gerais: o primeiro, dos "deuses" inventados e dos cultos e adorações que surgem em torno deles; depois, uma crescente biblioteca de livros míticos de tradições ocultistas; por fim, uma topografia fictícia da Nova Inglaterra (Arkham, Dunwich, Innsmouth etc.). Fica imediatamente claro que os últimos dois já estão presentes de formas nebulosas em seus primeiros contos; mas as três características se reúnem apenas no trabalho maduro de Lovecraft. De fato, a terceira característica não alimenta a mensagem cósmica de Lovecraft de maneira clara, e pode ser encontrada em contos que são tudo, menos cósmicos (por exemplo, "The Picture in the House"); mas é um fenômeno que exerce muita fascinação e se pode dizer ser um importante componente do mito de Lovecraft. É uma pena, claro, que essas marcas superficiais tenham frequentemente tomado a frente para leitores, escritores e até para os críticos, em relação à filosofia da qual elas são símbolos e representações.

A essa altura não faz muito sentido examinar os equívocos de representação impostos ao mito de Lovecraft por August Derleth; a única razão para tanto é a de promover um prelúdio ao exame do que o *mythos* realmente significava para Lovecraft. O equívoco principal é que os "deuses" de Lovecraft podem ser diferenciados entre "deuses mais velhos", que representam as forças do bem, e os "antigos deuses", que são as forças do mal.

Derleth, um católico praticante, não foi capaz de suportar o ateísmo cabal da visão de Lovecraft, e acabou por inventar a partir da ficção do autor os "deuses mais velhos" como contrapartida dos malignos mais velhos, que tinham sido expulsos da terra, porém preparam eternamente seu retorno e a destruição da humanidade. Essa invenção dos "deuses mais velhos" lhe permitiu sustentar que o "mito de Cthulhu" é substancialmente próximo da cristandade, o que o torna aceitável a pessoas de têmpera conservadora, como a sua. Uma importante "evidência" que Derleth cita para alavancar sua tese é a "citação" a seguir, presumidamente saída de uma carta de Lovecraft:

> Todos os meus contos, sem aparentar qualquer relação, estão baseados nas tradições fundamentais ou lendas segundo as quais esse mundo foi outrora habitado por outra raça que, praticando magia negra, perdeu seu lugar e foi expulsa, não obstante viva em algum outro lugar pronta para tomar posse da terra novamente.

A despeito da similaridade superficial com o trecho "Agora todos os meus contos [...]" mencionada anteriormente (e conhecida de Derleth), essa citação não soa de forma alguma como Lovecraft — de qualquer forma, está em absoluto conflito com a essência de sua poesia. Quando, nos anos posteriores, pediu-se a Derleth que indicasse a carta de onde essa citação fora supostamente extraída, ele não pôde fazê-lo, e por uma boa razão: ela não aparece, na verdade, numa carta de Lovecraft. Ela sai de uma carta a Derleth escrita por Harold S. Farnese, o compositor que se correspondera brevemente com Lovecraft e que distorceu consideravelmente a direção do trabalho de Lovecraft e pensava na mesma linha de Derleth.[21] Mas Derleth agarrou-se à "passagem" como o trunfo de suas ideias equivocadas.

Já não precisamos repisar todo esse assunto. Não há luta cósmica do "bem contra o mal" nos contos de Lovecraft; não há "deuses mais velhos" cuja missão seja a de proteger a humanidade dos "malignos" mais velhos; os "mais velhos" não foram "expulsos" por ninguém e não ficaram (exceto Cthulhu) "presos" na terra ou em qualquer outro lugar. A visão de Lovecraft não é tão positiva: a humanidade simplesmente não está no centro do cosmo, e não há quem nos ajude contra as entidades que de tempos em tempos desceram à terra causando estragos; na verdade, os deuses do mito não são de fato deuses, mas apenas extraterrestres que ocasionalmente manipulam seus seguidores humanos em benefício próprio.

É aqui que finalmente nos aproximamos do coração do mito de Lovecraft. O que Lovecraft estava realmente fazendo era criar (como David E. Schultz colocou de forma bastante feliz)[22] uma *antimitologia*. Qual é a ideia por trás da maioria das religiões e mitologias? É "justificar os caminhos de Deus ao homem".[23] Os seres humanos sempre se consideraram no centro do universo; eles povoaram o universo com deuses das mais variadas naturezas e capacidades como meio de explicar os fenômenos naturais, de justificar sua própria existência, de se proteger da terrível perspectiva de ser esquecido após a morte. Cada religião e mitologia estabeleceu algumas conexões vitais entre deuses e seres humanos, e é exatamente essa conexão que Lovecraft quer subverter com sua pseudomitologia.

Do cosmicismo de "The Call of Cthulhu" à aparente mundanidade de "Pickman's Model" — escrito, aparentemente, no início de setembro —, é possível identificar o passo dado para trás; e, não obstante esse conto não possa ser considerado um dos melhores de Lovecraft, ele contém algumas características de interesse. O narrador, Thurber, escrevendo num coloquialismo bastante estranho a Lovecraft, fala sobre o pintor Richard Upton Pickman, de Boston, cujas telas — de um horror espetacular — o incomodam muitíssimo. Mais tarde Thurber aprende que o monstro pintado por Pickman é extraído "da vida".

Nenhum leitor seria incapaz de predizer tal conclusão, porém o conto é mais interessante não por seu enredo, mas por sua ambiência e estética. O espaço — a região norte de Boston, então (como hoje) amplamente ocupada pela colônia italiana — é representado de forma bastante fiel, com a referência literal a muitas ruas; contudo, menos de um ano depois de escrever a história, Lovecraft estava decepcionado ao constatar que boa parte da região fora destruída para abrir caminho para novos empreendimentos. Além da precisão topográfica, "Pickman's Model" expressa, de forma ficcionalizada, muitos dos princípios estéticos da ficção fantástica que Lovecraft acabara de frisar em "Supernatural Horror in Literature".

"The Call of Cthulhu" foi inicialmente rejeitado por Farnsworth Wright, da *Weird Tales*, porém era mais previsível que Wright tomasse para si o mais convencional "Pickman's Model", publicado no número de outubro de 1927.

Lovecraft estava fazendo mais do que escrever ficção; sem dúvida, ele continuava a sustentar sua existência mínima com suas preparações e edições de texto, e no processo atraía pouco a pouco aspirantes à escrita de ficção fantástica que lhe ofereciam histórias para correção. No verão de 1926, seu novo amigo Wilfred B. Talman chegou a ele com o conto "Two Black Bottles". Lovecraft viu no conto algo de promissor — Talman, recordemos, tinha apenas 22 anos na época, e escrever não era sua principal ocupação artística — mas sentiu que a peça pedia alterações. Em outubro, aproximadamente, o conto estava pronto, mais ou menos de acordo com a satisfação de ambos os envolvidos. O resultado final não era nada notável, porém acabou publicado na *Weird Tales*, no número de agosto de 1927.

Um trabalho de edição de tipo bastante diverso no qual Lovecraft trabalhou em outubro foi *The Cancer of Superstition*. Esse parece ter sido um projeto colaborativo no qual Lovecraft e C.M. Eddy trabalharam sob os auspícios de Harry Houdini. Houdini estrelara um espetáculo em Providence no começo de outubro, quando pediu a Lovecraft que lhe fizesse um serviço rápido — um artigo atacando a astrologia — pelo qual pagaria 75 dólares. Esse artigo não chegou a ser publicado; porém, é possível que ele oferecesse o núcleo do que deveria tornar-se uma polêmica intensa contra superstições de todo tipo. Houdini havia, ele próprio, escrito muitos trabalhos desse tipo — incluindo *A Magician among the Spirits* (1924), que ofertou a Lovecraft com uma dedicatória —, mas naquele momento desejava algo mais próximo do rigor acadêmico.

Contudo, a morte súbita de Houdini, em 31 de outubro, colocou um ponto final no projeto, uma vez que sua esposa não quis levá-lo adiante. Talvez tenha sido melhor assim, pois o material que restou da empreitada é fraco e carece amplamente do apoio acadêmico que um trabalho desse gênero exige. Lovecraft deve ter sido, enquanto amador, um bom conhecedor de antropologia, porém nem ele nem Eddy tinham autoridade acadêmica para levar o trabalho a uma boa conclusão.

Pouco tempo depois de escrever "Pickman's Model", algo estranho acontece — Lovecraft retorna a Nova York. Ele chegou já em 13 de setembro, segunda-feira, pois fala de assistir a um filme com Sonia naquela noite. Não estou certo da razão da visita — trata-se, claramente, de uma simples visita, e suspeito que o ímpeto tenha vindo de Sonia. Lovecraft, embora ainda casado com Sonia, parece ter retornado a sua antiga posição de visitante dos idos de suas visitas de 1922: ele passava a maior parte do tempo com seus amigos, particularmente Long, Kirk e Orton. No domingo 19 de setembro, Lovecraft viajou à Filadélfia. Sonia insistira em pagar-lhe a viagem, presumidamente como recompensa por retornar à "zona da peste".

Com Annie Gamwell, Lovecraft fez outra viagem no fim de outubro, embora esta tenha permanecido perto de casa. Foi, na verdade, nada menos que sua primeira visita à região ancestral de Foster desde 1908. É uma alegria ler o relato de Lovecraft dessa viagem, na qual ele não apenas absorve a graça intrínseca da Nova Inglaterra rural, que sempre apreciou, como também restabelece os vínculos com membros da família que ainda reverenciavam a memória de Whipple Phillips.

Ecos dessa viagem se manifestam em seu trabalho seguinte de ficção, "The Silver Key", ao que tudo indica escrito no início de novembro. Nesse conto, Randolph Carter — ressuscitado de "The Unnamable" (1923) — tem trinta anos; ele "perdeu a chave do portão dos sonhos" e doravante procura reconciliar-se com o mundo real, que então considera prosaico e esteticamente menor. Tenta todos os tipos de novidades literárias e físicas até que um dia encontra a chave — ou melhor: uma chave de prata em seu sótão, que de alguma maneira o leva de volta ao passado, de modo que se torna mais uma vez um garoto de nove anos de idade. Sentando-se para jantar com sua tia e seu tio, Carter vê-se perfeitamente feliz como um menino que se livra das complicações tediosas da vida adulta pela eterna maravilha da infância.

"The Silver Key" traz uma exposição da filosofia social, estética e ética de Lovecraft. Não é tanto um conto, mas uma parábola ou diatribe filosófica. Ele ataca o realismo literário, a religião convencional e a vida boêmia exatamente da mesma forma como faz em suas cartas. Mas, como Kenneth W. Faig, Jr., tem colocado de forma bastante enfática, "The Silver Key" é em grande parte um relato ficcionalizado da recente visita de Lovecraft a Foster.[24] Detalhes da topografia, nomes de personagens e outras similaridades tornam essa conclusão inabalável. Assim como Lovecraft sentia a necessidade, depois de dois anos apartado de suas raízes em Nova York, de restaurar seus vínculos com os lugares que davam raízes a ele e sua família, também em sua ficção ele precisava anunciar que, dali em diante, ainda que sua imaginação o levasse a vagar distâncias afora, sempre acabaria por retornar à Nova Inglaterra, olhando para isso como fonte de valores sólidos e sustentação emocional.

"The Silver Key", com seu pesado fardo filosófico, não é orientado para um público popular, e não chega a ser surpresa que Wright tenha recusado sua publicação na *Weird Tales.* No verão de 1928, contudo, Wright pediu que Lovecraft enviasse o conto novamente, e desta vez o aceitou, pagando setenta dólares.

"The Strange High House in the Mist", escrito em 9 de novembro, mostra que a influência de Dunsany havia sido totalmente internalizada de modo a permitir a expressão dos próprios sentimentos de Lovecraft através do idioma de Dunsany e sua atmosfera geral. De fato, as únicas ligações verdadeiras com o trabalho de Dunsany podem estar talvez em alguns detalhes de ambiência e na proposta visivelmente filosófica, e até mesmo satírica, a que a fantasia serve. Estamos mais uma vez em Kingsport, cidade à qual Lovecraft não retornara desde "The Festival" (1923); Thomas Olney descobre, então, estranhas criaturas que assombram uma antiga casa num alto penhasco na região norte da cidade. Depois de retornar a sua família, a alma de Olney já não quer maravilhas e mistério; em vez disso, ele está satisfeito em levar sua vida burguesa prosaica com a mulher e os filhos.

Em várias ocasiões Lovecraft confessa que não tinha nenhum lugar específico em mente quando escreveu esse conto: ele diz que as memórias dos "penhascos titânicos de Magnolia"[25] em parte inspiraram o ambiente, mas que não há casa no penhasco, como na história. "The Strange High House in the Mist" contém pouco no sentido de uma descrição topográfica específica, e estamos claramente numa terra de fantasia onde — estranhamente para Lovecraft — o foco está na personagem humana.

Está no coração do conto a estranha transformação de Thomas Olney. O Velho e Terrível Homem diz: "Em algum lugar sob aquele teto cinza e escarpado ou nas inconcebíveis distâncias envoltas naquela sinistra névoa branca, lá ronda o espírito perdido daquele que foi Thomas Olney". O corpo retornava ao mundo normal da matéria, mas o espírito permanecia com os ocupantes da casa alta em meio à névoa; Olney percebe que é nesse ambiente de nebulosa maravilha que ele verdadeiramente se sente em casa. Seu corpo agora é uma casca vazia, sem alma nem imaginação.

Mas a escrita de Lovecraft de forma alguma se limitara a esses trabalhos. Deixando seus hábitos normais, ele escreveu "The Silver Key" e "The Strange High House in the Mist" enquanto trabalhava simultaneamente numa obra bem maior. Escrevendo a August Derleth no início de dezembro, ele diz: "Estou na página 72 da fantasia de minha terra de sonhos".[26] O resultado, terminado no fim de janeiro, seria o mais longo trabalho de ficção que ele escrevera até então — *The Dream-Quest of Unknown Kadath.*

NOTAS

1 HPL a Lillian D. Clark, 2 de abril de 1925 (manuscrito, JHL).

2 HPL a Lillian D. Clark, 14–19 de novembro de 1925 (manuscrito, JHL).

3 HPL a Lillian D. Clark, 8 de agosto de 1925 (manuscrito, JHL).

4 Scott, p. 18. O ensaio foi publicado pela primeira vez em *Marginalia* (1944). Em sua cópia do livro (hoje em mãos de Kenneth W. Faig, Jr.), Benjamin Crocker Clough, resenhista do *Providence Journal*, escreveu: "Então ele [Loveman] disse a mim, e eu disse a WTS. 'Phial', não estou certo".

[5] HPL a Lillian D. Clark, 22–23 de dezembro de 1925 (manuscrito, JHL).

[6] Scott, "His Own Most Fantastic Creation", p. 18.

[7] Long, *Dreamer on the Nightside*, p. 167.

[8] HPL a Lillian D. Clark, 29 de março de 1926 (manuscrito, JHL).

[9] HPL a Lillian D. Clark, 1° de abril de 1926 (manuscrito, JHL).

[10] Davis, *Private Life*, pp. 14, 20.

[11] HPL a Maurice W. Moe [2 de julho de] 1929 (SL III. 5, 8).

[12] Davis, *Private Life*, p. 11.

[13] HPL a Frank Belknap Long, 1° de maio de 1926 (SL II.46–47).

[14] Cook, *In Memoriam*, in *Lovecraft Remembered*, p. 116.

[15] Cook, *In Memoriam*, pp. 116–17.

[16] HPL a James F. Morton, 16 de maio de 1926 (SL II.50).

[17] Steven J. Mariconda, "On the Emergence of 'Cthulhu'", in *On the Emergence of "Cthulhu"*, p. 59 (com a comprobação do *New York Times*, 1° de março de 1925).

[18] HPL a Lillian D. Clark, 14–19 de novembro de 1925 (manuscrito, JHL).

[19] HPL a August Derleth, 16 de maio de 1931 (manuscrito, SHSW).

[20] HPL a Farnsworth Wright, 5 de julho de 1927 (SL II.150).

[21] Ver David E. Schultz, "The Origin of Lovecraft's 'Black Magic' Quote", *Crypt of Cthulhu* n°. 48 (St John's Eve 1987): 9–13.

[22] Ver David E. Schultz, "From Microcosm to Macrocosm: The Growth of Lovecraft's Cosmic Vision", in Schultz e Joshi, *An Epicure in the Terrible.*

[23] John Milton, *Paradise Lost*, I.26.

[24] Kenneth W. Faig, Jr., "'The Silver Key' and Lovecraft's Childhood", *Crypt of Cthulhu* n°. 81 (St. John's Eve, 1992): 11–47.

[25] HPL a Frank Belknap Long, 6 de setembro de 1927 (SL II.164).

[26] HPL a August Derleth [começo de dezembro de 1926] (SL II. 94).

14

Externalidade cósmica

(1927–28)

As 43 MIL PALAVRAS de *The Dream-Quest of Unknown Kadath* foram concluídas em 22 de janeiro de 1927. Mesmo enquanto as escrevia, Lovecraft expressou suas dúvidas quanto a seus méritos: "Na verdade, não é muito bom; mas oferece uma prática útil para tentativas posteriores e mais autênticas na forma do romance".[1] Esse comentário configura um juízo quase tão acurado quanto se possa formular sobre esse trabalho. Mais do que qualquer outra das grandes histórias de Lovecraft, ela suscitou reações absolutamente contrárias mesmo de seus fiéis leitores: L. Sprague de Camp o comparou a *Lilith* e *Phantastes*, de George McDonald, e aos livros de *Alice*, enquanto outros acadêmicos dedicados à obra de Lovecraft o consideram quase ilegível. De minha parte, acho que se trata de um trabalho encantador, porém ao qual falta alguma força: as aventuras de Carter através da terra de sonhos ficam um pouco aborrecidas depois de um tempo, mas o romance é salvo por sua conclusão extraordinariamente incisiva. Sua grande característica pode ser a significação biográfica: é, de fato, a autobiografia espiritual de Lovecraft para aquele momento preciso de sua vida.

É praticamente inútil seguir o enredo errante desse romance curto, que em seus contínuos meandros desprovidos de divisões em capítulos faz recordar conscientemente não apenas Dunsany (embora Dunsany nunca tenha escrito um trabalho longo desse tipo), mas também *Vathek* (1796), de William Beckford; muitos pontos de enredo e imaginário também trazem à mente a fantasia árabe de Beckford. Lovecraft ressuscita Randolph Carter numa busca pela terra dos sonhos por sua "cidade do sol poente", descrita como segue:

All golden and lovely it blazed in the sunset, with walls, temples, colonnades and arched bridges of veined marble, silver-basined fountains of prismatic spray in broad squares and perfumed gardens, and wide streets marching between delicate trees and blossom-laden urns and ivory statues in gleaming rows; while on steep northward slopes climbed tiers of red roofs and old peaked gables harbouring little lanes of grassy cobbles.

Isto de fato soa — exceto por alguns estranhos detalhes no final — como um espaço imaginário dunsaniano; contudo, o que Carter descobre quando deixa sua cidade, Boston, para produzir um cansativo périplo pela terra de sonhos rumo ao trono dos Grandes que habitam um castelo de ônix na desconhecida Kadath? Nyarlathotep, o mensageiro dos deuses, diz numa passagem forte como nenhuma outra na obra de Lovecraft:

For know you, that your gold and marble city of wonder is only the sum of what you have seen and loved in youth. It is the glory of Boston's hillside roofs and western windows aflame with sunset; of the flower-fragrant Common and the great dome on the hill and the tangle of gables and chimneys in the violet valley where the many-bridged Charles flows drowsily. These things you saw, Randolph Carter, when your nurse first wheeled you out in the springtime, and they will be the last things you will ever see with eyes of memory and of love [...]

These, Randolph Carter, are your city; for they are yourself. New-England bore you, and into your soul she poured a liquid loveliness which cannot die. This loveliness, moulded, crystallised, and polished by years of memory and dreaming, is your terraced wonder of elusive sunsets; and to find that marble parapet with curious urns and carven rail, and descend at last those endless balustraded steps to the city of broad squares and prismatic fountains, you need only to turn back to the thoughts and visions of your wistful boyhood.

Subitamente percebemos que a "cidade do sol poente" traz algumas características de algum modo curiosas, como cornijas e ruas de paralelepípedo. Também percebemos por que as várias e fantásticas criaturas que Carter encontra ao longo do caminho — *zoogs, gugs, ghasts, ghouls, moonbeasts* — não nos tocam; elas não estão ali para isso. São todas interessantes, naquela "porcelana de Dresden" que equivocadamente Lovecraft entende ser Dunsany; porém não representam nada, pois a nada correspondem em nossas memórias e sonhos. Assim, tudo que Carter tem a fazer — e o que ele de fato faz no final — é tão somente acordar em seu quarto em Boston, deixar a terra dos sonhos para trás e perceber a beleza a ser encontrada da porta para fora.

A ressurreição da dicção dunsaniana — que Lovecraft não usava desde "The Other Gods" (1921) — parece-me ter significado não tanto uma homenagem quanto uma recusa de Dunsany, ou pelo menos daquilo que Lovecraft naquele momento pensava que Dunsany fosse. Assim como, quando escreveu "Lord Dunsany and His Work", em 1922, ele sentia que a única escapatória da desilusão moderna seria "adorar mais uma vez a música e a cor da linguagem divina e assumir uma postura de desfrute epicuriano naquelas combinações de ideias e fantasia que sabemos ser artificiais"; em 1926 — depois de dois anos passados longe do solo da Nova Inglaterra, o qual ele percebia ser seu único arrimo contra o caos e a falta de sentido —, ele sentia necessidade de rejeitar essas artificialidades decorativas. Por volta de 1930 — apenas sete anos após comentar, numa vergonhosa projeção de si, que "Dunsany *sou eu mesmo*" —, Lovecraft promoveu um definitivo rompimento com seu outrora reverenciado mentor:

> O que não penso que possa utilizar muito no futuro é a veia pseudopoética dunsaniana — não porque eu não a admire, mas porque não penso que me seja natural. O fato de que a usei de forma controlada antes de ler Dunsany e, no entanto, tenha começado a me exceder nela imediatamente após tê-lo lido, reforça fortemente minha suspeita de sua artificialidade no que toca a mim. Aquele tipo de coisa precisa de um poeta melhor que eu.[2]

Em anos posteriores, Lovecraft repudiou a novela, recusando o desejo de vários colegas de produzir uma versão datilografada do manuscrito. O texto não foi publicado até que foi incluído em *Beyond the Wall of Sleep* (1943).

É interessante que, quase imediatamente após ter completado *The Dream-Quest of Unknown Kadath*, no fim de janeiro de 1927, Lovecraft tenha mergulhado em outro "romance jovem",[3] *The Case of Charles Dexter Ward*. De início ele não o considerava mais que uma novela, mas à época de sua conclusão, em 1º de março, chegara a 147 páginas de manuscrito. Com aproximadamente 51 mil palavras, é o mais longo trabalho de ficção que Lovecraft viria a escrever. Embora traia alguns sinais de pressa e embora sem dúvida o tivesse revisado, caso fizesse o esforço de prepará-lo para publicação, o fato é que ele se sentiu desencorajado quanto à qualidade do manuscrito — bem como quanto à possibilidade de comercializá-lo –, e nunca fez tal esforço. Desse modo, o trabalho permaneceu inédito até quatro anos após sua morte.

Talvez não seja tão estranho que Lovecraft tenha escrito *The Case of Charles Dexter Ward* numa correria cega nove meses depois de seu retorno a Providence; pois esse romance – a segunda de suas principais histórias (depois de "The Shunned House") a ser inteiramente ambientada em sua cidade natal – fora pensado por pelo menos um ano ou mais. Comentei que em agosto de 1925 ele estava imaginando um romance sobre Salem; contudo, em setembro, ele leu *Providence in Colonial Times* (1912), de Gertrude Selwin Kimball, na biblioteca pública de Nova York, e esse trabalho árido de historiografia acendeu sua imaginação. Ele ainda falava da ideia de Salem enquanto terminava de escrever *The Dream-Quest*; talvez o livro de Kimball – bem como, é claro, seu retorno a Providence – o tenha levado a unir a ideia de Salem com um trabalho sobre sua cidade natal.

A novela trata das tentativas do alquimista do século XVII Joseph Curwen de conquistar o conhecimento alheio ao sagrado ressuscitando os "sais essenciais" dos grandes pensadores do mundo. Curwen também deixa seus sais essenciais para que sejam descobertos por seu descendente do século XX, Charles Dexter Ward, de modo que ele é ressuscitado, mas para ser humilhado pelo médico da família Ward, Marinus Bicknell Willett. O flashback histórico – ocupando o segundo dos cinco capítulos – é a mais evocativa das passagens do trabalho de Lovecraft até então.

A casa que serve de modelo para a residência de Charles Dexter Ward é a chamada mansão Halsey (a casa de Thomas Lloyd Halsey, no número 140 da Prospect Street). No fim de agosto de 1925 Lovecraft soube por Lillian que a mansão era assombrada.[4] Embora hoje dividida em apartamentos, trata-se de uma estupenda construção em estilo georgiano tardio (primeira década do século XIX), absolutamente merecedora do elogio lovecraftiano. Lovecraft provavelmente nunca esteve na mansão Halsey, mas teve uma boa perspectiva dela a partir do número 10 da Barnes Street; mirando a noroeste da janela de trás do andar superior da casa da tia, ele a podia ver claramente.

Uma influência literária significativa pode ser notada aqui: o romance de Walter de la Mare *The Return* (1910). Lovecraft lera De la Mare (1873–1956) pela primeira vez no verão de 1926; sobre *The Return* ele comenta em "Supernatural Horror in Literature": "Vemos a alma de um homem morto saindo de seu túmulo de dois séculos e prendendo-se à carne dos vivos, de modo tal que mesmo o rosto da vítima torna-se o que há muito tempo retornara ao pó". No romance de De la Mare, é claro, há uma possessão psíquica envolvida, como não há em *Charles Dexter Ward*; e, embora o foco em *The Return* esteja no trauma pessoal do homem afetado — em particular suas relações com a filha e a mulher —, e não na sobrenaturalidade de sua condição, Lovecraft claramente adapta o plano geral a seu próprio trabalho.

A fonte aparente da personagem Charles Dexter Ward é bastante interessante. É claro, há muitos toques autobiográficos no retrato de Ward; contudo, muitos detalhes de superfície parecem ter sido tomados de uma pessoa que realmente vivia na mansão Halsey na época, William Lippitt Mauran, nascido em 1910. Lovecraft muito provavelmente não conhecia Mauran, mas é mais que provável que ele observasse Mauran nas ruas e soubesse de sua existência. Mauran fora uma criança doente que atravessara inválida boa parte de sua juventude, sempre levada numa cadeira de rodas por uma enfermeira. Ademais, a família Mauran também era proprietária de uma fazenda em Pawtuxet, exatamente como Curwen. Outros detalhes da personagem de Ward também se adequam mais a Mauran que a Lovecraft.[5]

As primeiras partes da novela, em particular, estão repletas de detalhes autobiográficos. As primeiras descrições de Ward quando jovem remontam à própria criação de Lovecraft, embora com mudanças provocativas. Por exemplo, a descrição de "uma das primeiras memórias da criança" —

> o imenso mar de telhados nebulosos e domos e pináculos e colinas distantes que, a oeste, ele viu numa tarde de inverno daquele aterro da ferrovia, todo violeta e místico contra um pôr do sol febril e apocalíptico repleto de vermelhos e dourados e púrpuras e curiosos verdes

— é situada no Prospect Terrace, ao mesmo tempo que nas cartas Lovecraft identifica essa visão mística com o aterro da ferrovia em Auburndale, Massachusetts, por volta de 1892. O retorno em êxtase de Ward a Providence depois de muitos anos no exterior não pode ser outra coisa senão uma referência ao próprio retorno de Lovecraft a Providence depois de dois anos em Nova York. A mera frase que conclui essa passagem — "Luzia o sol crepuscular, e Charles Dexter Ward retornava para casa" — é uma das mais distintas e tocantes frases da obra de Lovecraft.

É uma pena que Lovecraft não tenha produzido qualquer esforço no sentido de preparar *The Case of Charles Dexter Ward* para publicação, mesmo quando na década de 1930 editores pediam especificamente um romance de seu próprio punho; não estamos, contudo, em condições de julgar o próprio julgamento de Lovecraft quanto à qualidade inferior do trabalho, "uma peça arrastada, um incômodo testemunho de antiquarianismo artificial".[6] Atualmente, a obra tem sido reconhecida como um de seus melhores trabalhos, enfatizando mais uma vez a mensagem de *The Dream-Quest of Unknown Kadath*: Lovecraft é quem é devido a seu nascimento e criação na Nova Inglaterra ianque. A necessidade de enraizar seu trabalho no solo nativo se torna sempre mais clara para ele à medida que o tempo passa, e leva a sua transformação gradual de toda a Nova Inglaterra num lugar de maravilhamento e terror.

O último conto do grande fluxo de prosa de ficção dos anos de 1926 e 1927 é "The Colour out of Space", escrito em março de 1927. É, sem sombra de dúvida, uma dos grandes contos de Lovecraft, e permaneceu sendo um dos seus favoritos. Mais uma vez o enredo é conhecido demais para exigir uma descrição mais detida; ele aborda os terríveis efeitos de um meteorito — ou, mais especificamente, da nebulosa entidade (ou nebulosas entidades) que habitam o meteorito — que cai no campo de uma fazenda da Nova Inglaterra. Os grãos começam a crescer estranhamente, os animais começam a desenvolver aberrações anatômicas e, finalmente, humanos e animais se desfazem numa poeira cinza. Por fim, há uma tremenda erupção de luz saída de um poço: são as criaturas, que retornam a seu lar cósmico.

Lovecraft está correto em chamar este conto de "estudo atmosférico",[7] pois ele poucas vezes chegou a capturar a atmosfera de um horror inexplicável melhor do que aqui. Primeiramente, consideremos a ambientação. O reservatório mencionado no conto é bem real: o reservatório Quabbin, cujo projeto fora anunciado em 1926, embora não fosse terminado até 1939. Diz Lovecraft numa carta posterior, no entanto, que não se tratava deste, mas do reservatório Scituate, em Rhode Island (construído em 1926), que o levou ao uso do reservatório na história.[8] Ele pôde ver esse reservatório quando viajava pela região, no centro-oeste do estado, a caminho de Foster, no fim de outubro. Não consigo, contudo, acreditar que Lovecraft também não estivesse pensando em Quabbin, que está localizado justamente na área central de Massachusetts, onde o conto tem lugar, e que acarretou o abandono e submersão de cidadezinhas inteiras da região.

A chave da história, não obstante, é o meteorito anômalo. É ele que ganha vida, ou são os glóbulos coloridos de dentro dele? Abrigaria ele uma ou muitas entidades? Quais seriam suas propriedades físicas? Ou, de forma mais significativa, quais são seus objetivos, projetos e motivações? O fato de não podermos responder a nenhuma dessas questões com muita clareza não chega a ser um problema; na verdade, é essa a fonte de horror do conto. Como disse Lovecraft acerca de "The White People", de Machen, "a falta de qualquer coisa concreta é a grande qualidade da história".[9] Em outras palavras, é precisamente nossa inabilidade para definir a natureza — física ou psicológica — das entidades de "The Colour out of Space" (ou mesmo para saber se são entidades ou criaturas vivas tal como as compreendemos) que produz a sensação de terror inominável.

Talvez o aspecto mais convencional do conto sejam as mundanidades relacionadas à história de sua publicação. "The Colour out of Space" aparece na *Amazing Stories* de setembro de 1927; mas a questão central é se o conto foi apresentado à *Weird Tales*. Embora Sam Moskowitz diga que fora apresentado a ambas e também à *Argosy*, não restam evidências documentais que sustentem a contenda. Consideremos também o comentário de Lovecraft a Farnsworth Wright em sua carta de 5 de julho de 1927: "Nesta primavera e verão tenho estado ocupado demais com trabalhos de revisão e preparação e coisas que tais para escrever mais que um conto apenas — este, estranhamente aceito sem questionamentos pela *Amazing Stories*".[10] A escolha das palavras sugere que essa é a primeira menção ao conto que Lovecraft faz a Wright. Há idêntico silêncio no que se refere a uma possível recusa da *Argosy*.

Mas se Lovecraft estava esperando encontrar na *Amazing Stories* — a primeira autêntica revista de ficção científica em inglês — uma alternativa à *Weird Tales*, ele estava prestes a ser rudemente avisado do contrário. Embora seu trabalho maduro contivesse elementos de ficção científica, a *Amazing* tornou-se mercado fechado para Lovecraft quando Hugo Gernsback lhe pagou apenas 25 dólares pela história — apenas um quinto de centavo por palavra —, e isso só depois de três cartas de cobrança. Embora em anos posteriores Lovecraft tenha levado muito levemente em conta pedidos de Gernsback ou de seu editor associado, C.A. Brandt, para o envio de originais, ele nunca mais enviou qualquer trabalho à *Amazing*. Lovecraft gostava de chamar Gernsback de "Hugo, o rato".

Logo depois de escrever "The Colour out of Space", Lovecraft teve de se apressar e datilografar "Supernatural Horror in Literature", pois Cook queria incluir o ensaio imediatamente na *Recluse*. Lovecraft estivera produzindo acréscimos pontuais ao ensaio, todos baseados em leituras recentes — incluindo os atmosféricos e sutis contos de Walter de la Mare —, porém o pedido de pressa de Cook exigia que datilografasse o ensaio sem quaisquer outras modificações. Mesmo assim, entretanto, esse não era o fim. Mais tarde em março, depois de Cook ter enviado a Lovecraft as primeiras provas, Donald Wandrei emprestou-lhe a magnífica reunião de contos de horror *Wandering Ghosts* (1911), de F. Marion Crawford; já em abril Lovecraft tomaria emprestada de Cook a antiga coletânea *The King in Yellow* (1895), de Robert W. Chambers. Ele ficou tão impressionado com esses trabalhos que adicionou parágrafos sobre ambos os escritores nas páginas da prova.

The Recluse foi publicada em agosto de 1927; embora inicialmente planejada como revista trimestral, esse foi o único número a ser publicado. Ainda que não fosse uma publicação estritamente dedicada ao fantástico, ela traz ótimos trabalhos de Clark Ashton Smith, Donald Wandrei, H. Warner Munn, Frank Belknap Long e Samuel Loveman. Cook desejou enviar *The Recluse* a algumas "celebridades", em particular a todos os quatro "mestres modernos" de Lovecraft, Machen, Dunsany, Blackwood e M.R. James. Assim, o número chegou a algumas dessas figuras, e suas respostas ao ensaio de Lovecraft são de interesse. James declarou de forma até ríspida numa carta que o estilo de Lovecraft "é quase sempre ofensivo", mas prossegue comentando: "Ele, porém, se esforça em pesquisar o assunto & tratá-lo partindo de seus primórdios até chegar a MRJ, a quem dedica algumas colunas".[11] À resposta de Machen só podemos chegar pelo comentário de Donald Wandrei a Lovecraft: "Recebi hoje uma carta de Machen na qual ele mencionou seu artigo e o que você escreveu sobre ele".[12] Aparentemente, cópias também foram enviadas a Blackwood, Dunsany, Rudyard Kipling, Charlotte Perkins Gilman e Mary E. Wilkins Freeman, entre outros.

Em abril de 1927, Lovecraft tinha já uma vaga ideia de expansão de "Supernatural Horror in Literature" para uma possível segunda edição, e Cook chegou a mencionar a possibilidade de lançar tal edição separadamente como uma monografia. Lovecraft organizou uma seção em seu caderno de notas chamada "Livros a serem mencionados na nova edição do artigo sobre literatura fantástica", listando vários trabalhos lidos nos meses e anos subsequentes; porém, o colapso financeiro e físico de Cook complicou, ou pelo menos adiou, os planos, e a segunda edição não se produziu até 1933, e num formato muito diferente do que Lovecraft imaginara.

Tendo já publicado, nos idos de 1927, por volta de vinte trabalhos na *Weird Tales*, e concluindo que o trabalho amador estava virtualmente chegando ao fim com a dissolução da UAPA, Lovecraft começava a reunir em torno de si colegas ligados especificamente à ficção fantástica. Durante a última década de sua vida o encontraremos tornando-se amigo, correspondente e mentor de mais de uma dezena de escritores que seguiam seus passos ou acabariam ficando conhecidos nos campos do fantástico, do mistério e da ficção científica.

August Derleth (1909–1971) escreveu a Lovecraft através da *Weird Tales*, e este lhe respondeu em agosto de 1926. Dali em diante, os dois se manteriam em constante correspondência — geralmente uma vez por semana — pelos dez anos e meio seguintes. Derleth acabara de concluir o ensino médio em Sauk City, Wisconsin, e no outono de 1926 iniciaria seu curso na Universidade de Wisconsin, em Madison. Como escritor de ficção, ele revelaria incrível precocidade e abrangência de motivos. Embora seu primeiro trabalho tenha sido publicado na *Weird Tales* quando contava apenas dezoito anos, seus contos fantásticos — fossem escritos por ele ou em colaboração com o jovem Mark Schorer — seriam em muitos aspectos a parte menos interessante de seu trabalho: convencionais, relativamente pouco originais e bastante insípidos — e ele prontamente admitiu a Lovecraft que foram escritos apenas para garantir financiamento para sua obra mais séria. Esta — pela qual Derleth ganharia considerável renome e que hoje permanece o ramo mais significativo de seus esforços — é uma série de sagas regionais inspiradas por seu Wisconsin natal e escritas num estilo sensível, à maneira da reminiscência proustiana cuja elegância simples abre caminho ao retrato evocativo das personagens. O primeiro desses trabalhos a ser publicado foi *Place of Hawks* (1935), embora Derleth estivesse trabalhando desde 1929 num romance que intitulou inicialmente *The Early Years*, por fim publicado em 1941 como *Evening as Spring*. Aqueles que jamais leram essas duas obras, bem como as muitas que se seguiram ao longo da extensa e fértil carreira de Derleth, não terão ideia de por que Lovecraft, já em 1930, escrevia com tamanho entusiasmo sobre seu colega e discípulo.

Donald Wandrei (1908–1987) entrou em contato com Lovecraft através de Clark Ashton Smith no fim de 1926, pouco tempo depois de ter entrado na Universidade de Minnesota. Smith foi o primeiro escritor de quem Wandrei foi devoto, e em muitos aspectos permaneceu como seu modelo tanto na ficção quanto na poesia. Wandrei foi inicialmente atraído pela poesia, mas também fez experimentos com a prosa de ficção. Parte de seus primeiros trabalhos é bastante interessante, especialmente "The Red Brain" (*Weird Tales*, outubro de 1927). Juntamente com vários outros trabalhos, caso do celebrado "Colossus" (*Astounding Stories*, janeiro de 1934), essa obra revela uma imaginação incrivelmente cósmica, ficando atrás apenas de Lovecraft em intensidade. Como Derleth, que passou praticamente toda a vida em Sauk City e proximidades, no estado de Wisconsin, Wandrei viveu quase toda a vida na casa de sua família em St. Paul, Minnesota, exceto por alguns períodos em Nova York nos anos 1920 e 1930; porém, diferentemente do alegre Derleth, Wandrei sentia uma profunda e intrínseca misantropia que muitas vezes intrigou Lovecraft e talvez tenha ajudado posteriormente a moldar suas próprias ideias filosóficas.

Gostaria de saber mais sobre Bernard Austin Dwyer (1897–1943), mas, como ele publicou relativamente pouco e foi mais um aficionado que um criador, permanece uma figura nebulosa. Ele viveu praticamente toda a vida no pequeno vilarejo de West Shokan e arredores, no estado de Nova York, próximo às cidadezinhas de Hurley, New Paltz e Kingston. Embora atraído pela ficção fantástica e autor de um poema curto publicado na *Weird Tales* ("Ol' Black Sarah", no número de outubro de 1928), seu grande interesse era a arte fantástica, e com esse potencial ele natural e rapidamente tornou-se amigo de Clark Ashton Smith. Tem-se a impressão de que Dwyer era uma espécie de Milton mudo e ignorado. Ele entrou em contato com Lovecraft através da *Weird Tales* nos primeiros meses de 1927.

No verão de 1927 Lovecraft serviu de anfitrião para uma série de pessoas em visita a Providence e fez várias viagens por sua conta — o que se tornaria um hábito de todos os verões e primaveras, viajando cada vez mais longe em busca de sítios históricos. O primeiro da lista foi seu amigo Donald Wandrei, que fez de carona a viagem de St. Louis, Minnesota, a Providence. Pode-se pensar que tal viagem fosse um pouco mais segura do que seria hoje, e provavelmente era; Wandrei não parece ter tido problemas em conseguir carona, muito embora tenha passado ocasionalmente noites ao relento, às vezes debaixo de chuva.

Chegando em 20 de junho a Chicago, onde confirmou todas as impressões de Lovecraft sobre a cidade, Wandrei foi ao escritório da *Weird Tales* e encontrou-se com Farnsworth Wright. O próprio Lovecraft conversara com Wright sobre o trabalho de Wandrei no início daquele ano, e, talvez como resultado, o conto de Wandrei "The Red Brain" – recusado no ano anterior – foi aceito em março. Wandrei sentiu a necessidade de retribuir o favor, e assim conversou com Wright sobre "The Call of Cthulhu". Consequentemente, Wright pediu a Lovecraft que reenviasse o conto e o aprovou, pagando por ele 165 dólares; saiu no número de fevereiro de 1928. Isso não evitou, é claro, que Wright recusasse "The Strange House in the Mist" e "The Silver Key" posteriormente naquele verão; porém em ambos os casos ele pediu para vê-los novamente, e por fim os aprovou, ao preço de setenta e 55 dólares, respectivamente.

Em 12 de julho Wandrei chegou a Providence, permanecendo até o dia 29. No dia 16 daquele mês Lovecraft e Wandrei partiram para Boston; mas a viagem foi de algum modo frustrante. Lovecraft estava especialmente interessado em mostrar a Wandrei o sinistro e decadente North End, onde fora ambientado "Pickman's Model", mas ficou perplexo ao ver que "o beco & a casa do conto [haviam sido] inteiramente demolidos; toda uma fileira tortuosa de construções fora posta abaixo".[13] Esse comentário é importante por indicar que Lovecraft tinha uma casa específica em mente para o apartamento de Pickman no North End.

Na terça-feira 19 de julho, Frank Long e seus pais vieram de Nova York, e ao mesmo tempo James F. Morton veio de Green Acre, Maine, onde estivera em visita. No dia 21 todo o grupo foi a Newport. Os Long partiram no dia 22, enquanto Morton arrastou Lovecraft e Wandrei à pedreira da qual Lovecraft ainda detinha a hipoteca e pela qual recebia a cada seis meses os míseros 37,08 dólares do arrendamento. O proprietário, Mariano de Magistris, colocou seus homens para encontrar espécimes minerais, enquanto seu filho os levava para casa de carro. "Isso é o que chamo de hospitalidade latina!", observa Lovecraft num raro rasgo de tolerância com não arianos.[14]

No sábado 23 de julho, deu-se uma peregrinação histórica – ao estabelecimento de Julia A. Maxfield em Warren, onde Lovecraft, Morton e Wandrei enfrentaram-se numa disputa de tomadores de sorvete. O Maxfield's anunciava 28 sabores de sorvete, e os contendores os experimentaram todos. Wandrei não foi capaz de acompanhar os dois, mas ao menos mergulhou sua colher nos sabores que restavam para poder dizer que os tinha saboreado.

Naquela tarde chegou um grupo de Athol, Massachusetts – W. Paul Cook e seu protegido, H. Warner Munn (1903–1981). Não há dúvida de que Lovecraft já ouvira falar de Munn. O conto de Munn "The Werewolf of Ponkert" (*Weird Tales*, julho de 1925) era aparentemente inspirado por um comentário na carta de Lovecraft a Edwin Baird publicada no número de março de 1924 da revista. Munn contribuía bastante com as revistas *pulp*, e ao longo de sua extensa carreira escreveu muitos romances de temática sobrenatural e de aventura; seus trabalhos de destaque, contudo, foram os romances históricos escritos no fim da carreira, mais notadamente *Merlin's Ring* (1974) e *The Lost Region* (1980). Lovecraft gostou prontamente de Munn, considerando-o um "esplêndido rapaz — loiro e forte";[15] ele o visitaria com frequência em suas passagens por Athol.

No dia 29 Wandrei finalmente partiu, porém as viagens de Lovecraft não estavam encerradas. Em agosto, depois de visitas a Worcester, Athol, Amherst e Deerfield, Lovecraft e Cook foram a Vermont para visitar o poeta amador Arthur Goodenough. Uma década antes, Goodenough celebrara Lovecraft num poema ("Lovecraft — an appreciation") contendo esta imagem grotesca: "Os louros brotam de tuas têmporas". Lovecraft achou que Goodenough o ironizara, e só com bastante insistência Cook o convenceu a não escrever uma de suas respostas avassaladoras; em vez disso, ele escreveu um poema, "A Arthur Goodenough, cavalheiro" (*Tryout*, setembro de 1918). Quando o conheceu, Lovecraft gostou bastante de Goodenough, em especial devido ao encanto arcaico e rústico de seus modos e roupas. Lovecraft posteriormente escreveu um ensaio rapsódico sobre toda a sua visita a Vermont, "Vermont — A First Impression", publicado na revista regional *Driftwind*, de Walter J. Coates, em março de 1928.

Em 25 de agosto, Lovecraft visitou Portland, Maine. Permaneceu dois dias na cidade e gostou deveras; embora não fosse rica em antiguidades como Marblehead ou Portsmouth, tinha uma paisagem adorável — ocupava uma península com colinas a leste e oeste, e propiciava belos passeios e caminhadas — e pelo menos tinha coisas como as duas casas de Longfellow (a de nascimento e sua residência principal), que Lovecraft investigou com bastante interesse. Viagens a Portsmouth, New Hampshire, e Newburyport, Haverhill, Gloucester e Ipswich, Massachusetts, encerraram a viagem de duas semanas de Lovecraft.

Enquanto isso surgiam várias perspectivas para a publicação de um livro de contos de Lovecraft. Uma delas começou a ganhar corpo no fim de 1926, quando Farnsworth Wright aventou a possibilidade de uma coletânea. Esse projeto manteria Lovecraft em suspenso por muitos anos, até que finalmente deu em nada. As razões para tanto não são totalmente obscuras. Em 1927 a *Weird Tales* (sob seu nome oficial, Popular Fiction Publishing Company) lançou *The Moon Terror*, de A.G. Birch e outros. Por alguma razão, o livro foi um completo desastre comercial, permanecendo em catálogo quase por tanto tempo quanto a própria *Weird Tales* esteve em atividade. Ademais, a Depressão também foi severa com a revista, e durante vários períodos na década de 1930 ela foi publicada apenas em caráter bimestral; nessa época, lançar um livro era a última coisa que os editores tinham em vista. Não obstante, no fim de dezembro de 1927 as negociações estavam suficientemente sérias, a ponto de Lovecraft escrever uma longa carta dando suas próprias preferências no que dizia respeito ao conteúdo. Ele conclui com uma interessante colocação: "Quanto ao título — minha escolha é *The Outsider and Other Stories.* Isso porque considero o toque de exterioridade cósmica — dessas obscuras e sombrias sugestões *não terrestres* — a marca de minha escrita".[16]

Um conto que Lovecraft não ofereceu para publicação (talvez até por Wright já tê-lo recusado para a revista) foi "The Shunned House", que W. Paul Cook queria publicar num pequeno livro. Cook inicialmente pensara em incluí-lo em *The Recluse*, mas ao que tudo indica recuou ao ver que a revista atingira um tamanho excessivo. Então, por volta de fevereiro de 1927, Cook apareceu com a ideia de publicá-lo em um formato pequeno — o *chapbook*, utilizado também para pequenos ensaios impressos isoladamente —, como o já utilizado para duas outras publicações, a breve coletânea de poemas de Frank Long *The Man from Genoa* e *The Hermaphrodite*, de Samuel Loveman, ambas lançadas em 1926. O lançamento de *The Recluse* atrasou o trabalho no projeto do livro, porém na primavera de 1928 tudo começou a se movimentar. Lovecraft leu as provas no início de junho, embora estivesse então envolvido em outra ampla sequência de viagens. No fim de junho, *The Shunned House* foi impresso, mas não recebeu capa. Foram impressas aproximadamente trezentas cópias.

Infelizmente, as coisas ficaram difíceis nesse momento. Tanto as finanças de Cook quanto sua saúde foram abaladas. *The Shunned House* — que Cook financiava sem qualquer contribuição de Lovecraft — teve de ser colocado em segundo plano. Em janeiro de 1930 a esposa de Cook morreu, e Cook sofreu outro e mais severo colapso nervoso. A depressão completou o quadro de devastação, e a publicação de *The Shunned House* ficava cada vez mais remota. No verão de 1930 Lovecraft escutou que as páginas haviam sido enviadas ao encadernador, mas o livro não saiu. O caso se arrastou até a morte de Lovecraft.

No fim de 1927 Lovecraft recebeu *You'll Need a Night Light*, uma coletânea britânica editada por Christine Campbell Thomson e publicada pela Selwyn & Blount. Ela continha "The Horror at Red Hook", assinalando a primeira aparição de um conto de Lovecraft entre capas duras. O volume era parte de uma série de livros chamada "Not at Night", editada por Campbell; os contos para a maioria dos volumes foram coligidos a partir de *Weird Tales*, e muitos dos contos e trabalhos de edição de Lovecraft seriam posteriormente publicados. Embora agradável em sua aparência, Lovecraft não tinha ilusões quanto aos méritos da antologia. "Quanto a 'Not at Night' — trata-se de uma mixórdia vulgar sem qualquer gosto ou significado. Esteticamente falando, ela não existe".[17]

Ainda mais significativa — e de fato um dos mais importantes elementos no reconhecimento crítico de Lovecraft antes de sua morte — foi a aparição de "The Colour out of Space" no "Roll of Honor" do volume de 1928 *Best Short Stories*, de Edward J.O. Brien. Lovecraft enviou a O'Brien um parágrafo autobiográfico de alguma extensão para uma seção aberta no fim do volume; ele esperava que O'Brien selecionasse trechos, mas o editor acabou por publicá-lo inteiro, ocupando dezoito linhas de texto, mais que qualquer outra biografia no volume. No conjunto, é um relato excepcionalmente preciso e compacto da vida e das crenças de Lovecraft.

No outono de 1927 Frank Belknap Long ficou obcecado com a ideia de escrever um conto mais ou menos longo intitulado "The Space-Eaters". Pode-se dizer que esse conto traz duas qualidades peculiares: é o primeiro a ter Lovecraft como personagem (se excluirmos gracejos como "Falco Ossifracus", de Edith Miniter, no qual a personagem central, inspirada por Randolph Carter, compartilha algumas características de Lovecraft) e (embora seja um ponto passível de debate) a primeira "contribuição" ao mito de Lovecraft.

Para ser honesto, "The Space-Eaters" é um conto absolutamente sem sentido. Esse relato ensandecido e extravagante de algumas entidades que aparentemente "devoram seu caminho espaço adentro" e atacam os cérebros das pessoas, mas de alguma forma misteriosa são impedidas de consumir a terra, é constrangedor. Nesse sentido, contudo, é tristemente profético no que toca à maioria das contribuições que outros escritores fariam às ideias de Lovecraft.

Se é de fato uma contribuição ao mito de Lovecraft ou se o extrapola é uma questão debatível. As entidades em questão nunca são nomeadas, e não há referência a qualquer um dos "deuses" de Lovecraft (apenas Cthulhu e Yog-Sothoth haviam sido inventados até então, o último presente no inédito *The Case of Charles Dexter Ward*). O que existe, contudo, é uma epígrafe (omitida da primeira publicação — *Weird Tales*, julho de 1928 — e de muitas reimpressões subsequentes) do "*Necronomicon* de John Dee" — ou seja, de uma suposta tradução para o inglês da tradução latina feita por Olaus Wormius do *Necronomicon*. Lovecraft fez frequentes citações dessa tradução de Dee em seus contos posteriores. Esse fenômeno seria recorrente ao longo da vida de Lovecraft: um escritor — geralmente um colega — elabora algum elemento do mito presente nas histórias de Lovecraft ou cria algo inteiramente novo, que Lovecraft então incorpora em algum conto seu subsequente. Esse procedimento todo foi pensado como um jogo — como modo de investir esse crescente conjunto mítico de um senso de realidade mediante sua citação em diferentes textos, e também como forma de expressar reconhecimento às criações de cada escritor.

Enquanto isso, Lovecraft produzia relativamente pouca ficção própria — não escrevera nada desde "The Colour out of Space". O que aconteceu no Halloween, contudo, foi que ele teve um sonho espetacular sobre a Roma antiga, o qual lhe serviria de núcleo para uma história. Lovecraft escreveu um longo relato do sonho a vários colegas — Frank Belknap Long, Donald Wandrei, Bernard Austin Dwyer, talvez a outros. Teria sido interessante se Lovecraft tivesse ele próprio transformado o sonho num conto, mas ele nunca fez nada com o relato. Em 1929, Long pediu a Lovecraft que lhe permitisse usar a carta *ipsis litteris* numa novela que ele estava escrevendo. O resultado foi *The Horror from the Hills*, publicado em duas partes na *Weird Tales* (janeiro e fevereiro de 1931) e mais tarde como livro.

Nessa época Lovecraft também escreveu a história de seu livro mítico, o *Necronomicon*, embora principalmente para manter as referências claras em sua própria mente. Esse trabalho traz o nome "History of the *Necronomicon*". Nesse esboço uma sentença é incluída sobre a tradução do dr. Dee do volume, o que leva a crer que Lovecraft escrevera o grosso do texto antes de ler "The Space-Eaters", de Long. Como ele comentou que "acabara de receber" o conto no fim de setembro, "History of the *Necronomicon*" foi provavelmente escrito antes.

No fim de 1927, Lovecraft declarou que nunca havia publicado anúncios de seus serviços de preparação de originais[18] (logicamente, ele se esquecera de seu anúncio do Crafton Service Bureau na *L'Alouette* em

1924), de modo que novos clientes de edição poderiam chegar a ele apenas através de indicação. Dois clientes desse tipo apareceram nessa época – Adolphe de Castro e Zealia Brown Reed Bishop.

De Castro (1859–1959), batizado Gustav Adolphe Danziger, era um caso estranho. Ele conhecera Ambrose Bierce em 1886 e tornou-se um colega e entusiasta dedicado. Uns poucos anos depois traduziu o romance curto de Richard Voss *Der Mönch des Berchtesgaden* (1890–1891), e Bierce o revisou; o romance foi publicado em formato seriado como *The Monk and the Hangman's Daughter* no *San Francisco Examiner* em setembro de 1891 e depois como livro em 1892. Com Bierce e outros, Danziger formou a Associação Editorial de Autores do Oeste, que lançou a coletânea de poesia de Bierce *Black Beetles in Amber* (1892) e a própria coletânea de contos curtos de Danziger, *In the Confessional and the Following* (1893). Pouco tempo depois, contudo, Bierce e Danziger tiveram uma briga – principalmente por causa de disputas financeiras sobre os lucros de *The Monk* e da administração da companhia, sob os cuidados de Danziger –, e, embora Danziger ocasionalmente tenha encontrado Bierce em ocasiões fortuitas posteriores, os dois não realizaram mais nada juntos.

Bierce foi para o México no fim de 1913, evidentemente para observar ou participar da Guerra Civil Mexicana. Danziger (já De Castro) viveu no México entre 1922 e 1925 editando jornais semanais. Em 1923 tentou falar com Pancho Villa; Villa afirmou que havia expulsado Bierce de seu acampamento quando ele começou a elogiar Carranza. Mais tarde, segundo seu relato, o corpo de Bierce foi encontrado às margens de uma estrada. De Castro escreveu um artigo para o *American Parade* de outubro de 1926 intitulado "Ambrose Bierce as He Really Was", dissertando com vagar sobre sua colaboração em *The Monk* e discutindo sua procura por Bierce no México.

Foi nessa época que De Castro entrou em contato com Lovecraft. Com a publicidade que então estava recebendo, sentia que era o momento de capitalizar a partir de sua relação com Bierce. Ele conhecia Samuel Loveman, e este recomendou que De Castro escrevesse para Lovecraft e procurasse ajuda em dois projetos: um livro de memórias de Bierce e uma edição de uma coletânea de contos, *In the Confessional.* Lovecraft concordou em revisar um conto – intitulado "A Sacrifice to Science" no livro de De Castro e publicado como "The Last Test" na *Weird Tales* de novembro de 1928 –, pelo que recebeu dezesseis dólares (De Castro recebeu 175 dólares da *Weird Tales*).

"The Last Test" é uma das piores edições de original de Lovecraft. Ela conta a história melodramática de um doutor, Alfred Clarendon, que na condição de diretor da Penitenciária do Estado da Califórnia em San Quentin desenvolve uma antitoxina para a febre negra, caindo, contudo, sob a influência de um mago maligno oriundo de Atlântida, Surama, que produz uma doença que "não é deste mundo" para destruir a humanidade. Tudo isso é narrado da maneira mais presunçosa e dura que se possa imaginar. Lovecraft modificou radicalmente o enredo, preservando, contudo, sua estrutura básica — a ambientação californiana, as personagens (embora os nomes de algumas tenham sido modificados), a busca de uma cura para um novo tipo de febre e (embora esta tenha se tornado parte secundária do clímax), a tentativa de Clarendon de convencer sua irmã a sacrificar a si própria. Mas — tirante a substituição do assistente mal retratado do dr. Clarendon (dr. Clinton em De Castro), chamado Mort, pelo mais respeitável Surama — ele acrescentou melhores determinações às personagens e à história como um todo. Esse foi o ponto forte da contribuição de Lovecraft, se houve algum. Ele refez o conto de De Castro quase uma vez e meia maior em comparação com a extensão original; e embora tenha comentado sobre o texto inicial que "quase explodi com a monotonia aterradora daquela estupidez toda",[19] a própria versão de Lovecraft não está infensa a uma monotonia e prolixidade próprias.

Embora pareça injusto que Lovecraft tenha ganhado menos de um décimo do que De Castro amealhou, essas eram as condições sob as quais Lovecraft produzia seus serviços de edição: pelo menos tinha seu trabalho pago, fosse o conto vendido ou não. (Ocasionalmente, é claro, ele teve dificuldades para receber seu pagamento, mas essa é outra questão.) Em muitos casos o conto reescrito ou revisado não vendia. De qualquer modo, Lovecraft nunca teria querido reconhecer uma estupidez como "The Last Test", e é de certa forma uma pena que sua celebridade póstuma tenha resultado na recuperação de tais trabalhos e em sua republicação sob seu nome — justamente o que ele tentara evitar.

Mesmo antes de Lovecraft concluir "The Last Test", De Castro lhe pediu que o ajudasse com suas memórias de Bierce. Essa era uma proposta muito mais complicada, e Lovecraft relutava com razão em assumir o compromisso sem um adiantamento. De Castro, que tinha problemas financeiros, não aceitava a ideia; assim, Lovecraft o transferiu para Frank Long, que estava entrando no universo da preparação e edição de originais. Long dispôs-se a fazer o trabalho sem necessidade de adiantamento desde que pudesse escrever um prefácio assinado para o volume. De Castro concordou, e Long fez o que parece ter sido uma edição bem leve — terminou o trabalho em dois dias! Essa versão, contudo, acabou rejeitada por três editoras, de modo que De Castro foi a Lovecraft de joelhos pedindo que aceitasse o projeto. Lovecraft exigiu que De Castro lhe pagasse 150 dólares de adiantamento, e mais uma vez De Castro recusou. Ao que tudo indica, De Castro recorreu ainda uma vez a Long. O livro acabou sendo publicado — o quanto Long, ou outrem, o revisou, não nos é dado saber — como *Portrait of Ambrose Bierce* pela The Century Company na primavera de 1929, com prefácio de Belknap Long.

Em todo o episódio De Castro surge como figura ardilosa e sedutora que tenta fazer Lovecraft e Long aceitarem o trabalho em troca de pouco ou nenhum pagamento e com a perspectiva fantasiosa de amplas recompensas num futuro qualquer. No entanto, De Castro não era um completo charlatão. Ele publicara pelo menos um bom livro acadêmico por uma editora maior (*Jewish Forerunners of Christianity* [E.P. Dutton, 1903]). Era também conhecedor, ao que tudo indica, de muitas línguas e servira como funcionário menor do governo dos Estados Unidos. Se há uma tentativa de obter vantagem indevida em função de sua amizade com Bierce, ele certamente não estava sozinho nisso.

Outro cliente que chegou a Lovecraft nessa época foi Zealia Brown Reed Bishop (1897). Ela estudava jornalismo na Columbia e também escrevia artigos e contos com os quais sustentava a si mesma e seu filho. Tenho para mim que era divorciada. Vindo a saber dos serviços de edição de Lovecraft a partir de Loveman, ela lhe escreveu no fim da primavera de 1927. Em seu testemunho sobre Lovecraft, Bishop expressa grande admiração pelo intelecto e as habilidades literárias dele, mas também confessa, não sem irritação, que Lovecraft tentou guiá-la a direções contrárias a suas inclinações naturais:

> Sendo jovem e romântica, queria seguir meus próprios impulsos e produzir contos leves e joviais. Lovecraft não estava certo de que esse fosse o melhor caminho. Fiquei sob sua tutoria, e ele quis direcionar minha carreira segundo suas convicções.[20]

Bishop prossegue dizendo que, nessa mesma época, voltou ao rancho de sua irmã em Oklahoma, onde escutou algumas histórias de vovó Compton, a madrasta da irmã, sobre um casal de pioneiros de Oklahoma, e escreveu um conto chamado "The Curse of Yig", do qual Lovecraft gostou muitíssimo.

Não obstante, não resta dúvida de que a história, tal como chegou a nós, é quase inteiramente um trabalho de Lovecraft, exceto pelo núcleo duro do enredo. "The Curse of Yig" é um conto que funciona muito bem, contando o terrível destino do casal Walker e Audrey Davis, dos quais o primeiro tem uma terrível fobia de cobras. Lovecraft trata de sua contribuição para a história em carta a Derleth:

> A propósito — se você quer ver uma nova história quase inteiramente escrita por mim, leia "The Curse of Yig" na atual *Weird Tales*. A sra. Reed é uma cliente para quem Long & eu temos produzido toneladas de trabalho, & esse conto é mais ou menos 75% meu. Tudo o que tive de fazer foi uma sinopse descrevendo um casal de pioneiros numa cabana com um ninho de cascavéis debaixo deles, a morte do marido em decorrência das cobras, a explosão do cadáver & a loucura da mulher, testemunha do horror. Não há enredo ou motivação — não há prólogo ou desfecho que se siga ao incidente —, de modo que se pode dizer que o conto, como conto, é inteiramente meu. Eu inventei o deus-cobra & a maldição, o trágico uso do machado pela mulher, o problema da identidade da vítima da cobra, & o epílogo no asilo. Também trabalhei com as questões de cor local & outros detalhes geográficos tomando alguns dados da suposta autora, que conhece Oklahoma, mas principalmente de livros.[21]

Lovecraft cobrou 17,50 dólares pelo conto. Ela tentou vender a história para a *Weird Tales*, que a publicou no número de novembro de 1929; Bishop recebeu 45 dólares pelo conto.

No fim da primavera de 1928, Lovecraft escreveu a ela uma carta de interesse:

> Quando você atenta ao endereço temporário escrito anteriormente, e o relaciona com o que tenho frequentemente colocado como meus sentimentos mais íntimos em relação à região de Nova York, é possível que reconheça a combinação de fardo e esgotamento nervoso que, por uma maligna coincidência, acabou por destruir meus planos para essa primavera e que me levaria à beira de um completo colapso não tivesse um colega brilhante e fiel — meu jovem "neto adotivo" Frank B. Long — em quem confiar, com ajuda e cooperação, para a realização de meus trabalhos.[22]

Qual seria o significado disso tudo? O endereço no cabeçalho da carta — o número 395 da East 16th Street, no Brooklyn — conta parte da história; a outra parte — que Lovecraft não contou a praticamente nenhum de seus colegas (os que, de alguma forma, já não sabiam da situação) — é que Sonia o chamara de volta a Nova York.

NOTAS

[1] HPL a Wilfred B. Talman, 19 de dezembro de 1926 (SL II.95).

[2] HPL a Clark Ashton Smith, 7 de novembro de 1930 (SL III. 21-22).

[3] HPL a Frank Belknap Long [fevereiro de 1927] (SL II.loo).

[4] HPL a Lillian D. Clark, 24 de agosto de 1925 (manuscrito, JHL).

[5] Ver M. Eileen McNamara e S.T. Joshi, "Who Was the Real Charles Dexter Ward?", *Lovecraft Studies* nº. 19/20 (outono de 1989): 40-41, 48. Grande parte das informações desse artigo advém de conversas com a viúva de Mauran, Grace Mauran.

[6] HPL a R.H. Barlow [19 de março de 1934] (manuscrito, JHL).

[7] HPL a Clark Ashton Smith, 24 de março de 1927 (SL II.114).

[8] HPL a Richard Ely Morse, 13 de outubro de 1935 (manuscrito, JHL).

[9] HPL a J. Vernon Shea [30 de outubro de 1931] (SL III.429).

[10] HPL a Farnsworth Wright, 5 de julho de 1927 (SL II.151).

[11] M.R. James, "An M.R. James Letter" [a Nicholas Llewelyn Davies, 12 de janeiro de 1928]. *Ghosts & Scholars* 8 (1986): 28–33. Agradeço a Hubert Van Calenbergh por chamar-me a atenção para essa carta.

[12] Donald Wandrei a HPL, 27 de setembro de 1928 (manuscrito, JHL).

[13] HPL a Lillian D. Clark [17 de julho de 1927] (manuscrito, JHL).

[14] HPL a Maurice W. Moe, 30 de julho de 1927 (SL II.157).

[15] *Ibid.*

[16] HPL a Farnsworth Wright, 22 de dezembro de 1927 (AHT).

[17] HPL a Donald Wandrei [20 de janeiro de 1928] (manuscrito, JHL).

[18] HPL a Frank Belknap Long [dezembro de 1927] (SL II.207).

[19] *Ibid.*

[20] Zealia Bishop, "H.P. Lovecraft: A Pupil's View" (1953), in *Lovecraft Remembered*, p. 267.

[21] HPL a August Derleth, 6 de outubro [de 1929] (manuscrito, SHSW).

[22] HPL a Zealia Bishop, 1º de maio de 1928 (SL II.238).

15

Vitrais no topo das portas e campanários georgianos

(1928–30)

LOVECRAFT CHEGOU A NOVA YORK, muito provavelmente, em 24 de abril. Sonia escreve em suas memórias: "Naquela primavera (1928) convidei Howard a vir em visita mais uma vez. Ele aceitou com alegria, mas apenas como uma visita. Para mim, aquelas migalhas de proximidade eram melhores do que nada".[1] Quão "alegre" Lovecraft aceitou o convite nós já vimos pela carta enviada a Zealia Bishop. A seu amigo Morton ele é um pouquinho mais expansivo: "A patroa tinha de passar um breve período aqui a negócios, e julgou ser justo que viesse para cá visitá-la. Não tendo uma resposta na ponta da língua e desejando evitar uma guerra civil doméstica, fiz as vezes de pacifista [...] e aqui estou eu".[2]

Os "negócios" referidos são a tentativa de Sonia de montar uma chapelaria no Brooklyn – no 368, leste, da 17th Street, a um quarteirão do lugar em que ela estava morando. Sonia investira mil dólares de seu próprio dinheiro para montar a chapelaria, que oficialmente abriu no dia 28. Lovecraft ajudou Sonia nos "mais variados afazeres" em inúmeras ocasiões, incluindo uma rodada de produção de envelopes que durou das 23h30 às 3h30.

Mas não nos enganemos; Lovecraft não estava de forma alguma retomando seu casamento mais do que o necessário. Sonia escreve não sem frustração: "Durante a permanência de sua visita, só via Howard durante umas poucas horas da manhã, quando ele retornava de suas saídas com Morton, Loveman, Long ou Kleiner, fosse com um deles, fosse com todos.

Foi assim ao longo de todo o verão".[3] Realmente foi; e a diversão começou quase tão logo ele chegou à cidade. E no entanto, embora ele tenha de fato feito alguns passeios exploratórios pela região com os amigos – um ao longo do rio Hudson com Long; uma visita ao museu em que trabalhava Morton, em Paterson; uma viagem à casa de Talman em Spring Valley, em Rockland County, próximo à divisa de New Jersey –, Lovecraft e Sonia se organizaram para ir, em 13 de maio, ao Bryn Mawr Park, a região em Yonkers onde haviam comprado uma propriedade em 1924.

Em 7 de junho Lovecraft recebeu um convite inesperado de Vrest Orton, o qual mudou significativamente seus planos de viagem. Vrest Orton havia planejado visitar Bernard Austin Dwyer em West Shokan, seguindo depois para o sul para uma semana talvez na Filadélfia ou em Washington D.C.; contudo, Orton – embora vivendo na agradável região de Riverdale, no Bronx – estava cansado de Nova York e quis ir para uma fazenda perto de Brattlesboro, Vermont, que acabara de comprar. Insistiu para que Lovecraft fosse com ele, e não precisou de muito esforço para convencê-lo.

A breve viagem de Lovecraft a Vermont em 1927 havia apenas estimulado seu apetite; agora ele passaria duas semanas inteiras em agradabilíssima rusticidade, e aproveitou ao máximo. Orton, é claro, não ia sozinho, levou sua família inteira – mulher, filho pequeno, pais e avó materna, a sra. Teachout, uma senhora de oitenta anos cujas lembranças Lovecraft julgou fascinantes. O grupo inteiro chegou por volta de 10 de junho, e Lovecraft ficou até 24 de junho.

É encantador ler sobre a simplicidade das tarefas levadas a cabo por Lovecraft ("aprendi a fazer uma fogueira & ajudei os meninos da vizinhança a recapturar uma vaca desgarrada")[4] – sem dúvida ele pôde entregar-se à fantasia de ser um velho fazendeiro. A fazenda de Orton havia sofrido poucas modernizações – não havia água encanada, exceto por um cano que saía de uma bica d'água, nem luz elétrica, tão somente velas e candeeiros.

Boa parte do tempo, contudo, Lovecraft empreendia excursões exploratórias solitárias. No dia 13 ele fez a trilha ao topo da Governor's Mountain (555 metros acima do nível do mar). No dia seguinte ele chamou seu velho amigo de amadorismo Arthur Goodenough e seguiu pelo rio Connecticut até New Hampshire para subir o monte Wantastiquet. No dia 18 foi a Deerfield e Greenfield, Massachusetts, de ônibus. No dia 17 Lovecraft, Orton e Walter J. Coates foram à casa de Arthur Goodenough em Brattleboro para uma reunião literária com outros escritores locais – um encontro relatado no *Brattlesboro Reformer*.[5] Outra peça de jornal foi um artigo sobre Lovecraft escrito por Vrest Orton intitulado "A Weird Writer Is in Our Midst", publicado no *Brattleboro Reformer* de 16 de junho. Ele apareceu numa coluna chamada "The Pendrifter", conduzida por Charles Crane. Na tarde do dia 21, um vizinho, Charley Lee, levou Lovecraft para conhecer um fazendeiro excêntrico de nome Bert G. Akley, pintor autodidata e fotógrafo de valor nato. Lovecraft ficou encantado com esse "verdadeiro faz-tudo" que não obstante "mantém o lado primitivo do camponês".[6]

Na sexta-feira 29 de junho, Lovecraft deu sequência a outra perna de sua viagem, tão peculiar quanto sua estadia em Vermont, pois Edith Miniter, a amadora da velha guarda, quase exigiu que Lovecraft lhe fizesse uma visita em Wilbraham, Massachusetts, onde ela vivia com o sobrinho, Evanore Beebe. Ele ficou por oito dias, maravilhado com a enorme coleção de antiguidades de Beebe, os sete gatos e dois cachorros que tinham livre acesso à casa, e especialmente com o misterioso folclore local sobre o qual Miniter o colocou a par. Em "Mrs. Miniter — Estimates and Recollections" (1934), Lovecraft escreve:

> Vi a antiga casa de Randolph Beebe, condenada e deserta, onde curiangos estranhamente se reúnem, e soube que esses pássaros são temidos pelos camponeses como guias de almas. É dito em voz baixa que eles adejam e se demoram nas imediações das casas das quais a morte se aproxima, esperando capturar a alma dos mortos tão logo ela parta. Se a alma os engana, eles se dispersam desapontados e silenciosos; mas às vezes disparam um clamor geral, um triunfante tagarelar que faz quem os observa calar e empalidecer — com aquele ar de assombro e seriedade que apenas um ianque do interior pode ostentar — "*Pegaru' ela!*"

Por fim, no meio de julho, Lovecraft preparou-se para seu passeio em direção ao sul. Tomando trens para Nova York e depois para Filadélfia, ele chegou a Baltimore em 11 de julho. Embora boa parte da cidade fosse inequivocamente vitoriana, ele encontrou um digno de emoção — o túmulo de Edgar Allan Poe no adro da igreja. Ele estava planejando ir direto de Baltimore a Washington, mas as relíquias coloniais de Annapolis provaram-se uma tentação fatal, e não o desapontaram. Naquela tarde Lovecraft foi para Washington, passando três dias lá. A esta altura despontava outro objeto de desejo — uma excursão às Endless Caverns em New Market, Virginia. Eram boas quatro horas de ônibus de Washington, mas o valor era tão pequeno (2,50 dólares) que Lovecraft não podia resistir. Tendo escrito sobre cavernas em sua infância, ele percebeu que a chance de visitar uma não podia ser recusada. Como a viagem toda, este episódio mostrou-se altamente estimulante a sua imaginação.

Logo depois de retornar a Providence, Lovecraft escreveu um longo relato sobre suas viagens de primavera, "Observations on Several Parts of America". É o primeiro de muitos e longos diários de viagem — outros são "Travels in the Provinces of America" (1929), "An Account of Charleston" (1930) e *A Description of the Town of Quebec* (1930–31) —, e está entre os melhores. Sua captura precisa da dicção do século XVIII equipara-se à habilidade com que costura impressões de viagem, história e apartes pessoais numa narrativa leve e fluida.

Almas mais pragmáticas têm dedicado lágrimas amarguradas ao fato de Lovecraft "perder seu tempo" escrevendo esses longos relatos, que foram evidentemente produzidos sem qualquer ideia de publicação e — no caso dos últimos dois documentos mencionados acima — nem sequer com a perspectiva de que encontrassem outros olhos além dos de seu autor. Esta é uma das muitas ocasiões nas quais comentadores futuros tentaram viver a vida de Lovecraft no lugar dele próprio. O único "propósito" desses escritos é o de dar prazer a Lovecraft e a alguns de seus amigos, e só. As "Observations" e as "Travels" são textos datilografados em espaço simples; na verdade, são cartas abertas, a primeira delas a Maurice W. Moe, embora tenha certamente circulado entre outros associados mais próximos. Um volume dos diários de viagem de Lovecraft seria muito bem-vindo.

Lovecraft cuidou para produzir alguma coisa além de cartas e diários de viagem; no início de agosto ele escreveu "The Dunwich Horror". Esse é, certamente, um de seus contos mais populares, porém não consigo deixar de ver nele sérios problemas de concepção, execução e estilo. Seu enredo é bem conhecido, e se concentra nos esforços de Wilbur Whaterley, sua mãe, Lavínia, e seu avô, o velho Whaterley, para trazer uma horda de monstros de outra dimensão para dominar a terra. Um monstro em particular fica preso em sua casa por anos, e, depois de Wilbur morrer tentando roubar o *Necronomicon* da biblioteca da Miskatonic University, a criatura se liberta e causa destruição por toda parte antes de ser expulsa sob feitiços lançados pelo bibliotecário da Miskatonic University, Henry Armitage, e dois de seus colegas. É quando se descobre que o monstro em questão era o irmão gêmeo de Wilbur.

Mesmo por meio desse sumário fica claro que muitos pontos de enredo e caracterização na história estão terrivelmente mal preparados. Vamos, em primeiro lugar, considerar as implicações morais do conto. O que temos aqui é um elementar conflito do "bem contra o mal", interpretado por Armitage e os Whateley. Que Lovecraft não tenha querido retratar Armitage parodicamente (como se tem sugerido), isso se prova por uma observação feita em carta a August Derleth logo após escrever o conto: "Perto do fim, vejo-me psicologicamente identificado com uma das personagens (um acadêmico de idade que finalmente combate a ameaça)".[7]

O que "The Dunwich Horror" fez foi, na verdade, tornar possível o resto do "mito de Cthulhu" (isto é, as contribuições de gente mais ou menos habilidosa). Foi seu horror, feito de melodrama e dicotomia moral ingênua – e não o trabalho mais sutil de "The Call of Cthulhu", "The Colour out of Space" e outros –, que esteve no horizonte dos demais escritores (não por menos, é um dos contos favoritos de Derleth). De certa forma, portanto, Lovecraft carrega alguma responsabilidade pelo "mito de Cthulhu" e alguns de seus mais desastrosos resultados.

Em grande medida, "The Dunwich Horror" revela-se tão somente um pastiche. A premissa fundamental – a união sexual de um "deus" ou monstro com uma mulher humana – é tomada diretamente de "The Great God Pan", de Machen. O uso de pegadas estranhas para indicar a presença do que seria uma entidade de outro modo não detectável tomou-se de empréstimo de "The Wendigo", de Blackwood. Outras marcas relacionadas ao monstro invisível são tomadas de "Ooze", de Anthony M. Rud (*Weird Tales*, março de 1923). O fato de Lovecraft ocasionalmente recorrer a trabalhos anteriores não precisa se tornar fonte de crítica, pois ele fazia amplas alterações em tudo o que tomava de empréstimo; contudo, neste caso os empréstimos foram além dos meros detalhes de superfície e imaginário para adentrar o próprio coração do enredo.

"The Dunwich Horror" não é, lógico, um fracasso total. Seu retrato do interior decadente de Massachusetts é vívido e memorável, mesmo que um pouco mais hiperbólico que o de "The Colour out of Space"; e isso, como deve já estar claro, é certamente resultado da experiência pessoal. Lovecraft posteriormente admitiu que Dunwich estava localizada na região de Wilbraham, e é claro que tanto a topografia quanto um pouco do folclore (curiangos como guias de almas) são em grande parte derivados de sua visita a Edith Miniter. O desfiladeiro na floresta, que Lovecraft chama de The Bear's Den ["A toca do urso"], contudo, é tomado de uma visita a uma região semelhante nas imediações de Athol, à qual Lovecraft fora em 28 de junho na companhia de H. Warner Munn.

Não é de todo surpreendente que "The Dunwich Horror" tenha sido rapidamente comprado pela *Weird Tales* (Lovecraft recebeu 240 dólares por ele, o valor mais alto que ele já havia recebido até então por uma obra de ficção), assim como, quando apareceu no número de abril de 1929, multiplicaram-se os elogios do público.

No outono de 1928 Lovecraft recebeu uma carta de uma poetisa mais velha chamada Elizabeth Toldridge (1861–1940), que cinco anos antes participara de um concurso de poesia do qual Lovecraft era juiz. Toldridge era uma pessoa com deficiência física que vivia uma vida de privações em vários hotéis de Washington D.C. Ela publicara — sem dúvida por conta própria — dois pequenos livros de poesia no início do século, *The Soul of Love* (1910) e *Mother's Love Songs* (1911). Lovecraft lhe respondeu cordial e prontamente, já que julgou ser educado fazê-lo, e, como a própria Toldridge lhe escrevia com regularidade infalível, a correspondência seguiu-se até o fim da vida de Lovecraft. Toldridge foi, a bem da verdade, uma das poucas correspondentes de Lovecraft que não tinham qualquer envolvimento com ficção fantástica.

A correspondência naturalmente versava sobre a natureza da poesia e seus fundamentos filosóficos. Foi apenas nessa época que Lovecraft iniciou uma reavaliação de seu estilo poético, e as torrentes de poesia à moda antiga que Toldridge enviava o ajudaram a refinar suas ideias. Em resposta a um poema daquele gênero, Lovecraft escreveu:

> Seria excelente que você gradualmente começasse a se afastar da ideia de que esse tipo de linguagem artificial & dura é de algum modo "poética"; porque, a bem da verdade, não é. É uma chatice & um obstáculo à verdadeira expressão & sentimento poético, pois a poesia real significa expressão espontânea na linguagem *viva* em sua forma mais simples & mais pungentemente vital. O grande objetivo da poesia é livrar-se do artifício pesado & vazio & mergulhar no simples, direto & vital — a matéria mais pura & preciosa da vida & da palavra humana cotidiana.[8]

Lovecraft sabia que não estava pronto para colocar em prática o que começava a pregar; porém, o mero fato de que escrevera pouquíssima poesia desde mais ou menos 1922 significava tanto que a prosa de ficção se tornara seu principal canal estético quanto que ele quedara profundamente desapontado com seus antigos esforços poéticos.

Mas se Lovecraft ainda não era capaz de materializar suas próprias novas teorias poéticas, poderia pelo menos infundi-las nos outros. Maurice Moe estava preparando um volume intitulado *Doorways to Poetry*, que no fim de 1928 Lovecraft diz ter sido provisoriamente aceito (a partir de um projeto) pela Macmillan. À medida que o livro surgia, também aumentava o apreço de Lovecraft por ele; por volta do outono de 1929 ele o chamava de "sem exceção a melhor e mais clara exposição da essência da poesia que já vi".[9] Lovecraft recusou-se a aceitar qualquer pagamento pelas evidentes e amplas correções que produziu no volume. É lamentável que o manuscrito do volume não tenha sobrevivido, pois, como ocorreu com muitos projetos de Lovecraft e seus amigos, *Doorways to Poetry* nunca foi publicado.

Antes de Lovecraft começar a viagem ao sul, planejada para a primavera de 1929, ele teve um pequeno problema a resolver — seu divórcio de Sonia.

Por volta do fim de 1928 Sonia deve ter começado a pressioná-lo para conseguir a separação. Não pouco interessante é o fato de Lovecraft ter se oposto à decisão:

> Durante esse período ele tentou de todas as formas possíveis convencer-me do quanto gostava de mim; dizia que o divórcio lhe causaria muita infelicidade, que um cavalheiro não se separa de sua mulher a não ser que tenha uma razão, e ele não tinha razão para tanto.[10]

Não que Lovecraft estivesse reconsiderando a ideia de voltarem a viver juntos, fosse em Nova York ou em Providence; era o divórcio em si que o perturbava, afrontando suas noções do que era ser um cavalheiro. Ele estava absolutamente confortável com a ideia de levar adiante um casamento por correspondência, e chegou a dar por exemplo o caso de alguém que conhecia, que estava doente e vivia longe de sua mulher, comunicando-se com ela por meio de cartas. Sonia não viu tal plano com bons olhos: "Minha resposta foi que nenhum de nós estava de fato doente e que não desejava ser a mulher que 'desfruta' a companhia de um marido a longa distância escrevendo-lhe cartas".

O que aconteceu logo em seguida não é claro. Segundo Arthur S. Koki,[11] que consultou diversos documentos em Providence, em 24 de janeiro uma intimação foi enviada a Sonia pela Corte Superior de Providence pedindo seu comparecimento em 1º de março. Em 6 de fevereiro Lovecraft, Annie Gamwell e C.M. Eddy foram ao escritório de um advogado, Ralph M. Greenlaw, no número 76 da Westminster Street (o Edifício Cabeça de Turco), e apresentaram uma declaração segundo a qual Sonia abandonara Lovecraft. Tudo isso era, evidentemente, um teatro, contudo fazia-se necessário diante das leis de divórcio conservadoras vigentes no estado de Nova York, onde até 1933 as únicas formas de divórcio decorriam do adultério ou de uma das partes ser sentenciada a prisão perpétua. A outra opção possível em Nova York era a anulação do casamento caso ele tivesse sido celebrado sob efeito de "força, coerção ou fraude" (sendo o último termo ficando sob a responsabilidade interpretativa do juiz) ou se uma das partes fosse declarada legalmente insana por cinco anos.[12] Obviamente nenhuma dessas opções estava à disposição de Sonia e Lovecraft, e assim a ficção segundo a qual ela o havia abandonado foi sobriamente levada a cabo, certamente com o conhecimento de todas as partes em questão.

A pergunta que fica, contudo, é: o divórcio chegou a ser finalizado? A resposta é, sem dúvida, não. A decisão final nunca foi assinada. Como Sonia permitiu que isso acontecesse é o que resta saber. Poder-se-ia crer que a recusa de Lovecraft a assinar foi deliberada — ele simplesmente não podia suportar a ideia de divorciar-se de Sonia, não porque realmente quisesse permanecer casado com ela, mas porque um "cavalheiro não se divorcia de sua mulher sem uma razão". Esse juízo puramente abstrato, baseado em valores sociais que Lovecraft já começava a rejeitar, é mais que surpreendente. Mas o assunto deixou pelo menos uma consequência desagradável. É certo que o casamento de Sonia com o dr. Nathaniel Davis, de Los Angeles, em 1936, foi legalmente bígamo — fato que a incomodou consideravelmente quando soube do fato muito tempo depois. Um fim adequadamente melancólico para todo o caso.

As viagens de Lovecraft na primavera tiveram início em 4 de abril. Nesse dia Vrest Orton o levou a sua casa em Yonkers, onde morava com sua mulher, filhos e avó. O lugar, construído por volta de 1830 e localizado numa idílica área rural, encantou Lovecraft. Ele passou o tempo visitando os amigos em Nova York, indo a vários encontros literários organizados por Orton e em geral desfrutando sua liberdade em relação a responsabilidades e trabalho.

Em 1º de maio as viagens de Lovecraft começaram a sério. Ele viajou direto para Washington D.C., passou a noite num hotel barato (conseguiu um quarto por um dólar), então pegou o ônibus às 6h45 do dia seguinte para Richmond, Virginia. Ele ficou na Virginia por apenas quatro dias, mas viu um incrível número de lugares — Richmond, Williamsburg, Jamestown, Yorktown, Fredericksburg e Falmouth, todos muito agradáveis. Embora não tenha uma área colonial, Richmond revela traços substanciais de antiguidade a quem os procura; a cidade sofreu terríveis danos durante a Guerra Civil, contudo foi rapidamente reconstruída logo depois, e Lovecraft — sempre solidário que foi à causa da Confederação — julgou acalentadores os vários monumentos aos heróis confederados. E, é claro, viu vários lugares relacionados a Poe, incluindo o Templo Poe (hoje Museu Edgar Allan Poe), que abrira havia pouco tempo. Em 3 de maio Lovecraft visitou Williamsburg (na época nos primeiros estágios de sua restauração como vilarejo colonial), Jamestown e Yorktown, todos num só dia.

Em 6 de maio Lovecraft estava de volta a Washington, onde procurou velhos e novos amigos (Edward Lloyd Sechrist e Elizabeth Toldridge) e foi a diversos museus. Retornando a Nova York no dia 9, Lovecraft soube que os Long estavam organizando uma viagem de pesca no norte do estado de Nova York, e assim eles puderam convenientemente pegá-lo na porta da casa de Bernard Austin Dwyer, que na época residia no número 177 da Green Street, em Kingston. Seguiram viagem na manhã seguinte. Pelas noites que se seguiram, Lovecraft e Dwyer sentaram-se para discutir literatura e filosofia até altas horas da madrugada. No dia 14 Lovecraft visitou as cidades vizinhas de Hurley e New Paltz, ambas repletas de restos coloniais holandeses.

Depois de uma breve estada com Cook em Athol, Lovecraft retornou para casa por volta do dia 18. Foi uma grande viagem; nela, ele atravessou dez estados e o distrito de Columbia e teve o prazer, ainda que efêmero, de visitar o sul, o que viria a fazer com mais atenção e variedade nos anos seguintes. Como nas viagens dos anos anteriores, ele escreveu a partir de seus passeios de 1929 um diário de viagem de incríveis 18 mil palavras intitulado "Travels in the Provinces of America", que contudo não seria publicado até 1995.

Em 13 de agosto os Long passaram por Providence em seu caminho para Cape Cod e pegaram Lovecraft para acompanhá-los. New Bedford foi visitada naquele mesmo dia, bem como outras cidades da região — Chatham, Orleans, Hyannis, Sandwich. Mas a melhor parte da viagem para Lovecraft ocorreu no dia 17, quando andou pela primeira vez num aeroplano. Custou-lhe apenas três dólares, e levava passageiros por sobre a Buzzard's Bay. Não foi nada mau:

> O efeito da paisagem era o da vista do mapa pelos olhos de um pássaro — & o cenário era tal que se dava à investigação com o máximo de proveito [...] Esse

passeio de aeroplano (que chegou a uma elevada altura) acrescenta um toque final à perfeição do passeio.[13]

Para alguém com uma imaginação tão cósmica quanto Lovecraft, não chega a surpreender que um passeio de avião oferecesse um poderoso estímulo imaginativo, e apenas a pobreza não lhe permitiu que repetisse a experiência.

Em 29 de agosto ocorreria ainda outra viagem. Lovecraft e Annie Gamwell fizeram mais um passeio à região ancestral de Foster, renovando suas amizades de três anos antes e ampliando ainda mais seu conhecimento do local. Dessa vez eles foram à região chamada Howard Hill, onde Asaph Phillips construíra seu lar em 1790. Encontraram muitas pessoas que se lembravam de Whipple Phillips e Robie Place, viram os antigos túmulos da família Phillips e consultaram registros genealógicos que ajudaram Lovecraft a recuperar detalhes de sua ancestralidade. Depois retornaram ao Mossup Valley, destino da viagem de ambos em 1926.

No outono de 1929 Lovecraft e Derleth envolveram-se num debate sobre os melhores contos fantásticos já escritos. Provavelmente fazia parte do trabalho de conclusão de curso de Derleth ("The Weird Tale in English Since 1890", encerrado em 1930 e publicado no futuro jornal amador de W. Paul Cook, o *Ghost*, de maio de 1945), mas, não se sabe ao certo como, o debate acabou tendo uma audiência maior. Bertrand K. Hart, editor literário do *Providence Journal*, que publicava uma coluna chamada "The Sideshow", publicou uma lista dos melhores contos fantásticos que Lovecraft considerou tão insípida que lhe enviou listas preparadas por Derleth e Frank Long, bem como por ele próprio.

Lovecraft estava incomodado com sua imagem no jornal. Ele não gostava de impor-se de forma vulgar, como um canhoneiro insistente levando cartas ao editor com a imaturidade própria dos que buscam autopromoção; contudo, nessa época outra questão ainda mais urgente do que a discussão acadêmica sobre a ficção fantástica forçou-o mais uma vez a adentrar uma vigorosa batalha epistolar. Na primavera foi anunciado que os antigos armazéns ao longo da South Water Street seriam demolidos para dar espaço ao que se dizia ser um arquivo de documentação (ao lado do belíssimo tribunal em estilo georgiano, construído entre 1928 e 1933 na esquina da College com a North Main Street). Horrorizado com a ameaça de destruição, Lovecraft escreveu uma longa carta em 20 de março de 1929 (publicada no *Sunday Journal* de 24 de março) exortando de forma quase histérica o governo municipal a não destruir os edifícios. Mas Lovecraft deve ter sabido que o destino dos armazéns estava selado. Como estratégia final ele trouxe mais uma vez à vida suas habilidades poéticas já enferrujadas e escreveu um emocionado poema de doze estrofes intitulado "The East India Brick Row", em 12 de dezembro. Ele foi publicado no *Providence Journal* de 8 de janeiro de 1930.

"The East India Brick Row" foi escrito no meio de uma inesperada explosão de poesia no fim de 1929. No começo daquele mesmo ano, ou ainda no fim de 1928, Lovecraft escrevera um poema de temática fantástica – "The Wood" (*Tryout*, janeiro de 1929) – no qual finalmente começa a dar corpo àqueles preceitos poéticos baseados na linguagem viva que ele então abraçava e transmitia a Elizabeth Toldridge e outros.

"The Outpost", escrito em 26 de novembro, deu início à explosão poética. Não foi um grande sucesso e chegou a ser rejeitado por Farnsworth Wright por ser longo demais (treze quartetos). Ele falava de um "grande rei que temia sonhar" num palácio no Zimbábue. O poema parece claramente inspirado em várias historietas contadas a Lovecraft por Edward Lloyd Sechrist, que visitara ruínas no Zimbábue, na África.

Aqui, Bernard K. Hart entra mais uma vez em cena. A discussão sobre ficção fantástica já havia arrefecido quando Hart tropeçou numa cópia de *Beware After Dark!*, de T. Everett Harrés, que trazia "The Call of Cthulhu". Embora estivesse gostando do conto, Hart ficou assustado ao perceber que ele próprio havia morado na residência de Wilcox, no número 7 da Thomas Street. Numa coluna publicada no *Journal* em 30 de novembro, Hart mostrou-se ofendido e fez uma terrível ameaça: ele mandaria um monstro à casa de Lovecraft às três da manhã. O que mais Lovecraft poderia fazer além de, às três da manhã daquele dia, escrever "The Messenger"?

The thing, he said, would come that night at three
From the old churchyard on the hill below;
But crouching by an oak fire's wholesome glow,
I tried to tell myself it could not be.
Surely, I mused, it was a pleasantry
Devised by one who did not truly know
The Elder Sign, bequeathed from long ago,
That sets the fumbling forms of darkness free.

He had not meant it—no—but still I lit

Another lamp as starry Leo climbed
Out of the Seekonk, and a steeple chimed
Three—and the firelight faded, bit by bit.
Then at the door that cautious rattling came—
And the mad truth devoured me like a flame![14]

Winfield Townley Scott – que se referira aos poemas de Lovecraft como "lixo do século XVIII" – julgou ser este talvez "o mais satisfatório dos poemas que ele veio a escrever".[15] B.K. Hart deve ter gostado do poema, pois o publicou em sua coluna de 3 de dezembro de 1929.

"The East India Brick Row" foi escrito logo depois, no começo de dezembro, e depois dele Lovecraft produziu o que *eu* considero ser seu único poema bem executado, "The Ancient Track". "*There was no hand to hold me back/ That night I found the ancient track.*" ["Não havia mão que me segurasse/ Na noite em que descobri a trilha antiga"] – assim começa – e termina – esse melancólico poema escrito em trímetros iâmbicos, à maneira de Poe. O poema foi rapidamente vendido à *Weird Tales* e publicado no número de março de 1930. Lovecraft recebeu onze dólares por ele.

Então, na semana entre 27 de dezembro e 4 de janeiro, Lovecraft escreveu *Fungi from Yuggoth.* Os 36 sonetos que perfazem essa sequência são geralmente assinalados como seu mais consistente trabalho poético de temática fantástica, tendo o ciclo gerado considerável fortuna crítica. Antes de estudarmos o texto em si, pode ser interessante considerar alguns fatores que levaram a essa incrível explosão de poesia de temática fantástica.

Talvez a influência mais abrangente seja a de Clark Ashton Smith. Embora seja verdadeiro que a ficção tenha, por volta de 1921, atingido o mesmo patamar da poesia em termos de expressão estética para Lovecraft, também não é de pouca monta que o virtual desaparecimento da produção poética de Lovecraft entre 1922 e 1928 tenha ocorrido ao mesmo tempo que seu contato com Smith. Ali estava um poeta que escrevia uma poesia densa e vigorosa de temática cósmica e fantástica numa forma vibrante e vital absolutamente distante do século XVIII ou mesmo da poesia de Poe. De forma abstrata, Lovecraft percebera há não pouco tempo os problemas de sua própria poesia, porém nunca havia encontrado um poeta vivo produzindo trabalhos que ele pudesse admirar e mesmo invejar, e ali estava ele diante de tal poeta. O verso de Lovecraft durante esse período se rebaixa às insípidas odes de aniversário e outras formas de poesia de circunstância, com raras exceções, tais como os vigorosos "The Cats", "Primavera" ou "Festival" (publicado como "Yule Horror").

Então, por volta de 1928, ele iniciou seu trabalho com *Doorways to Poetry*, de Moe. Passado um longo período de inatividade, Lovecraft teve de voltar sua atenção mais uma vez à teoria da poesia. A influência imediata nos poemas de *Fungi*, contudo, parecem ser os *Sonnets of the Midnight Hours*, de Wandrei, que Lovecraft lera, no mais tardar, em novembro de 1927. Não resta dúvida da força desse ciclo, no qual todos os poemas estão em primeira pessoa e são inspirados em sonhos de Wandrei; estes, porém, não me parecem tão burilados ou emocionalmente tão fortes quanto os de Lovecraft. Não obstante, é claro que Lovecraft deriva a ideia básica, a de um ciclo de sonetos, desse trabalho.

Em outra frente, Winfield Townley Scott e Edmund Wilson creem que os *Fungi* podem ter sido influenciados por Edwin Arlington Robinson, mas não consigo achar qualquer evidência de que Lovecraft tenha lido Robinson naquele ou em qualquer outro momento até então. Ele não é mencionado em qualquer correspondência a que eu tenha tido acesso até 1935. Os paralelos em termos de dicção expostos por Scott parecem ser de gênero bastante geral e não chegam a provar decisivamente qualquer influência.

Chegamos agora à questão muito debatida quanto ao que *Fungi from Yuggoth* de fato é. Trata-se de um poema estritamente uno que revela uma espécie de "continuidade", ou é meramente uma coletânea aleatória de sonetos que vagam de tema a tema com pouca ordem ou sequência? Permaneço inclinado a crer na última ideia. Ninguém pode em sã consciência crer que exista um *enredo* em *Fungi*, a despeito das muitas e elaboradas tentativas dos críticos de encontrá-lo; por outro lado, o argumento de outros críticos acerca de uma espécie de "unidade" baseada em estrutura, tema ou imagens é igualmente pouco convincente, já que a unidade assim descoberta não parece de modo algum sistemática ou coerente. Sustento ainda a conclusão de que os sonetos de *Fungi* oferecem a Lovecraft uma oportunidade de cristalizar vários conceitos, tipos de imagem e fragmentos de sonhos que não puderam encontrar expressão criativa na ficção — uma espécie de faxina da imaginação. O fato de ele ter se apoiado exaustivamente em imagens de seu caderno de anotações para a produção dos poemas dá sustentação a essa conclusão.

Alguns dos sonetos parecem retrabalhar algumas das concepções dominantes em contos anteriores. "Nyarlathotep" é uma versão próxima do poema em prosa de 1920; "The Elder Pharos" fala sobre uma figura que "usa uma máscara de seda" e cuja primeira aparição vemos em *The Dream-Quest of Unknown Kadath*; "Alienation" parece de algum modo baseado em "The Strange High House in the Mist". De forma mais significativa, alguns poemas parecem antecipações de histórias que Lovecraft escreveria nos anos seguintes, fazendo de *Fungi* uma espécie de recapitulação do que fora escrito antes e um anúncio das obras que viriam.

Os que argumentam em favor da "unidade" de *Fungi* devem levar em conta a forma um tanto estranha como o ciclo chegou a sua configuração final. "Recapture" (soneto XXXIV) foi escrito no fim de novembro, ao que tudo indica como poema em separado. Durante anos após ter sido escrito, o conjunto de *Fungi* contou com 35 sonetos. Em 1936, quando R.H. Barlow considerou a hipótese de publicá-los em livro, sugeriu que "Recapture" fosse incluído no ciclo; porém, quando o acrescentou ao fim do manuscrito que estava preparando, Lovecraft sentiu que o poema deveria ficar na antepenúltima posição: "'Recapture' parece de algum modo mais *específico & restritivo* em espírito do que os outros dois; assim, ficaria melhor antes deles — permitindo a *Fungi* chegar a um encerramento com algumas ideias mais abrangentes".[16] No meu entender, isso sugere, sim, que Lovecraft tinha uma ideia bastante vaga quanto à necessidade de o ciclo ser lido em sequência e de ter um fim mais geral. Não obstante, pouco depois de terminar a série ele ainda falava, sem muito compromisso, sobre a possibilidade de "fazer algum esforço e escrever outra dúzia de poemas antes de considerar terminada a sequência".[17]

É certo que Lovecraft não se sentiu compungido por permitir a impressão aleatória dos sonetos da série num amplo conjunto de publicações. Dez sonetos apareceram na *Weird Tales* entre 1930 e 1931 (bem como "Recapture", publicado antes); outros cinco foram publicados no *Providence Journal* nos primeiros meses de 1930; nove deles na *Driftwind*, de Walter J. Coates, entre 1930 e 1932; os demais surgiram mais tarde em publicações amadoras e de aficionados; após a morte de Lovecraft, muitos outros foram impressos na *Weird Tales*. O ciclo em sua unidade não foi publicado até 1943.

Fazia mais de um ano que Lovecraft não escrevia ficção original, e o conto escrito — "The Dunwich Horror" — fora ele próprio produzido depois de um ano inteiro de intervalo desde o que o antecedeu, "The Colour out of Space". Trabalhos de edição, viagens e a inevitável correspondência consumiam todo o tempo que Lovecraft teria para a ficção, já que não raro ele dizia precisar de uma agenda completamente livre para atingir a clareza mental necessária à escrita de seus contos. Entretanto, no fim de 1929, surgiu um trabalho de preparação que lhe permitiu exercer a escrita ficcional muito além do que ele esperava — e, francamente, muito além do que era preciso para o trabalho em questão. Sem julgar os méritos de Lovecraft no caso, o resultado — "The Mound", trabalho de *ghost-writing* para Zealia Bishop — valeu todos os esforços.

Sobre esse conto é difícil discorrer com brevidade. Com suas 25 mil palavras, trata-se do mais extenso trabalho de edição de um conto fantástico empreendido por Lovecraft, e é comparável em tamanho a "The Whisperer in Darkness". Que o resultado seja inteiramente produzido por Lovecraft, isso se pode medir pelo núcleo do enredo original de Bishop, tal como registrado por R.H. Barlow: "Há um morro indígena [*Indian mound*][1] nas proximidades, e ele é assombrado por um fantasma sem cabeça. Às vezes é uma mulher".[18] Lovecraft julgou essa ideia "terrivelmente insípida & boba"[19] e produziu uma novela curta de horror subterrâneo, incorporando muitas concepções de seu ciclo de mitos em desenvolvimento, incluindo Cthulhu (sob a forma variante Tulu).

"The Mound" tem foco num membro da expedição de 1541 de Francisco Vásquez de Coronado, Panfilo de Zamacona y Nuñez, que abandona o grupo principal e conduz uma exploração solitária da região dos morros do que hoje é Oklahoma, caindo no mundo subterrâneo de Xinaian (pronuncia-se "K'naian"), ocupado por dezenas de homens do espaço. Essas pessoas desenvolveram notáveis habilidades mentais, incluindo a telepatia e o poder de desmaterializar-se — mediante a desintegração de si e de objetos selecionados ao seu redor, reduzidos aos átomos que os formam, para recompor-se em alguma outra localidade. Zamacona inicialmente fica maravilhado com essa civilização, mas aos poucos descobre que ela vivia a decadência tanto intelectual quanto moral de um nível outrora muito mais elevado. Ele tenta escapar, mas seu destino é terrível. Um manuscrito que escrevera sobre suas aventuras é encontrado no presente por um arqueólogo, que parafraseia esse incrível conto.

O esqueleto do enredo assim esboçado não pode dar conta da riqueza de texturas do conto, que — apesar de não ter sido tão cuidado-

---

1. Indian mound: estruturas produzidas por algumas etnias indígenas da América do Norte com terra (em alguns casos também com rocha) em formato geralmente piramidal, empregadas em rituais religiosos. [N. do T.]

samente escrito quanto muitos dos trabalhos originais de Lovecraft — é bem-sucedido no retrato de imensidões de tempo e em dar vida com grande abundância de detalhes ao mundo subterrâneo de K'n-yan. Também vale dizer que "The Mound" é o primeiro, mas de forma alguma o último, dos contos de Lovecraft a utilizar uma civilização alienígena como metáfora transparente para certas fases da civilização humana (mais especificamente a ocidental). Inicialmente, K'n-yan parece uma utopia lovecraftiana: as pessoas superaram a velhice, não conhecem pobreza, pois são poucas, dominam o uso da tecnologia, usam a religião apenas como ornamento estético, praticam reprodução seletiva para garantir o vigor do tipo mais forte, e passam os dias ocupados em atividades artísticas e intelectuais. Porém, seguindo em sua observação do grupo, Zamacona percebe sinais de decadência. A ciência estava sendo "negligenciada"; a história, "esquecida"; e gradualmente a religião se tornava menos uma questão de ritual estético e cada vez mais uma forma de superstição degradada. O narrador conclui: "Não resta dúvida de que K-n'yan está há muito tempo em decadência — reagindo com um misto de apatia e histeria contra a vida padronizada e organizada de regularidade estultificante que as máquinas trouxeram durante seu período médio". Esses sentimentos encontram eco preciso nas cartas de Lovecraft do período.

Embora rico em substância intelectual, "The Mound" é um trabalho mais longo do que as necessidades de Lovecraft exigiam, e sua extensão tornava difícil a perspectiva de publicação. *Weird Tales* estava adentrando tempos de instabilidade cada vez maior, e Farnsworth Wright tinha de ser cuidadoso com o que aceitava. Não causa surpresa que ele tenha rejeitado o conto no início de 1930.

A crença insistente em que Frank Belknap Long teve seus méritos na produção do conto — decorrente da declaração de Zealia Bishop de que "Long [...] me aconselhara e trabalhara comigo naquela novela curta"[20] — foi, presumo, desfeita pela própria declaração de Long, datada de 1975: "Nada tive a ver com a escrita de *The Mound*. Aquela história de atmosfera magnificamente sombria e mórbida é lovecraftiana da primeira à última página".[21] Long estava na época atuando como agente de Bishop e tinha, na verdade, preparado o manuscrito do conto. Depois de ele ser recusado pela *Weird Tales*, Long tratou de contar partes do conto simplesmente omitindo algumas páginas do original datilografado e rasurando trechos em outras. Essa versão, no entanto, também não vendeu, e assim a história foi deixada de lado. Ela foi finalmente publicada pela primeira vez na *Weird Tales* de novembro de 1940, numa forma bastante abreviada.

As viagens de Lovecraft durante a primavera e o verão de 1930 começaram no fim de abril. Charleston, na Carolina do Sul, era a meta, e ele parece ter rumado para o sul praticamente sem paradas ao longo do trajeto. Ele diz ter estado em Richmond na tarde 27 de abril e ter passado a noite em Winston-Salem, na Carolina do Norte; no dia 28 de abril ele estava em Columbia, Carolina do Sul. Mais tarde nesse mesmo dia Lovecraft tomou um ônibus que o levou diretamente para Charleston. Um cartão-postal escrito a Derleth em 29 de abril pode dar uma ideia dos sentimentos de Lovecraft:

> Desfrutando o mais fascinante e maravilhoso lugar — em termos cênicos, arquitetônicos, históricos & climáticos — que já encontrei na vida! Não consigo dar qualquer ideia disso tudo, exceto por pontos de exclamação — eu me mudaria para cá num segundo se minha ligação sentimental com a Nova Inglaterra não fosse tão forte [...] Ficarei aqui até quando o dinheiro permitir, mesmo se tiver de cancelar todo o resto de minha viagem pensada.[22]

Lovecraft permaneceu em Charleston até 9 de maio, vendo tudo que houvesse para ver; e não há dúvida de que havia muito. Charleston tem ainda hoje uma das áreas de patrimônio arquitetônico mais bem preservadas de toda a costa leste — graças, é claro, a um movimento muito vigoroso de preservação e restauração que a torna hoje ainda mais atraente do que era nos tempos de Lovecraft, quando parte dessas relíquias estava bastante deteriorada. Tudo de que Lovecraft fala à exaustão em seu diário de viagem, "An Account of Charleston" (1930), ainda está de pé, com raras exceções.

Nesse diário de viagem Lovecraft, além de trazer uma história bastante detalhada da cidade, oferece a minuciosa descrição de um passeio a pé — que com muito otimismo afirma poder ser feito num só dia (eu fiz, embora tenha me custado sete horas e muitas paradas para descanso) — cobrindo todo o importante patrimônio histórico de Charleston com um mínimo de idas e voltas no mesmo percurso. O passeio deixa de fora áreas bem pitorescas que não são coloniais (a zona oeste de South Battery, por exemplo), bem como pontos relativamente remotos, como Fort Sumner e Fort Moultrie, em Sullivan Island, e a Cidadela, entre outros, embora seja muito provável que Lovecraft os tenha visitado. Ele reconhece que o coração da Charleston colonial é uma área relativamente pequena ao sul da Broad Street entre Legare e East Bay, incluindo belíssimos passeios como

Tradd, Church, Water e similares; os becos nessa região — Bedon's Alley, Stolls Alley, Longitude Lane, St. Michael's Alley — valem um estudo por si próprios. Em direção ao norte da cidade, a região entre a Broad e a Calhoun torna-se mais e mais pós-revolucionária e pós-Guerra Civil em arquitetura, embora o centro financeiro e político da cidade ainda permaneça na interseção das ruas Broad e Meeting. A norte da Calhoun resta muito pouco de interesse antiquário.

Em 9 de maio Lovecraft deixou Charleston a contragosto e seguiu para Richmond, onde permaneceu por dez dias. No dia 13 ele saiu em excursão a Petersburg, uma cidade aproximadamente 25 quilômetros ao sul de Richmond, cheia de antiguidades coloniais.

Lovecraft estava aprendendo a cortar despesas de viagem. Wandrei conta como ele economizava com lavanderia longe de casa:

> Cuidadosamente ele colocava as calças entre os colchões da cama para recuperar os vincos e o aspecto de roupa passada ao longo da noite. Ele tirava o colarinho da camisa, lavava-o, ajeitava-o entre as dobras de uma toalha de rosto e pressionava-o sob uma Bíblia do Gideão, produzindo dessa forma um colarinho novo em folha para a manhã seguinte.[23]

Afinal a Bíblia do Gideão teve alguma utilidade para Lovecraft! Também estava se tornando seu próprio barbeiro, fazendo uso, ao que tudo indica, de uma máquina de barbear que tinha arranjado.[24]

Em Richmond Lovecraft fez boa parte de mais um trabalho de *ghostwriting* para Zealia Bishop, embora aparentemente não o tenha concluído até agosto. É certo que ela contribuiu para este tanto (ou tão pouco) quanto nos dois anteriores; neste caso, contudo, é possível lamentar tal contribuição, pois isso significa que os muitos absurdos e falhas do conto devem permanecer na conta, apenas ou em sua maioria, de Lovecraft. Não há nada na obra de Lovecraft que seja tão confuso, grandiloquente e simplesmente bobo quanto "Medusa's Coil". Como em alguns de seus contos de juventude, todo o problema advém de um terrível excesso de supernaturalismo que produz um completo caos no final, bem como uma falta de sutileza na caracterização que (como em "The Last Test") compromete todo o conto, este baseado fundamentalmente num conflito de personagens. O conto trata da história de Denis de Russy, um jovem que se apaixona por uma misteriosa francesa chamada Marceline Bedard e a leva consigo para a propriedade de sua família no Missouri, onde ela passa a ter um relacionamento tenso com o pai de Denis (o narrador do conto) e um amigo, o pintor Frank Marsh. Por fim ocorre que, além de possuir inúmeros poderes sobrenaturais, Marceline era, "embora em proporção ínfima [...] negra".

O grande problema com esse conto — além do enredo de horror convencional e a conclusão cruamente racista — é que as personagens são tão planas e estereotipadas que em momento algum ganham vida. Lovecraft tinha consciência dos limites de seus conhecimentos sobre os seres humanos, bem como de seu interesse por eles. Elaborou a própria ficção de tal forma que as figuras humanas não eram o centro da ação; mas em um trabalho de edição e correção — onde, a princípio, ele tinha de seguir pelo menos o esqueleto do enredo oferecido pelo cliente — nem sempre lhe era permitido deixar de lado a necessidade de uma caracterização mais vívida, e são precisamente as edições nas quais essa caracterização está ausente que estão entre as piores.

Não foi, por certo, a falta de qualidade do conto que acabou com suas perspectivas de publicação no mercado *pulp*, pois coisas ainda piores eram publicadas com grande regularidade; mas seja lá pela razão que for (e talvez a extensão excessiva tenha alguma coisa a ver com isso), "Medusa's Coil" foi inicialmente recusado pela *Weird Tales* — para ser, por fim, publicado no número de janeiro de 1939. Tanto "The Mound" quanto "Medusa's Coil" foram pesadamente alterados e reescritos por Derleth para suas publicações em revista, e ele prosseguiu levando à impressão os textos adulterados em formato de livro até sua morte. Os textos corretos não foram publicados até 1989.

De volta a Nova York em 20 de maio, Lovecraft ficou feliz por encontrar um interessante item de sua correspondência, então redirecionada para a cidade — uma carta de Clifton P. Fadiman, da Simon & Schuster, incentivando-o a enviar-lhe um romance. Ele imediatamente respondeu dizendo que, embora tivesse escrito um antes(não foi aventada a possibilidade de envio de *The Case of Charles Dexter Ward*), gostaria de levar à apreciação uma coletânea de contos. Uns dias mais tarde, o entusiasmo de Lovecraft arrefeceu consideravelmente: ele descobriu que a carta era tão somente uma correspondência formular mimeografada e enviada a todos os mencionados no "Catálogo de Honra" do anuário de contos de O'Brien; ademais, Fadiman respondera dizendo: "Sinto que você esteja certo quanto a nosso interesse numa coletânea de contos não ser grande. Espero, contudo, que se dedique & escreva o romance que mencionou. Se for bom, seu assunto será antes questão de interesse que de repulsa".[25] É interessante notar que a relutância inveterada dos editores de literatura mais tradicional em publicar coletâneas de contos fantásticos já era evidente nos anos 1930.

Contudo, as duas semanas passadas em Nova York incluíram idas ao museu (Metropolitan, Brooklyn e também o mais recente Nicholas Roerich Museum), bem como os encontros de sempre com velhos amigos. Um conhecido que Lovecraft inesperadamente encontrou foi Hart Crane, que foi ao apartamento de Loveman na noite de 24 de maio, quando Lovecraft estava lá. *The Bridge* fora publicado naquela primavera, o que fez dele "uma das mais celebradas & comentadas figuras da literatura norte-americana contemporânea". O retrato que Lovecraft faz dele é a um só tempo de pena e admiração:

> Pobre rapaz — ele enfim "se fez" um exemplo de poeta norte-americano seriamente considerado por todos os críticos & jornalistas; no entanto, chegando ao topo da fama, ele também está na iminência de um colapso psicológico, físico & financeiro & sem qualquer certeza de ter inspiração para escrever mais uma vez um grande trabalho literário. Depois de mais ou menos três horas de discussão aguda & inteligente, o coitado foi embora — para caçar nas ruas mais um suprimento de uísque & banir a realidade pelo resto da noite![26]

Infelizmente, Lovecraft estava certo em seus comentários. Crane cometeria suicídio dois anos mais tarde.

O retorno de Lovecraft para casa entre 13 e 14 de junho encerrou a viagem com mais uma quebra de recordes, porém de modo algum seria este o fim de suas viagens naquele ano. Ele decidiu participar da convenção da NAPA em Boston, de 3 a 5 de julho — a segunda convenção amadora da qual fazia parte, sendo a primeira a da NAPA de 1921. Mas mesmo esse não foi o último de seus passeios. Em 30 de agosto o encontraremos a bordo de um trem rumando para o norte — até o Quebec. Seria sua primeira e última viagem para fora dos Estados Unidos — descontadas outras duas visitas à mesma cidade nos anos seguintes. Lovecraft deparou com uma tarifa de excursão particularmente barata (doze dólares) para o Quebec, e não poderia perder a chance de ver um lugar sobre cujas maravilhas antiquárias tantas vezes ouvira falar. A perspectiva do interior canadense — com suas belíssimas casas de fazenda construídas em estilo francês e pequenos e rústicos vilarejos com campanários pitorescos — lhe era muito agradável, mas à medida que se aproximava de seu destino percebeu que estava prestes a experimentar algo digno de nota. Foi o que aconteceu:

> Nunca tinha visto um lugar como esse! Todos os meus antigos padrões de beleza urbana precisam ser abandonados depois de minha visita ao Quebec! Não vejo como possa pertencer ao mundo da realidade prosaica — é tudo um só sonho de cidades muradas, colinas de fortes coroadas, pináculos prateados, ruas estreitas, sinuosas & perpendiculares, paisagens magníficas, & a civilidade doce & tranquila de um mundo antigo [...] Veículos a cavalo ainda são muitos, & a atmosfera é toda passadiça. É um pedaço perfeitamente preservado da velha monarquia francesa, transplantado ao Novo Mundo com pouquíssima perda de atmosfera.[27]

Ele ficou apenas três dias, mas mantendo-se em constante trânsito viu praticamente tudo o que havia para ver — o quarteirão da prefeitura, o parque Montmorency, Notre Dame des Victoires, o castelo Frontemac, o convento Ursuline e muito mais. Uma viagem secundária às cataratas do rio Montmorency fechou a visita.

As viagens de 1930 mais uma vez superavam as predecessoras e foram coroadas por dois lugares soberbos — Charleston e Quebec. Nos anos seguintes Lovecraft retornaria a esses dois santuários de antiguidades tantas vezes quanto seus parcos fundos o permitissem. Nesse ínterim ele podia ao menos escrever sobre esses lugares, tanto em cartas e postais arrebatados a seus amigos como em diários de viagem formais; e assim o fez. "An Account of Charleston", do qual já tratei, não é datado, mas foi provavelmente escrito naquele outono. Mas o Quebec o levou a um trabalho de proporções ainda mais heroicas, que ocuparam boa parte daquele outono e inverno. *A Description of the Town of Quebec* foi o mais longo trabalho escrito por Lovecraft. Depois de um estudo histórico bastante abrangente acerca da região, há outro sobre a arquitetura do Quebec (com ilustrações benfeitas das qualidades peculiares a cada tipo de telhado, janela e afins), um detalhado mapa feito à mão dos principais lugares e um meticuloso passeio a pé tanto pela cidade em si quanto em "peregrinações pelos subúrbios". Que Lovecraft possa ter absorvido o suficiente da cidade em três dias para ter escrito mesmo a parte relativa ao diário de viagem (a seção histórica foi claramente pesquisada mais tarde e custou-lhe não pouca leitura) dá mostra suficiente de como devem ter sido aqueles três dias.

O diário de viagem do Quebec permaneceu em manuscrito até muito tempo depois da morte de Lovecraft, sendo publicado em 1976.

Contudo, começando no início do ano e prosseguindo através da primavera, do verão e do início do outono, Lovecraft trabalhou num documento que era na verdade pensado para ser lido pelo público geral: "The

Whisperer in Darkness". Ainda que pudéssemos elencá-la entre as peças mais intrincadas em termos de composição por ele escritas até então, essa novela de 25 mil palavras — a mais longa de suas histórias até aquele momento, descontados seus dois romances de "treinamento" — recupera a grandeza ancestral das paisagens rurais da Nova Inglaterra de forma mais profunda que em qualquer outro momento de seu trabalho anterior, ainda que sofra com alguns problemas de concepção e motivação.

O conto se concentra na correspondência que se desenvolve entre Albert N. Wilmarth, professor de literatura na Miskatonic University, e um sujeito recluso de Vermont chamado Henry Wentworth Akeley, que sobriamente relata a existência de uma colônia de extraterrestres do planeta Yuggoth vivendo na região, os quais, por meio de um intrincado mecanismo, podem remover os cérebros dos seres humanos de seus corpos e levá-los a fantásticas viagens cósmicas. Wilmarth é, como se poderia esperar, cético em relação ao relato de Akeley, mas acontecimentos subsequentes — incluindo os ataques de alienígenas contra Akeley — parecem confirmá-lo. Wilmarth é então convidado a ir a Vermont por Akeley, embora a carta escrita pelo recluso soe no mínimo peculiar e pouco característica. Ainda assim, Wilmarth faz a viagem, na qual encontra um Akeley que parece física e psicologicamente mudado. Akeley agora aceita a possibilidade de ter seu cérebro removido e levado para Yuggoth e além, pois assim obteria um conhecimento cósmico aberto apenas a uns poucos seres humanos desde o início da civilização. Pasmo de maravilhamento, Wilmarth vai para a cama, porém escuta um diálogo assustador vindo do quarto de Akeley entre muitas vozes murmurantes. O que, no entanto, faz que ele fuja do lugar é o que ele vê quando segue furtivo ao quarto de Akeley de madrugada: "Pois as coisas na cadeira, perfeitas em seus sutis e derradeiros detalhes de semelhança microscópica — ou identidade — eram o rosto e as mãos de Henry Wentworth Akeley".

Sem a necessidade de afirmar, Lovecraft deixa clara a situação: a última e encorajadora carta de "Akeley" fora, na verdade, forjada por entidades alienígenas, escrita como forma de fazer Wilmarth ir para Vermont em nome de suas relações com Akeley; o falante na cadeira não era Akeley — cujo cérebro já havia sido removido de seu corpo e colocado em uma das máquinas — mas um dos *aliens*, talvez o próprio Nyarlathotep, a quem eles adoravam.

A gênese do conto é quase tão interessante quanto o próprio conto; Steven J. Mariconda estudou o assunto em detalhes, e em grande parte faço coro a suas conclusões.[28] O fundo vermontiano do conto é claramente decorrente das visitas de Lovecraft em 1927 e 1928; passagens inteiras de "Vermont – A First Impression" foram inseridas no texto, porém sutilmente alteradas de forma tal que se enfatizassem o terror e o fascínio da paisagem campestre. É também claro que Henry Wentworth Akeley baseia-se parcialmente em Bert G. Akley, que Lovecraft conheceu na viagem de 1928. A fazenda reclusa de Akeley parece ser uma mistura da casa de Orton em Brattleboro e da casa de Goodenough mais ao norte. E, é claro, Lovecraft incorporou com habilidade a descoberta de Plutão (anunciada no *New York Times* de 14 de março), identificando-o com seu mítico Yuggoth.

O processo de escrita do conto foi, entretanto, muito difícil e estranhamente prolongado, estendendo-se de fevereiro a setembro. A história foi "provisoriamente concluída" em Charleston, contudo sofreu alterações significativas após várias sugestões feitas por Frank Long e Bernard Dwyer. A natureza dessas correções não é inteiramente conhecida, mas aparentemente Dwyer recomendou que Wilmarth fosse uma figura menos ingênua. Lovecraft não fez muitos progressos quanto a esse ponto: embora detalhes aleatórios tenham sido inseridos para dar peso ao ceticismo de Wilmarth, ele ainda parece muito ingênuo em sua ida despreocupada para Vermont apesar de todas as evidências que recebera de Akeley. E, no entanto, Wilmarth exibe de forma extrema algo que vemos em muitas personagens de Lovecraft: uma dificuldade de acreditar que um acontecimento sobrenatural ou além da normalidade ocorreu.

Mas "The Whisperer in Darkness" tem uma falha de certa forma ainda maior, que já vimos presente em "The Dunwich Horror". Mais uma vez, ante a violação do desejo expresso de Lovecraft de abandonar a moralidade humana em favor de seus extraterrestres, ele acaba por dotar seus alienígenas de interesses e fraquezas comuns e até mesmo menores. Eles produzem falsificações baratas em duas ocasiões, e na primeira são ineptos a ponto de errar o nome de Akeley, a despeito do fato de, como eles próprios sustentam, "sua capacidade cerebral [dos alienígenas] superar a de qualquer outra forma viva". Já a troca de tiros com Akeley assume um tom acidentalmente cômico, reminiscência dos tiroteios em filmes de faroeste baratos.

Enquanto tais problemas de concepção e execução acabam com "The Dunwich Horror", aqui eles acabam se tornando questões secundárias num conto antes de tudo extraordinário. "The Whisperer in Darkness" permanece um monumento no trabalho de Lovecraft em sua pulsante e vital evocação da paisagem da Nova Inglaterra, em seu ar de verossimilhança documental, em sua sutil e envolvente atmosfera de horror crescente e nas assustadoras manifestações do cósmico.

Sendo uma das mais longas histórias que Lovecraft se preocupou em datilografar e enviar a um editor, "The Whisperer in Darkness" trouxe dividendos a sua altura. O conto foi prontamente aceito por Farnsworth Wright, que pagou 350 dólares a Lovecraft por ele — a maior quantia que ele chegou a receber por um trabalho de ficção. Wright pensava em publicá-lo em duas partes; contudo, no início de 1931 a *Weird Tales* foi forçada a publicar-se a cada dois meses ao longo de aproximadamente meio ano, assim a história apareceu completa no número de agosto de 1931.

O período de 1928 a 1930 viu Lovecraft escrever apenas dois contos fantásticos (o terrivelmente problemático "The Dunwich Horror" e o de algum modo complicado, mas antes de tudo monumental, "The Whisperer in Darkness"), além de três trabalhos de edição para Zealia Bishop: um bastante significativo ("The Mound"), outro de bom a medíocre ("The Curse of Yig") e um para ser esquecido ("Medusa's Coil"). Mas medir Lovecraft tão somente por suas realizações no campo do fantástico seria uma injustiça ao homem e ao escritor. Suas viagens a Vermont, Virginia, Charleston, Quebec e outras regiões ricas em patrimônio arquitetônico colonial ofereceram muito em termos imaginativos, e seus relatos das viagens, tanto em cartas quanto em ensaios, estão entre suas obras mais encantadoras. Sua correspondência continuava a crescer à medida que aumentava seu círculo de gente conhecida, e as perspectivas divergentes — bem como sua constante absorção de novas informações e pontos de vista através de livros e da observação do mundo ao redor — permitiram-lhe que refinasse consideravelmente seu pensamento filosófico. Por volta de 1930 ele havia resolvido muitas pendências em nome de sua felicidade, e nos anos seguintes suas perspectivas políticas e econômicas passariam por importantes transformações. Dessarte, examinemos seu pensamento antes de seguir com o exame dos trabalhos literários baseados nele.

NOTAS

[1] Davis, *Private Life*, p. 21.

[2] HPL a James F. Morton, 10 de maio de 1928 (SL II.239).

[3] Davis, *Private Life*, p. 21.

[4] HPL a Lillian D. Clark [12 de junho de 1928] (cartão-postal) (manuscrito, JHL).

[5] "Literary Persons Meet in Guilford", *Brattleboro Daily Reformer* (18 de junho de 1928): 1.

[6] HPL a Lillian D. Clark, 24 de junho de 1924 (cartão-postal) (manuscrito, JHL).

[7] HPL a August Derleth [1928] (manuscrito, SHSW).

[8] HPL a Elizabeth Toldridge, 1° de julho [de 1929] (manuscrito, JHL).

[9] HPL a Donald Wandrei, 12 de setembro de 1929 (manuscrito, JHL).

[10] Davis, *Private Life*, p. 21.

[11] Arthur S. Koki, "H.P. Lovecraft: An Introduction to His Life and Writings" (dissertação de mestrado, Columbia University, 1962), pp. 209–10.

[12] Ver Nelson Manfred Blake, *The Road to Reno: A History of Divorce in the United States* (Nova York: Macmillan, 1962), pp. 189–202.

[13] HPL a Lillian D. Clark [17 de agosto de 1929] (cartão-postal) (manuscrito, JHL).

[14] "A coisa, ele disse, chegaria à noite, às três horas,/ vinda do velho cemitério da igreja ao pé da colina; mas,/ curvando-me ao brilho salutar da lareira acesa,/ Procurei convencer-me de que não seria o caso./ Era certo, ponderei, que fosse tão somente divertimento/ criado por alguém que realmente desconhecia/ o Mais Antigo Sinal, herdado de tempos remotos,/ que libera as formas bruxuleantes das sombras.// Ele não tinha a intenção – mas ainda assim acendi/ outra lamparina tão logo a constelação de Leão surgiu/ Do Seekonk, e um campanário soou três batidas –/ E a luz do fogo se apagou pouco a pouco./ Então à porta veio aquela coisa furtiva e traiçoeira –/ E a louca verdade que devorou como fosse chama.

[15] Winfield Townley Scott, "A Parenthesis on Lovecraft as Poet" (1945), in *H.P. Lovecraft: Four Decades of Criticism*, ed. S.T. Joshi (Athens: Ohio University Press, 1980), p. 213.

[16] HPL a R.H. Barlow, 13 de junho de 1936 (manuscrito, JHL).

[17] HPL a Elizabeth Toldridge [janeiro de 1930] (SL III.116).

[18] R.H. Barlow, anotação à mão no original datilografado de "The Mound" (JHL).

[19] HPL a Elizabeth Toldridge, 20 de dezembro de 1929 (SL III.97).

[20] Zealia Bishop, "H.P. Lovecraft: A Pupil's View", in *Lovecraft Remembered*, p. 271.

[21] Long, *Dreamer on the Nightside*, pp. xiii-xiv.

[22] HPL a August Derleth [29 de abril de 1930] (cartão-postal) (manuscrito, JHL).

[23] Wandrei, "Lovecraft in Providence" (1959), in *Lovecraft Remembered*, p. 309.

[24] HPL a Lillian D. Clark, 13–14 de maio de 1930 (manuscrito, JHL).

[25] Citado em carta de HPL a Lillian D. Clark, 24–26 de maio de 1930 (manuscrito, JHL).

[26] HPL a Lillian D. Clark, 20–21 de maio de 1930 (manuscrito, JHL).

[27] HPL a Elizabeth Toldridge [*circa* 3 de setembro de 1930] (SL III.164).

[28] Steven J. Mariconda, "Tightening the Coil: The Revision of 'The Whisperer in Darkness'", *Lovecraft Studies* n°. 32 (primavera de 1995): 12–17.

16

Arte cósmica não sobrenatural

(1930-31)

Nos idos do começo da década de 1930 Lovecraft já havia resolvido muitas das questões filosóficas que o ocuparam em anos anteriores; em particular, já havia acertado os ponteiros com a teoria de Einstein e procurado incorporá-la no que ainda era um sistema predominantemente materialista. Fazendo isso, ele desenvolveu um sistema de pensamento próximo ao de seus mentores filosóficos posteriores, Bertrand Russell e George Santayana.

Ao que tudo indica, Lovecraft leu ambos entre 1927 e 1929. Ele claramente via a confiança de Russell na ciência e sua ética secular como adequadas a suas preferências, embora Russell não fosse exatamente um ateísta. Em 1927 Russell cristalizou sua visada filosófica em termos que Lovecraft teria aceitado:

> Ainda creio que os grandes processos do universo existem segundo as leis da física; que elas não fazem referência a nossos desejos e provavelmente estarão implicadas na extinção da vida no planeta; que não há razão para esperar a vida após a morte; e que o bem e o mal são ideias que não lançam luzes sobre o mundo não humano.[1]

O que Lovecraft veio a compreender sobre a teoria de Einstein — em particular em sua aceitação dos três princípios do materialismo sublinhados por Hugh Elliot (a uniformidade da lei, a negação da teleologia e a negação de substâncias não previstas pela química e pela física) — é que as leis newtonianas da física ainda funcionam de forma adequada para o universo ao nosso redor: "A área dada *não é ampla o suficiente* para permitir que a relatividade chegue a seus maiores resultados — *donde podemos confiar nas leis sempre infalíveis da terra para atingir resultados rigorosamente confiáveis no que toca aos céus mais próximos*".[2] Com isso Lovecraft preserva pelo menos o primeiro dos princípios de Elliot. Quanto ao segundo:

> Tudo o que podemos dizer [sobre o cosmos] é que ele não contém um princípio central visível tão próximo dos cérebros físicos dos mamíferos terrestres a ponto de podermos atribuir a ele com alguma razoabilidade os fenômenos puramente terrestres e biológicos relacionados a uma *intenção consciente*; e que formamos, mesmo abrindo caminho para as mais radicais concepções do relativista, uma parte tão insignificante e temporária do cosmos [...] que todas as noções de relacionamentos especiais e nomes e destinos expressos pela conduta humana devem necessariamente ser mitos vestigiais [...][3]

Essa passagem revela quão intimamente a negação da teleologia está, para Lovecraft, ligada à ideia da insignificância humana: uma realmente requer a outra. Se os seres humanos são insignificantes, não há razão para que uma força cósmica (identificando-a com Deus ou não) esteja conduzindo o universo em qualquer direção em benefício da humanidade: ao mesmo tempo, a evidente ausência de intenção consciente de forma geral é mais uma — e talvez a mais importante — indicação da trivialidade e contingência da espécie humana.

Lovecraft é ainda mais enfático quanto ao terceiro princípio (a negação do espírito):

> A verdade é que a descoberta da identidade entre matéria e energia — e da consequente ausência de uma diferença intrínseca vital em relação ao espaço vazio — *é um tiro de misericórdia ao mito primitivo e irresponsável do espírito. Pois a matéria, segundo parece, é exatamente o que sempre se pensou ser "o espírito". Assim, provou-se que a energia errante sempre tem uma forma detectável* — que, se não toma a forma de ondas ou correntes de elétrons, *torna-se a própria matéria*; e que a ausência de matéria ou de qualquer outra forma de energia indica *não a presença do espírito, mas a ausência de qualquer outra coisa.*[4]

Essa carta inteira deve ser lida para que se reconheça a admirável reconciliação de Lovecraft com Einstein e o materialismo. Não tenho dúvida de que ele tenha extraído muito desses dados da literatura contemporânea sobre o assunto — talvez sob a forma de revistas ou artigos de jornal —, porém a força de sua escrita decorre de uma síntese pensada que é certamente sua.

Lovecraft tinha um pouco mais de dificuldade com a teoria dos *quanta*, que afetava o primeiro princípio de Elliot e que Lovecraft parece ter absorvido nessa mesma época. A teoria dos *quanta* sustenta que a ação de certas partículas subatômicas é intrinsecamente randômica, de modo que só podemos estabelecer médias estatísticas de como uma dada reação ocorre. Que eu saiba, Lovecraft se refere à teoria dos *quanta* com algum interesse apenas uma vez em sua correspondência — numa carta a Long do fim de 1930:

> O que a maioria dos físicos diz representar a teoria dos *quanta* é, no presente, *não que qualquer incerteza cósmica exista* quanto às muitas consequências de uma dada reação, mas que em certos níveis *não há canal concebível de informação que possa dizer aos seres humanos que consequências decorrerão* ou de que forma precisamente chegamos a certos resultados observados.[5]

A partir daqui, é evidente que Lovecraft está tão somente repetindo a perspectiva dos especialistas. O ponto, tal como ele o procura fixar, é que a "incerteza" relativa à teoria dos *quanta* não é *ontológica*, mas *epistemológica*; que seria apenas nossa incapacidade (uma incapacidade inerente, não só uma deficiência em nossa percepção sensorial ou em nossa capacidade de raciocínio) de prever o comportamento de partículas subatômicas que resultaria em incerteza. Essa conclusão — embora aceita por Einstein em sua celebrada frase "Deus não joga dados com o cosmos" — parece estar errada. Bertrand Russell declara que a "ausência de um completo determinismo não se deve a qualquer incompletude na teoria, mas a uma verdadeira característica das ocorrências em pequena escala",[6] embora prossiga dizendo que as reações atômicas e moleculares são ainda amplamente determinadas.

E no entanto, no fim dos anos 1920 e início dos 1930, a teoria dos *quanta* era anunciada juntamente com a quebra do primeiro dos princípios materialistas de Elliot — a uniformidade da lei —, assim como se pensava que a relatividade havia destruído, ou pelo menos restringido, o segundo e o terceiro. Sabemos hoje — tanto quanto realmente entendemos as ramificações finais da teoria dos *quanta* — que a uniformidade da lei é ela própria restrita e talvez sequer de uma maneira que tenha qualquer implicação filosófica. A relação entre a teoria dos *quanta* e, digamos, a possibilidade do livre-arbítrio é tudo menos clara, e não há até hoje qualquer razão para pensar o reflexo da teoria dos *quanta* no comportamento dos fenômenos macrocósmicos.

Algumas das mais entusiasmadas cartas de Lovecraft nesse período lidam com a enfática afirmação de seu ateísmo contra aqueles entre seus colegas (especialmente Frank Long) que sentiam que as "incertezas" reveladas pela astrofísica moderna abriam caminho para o recrudescimento das crenças religiosas convencionais. Lovecraft estava bastante ciente de que estava vivendo num tempo de agitação social e intelectual; contudo, não sentia nada além de desprezo pelos pensadores que estavam se valendo das teorias quântica e da relatividade para reerguer antigas crenças:

Embora essas recentes reviravoltas da ciência não signifiquem nada em relação ao mito da consciência cósmica e da teleologia, uma nova geração de modernos medonhos e desesperadores se agarra à dúvida quanto a todo o conhecimento positivo implicado naquelas ideias; e deduz que por isso, uma vez que *nada é verdadeiro, tudo pode ser verdadeiro* [...] donde há quem possa inventar ou reviver qualquer tipo de mitologia que a fantasia ou a nostalgia ou o desespero possam trazer à tona e desafiar qualquer um a provar que ela não é "emocionalmente" verdadeira — seja lá o que isso possa significar. Esse neomisticismo decadente e doentio — protesto não apenas contra a máquina do materialismo, mas contra a ciência pura e sua destruição do mistério e da dignidade das emoções humanas e da experiência — será a fé dominante dos estetas de meados do século XX.[7]

A ética futura de Lovecraft é em muitos aspectos um desenvolvimento direto de sua metafísica, e também está diretamente relacionada com suas perspectivas sociais e políticas em transformação. A questão para Lovecraft era: como conduzir a própria vida diante da percepção de que a raça humana era um átomo insignificante na imensidão do cosmos? Uma solução era adotar a perspectiva de uma espécie de espectador cósmico indiferente diante da raça humana. Mas essa não é uma medida muito útil para a vida prática, e Lovecraft teve de pensar outro sistema de conduta, pelo menos para si mesmo, que estivesse em consonância com o cosmicismo. Foi só nesse momento que ele chegou a esposar uma retenção estética da *tradição* como barreira contra o niilismo potencial de sua metafísica. Essa perspectiva havia sido, sem dúvida alguma, desenvolvida ao longo de muitos anos, mas tornava-se explícita apenas então; ao fazê-lo, no entanto, Lovecraft abre a guarda para a crítica quanto a vários pontos.

Ao longo de sua vida Lovecraft oscilou entre apoiar-se (efetivamente) numa tradição *para si* e recomendá-la (sem qualquer eficiência) *para qualquer um*. Em 1928 ele havia acertadamente afirmado a relatividade dos valores (a única coisa possível num universo que não tem divindade a governá-lo): "Os valores são de todo relativos, e a própria ideia de uma coisa como o sentido postula uma relação simétrica com outra coisa. Nada, cosmicamente falando, pode ser bom ou ruim, belo ou feio; pois um ente é tão somente um ente".[8]

Tudo isso é irretocável, e no entanto gradativamente abre caminho para uma perspectiva muito menos passível de defesa: a de que, dada a relatividade dos valores, o único verdadeiro pilar de sustentação é a tradição — especificamente a tradição racial e cultural com a qual uma pessoa é criada. O assunto surgiu subitamente numa discussão com Morton, que parece ter questionado a razão de Lovecraft estar tão apaixonadamente preocupado com a salvaguarda da civilização ocidental ao mesmo tempo que acreditava num cosmos sem propósito:

> É porque o cosmos não tem sentido que devemos proteger nossas ilusões individuais de valores, sentido e interesse ao preservar as correntes artificiais que nos ofereciam tais mundos de ilusão salutar. Ou seja — já que nada significa nada em si, devemos preservar o fundo arbitrário e aproximativo que faz que as coisas ao redor pareçam ter algum significado. Em outras palavras: ou nós somos ingleses, ou não somos nada.[9]

Esse "nós" é bastante ameaçador. Lovecraft não parece compreender que são apenas aqueles que, como ele, têm o senso de tradição já fortemente incutido que irão se voltar para a tradição — racial, cultural, política e estética — como barreira contra o niilismo.

A esta altura, deve estar claro não apenas qual foi a razão de Lovecraft ter se voltado à tradição tão firmemente como também qual foi a razão de ele ter tão ardentemente procurado preservar sua civilização contra ataques de todos os lados — de estrangeiros, da onda crescente de mecanicização e mesmo dos movimentos estéticos radicais. Ao longo da década de 1920, Lovecraft começou a sentir que o grande inimigo da tradição era a cultura das máquinas. Seu ponto de vista sobre o assunto não era de forma alguma original, mas seus comentários eram incisivos e persuasivos. Dois livros afetaram fortemente seu pensamento sobre esse assunto, embora ele pudesse dizer com justiça que havia chegado pelo menos nebulosamente às mesmas concepções a eles fundamentais antes mesmo de lê-los. Eles foram *O declínio do Ocidente*, de Oswald Spengler (traduzido em dois volumes em 1926 e 1928) e *The Modern Temper*, de Joseph Wood Krutch (1929). Lovecraft leu o primeiro volume de Spengler (nunca chegou a ler o segundo, até onde sei) na primavera de 1927, e parece ter lido Krutch até o outono de 1929.

Lovecraft fora durante algum tempo inclinado a aceitar a tese básica de Spengler quanto à sucessiva ascensão e queda das civilizações segundo períodos de juventude, maturidade e velhice. Mais tarde ele expressou reservas, como outros, quanto à força da analogia biológica diante da pressão que se lhe impunha; não obstante, aceitou Spengler com entusiasmo, chegando a crer que uma fase particular da cultura ocidental estava chegando ao fim — a agrária e de início da industrialização, do Renascimento ao início do século XX, que tinha, segundo ele acreditava, visto o grande florescimento da cultura ocidental. O que quer que o futuro lhe reservasse, não seria parte de sua cultura, mas de outra, uma cultura estranha com a qual não poderia se identificar.

A leitura de *The Modern Temper*, de Krutch, fez Lovecraft encarar a situação da arte e da cultura no mundo moderno. O livro de Krutch é melancólico, porém penetrante e persuasivo, e questiona as possibilidades estéticas e intelectuais que restam num momento em que tantas ilusões — em particular as ilusões de nossa importância no cosmos e da "santidade" ou mesmo da validade de nossa vida emocional — foram estilhaçadas pela ciência. Esse era um tema sobre o qual Lovecraft discorria livremente desde pelo menos 1922, com "Lord Dunsany and His Work". De fato, creio que o trabalho de Krutch foi um instrumento para que Lovecraft produzisse um desenvolvimento ulterior de sua teoria estética. Ele já havia transitado do classicismo ao decadentismo e deste a uma espécie de regionalismo antiquário. Mas sabia que o passado — ou seja, antigos modelos de comportamento, pensamento e expressão estética — podia ser preservado apenas até certo ponto. As novas realidades reveladas pela ciência moderna tinham de ser enfrentadas. Nessa época ele iniciou algumas reflexões íntimas acerca da arte e seu lugar na sociedade, em particular a arte fantástica, e ao fazê-lo produziu uma mudança radical em sua teoria da ficção fantástica que afetaria muito do que viria a escrever em seguida.

Frank Long era mais uma vez, de algum modo, o catalisador para a expressão desses pontos de vista. Long lamentava a rapidez das mudanças culturais e defendia um retorno a "modos de vida esplêndidos e tradicionais" — uma perspectiva que Lovecraft julgou acertadamente imatura, vinda de alguém que não sabia muito sobre o que de fato eram esses modos tradicionais. Numa carta imensa escrita no fim de fevereiro de 1931, Lovecraft começa repetindo o argumento de Krutch de que muito da literatura passada teria deixado de ser vital para nós pois não seríamos mais capazes de compartilhar os valores que a produziram, conseguindo quando muito apenas entendê-los. Ele então escreve: "Algumas posturas da arte pregressa — como as do romance sentimental, do didatismo ético, da intensidade épica &c. — são tão obviamente vazias que se fizeram absurdas & inutilizáveis por princípio". Algumas posturas, contudo, ainda permanecem viáveis:

A literatura fantástica não pode ser tratada como uma unidade fechada, pois se trata de uma forma composta a partir de amplas e diversas bases. Realmente concordo que "Yog-Sothoth" é basicamente imaturo & inadequado em termos de literatura séria. O fato é que, até hoje, nunca me aproximei da literatura verdadeiramente séria [...] A única utilidade realmente artística de Yog-Sothothery, penso eu, está na fantasia simbólica ou associativa de tipos abertamente poéticos; nos quais padrões oníricos do organismo natural fixados recebem um tratamento visando sua objetificação & cristalização. A permanência razoável dessa fase de fantasia poética como forma de arte *possível* (favorecida ou não pela moda corrente) parece-me de uma probabilidade bem alta.

Não sei o que Lovecraft quer dizer exatamente com "Yog-Sothothery" aqui. Sinto que se refere à prodigiosa invenção de deuses em *The Gods of Pegana*, de Dunsany, a qual já vimos Lovecraft repudiar tanto quanto coubesse a sua própria expressão artística; de fato, ele diz aqui sobre esse tipo de material que "não tenho qualquer expectativa de produzir algo que se aproxime daquilo, mesmo que remotamente". E prossegue:

Mas há ainda outra fase de fantasia cósmica (que pode ou não incluir a Yog-Sothothery) cujas fundações parecem-me mais bem fundamentadas que as da interpretação dos sonhos; limitações pessoais relacionadas à *sensação de deslocamento* [*outsideness*]. Refiro-me à cristalização estética daquele sentimento ardente & inextinguível de maravilhamento & opressão misturados que a imaginação sensível experimenta ao medir a si & suas restrições contra o vasto & provocativo abismo do desconhecido. Essa sempre foi a grande emoção de minha psicologia; & não obstante obviamente figure menos na psicologia da maioria, ela é claramente um fator bem definido & permanente do qual pouquíssimas pessoas sensíveis estão de todo livres.

Aqui chegamos um pouco mais perto do *x* da questão: Lovecraft está começando a racionalizar o tipo de ficção fantástica que escrevera ao longo dos anos anteriores, fundamentalmente uma visada realista da "sensação de deslocamento" mediante a sugestão de imensidões de espaço e tempo — em uma palavra, o cosmicismo. Não há nada aqui que seja diferente de elaborações anteriores dessa ideia; mas ele prossegue:

É chegado o momento em que a revolta normal contra o tempo, o espaço & a matéria deve assumir uma forma não totalmente incompatível com o que é conhecido da realidade — em que esta deve ser recompensada com imagens que formem *complementos*, não *contradições* em relação ao universo visível & mensurável. E o que, a não ser uma forma de *arte cósmica não sobrenatural*, vem pacificar essa sensação de revolta — bem como recompensar a sensação cognata de curiosidade?[10]

A renúncia ao sobrenatural, bem como a necessidade de oferecer complementos, não contradições, aos fenômenos conhecidos, deixa claro que Lovecraft estava agora conscientemente seguindo em direção a uma união entre ficção fantástica e ficção científica (ainda que não a ficção científica que se publicava nas revistas *pulp*). De fato, em termos formais, praticamente todo o seu trabalho posterior a "The Call of Cthulhu" é ficção científica, uma vez que oferece uma justificativa científica para acontecimentos a princípio "sobrenaturais"; é apenas em seu desejo manifesto de aterrorizar que seu trabalho permanece na fronteira da ficção científica e não inteiramente dentro de seus parâmetros. O trabalho de Lovecraft movia-se inexoravelmente nessa direção desde pelo menos a escrita de "The Shunned House", e obras como *At the Mountains of Madness* (1931) e "The Shadow out of Time" (1934–35) são apenas o ponto alto desse desenvolvimento.

At the Mountains of Madness, escrito no começo de 1931 (no manuscrito registra-se que começou a ser escrito em 24 de fevereiro e foi concluído em 22 de março), é a tentativa mais ambiciosa de Lovecraft de realizar uma "arte cósmica não sobrenatural", e em praticamente todos os aspectos é um triunfo. Com 40 mil palavras, é seu trabalho de ficção mais longo, tirante *The Case of Charles Dexter Ward*. Do mesmo modo como suas duas novelas anteriores representam o cume de fases anteriores de sua carreira — *The Dream-Quest of Unknown Kadath* é o ponto alto do dunsanianismo, e *Ward* o pináculo do puro sobrenaturalismo — *At the Mountains of Madness* é a maior de suas tentativas de unir ficção fantástica e ficção científica.

O enredo básico da novela — a descoberta pela Miskatonic Antartic Expedition de 1930–31 dos restos congelados de entidades bizarras em forma de barril vindas dos confins do espaço, e seus ainda mais terríveis "escravos", os *shoggoths*, que finalmente dominam seus senhores — é simples; contudo, não há sinopse que possa dar conta da rica, detalhada e rigorosamente convincente erudição que cria o sentido de verossimilhança tão necessário numa história de outro modo tão estranha a quaisquer convenções. Já vimos que a fascinação de Lovecraft pela Antártida data de sua primeira década de vida; sem dúvida, como Jason C. Eckhardt demonstra,[11] as primeiras partes do conto de Lovecraft claramente mostram a influência da expedição do comandante Byrd de 1928–30, bem como de outras expedições contemporâneas. E, é claro, o contato de Lovecraft com as espetaculares pinturas dos Himalaias, obra de Nicholas Roerich — mencionado seis vezes no romance —, também faz parte do processo de gênese da obra.

O verdadeiro ponto central de *At the Mountains of Madness* é a civilização de entidades alienígenas, referidas como os Antigos. O narrador, William Dyer, estudando a história dessas figuras tal como pintadas no baixo-relevo de sua imensa cidade, gradualmente vem a perceber os laços profundos que os seres humanos compartilham com elas e que nunca dividem com os desprezíveis, primitivos e virtualmente estúpidos *shoggoths*. A forma mais significativa como os Antigos estão relacionados aos seres humanos diz respeito à digressão histórica oferecida por Dyer, especificamente acerca da organização social e econômica dos Antigos. De muitas maneiras eles representam uma utopia rumo à qual Lovecraft claramente espera que a humanidade siga um dia. A sentença "o governo era evidentemente complexo e provavelmente socialista" mostra que Lovecraft já havia a essa altura se convertido ao socialismo moderado.

Nos termos do mito de Lovecraft, *At the Mountains of Madness* explicita o que tem sido evidente até aqui — que os "deuses" do mito são, em sua maioria, meros extraterrestres, e que seus seguidores (incluindo os autores dos livros de tradições ocultistas aos quais Lovecraft e outros tão frequentemente fazem referência) não conhecem ao certo sua verdadeira natureza. Robert M. Price, o primeiro a notar essa marca de "desmitologização" em Lovecraft,[12] aponta em artigos mais recentes que *At the Mountains of Madness* não produz ruptura radical alguma nesse sentido, porém o faz de maneira mais enfática do que em outros momentos. A passagem crítica se dá no meio do romance, quando Dyer finalmente observa que a cidade titânica que tem pesquisado deve ter sido construída pelos Antigos: "Eles foram os produtores e escravizadores da vida [na terra], e sem sombra de dúvida os que deram origem aos mitos demoníacos de outrora, que coisas como os manuscritos de Pnakotic e o *Necronomicon* abordam com tanto pavor". O conteúdo do *Necronomicon* foi aqui reduzido ao "mito".

A afirmação um tanto casual de que o romance é "continuação" de *A narrativa de Arthur Gordon Pym*, de Poe, merece alguma análise. Segundo penso, o romance não oferece uma verdadeira sequência — ele toma muito pouco do enigmático trabalho de Poe, com exceção do grito "Tekeli-li!", tão inexplicável em Poe quanto em Lovecraft —, e as várias referências a Pym ao longo da história acabam funcionando mais como piadas internas. Não fica claro se *Gordon Pym* influenciou mesmo o trabalho de maneira significativa. Um estudioso recente, Jules Zanger, nota com perspicácia que *At the Mountains of Madness* "não é, claro, um complemento [de *Gordon Pym*]: poderia ser mais bem descrito como texto paralelo, com as duas histórias coexistindo num contexto de alusão".[13]

Lovecraft declarou que *At the Mountains of Madness* "poderia sofrer uma secção em sua metade exata" (depois do capítulo VI),[14] o que leva a pensar que, pelo menos inconscientemente, ele viu a possibilidade de o trabalho ser dividido em duas partes na *Weird Tales*. Mas, embora tenha atrasado suas viagens de primavera até o início de maio para levar a cabo o que era para ele a tarefa hercúlea de datilografar o texto (que chegou a 115 páginas), Lovecraft ficou arrasado ao saber, em meados de junho, que Farnsworth Wright o recusara. Escreveu com tristeza em agosto:

> Sim — Wright "explicou" sua recusa de "Mountains of Madness" quase na mesma linguagem de que se valeu para "explicar" outras recusas a Long & Derleth. Era "longo demais", "não era facilmente divisível em partes", "não convencia" — & assim por diante. Apenas o que sempre diz sobre meus textos (exceto pela extensão) — alguns dos quais ele tem aceitado ultimamente com alguma hesitação.[15]

Não foi apenas a reação negativa de Wright que afetou Lovecraft; muitos colegas entre os quais ele havia feito o texto circular também não pareceram tão entusiasmados. Um dos comentários mais dolorosos provavelmente veio de W. Paul Cook, o mesmo homem que fora sobremaneira responsável pela retomada da ficção fantástica por Lovecraft em 1917, mas que declaradamente não gostava de sua guinada na direção do realismo científico.

Era justificável que Wright não gostasse da história? Anos depois Lovecraft reclamaria frequentemente que Wright aceitava séries longas e medíocres de Otis Adelbert Kline, Edmond Hamilton e outros escritores obviamente inferiores enquanto rejeitava seus trabalhos mais extensos; contudo, talvez se possa fazer uma defesa de Wright. As séries em *Weird Tales* devem de fato ter sido, de um ponto de vista literário abstrato, medíocres; mas Wright sabia que elas eram vitais para fazer que os leitores continuassem a comprar a revista. Assim, eram amplamente dirigidas ao tipo mais inferior de leitor, repletas de ações apelativas, personagens de fácil identificação tipológica e com um estilo de prosa simples (quando não simplório). *At the Mountains of Madness* não tem nenhuma dessas características. Alguns dos comentários de Wright, tal como registrados por Lovecraft, eram realmente injustos; em particular o comentário sobre não ser "convincente" não se aplica de forma alguma a esse trabalho. Mas o próprio Lovecraft sabia que Wright fizera desse comentário uma espécie de selo para os casos em que não se interessava pelo texto.

É possível, contudo, que a recusa tenha calado fundo em Lovecraft, pois coincidia com outra recusa — a de uma coletânea de seus contos pela G.P. Putnam's Sons. Na primavera de 1931, Winfield Shiras, editor na Putnam's, pedira para ver algumas das histórias de Lovecraft para uma possível publicação em livro. Lovecraft enviou trinta contos — praticamente todos os manuscritos ou páginas de revista que tinha em casa na época — e, apesar de suas típicas previsões de que nada aconteceria, ele deve ter mantido alguma esperança de que poderia ver seu nome num livro de capa dura. Afinal, a Putnam's havia chegado a ele, e não da maneira protocolar como a Simon & Schuster fizera no ano anterior. Contudo, pelo meio de julho a notícia chegou: a coletânea fora recusada.

A recusa da Putnam's deve ter sido, na verdade, ainda mais dura do que a de *At the Mountains of Madness*:

> A base para a recusa foi dupla — uma, que alguns dos contos não eram suficientemente sofisticados [...] óbvios demais & literais (admito! Aquele idiota do Wright incutiu-me o hábito da escrita óbvia com suas incontáveis reclamações em relação às indeterminações de meu trabalho inicial); & a outra, que todos os contos eram uniformemente macabros em atmosfera para sustentar uma publicação em conjunto. Essa segunda razão é pura bobagem — a propósito, unidade de atmosfera é um ponto positivo para uma coletânea ficcional. Mas suponho que a manada necessite de algum alívio cômico![16]

Penso que Lovecraft está certo quanto aos dois aspectos. Seus contos de maturidade não deixam, talvez, espaço suficiente para a imaginação, e em parte isso deve ter sido resultado inconsciente de escrever com as exigências da *Weird Tales* na cabeça; mas em parte isso acontecia precisamente por sua gravitação em torno da ficção científica. Lovecraft estava em condições de tornar-se um pioneiro da fusão de ficção fantástica e científica, mas a curto prazo o resultado foi que seu trabalho acabou sendo considerado insatisfatório tanto para as revistas *pulp* quanto para editores comerciais que travavam diante das convenções e estereótipos.

Uma terceira recusa veio das mãos de Harry Bates. Bates fora nomeado editor da *Strange Tales*, revista lançada em 1931 pela William Clayton Company. Comentários sobre o lançamento da revista devem ter circulado na primavera (embora o primeiro número seja datado de setembro), pois em abril Lovecraft enviou cinco histórias antigas (todas rejeitadas por Wright); nenhuma delas foi aceita. Lovecraft não deve ter ficado muito surpreso: não apenas eram histórias em geral menores como a Clayton era de longa data conhecida por preferir ação veloz a prosa repleta de atmosfera.

A *Strange Tales* parecia propor inicialmente uma séria rivalidade com a *Weird Tales*: ela pagava dois centavos por palavra de trabalhos aceitos, e abria um mercado significativo para escritores como Clark Ashton Smith, Henry S. Whitehead, August Derleth e Hugh B. Cave, todos capazes de moldar seu estilo às exigências de Bates. Wright deve ter ficado terrivelmente assustado com a emergência da revista, pois significava que alguns de seus melhores escritores poderiam enviar seus contos primeiro para a concorrente e mandar para a *Weird Tales* apenas o que não fosse aceito pela nova revista. Esta, contudo, durou apenas sete números, tendo suas atividades encerradas em janeiro de 1933.

Toda a questão da sensibilidade de Lovecraft à rejeição ou, de modo geral, às opiniões ruins sobre seu trabalho é digna de comentário. Recordemos os ensaios de 1921 de *In Defense of Dagon*: "Há provavelmente umas sete pessoas, no total, que realmente gostam de meu trabalho; e elas me bastam. Eu escreveria mesmo se fosse eu próprio meu único e paciente leitor, pois minha finalidade é apenas a autoexpressão". Como se sabe, essa declaração foi dada bem antes de seu trabalho ter se tornado mais amplamente conhecido nas revistas *pulp*, contudo "autoexpressão" permaneceu como a pedra de toque de sua produção literária até o fim. Lovecraft estava consciente da contradição aparente, pois o assunto surgiu em conversas com Derleth. Lovecraft já dissera a Derleth que "não me sinto bem de enviar qualquer coisa que já tenha sido alguma vez rejeitada",[17] postura que Derleth — que a sua maneira fria chegava a enviar uma única história para a *Weird Tales* mais de dez vezes até que fosse finalmente aceita por Wright — devia considerar praticamente incompreensível. No começo de 1932, Lovecraft desenvolveu a ideia:

> Consigo ver por que você considera minha política antirrejeição teimosamente boba & desnecessariamente impensada, & não estou preparado para oferecer qualquer outra defesa além do mero fato de que repetidas rejeições incidem de

maneira particular em meu psicológico — racionalmente ou não — & que seu efeito é o de causar em mim uma espécie de tétano literário que não me permite produzir ficção a despeito de meus mais ardorosos esforços. Seria o último a dizer que elas *obrigatoriamente* produzem tal efeito, ou que elas produziriam — mesmo de forma bastante sutil — numa mente 100% dureza & equilíbrio. Mas infelizmente meu equilíbrio nervoso sempre foi de qualidade incerta, & hoje ele está num de seus momentos mais difíceis.[18]

Lovecraft sempre foi modesto em relação a suas realizações — até excessivamente, se pensarmos seriamente na questão; contudo, as rejeições de Wright, Bates e da Putnam's e as reações frias dos colegas a quem enviara suas histórias em manuscrito praticamente destruíram qualquer confiança que tivesse em seu próprio trabalho. Ele passou os poucos anos que lhe restavam tentando recobrar essa confiança, e nunca foi capaz de fazê-lo, exceto em momentos passageiros. Veremos o efeito desse estado de espírito em seu próximo trabalho.

"The Shadow over Innsmouth" foi escrito em novembro e dezembro de 1931. Lovecraft diz que ter voltado à decadente área portuária de Newburyport, Massachusetts (que visitara pela primeira vez em 1923), levou-o a conduzir uma espécie de "experimento de laboratório"[19] para ver que estilo ou forma se adequava melhor ao tema. Quatro esboços (não se sabe se completos ou não) foram escritos e descartados, e por fim Lovecraft pura e simplesmente escreveu a história a sua maneira, produzindo uma novela de 25 mil palavras cuja extraordinária riqueza de atmosfera não chega a trair a dificuldade quase agonizante que experimentou escrevendo a história.

Mais uma vez, o enredo é relativamente simples. O narrador, Robert Olmstead (nunca mencionado pelo nome, mas identificado nas notas que sobreviveram), em meio a uma viagem genealógica e antiquária, chega acidentalmente ao decadente porto de Innsmouth, encontrando ali sinistros subterrâneos. A partir de um cidadão idoso, Zadok Allen, ele vem a conhecer a incrível história da cidade: em meados do século XIX Obed Marsh deparou com estranhos híbridos de peixe e sapo no Pacífico que lhe prometeram grandes riquezas se lhes fosse permitido unir-se com os residentes de Innsmouth. A miscigenação resultante produziu horríveis aberrações físicas e psicológicas. Mais tarde, as investigações furtivas de Olmstead são descobertas, e ele é forçado a fugir do hotel em que está hospedado. Ele escapa, mas algum tempo depois descobre que ele próprio tem parentesco com o povo de Innsmouth: ele se vê desenvolvendo a "aparência de Innsmouth". Toma então a importante decisão de não se matar, mas sim retornar a Innsmouth e unir-se aos seus.

"The Shadow over Innsmouth" é o grande conto de Lovecraft que fala de degeneração; as causas dessa degeneração, contudo, são bem diversas das que vimos anteriormente. Não resta dúvida de que se trata de um conto de alerta sobre os efeitos nefastos da *miscigenação*, ou da união sexual de diferentes raças, e como tal pode muito bem ser considerado uma grande expansão e sofisticação do enredo de "Facts Concerning the Late Arthur Jermyn and His Family" (1920). É, portanto, difícil negar a sugestão de racismo que atravessa a história. Ao longo de todo o conto o narrador expressa — esperando que partilhemos dessa perspectiva — sua repulsa ao grotesco físico das pessoas de Innsmouth, assim como em sua própria vida Lovecraft frequentemente aborda a aparência peculiar de todas as raças exceto a sua.

Uma análise das influências literárias sobre a história pode esclarecer como Lovecraft conferiu riqueza a uma ideia que de forma alguma era sua. O uso de figuras híbridas em forma de peixe adveio de pelo menos dois trabalhos anteriores que sempre foram do gosto de Lovecraft: "Fishhead", de Irvin S. Cobb (que Lovecraft leu em *Cavalier* em 1913 e celebrou numa carta ao editor) e "The Harbor-Master", de Robert Chambers, uma história curta mais tarde usada como os cinco primeiros capítulos do romance episódico *In Search of the Unknown* (1904). Mas em ambas as histórias estamos diante de um caso único de hibridismo, e não de uma civilização ou comunidade inteira. Essa última ideia está presente em "Ancient Sorceries", de Algernon Blackwood, em *John Silence — Physician Extraordinary* (1908), em que um viajante chegando a uma cidadezinha na França descobre que todos os habitantes se transformam em gatos à noite. Essa história é, nesse sentido, uma influência literária muito mais forte que as de Cobb e Chambers, a despeito da similaridade superficial com os últimos em termos de motivo.

O narrador, Olmstead, prova-se uma das personagens mais bem construídas de Lovecraft. Os muitos detalhes mundanos que lhe conferem substância e realidade são amplamente decorrentes do próprio temperamento de Lovecraft, em especial de seus hábitos como viajante econômico à cata de antiguidades. Olmstead sempre "procura as rotas mais econômicas", e elas são — tanto para Olmstead quanto para Lovecraft — percorridas de ônibus. Suas sessões de leitura na biblioteca e as sistemáticas caminhadas de descoberta da cidade estabelecem um paralelo com as minuciosas pesquisas de Lovecraft sobre a história e a topografia dos lugares que ele queria visitar e suas frequentes idas a bibliotecas, câmaras de comércio e outros lugares para obter mapas, guias e informação histórica.

Lovecraft ficou, por incrível que pareça, profundamente insatisfeito com a história. Uma semana depois de concluída, em 3 de dezembro, ele escreveu em tom lúgubre a Derleth:

> Não acho que a experiência deu em alguma coisa. O resultado, de 68 páginas, tem todos os defeitos que detesto — especialmente de estilo, com frases estereotipadas & ritmos capengas apesar de todas as precauções [...] Não — não planejo enviar "The Shadow over Innsmouth" para publicação, pois jamais seria aceito.[20]

Que Lovecraft tenha querido dizer exatamente o que escreveu, isso se observa pela resposta desdenhosa a uma carta de Farnsworth Wright, que lhe pedia que mandasse algum novo trabalho:

> Sinto dizer que não tenho nada de novo que esteja em seu horizonte de interesse. Recentemente, meus contos têm se bastado em estudos de atmosfera geográfica, exigindo uma extensão maior do que a fantasia editorial popular deseja — meu novo "Shadow over Innsmouth" é três páginas datilografadas maior do que "Whisperer in Darkness", e segundo os padrões das revistas convencionais eles seriam sem dúvida rotulados como "intoleravelmente lentos", "não divisíveis de maneira conveniente", coisas desse gênero.[21]

Lovecraft estava conscientemente jogando na cara de Wright os comentários que este fizera sobre *At the Mountains of Madness*.

Mas se o próprio Lovecraft se recusou a enviar "The Shadow over Innsmouth" à *Weird Tales*, Derleth não foi tão reticente. Sem a permissão ou o conhecimento de Lovecraft, ele enviou a Wright uma cópia em carbono do conto no início de 1933; o veredicto de Wright, contudo, já era esperado: "Li a história de Lovecraft, THE SHADOW OVER INNSMOUTH, e confesso que ela me fascinou. Mas não sei o que posso fazer com ela. É difícil quebrar um conto desse tipo em duas partes, e é longo demais para publicá-lo em uma só".[22] Lovecraft deve ter descoberto esse envio furtivo, pois em 1934 ele escreve a Wright sobre sua recusa. É importante dizer que o próprio Lovecraft enviou apenas um conto a Wright nos cinco anos e meio que se seguiram à recusa de *At the Mountains of Madness*.

No verão de 1930, Lovecraft entrou em contato com uma das mais singulares figuras da ficção *pulp* de seu tempo: Robert Erwin Howard (1906–1936). Howard é um escritor sobre o qual é difícil ser imparcial. Como Lovecraft, ele atraiu um grupo de fanáticos que tanto reivindicam seu valor literário por pelo menos alguns de seus trabalhos quanto se ofendem diante daqueles que não reconheçam seus méritos. Temo, contudo, que passadas repetidas leituras de sua obra já não me impressione com boa parte dela. O conjunto da ficção de Howard é subliteratura por encomenda que sequer se aproxima de literatura genuína.

O próprio Howard é, em muitos aspectos, mais interessante que seus contos. Nascido na cidadezinha de Peaster, Texas, a aproximadamente trinta quilômetros de Fort Worth, ele passou sua curta vida em Cross Plains. Sua família estava entre os mais antigos ocupantes dessa região "para além dos carvalhos" do centro do Texas, e seu pai, dr. I.M. Howard, foi um dos médicos pioneiros na localidade. Howard foi mais prejudicado pela falta de educação formal do que Lovecraft — frequentou brevemente o Howard Payne College em Brownwood, mas apenas para fazer cursos de contabilidade —, devido à falta de bibliotecas em sua cidade; seu aprendizado foi, portanto, bastante inconsistente, e com muita rapidez ele assumiu opiniões fortes e dogmáticas sobre assuntos que dominava muito pouco.

Quando adolescente, Howard era introvertido e livresco; disso decorreu o abuso que sofreu dos colegas. Para proteger-se, levou a cabo um vigoroso condicionamento físico que lhe deu, do alto de seu 1,80 metro e seus noventa quilos, uma forma física capaz de impor respeito. Começou a escrever cedo, contudo, e essa foi sua única carreira além de empregos esporádicos e estranhos. O gosto por fantasia, aventura e horror — ele era um fã ardoroso de Jack London — e o talento para escrever o levaram a estrear na *Weird Tales* em julho de 1925, com "Spear and Fang". Embora Howard mais tarde tenha publicado num grande número de revistas *pulp*, de *Cowboy Stories* a *Argosy*, a *Weird Tales* permaneceu seu principal nicho e nela ele publicou a maior parte de seus mais importantes trabalhos.

Sua obra abrange o faroeste, as histórias de esportes, as de temática "oriental" e a ficção fantástica. De muitos de seus contos desenvolveram-se ciclos frouxos em torno de algumas personagens, incluindo Bran Mak Morn (um chefe celta da Roma britânica), o rei Kull (um rei guerreiro do mítico reino pré-histórico da Valúsia, na Europa central), Solomon Kane (um puritano inglês do século XVII) e, o mais famoso, Conan, o chefe bárbaro das terras míticas da Ciméria. Howard era bastante atraído pelo período dos bárbaros pré-históricos — talvez porque fosse um tempo que refletia, ainda que de maneira vaga, as condições do Texas dos pioneiros que ele aprendeu a admirar com seus familiares.

Não se pretende com isso, é claro, negar todo o valor literário do trabalho de Howard. Competem a ele os créditos da invenção do subgênero de "espada e magia", embora Fritz Leiber tenha posteriormente polido bastante a forma; e, embora muitos dos contos de Howard tenham sido escritos sob encomenda, é evidente que sua visão de mundo emerge deles. O fato é, no entanto, que essas perspectivas não oferecem qualquer profundidade ou substância, e que o estilo de Howard é cru, impreciso e pesado. É ficção *pulp* — embora, talvez, de um tipo superior em relação à média.

As cartas de Howard, como Lovecraft acertadamente comenta, mereceriam mais a classificação de literatura do que sua ficção. Pode-se bem imaginar que as cartas de dois escritores tão diametralmente contrários em temperamento quanto Lovecraft e Howard seriam, enfim, provocativas, e é certo que seus seis anos de correspondência não apenas abordam uma ampla margem de temas como surgem permeados, de certo modo, da irritação e inquietação de ambos, à medida que cada um expressa suas perspectivas com força e determinação. Howard ficava claramente intimidado com o saber de Lovecraft e sentia-se irremediavelmente inferior em termos acadêmicos; por outro lado, também sentia que tinha uma melhor compreensão da realidade da vida do que o protegido Lovecraft, de modo que não parecia disposto a abrir mão de algumas de suas mais caras convicções. Em alguns casos, como em suas frequentes descrições das condições violentas da fronteira, com lutas, tiroteios e coisas do tipo, é possível sentir que Howard está sutilmente provocando Lovecraft ou tentando chocá-lo; alguns dos relatos de Howard sobre essas questões podem, na verdade, ter sido inventados.

Em seus contos dos anos 1930, Howard começou a fazer referências esparsas à pseudomitologia lovecraftiana, e o fez exatamente no espírito pensado por Lovecraft — como discretas alusões de fundo para criar o sentido de presenças não sagradas por trás da superfície da terra. Poucas das histórias de Howard parecem-me devedoras dos contos e concepções de Lovecraft, e quase não há pastiche. O *Necronomicon* é citado algumas vezes; Cthulhu, R'lyeh e Yog-Sothoth são mencionados aqui e ali; e isso é tudo.

Entrementes, Clark Ashton Smith entrava em cena. As alusões de Smith à pseudomitologia de Lovecraft são, como as de Howard, muito ligeiras; na verdade, é bastante equivocado pensar que Smith estava de algum modo "contribuindo" com o mito de Lovecraft, já que desde o início ele sentia que estava formando sua própria mitologia paralela. A principal invenção de Smith é o deus Tsathoggua, que primeiramente aparece em "The Tale of Satampra Zeiros". Escrito no outono de 1929, esse conto arrebatou Lovecraft. Ele ficou tão tocado com a invenção de Tsathoggua que mencionou o deus em "The Mound" (1929–30) e "The Whisperer in Darkness"; e, no que se refere à menção ao deus, como "The Whisperer in Darkness" foi publicado na *Weird Tales* de agosto de 1931, três meses antes de "The Tale of Satampra Zeiros", Lovecraft acabou sobrepujando Smith no papel impresso.

Não obstante, Lovecraft estava plenamente consciente de que o tomava de empréstimo de Smith. O próprio Smith, dando-se conta uns anos depois do quanto muitos outros escritores tomaram de empréstimo elementos que ele inventara, comentou com Derleth: "Parece que estou dando início a uma mitologia".[23] Smith evidentemente retornou o favor e citou as invenções de Lovecraft em contos posteriores.

Perto do fim de 1930, Lovecraft entrou em contato com Henry St. Clair Whitehead (1882–1932), um escritor de ficção *pulp* consagrado que publicou bastante em revistas como *Adventure, Weird Tales, Strange Tales* e outras. Whitehead era natural de New Jersey, frequentou Harvard e Columbia, foi repórter por algum tempo e, em 1913, foi ordenado pastor anglicano. No fim da década de 1920 tornou-se arquidecano nas Ilhas Virgens, às quais tomou de empréstimo a cor local para muitos de seus contos. Por volta de 1930, fixou-se num lar em Dunedin, Flórida.

A ficção fantástica urbana e erudita de Whitehead é um dos poucos pontos altos literários da *Weird Tales*, embora sua falta de intensidade e a relativa convencionalidade de seu supernaturalismo não tenha granjeado muitos seguidores mais recentemente. Não obstante, suas duas coletâneas, *Jumbee and Other Uncanny Tales* (1944) e *West India Lights* (1946), contêm ótimos trabalhos. Há um pouco de mistério em torno do que se fez da correspondência entre Whitehead e Lovecraft; aparentemente, ela foi sem querer destruída. Também não restaram cartas de Whitehead a Lovecraft. No entanto, é evidente que os dois se tornaram rapidamente amigos e nutriam grande respeito um pelo outro, como homens e seres humanos. A morte precoce de Whitehead foi parte de uma sucessão de tragédias que lançariam sombras sobre os anos finais de Lovecraft.

Outro importante colega de correspondência foi Joseph Vernon Shea (1912–1981). Shea escreveu a Lovecraft em 1931, enviando uma carta à *Weird Tales* para que lhe fosse repassada; rapidamente se desenvolveu um epistolário caloroso e extenso — em muitos sentidos um dos mais interessantes ciclos tardios de correspondência de Lovecraft, muito embora parte do material seja racista e militarista em níveis constrangedores. Shea era franco e, como jovem, um tanto confiante demais na expressão de suas opiniões, e levou Lovecraft a alguns vívidos e inspirados debates.

Outro jovem colega que surgiu no horizonte de Lovecraft em 1931 foi Robert Hayward Barlow (1918–1951). Quando recebeu pela primeira vez uma carta de Barlow, Lovecraft não sabia que seu novo correspondente tinha apenas treze anos, pois Barlow já era na época um indivíduo surpreendentemente maduro cujo principal passatempo era, como soía a qualquer jovem, colecionar revistas *pulp*, além de ser bastante versado em literatura fantástica e cultivar de maneira entusiástica uma infinidade de outros interesses. Barlow nascera em Kansas City, Missouri, e passou boa parte da juventude em Fort Benning, Geórgia, onde seu pai, o coronel Barlow, recebeu uma dispensa médica, fixando-se depois com a família na pequena cidade de De Land, região central da Flórida. Dificuldades familiares forçaram Barlow mais tarde a mudar-se para Washington D.C. e Kansas.

Lovecraft ficou bobo com Barlow, embora sua correspondência fosse um tanto rotineira e sem muito interesse ao longo do primeiro ano. Ele reconheceu seu zelo e brilhantismo prontos a florescer e apoiou suas tentativas juvenis de escrever ficção fantástica. Barlow estava mais interessado na fantasia pura do que no horror superficial, e os modelos para seu trabalho inicial foram lorde Dunsany e Clark Ashton Smith; ele gostava tanto de Smith que batizou o armário em que guardava seus itens preferidos de coleção com o nome "The Vaults of Yoh-Vombies". Essa mania de coleções — que ia além de itens publicados e incluía material manuscrito — se provaria providencial no futuro.

Já quando passou a conhecer bem Barlow, Lovecraft o via como uma criança prodígio da estatura de Alfred Galpin; e nisso não estava longe da verdade. É verdade que Barlow às vezes tentava fazer muitas coisas ao mesmo tempo e tinha dificuldade de concentrar-se num único projeto; assim, suas realizações anteriores à morte de Lovecraft parecem em certo sentido menores; contudo, posteriormente ele se destacou num campo inteiramente outro — a antropologia mexicana —, e sua morte prematura privou o mundo de um ótimo poeta e acadêmico. Lovecraft não errou ao nomear Barlow seu executor literário.

Algumas palavras merecem ser ditas sobre a correspondência de Lovecraft neste momento, pois ela cresceria nos anos finais de sua vida, à medida que se tornava o ponto central do movimento de fãs do universo fantástico dos anos 1930. Em fins de 1931 ele estimava entre seus correspondentes algo em torno de cinquenta a 75 pessoas.[24] Mas os números não contam toda a história. Realmente parece que Lovecraft — talvez sob o incentivo do desenvolvimento de seu próprio pensamento filosófico — estava envolvido em discussões cada vez mais longas com vários colegas. Ele escreveu uma carta de setenta páginas a Woodburn Harris no início de 1929; uma carta a Long no início de 1931 parece ter sido tão extensa quanto aquela. Suas cartas são sempre de grande interesse, mas por vezes é possível sentir que Lovecraft tem como que alguma dificuldade de calar-se.

Muitos se queixam da quantidade de tempo que Lovecraft gastou (alguns chegaram a usar a palavra "desperdiçou") com sua correspondência, queixando-se de que ele poderia ter, em vez disso, escrito mais ficção. É fato que o conjunto de sua ficção original (tirante as edições) escrita ao longo daqueles últimos anos não era numericamente expressivo; uma história em 1928; nenhuma em 1929; uma em 1930; duas em 1931. Os números, mais uma vez, enganam. Cada uma dessas cinco histórias seria, por si própria, capaz de garantir a Lovecraft um lugar na ficção fantástica. Ademais, ele teria escrito necessariamente mais ficção caso tivesse tempo, haja vista que sua ficção sempre dependeu da atmosfera e da gestação adequadas para sua concepção; às vezes, tal concepção levava anos para se desenvolver.

Mas a grande injustiça em todo esse assunto é a crença de que Lovecraft deveria ter vivido para nós e não para si. Se tivesse escrito apenas cartas e não histórias, teria sido grande a perda para nós, porém esta teria sido sua vontade. Ele justificou seu epistolário numa carta a Long:

> Uma pessoa isolada precisa da correspondência como meio de ver suas ideias como os outros a veem, e assim resguardar-se contra dogmatismos e extravagâncias de uma especulação solitária e incorreta. Nenhum homem pode aprender a pensar e avaliar apenas mediante a apreciação da escrita dos outros. Se ele não vive no mundo, onde pode observar o público em primeira mão e ser direto ante a realidade sólida pela força do diálogo e do sólido debate, então precisa afiar seu juízo e regular o equilíbrio de sua percepção por uma equivalente troca de ideias em forma epistolar.[25]

Há certamente muita verdade nisso, e qualquer um poderia notar a diferença entre o Lovecraft arrogante de 1914 e o Lovecraft maduro de 1930. O que ele não diz aqui, contudo, é que uma de suas principais motivações para essa correspondência foi simplesmente a gentileza. Lovecraft respondeu a quase todas as cartas que recebeu, e geralmente respondia em poucos dias. Ele sentia que era sua obrigação como cavalheiro fazê-lo. Foi assim que estabeleceu fortes laços de amizade com colegas distantes, muitos dos quais nunca o encontraram pessoalmente; e foi por isso que se tornou, durante sua vida e depois, uma figura reverenciada nos pequenos universos do jornalismo amador e da ficção fantástica.

NOTAS

[1] Citado a partir de Bertrand Russell, *Why I Am Not a Christian* (Nova York: Simon & Schuster, 1957), p. 104.

[2] HPL a Frank Belknap Long, 20 de fevereiro de 1929 (SL II.265).

[3] SL II.261 (nota 2).

[4] SL II.266–67 (nota 2).

[5] HPL a Frank Belknap Long, 22 de novembro de 1930 (SL III.228).

[6] Bertrand Russell, *Human Knowledge: Its Scope and Limits* (Nova York: Simon & Schuster, 1948), p. 23.

[7] HPL a James F. Morton, 30 de outubro de 1929 (SL III.53).

[8] HPL a Frank Belknap Long [abril de 1928] (SL II.234).

[9] HPL a James F. Morton, 6 de novembro de 1930 (SL III.208).

[10] HPL a Frank Belknap Long, 22 de fevereiro de 1931 (SL III.293–99).

[11] "Behind the Mountains of Madness: Lovecraft and the Antarctic in 1930", *Lovecraft Studies* nº. 14 (primavera de 1987): 31–38.

[12] Robert M. Price, "Demythologizing Cthulhu", in *H.P. Lovecraft and the Cthulhu Mythos* (Mercer Island, WA: Starmont House, 1990).

[13] Jules Zanger, "Poe's Endless Voyage: *The Narrative of Arthur Gordon Pym*", *Papers on Language and Literature* 22 (verão de 1986): 282.

[14] HPL a August Derleth, 24 de março [de 1931] (manuscrito, SHSW).

[15] HPL a J. Vernon Shea, 7 de agosto de 1931 (SL III.395).

[16] SL III.395–96 (nota 15).

[17] HPL a August Derleth [1929] (manuscrito, SHSW).

[18] HPL a August Derleth, 4 de março de 1932 (manuscrito, SHSW).

[19] HPL a Clark Ashton Smith [20 de novembro de 1931] (SL III.435).

[20] HPL a August Derleth, 10 de dezembro de 1931 (manuscrito, SHSW).

[21] HPL a Farnsworth Wright, 18 de fevereiro de 1932 (SL IV.17).

[22] Farnsworth Wright a August Derleth, 17 de janeiro de 1933 (manuscrito, SHSW).

[23] Clark Ashton Smith a August Derleth, 24 de dezembro de 19 (manuscrito, SHSW).

[24] HPL a J. Vernon Shea, 28 de agosto de 1931 (AHT).

[25] HPL a Frank Belknap Long, 3 de novembro de 1930 (SL III.205–06).

17

Cobiça mental

(1931–33)

O ANO DE 1931 não chegou a ser um desastre total para Lovecraft, muito embora as recusas de alguns de seus melhores trabalhos o tenham machucado. As agora costumeiras viagens de fim de primavera e verão alcançaram então sua maior extensão, e ele retornou para casa com uma variedade de novas impressões que bem contrabalanceavam suas agruras literárias.

Lovecraft iniciou suas viagens num sábado, 2 de maio, um dia depois de ter terminado o estafante processo de datilografar *At the Mountains of Madness*. A parada costumeira em Nova York foi bem breve, e ele pegou um ônibus para Charleston via Washington D.C., Richmond, Winston-Salem e Charlotte, estas duas últimas na Carolina do Norte, e Columbia, na Carolina do Sul. Essa viagem de ônibus levou, no total, 36 horas.

O que Lovecraft encontrou em Charleston foi mais ou menos o mesmo que encontrara no ano anterior. No dia 6 ele tomou um ônibus para Savannah, e de lá outro para Jacksonville (economizando uma noite de hotel ou de acomodação na YMCA), chegando às seis da manhã do dia 7. Jacksonville era uma cidade moderna, portanto não interessava a Lovecraft; foi apenas uma parada em direção a um lugar mais antigo — nada menos que a mais antiga cidade a ser continuamente habitada nos Estados Unidos, St. Augustine, Flórida.

Nas duas semanas que passou em St. Augustine Lovecraft absorveu todas as antiguidades que a cidade tinha a oferecer. O simples fato de estar num lugar antigo lhe agradava, embora a cidade, com seu passado predominantemente hispânico, não o tocasse fundo no coração como uma cidade de origem britânica, tal como Charleston. Não obstante, St. Augustine lhe foi maravilhosamente revigorante — tanto espiritual quanto fisicamente, já que a genuína tropicalidade da cidade ofereceu-lhe reservas de energia desconhecidas no norte gelado. Ele ficou no Rio Vista Hotel, na Bay Street, por quatro dólares por semana.

Lovecraft excursionou por toda a cidade e examinou seus principais pontos — incluindo o prédio do correio (abrigado numa casa de 1591), o Forte San Marcos, a Fonte da Juventude, a Ponte dos Leões, o monastério franciscano e o que se entende ser a mais antiga casa dos Estados Unidos, construída em 1565 — com bastante zelo, assim como a ilha Anastasia, próxima, a qual oferece uma vista espetacular de todo esse horizonte de antiguidades.

Lovecraft finalmente partiu de St. Augustine por volta de 21 de maio, uma vez que seu novo correspondente, Henry S. Whitehead, insistiu em hospedá-lo por algum tempo em Dunedin, uma pequena cidade na península ao norte de St. Petersburg e Clearwater. Não sabemos muito do que se passou nessa visita, mas Lovecraft considerou o lugar e o anfitrião bastante agradáveis. Ele e Whitehead tinham mais ou menos a mesma compleição física, e este lhe emprestou um terno tropical branco para vestir, em especial nos dias quentes, dando-o depois como um presente.

Enquanto estava em Dunedin e depois, quando voltou para casa, um ou dois meses mais tarde, Lovecraft ajudou Whitehead na produção de um conto, "The Trap". Ele diz numa carta que "revisei & reorganizei completamente"[1] o conto, e noutra diz que "forneci eu mesmo a base".[2] Minha impressão é que os três quartos finais da história são de Lovecraft. "The Trap" é um relato divertido, porém um tanto carente de solidez, sobre um espelho anômalo que suga os incautos para dentro de um reino estranho onde as cores são alteradas e os objetos, animados e inanimados, têm uma espécie de existência intangível, de sonho. Os estilos de Lovecraft e Whitehead não me parecem imiscuir-se muito bem, e o estilo informal e urbano do início de Whitehead dá lugar abruptamente aos longos parágrafos e à densa exposição de Lovecraft. O conto foi publicado no número de março de 1932 de *Strange Tales*, apenas sob o nome de Whitehead; Lovecraft recusou a autoria colaborativa.

No início de junho Lovecraft estava pronto para retornar ao norte, contudo dois oportunos pagamentos por revisões lhe permitiram prolongar a viagem até um destino mais distante, Key West. Foi o mais longe ao sul que Lovecraft iria, embora nessa e noutras ocasiões ele tenha querido pegar um barco e ir para Havana, sem contudo ter dinheiro suficiente para cair de cabeça na aventura.

Para chegar a Key West, a mais remota das ilhas do arquipélago de Florida Keys, era preciso tomar uma série de balsas e fazer alguns trechos de ônibus, já que a Depressão não havia permitido ao estado construir a sequência de viadutos que hoje liga as ilhas. Lovecraft quis explorar esse lugar não apenas por causa de seu isolamento, mas também em virtude de sua genuína antiguidade: Key West fora ocupada no começo do século XIX pelos espanhóis, que a chamavam Caja Huesco ("caixa de osso"); posteriormente, os norte-americanos consolidaram a corruptela Key West. Lovecraft passou apenas alguns dias lá, mas investigou todo o lugar.

Por volta de 16 de junho ele já estava de volta a St. Augustine. Seguiu gradualmente em direção ao norte, explorando Charleston, Richmond, Fredericksburg e Filadélfia. Depois de uma semana em Nova York e uma semana com os Long no balneário de Asbury Park, em New Jersey, Lovecraft aceitou a oferta de Talman de passar uma semana em seu amplo apartamento em Flatbush. Em 6 de julho um grupo fez do apartamento seu ponto de encontro, incluindo como convidado especial Seabury Quinn, o escrevinhador da *Weird Tales*. Com uma visão um tanto vaga de seu interminável conjunto de histórias repletas de clichês (a maioria em torno do detetive e vidente Jules de Grandin), Lovecraft o considerou "bastante inteligente & com excessivo bom gosto",[3] embora mais um homem de negócios do que um esteta. Lovecraft finalmente voltou para casa em 20 de julho. Viagens aleatórias pela Nova Inglaterra o ocuparam em outubro e começo de novembro, mas o frio acabou com qualquer possibilidade de viagem que exigisse traslados ao ar livre.

A situação financeira de Lovecraft não estava ficando melhor, não obstante no momento não estivesse ficando pior. A publicação de "The Whisperer in Darkness" na *Weird Tales* de agosto de 1931 rendeu-lhe 350 dólares — uma soma que, dada a alegria com que divulgou que reduzira seus gastos a quinze dólares por semana, teria durado mais que cinco meses. Eis como ele fez:

> Quinze dólares por semana bastam a qualquer homem de bom senso de forma não pouco tolerável — permitindo-lhe hospedar-se numa vizinhança educada se ele sabe como procurar apartamentos (regra que, no entanto, não se aplica

a centros de fato megalopolitanos como Nova York – mas que funcionará em Providence, Richmond ou Charleston e provavelmente funcionaria na maioria das cidades de tamanho moderado do noroeste), mantê-lo vestido em sóbria e austera retidão se ele souber como escolher bons cortes & tecidos duráveis em meio a ternos baratos & comer de forma satisfatória & palatável se ele não for um epicuro cheio de exigências & não tentar viver em restaurantes. É preciso ter uma cozinha mínima & comprar provisões ao preço das mercearias & lojas de frios para não acabar pagando em cafés & bares o preço adicional pelo serviço.[4]

É claro que isso se baseia no hábito de Lovecraft de comer apenas duas refeições (bastante frugais) por dia. Ele afirma que "minha digestão entra em parafuso quando tento comer mais do que uma vez em sete horas".[5]

Mas a ficção original – especialmente agora que ele estava escrevendo trabalhos que não iam ao encontro dos critérios plebeus dos editores de ficção *pulp* – não estava ajudando muito no fechamento das contas. Reimpressões renderam muito pouco: ele recebeu 12,25 dólares da Selwin & Blount em meados de 1931, provavelmente por "The Rats in the Walls" em *Switch On the Light*, de Christine Campbell Thomson (1931), e outros 25 dólares por "The Music of Erich Zann" em *Creeps by Night*, de Dashiel Hammett (1931); mas, além de "The Whisperer in Darkness" e dos 55 dólares da *Weird Tales* por "The Strange High House in the Mist", isso foi provavelmente tudo que recebeu com a venda de sua ficção. É claro que, depois das duas recusas daquele verão, Lovecraft não estava disposto a expor seu trabalho. No outono ele enviou a Derleth várias histórias pedindo que as lesse, incluindo "In the Vault". Por iniciativa própria, Derleth redatilografou a história (o manuscrito datilografado de Lovecraft estava à beira da desintegração) e insistiu que Lovecraft o enviasse novamente a Wright; Lovecraft o fez, e o conto foi aceito no início de 1932 por 55 dólares.

É claro que um livro teria sido um meio real tanto de lucro quanto de reconhecimento literário. Em março de 1932 tal perspectiva surgiu pela terceira vez, contudo novamente não deu em nada. Arthur Leeds conversara sobre Lovecraft com um amigo que era editor na Vanguard. A Vanguard entrou em contato com Lovecraft, dizendo que a editora queria um romance, mas Lovecraft (já tendo repudiado *The Dream-Quest of Unknown Kadath* e *The Case of Charles Dexter Ward* e sem considerar *At the Mountains of Madness* um romance real) disse que não tinha nenhum. Ainda assim, a editora pediu para ver algumas de suas histórias curtas, e

Lovecraft enviou "Pickman's Model", "The Dunwich Horror", "The Rats in the Walls" e "The Call of Cthulhu",que depois foram devolvidas.

A quantas andavam os ganhos com preparação e edição de originais? Não iam muito bem. Depois de feito o trabalho para Zealia Bishop e Adolphe de Castro, nenhum aspirante a escritor de ficção fantástica apareceu no horizonte. É claro, a edição de ficção fantástica era uma faceta relativamente pequena de seus trabalhos como preparador de originais, centrados em matéria mais mundana — livros didáticos, poesia e coisas semelhantes. Mas o desaparecimento de David van Bush como cliente regular, juntamente com a relutância ou falta de sucesso na promoção de seus serviços, fez que esse trabalho quedasse bastante irregular.

A perspectiva de um trabalho regular surgiu em algum momento de 1931, mas novamente não deu em nada. A Stephen Daye Press, de Brattleboro, Vermont (tendo à frente Vrest Orton), ofereceu-lhe o trabalho de preparação e revisão de *History of Dartmouth College*, de Leon Burr (1932). Embora Lovecraft tenha recebido apenas cinquenta dólares mais despesas por seu trabalho no livro, ele pensou que esse trabalho "poderia servir de começo para muitos outros na Stephen Daye";[6] isso, porém, mais uma vez não aconteceu. A preparação de Lovecraft da história do Dartmouth College realmente se resumiu à correção do texto, pois não sou capaz de detectar a prosa de Lovecraft ali.

Um trabalho bastante curioso que ele conseguiu nessa época foi o de bilheteiro num cinema. Um professor da Brown, Robert Kenny (1902–1983), diz ter visto Lovecraft indo para o centro da cidade à noite (ele trabalhava no turno da noite) e sentar-se na cabine de uma das salas de cinema, lendo um livro sempre que não estava entregando bilhetes. Perguntei a Harry K. Brobst sobre o caso, e ele confirmou, dizendo que Lovecraft admitiu ter estado naquela ocupação, afirmando que de início gostava, mas que não durou muito. Brobst não soube dizer quando Lovecraft trabalhou como bilheteiro, mas crê que tenha sido nos primeiros tempos da Depressão, entre 1929 e 1930.

De uma forma ou de outra, apesar das recusas e da situação precária de seu trabalho editorial, Lovecraft procurou escrever outro conto em fevereiro de 1932, "The Dreams in the Witch House". O título provisório — "The Dreams of Walter Gilman" — conta todo o caso. Um estudante de matemática na Miskatonic University chamado Walter Gilman, que vive num cômodo de ângulos peculiares na antiga Casa das Bruxas em Arkham, começa a ter sonhos bizarros cheios de visões, sons e formas indescritíveis; outros sonhos, muito mais realistas em natureza, revelam um enorme rato com mãos humanas chamado Brown Jenkin, que parece ser o espírito familiar da bruxa Keziah Mason, que outrora vivera na Casa das Bruxas. No fim ele é morto por Brown Jenkin, embora não antes de ser avisado pelo mesmo de um ritual sacrificial a ser consumado com um bebê sequestrado.

Pode-se concordar incondicionalmente com a definição de Steven J. Mariconda, que chama o conto de "o magnífico fracasso de Lovecraft".[7] Em certo sentido, "The Dreams of the Witch House" é a mais cósmica das histórias de Lovecraft: ele fez uma genuína e bastante provocativa tentativa de visualizar a quarta dimensão, principalmente através do uso do imaginário geométrico. O escopo imaginativo dessa novela é quase inconcebivelmente vasto; porém, ela se torna enfim confusa devido à escrita descuidada e à completa indefinição quanto aos caminhos da história. Lovecraft aqui recai em estereótipos e numa prosa excessivamente ornamentada que soa quase como uma paródia de seu próprio estilo.

"The Dreams in the Witch House" é a grande modernização de um mito convencional (a bruxaria) por meio da ciência moderna. Fritz Leiber, que escreveu um ensaio bastante preciso sobre o conto, aponta que "é a mais cuidadosa elaboração de uma história de viagem pelo hiperespaço. Aqui (1) as fundações racionais de tal viagem são colocadas; (2) o hiperespaço é visualizado; e (3) produz-se uma motivação para a viagem."[8] Leiber discorre sobre esses pontos com bastante agudeza, observando que a ausência de qualquer instrumento mecânico para tal viagem é vital para o conto, pois de outro modo seria impossível imaginar como uma "bruxa" do século XVII poderia ter levado o truque a cabo; na verdade, Keziah simplesmente aplica matemática avançada e imagina a si mesma no hiperespaço.

Lovecraft estava inseguro quanto à qualidade do conto, então não é surpreendente que tenha se recusado a enviá-lo a qualquer revista para simplesmente ser engavetado. Mais ou menos um ano depois, August Derleth, embora julgasse a história ruim, enviou-a a Farnsworth Wright sem que Lovecraft soubesse; o editor a aceitou prontamente e pagou 140 dólares por ela, publicando-a no número de julho de 1933 da *Weird Tales*.

Nessa época, ainda, outros fãs, colegas e escritores apareceram na vida de Lovecraft. Um deles era um sujeito bem estranho de Buffalo, Nova York, chamado William Lumley. Lumley era um dos muitos que na época se interessaram pela pseudomitologia desenvolvida por Lovecraft; a maioria desses correspondentes desapareceu depois de algumas semanas ou meses, mas Lumley permaneceu.

Uma pessoa mais centrada era Harry Kern Brobst (nascido em 1909). Quando jovem, ele se interessara por ficção fantástica e científica, gostando particularmente dos trabalhos de Poe, Verne, Dunsany, Clark Ashton Smith e Lovecraft. Escrevendo a Farnsworth Wright, ele conseguiu o endereço de Lovecraft e iniciou uma correspondência, provavelmente no outono de 1931. Não muito depois disso, contudo, uma circunstância feliz o trouxe para mais perto de seu novo colega.

Depois de formar-se no colégio, Brobst decidiu seguir a carreira da enfermagem psiquiátrica e conseguiu uma vaga no curso médico do Butler Hospital, em Providence. Brobst chegou a Providence em fevereiro de 1932. Umas poucas semanas depois, fez uma visita a Lovecraft, e suas impressões tanto do homem quanto de sua humilde residência no número 10 da Barnes Street são tocantes:

> Era um homem alto, de pele amarelada, muito alegre [...], com olhos escuros e brilhantes. Não sei se essa descrição faz muito sentido, mas foi a impressão que me deu — uma pessoa cheia de vida. Tornamo-nos amigos imediatamente.
>
> Na Barnes Street, acho que ele estava instalado no térreo [...] quando você entrava no cômodo que ele ocupava não havia janelas — era completamente isolado, e ele vivia apenas sob luz artificial. Lembro-me de entrar ali uma vez, e era o período mais frio do ano [...] O cômodo não tinha ventilação, estava muito empoeirado (ele não permitia que ninguém o limpasse, especialmente os livros); e a roupa de cama estava bem (detesto dizer isso) suja [...] ele só tinha um pedaço de queijo para comer.[9]

Como é possível que Lovecraft estivesse vivendo sob a ignomínia de lençóis sujos! Ele, que era tão meticuloso acerca de sua higiene pessoal, parece ter sido menos escrupuloso quanto ao espaço.

Brobst permaneceria em contato próximo com Lovecraft pelos cinco anos seguintes, fazendo-lhe visitas várias vezes ao longo da semana, indo com ele a museus e restaurantes e recebendo os visitantes de fora da cidade que iam ao encontro de Lovecraft. Nesse período, poucos conheceram Lovecraft pessoalmente tão bem quanto Harry Brobst.

Em 18 de maio Lovecraft seguiu para Nova York, ficando por lá uma semana, em sua já tradicional agitação em meio a encontros sociais com o grupo de amigos na cidade. Em 25 de maio ele enfim conseguiu prosseguir em viagem, chegando a Natchez, Mississippi, uns poucos dias depois. Em

Natchez Lovecraft sentiu-se revigorado tanto pela paisagem natural deslumbrante (promontórios de sessenta metros sobre o Mississippi, clima e vegetação tropicais) quanto pelas antiguidades de uma cidade de duzentos anos. Então ele seguiu ainda mais para o sul até seu destino final — New Orleans. Não levou muito tempo para que sentisse os encantos dessa cidade tão particular: tendo chegado no fim de maio, já em 6 de junho declarou que as cidades de Charleston, Quebec e New Orleans "eram os centros urbanos mais exóticos & rigorosamente antigos da América do Norte".[10] Naturalmente a Vieux Carré — o bairro francês —, com sua união de arquiteturas espanhola e francesa, chamou-lhe a atenção em particular, embora ele considerasse até as áreas mais novas da cidade, com suas longas e umbrosas alamedas e casas imponentes, igualmente atraentes.

Um interessante contato se deu perto do fim da estadia de Lovecraft em New Orleans. Em carta, ele falara a respeito da viagem a Robert E. Howard, que lamentou a impossibilidade de viajar para lá e encontrar seu muito admirado correspondente; Howard, contudo, telegrafou ao amigo E. Hoffmann Price, que tinha um apartamento no bairro francês, e lhe falou da presença de Lovecraft. Price, então, veio a conhecer Lovecraft em 12 de junho, um domingo, num encontro que durou 25 horas e meia, até a meia-noite da segunda-feira.

Edgar Hoffmann Price (1898–1989) foi sem dúvida alguma um indivíduo singular. Homem de muitos talentos — sabia árabe e esgrima —, ele escreveu algumas boas histórias para a *Weird Tales* e outras revistas *pulp* no início dos anos 1920, incluindo a soberba "Stranger from Kurdistan" (*Weird Tales*, julho de 1925). A Depressão, contudo, atingiu Price de mais de uma maneira: em maio de 1932 ele foi dispensado de um bom trabalho que tinha na Prestolite Company e decidiu tentar a sorte com a escrita. Sentiu que podia fazê-lo escrevendo apenas o que os editores quisessem, e assim, com bastante sangue-frio, começou a atender as exigências do mercado em diferentes campos da ficção *pulp* — fantástica, "oriental", "estranha ameaça" e afins. O resultado foi que ao longo das décadas de 1930 e 1940 Price lançou pelas revistas toneladas de material habilidosamente produzido, porém sem qualquer valor literário, ardendo na fogueira da arte e relegando a maior parte de seu trabalho ao esquecimento que ele merece.

Price traz um relato emocionante de seu primeiro encontro com Lovecraft:

> Ele se movia com bastante desleixo, meio curvado, como para que eu subestimasse seu tamanho bem como a largura de seus ombros. Seu rosto era magro e estreito, alongado, com mandíbula e queixo compridos. Ele caminhava a passos rápidos. Sua fala era rápida, e ele era dado a tiques. Era como se o corpo tivesse muita dificuldade para acompanhar a agilidade de seu pensamento [...]
>
> Por 28 horas falamos como loucos, trocando ideias e fantasias e tentando superar um ao outro com maluquices. Ele tinha um entusiasmo enorme por novas experiências; de ver, de ouvir, de padrões de palavras e ideias. Em toda a minha vida só encontrei uma ou duas outras pessoas que se aproximavam dele em termos de "cobiça mental". Uma gula de palavras, ideias, pensamentos. Ele elaborava, combinava e destilava com a velocidade de uma metralhadora.[11]

Como se já não fosse tão evidente de tantas outras formas, esse primeiro encontro com Price mostra o quanto Lovecraft amadurecera como ser humano passados quinze anos.

Uma lenda curiosa que surgiu e se desenvolveu a partir da viagem de Lovecraft a New Orleans foi a de que Price teria levado Lovecraft a um prostíbulo onde as mulheres eram ávidas leitoras da *Weird Tales* e gostavam em particular das histórias de Lovecraft. Na verdade, essa história se aplica a Seabury Quinn (supondo que não seja de todo apócrifa); ao que tudo indica, as mulheres teriam oferecido a ele "uma por conta da casa" em reconhecimento a sua fama. De maneira explícita e lacônica, Price comenta em suas memórias que, em respeito à sensibilidade de Lovecraft, "evitei totalmente as concubinas".

De New Orleans, Lovecraft finalmente seguiu para Mobile, Alabama, e então para Montgomery e Atlanta, embora a última cidade fosse moderna e não tivesse nada que o atraísse. De lá ele atravessou as Carolinas em direção a Richmond, que alcançou perto do fim de junho. Depois de examinar os lugares tradicionalmente relacionados a Poe e aos confederados, Lovecraft parou brevemente em Fredericksburg, Annapolis e Filadélfia, chegando de volta a Nova York perto de 25 de junho. Dessa vez ele ficou num apartamento a umas poucas portas de distância de Loveman em Brooklyn Heights. Ele esperava relaxar na cidade por mais de uma semana, mas um telegrama de Annie em 1° de julho o fez voltar para casa inesperadamente.

Lillian estava bastante doente e não tinha esperanças de sobreviver. Lovecraft tomou o primeiro trem para Providence, chegando à noite no dia 1°. Encontrou Lillian em estado praticamente comatoso, do qual não acordaria até sua morte, em 3 de julho. Ela tinha 76 anos. A causa da morte, indicada no atestado de óbito, foi artrite atrófica. Lovecraft comentara ao longo dos anos sobre seus inúmeros problemas crônicos de saúde — principalmente neurite e lombalgia —, cujo efeito geral era limitar em muito sua mobilidade e prendê-la dentro de casa. Esses vários problemas de saúde chegavam finalmente a um desfecho.

Lovecraft não era dado à expressão de emoções extremas em sua correspondência, era um direito seu; mas seus comentários a amigos sobre a morte de Lillian não escondem a profunda dor que sentia:

> A surpresa do acontecimento é a um só tempo acachapante e misericordiosa — a última pois não somos capazes de perceber, subjetivamente, que de fato aconteceu. Pareceria, por exemplo, completamente estranho agora desarrumar os travesseiros colocados para minha tia na cadeira de balanço ao lado de minha mesa de centro — seu costumeiro espaço de leitura todas as noites.[12]

Em agosto, Lovecraft recebeu uma pequena injeção de autoestima. Harold S. Farnese (1885–1945), um compositor que era então diretor assistente do Instituto de Arte Musical em Los Angeles, desejava musicar dois sonetos de *Fungi from Yuggoth*, "Mirage" e "The Elder Pharos" (ambos na *Weird Tales* de fevereiro-março de 1931). Tendo-o feito rapidamente, Farnese então propôs que Lovecraft escrevesse o libreto de uma ópera inteira ou drama musical baseado em seu trabalho de modo geral; Lovecraft, no entanto, recusou a proposta, citando sua completa falta de experiência em composição dramática (evidentemente, seu bem-humorado *Alfredo* não o qualificava para o trabalho). É difícil imaginar o que teria resultado de um trabalho como esse.

As viagens de Lovecraft em 1932 não estavam de maneira alguma encerradas. Em 30 de agosto ele foi a Boston passar algum tempo com Cook. No dia seguinte os dois rumaram para Newburyport para ver um eclipse solar total, e foram agraciados com um belo espetáculo. Dali, Lovecraft seguiu para Montreal e Quebec, passando quatro dias inteiros nas duas cidades (2 a 6 de setembro). Lovecraft tentou persuadir Cook a acompanhá-lo, mas este não gostava da maneira ascética como o amigo viajava (dormindo em trens e ônibus, alimentação pouca, passeios ininterruptos etc.). Cook acabou, contudo, reencontrando Lovecraft no retorno, e seu testemunho é, tanto quanto se poderia esperar, uma reflexão vívida sobre os hábitos maníacos de Lovecraft em viagens:

> Logo cedo pela manhã, na terça-feira seguinte, antes de eu ir para o trabalho, Howard retornou do Quebec. Eu nunca vira nada parecido antes, nem vi depois.

Eram dobras de pele penduradas num esqueleto. Os olhos fundos nas órbitas como buracos queimados num cobertor. Aquelas mãos de artista, delicadas e sensíveis, reduzidas a garras. Tudo no homem estava morto, exceto os nervos, sobre os quais ele ainda funcionava [...] eu estava assustado. Por estar assustado, fiquei com raiva. Provavelmente minha raiva voltava-se sobretudo para mim, por tê-lo deixado ir sozinho naquela viagem. Mas, seja lá qual for a causa, era uma raiva genuína que eu sentia. Ele precisava descansar; e era o que ia começar a fazer naquela hora mesmo.[13]

Cook imediatamente levou Lovecraft a um restaurante Waldorf e o fez comer uma refeição completa, e então o levou de volta a seu alojamento para que pudesse descansar. Retornando do trabalho às cinco da tarde, ainda fez Lovecraft comer mais uma refeição antes de deixá-lo partir. Como Lovecraft era capaz de experimentar os lugares que visitava, de pé, somente sobre os próprios nervos e com tão pouca comida e descanso, é difícil de imaginar; não obstante, ele o fez muitas e sucessivas vezes.

Em algum momento da primavera ou do verão de 1932 surgiu uma nova e promissora cliente de edição — promissora não porque mostrasse qualquer talento literário ou inclinação para a escrita, mas porque ofereceria a Lovecraft trabalho com frequência. Era Hazel Heald (1896–1961), de quem quase nada sei. Ela nasceu e aparentemente passou boa parte da vida em Somerville, Massachusetts, e até onde sei não publicou nada além das cinco histórias que Lovecraft editou ou mesmo escreveu para ela. Diferentemente de Zealia Bishop, ela não deixou testemunho sobre Lovecraft, de modo que não se sabe como entrou em contato com ele nem como eram suas relações profissionais e pessoais.

Há boas razões para crer que a maioria, se não todas as cinco, das histórias que Lovecraft editou para Heald foi escrita em 1932 ou 1933, muito embora a última delas tenha saído impressa apenas em 1937. A primeria parece ter sido "The Man of Stone" (*Wonder Stories*, outubro de 1932). Heald disse a Derleth que Lovecraft apenas fizera reparos num manuscrito já existente;[14] para mim, contudo, toda a prosa do conto parece escrita por Lovecraft. Ele deve ter trabalhado na história mais ou menos no verão de 1932 para que esta fosse publicada na *Wonder Stories* de outubro. É apenas uma história convencional sobre Daniel "Mad Man" Morris, que encontra em sua cópia ancestral do *Livro de Eibon* uma fórmula para transformar toda e qualquer criatura viva numa estátua de pedra, e tenta fazê-lo com sua mulher e um homem que ele suspeita estar flertando com ela, mas por fim é ele próprio quem se transforma em pedra.

O conto seguinte, "Winged Death", não chega a ser um avanço. Essa história absurda trata de um inseto, a "mosca demônio", que supostamente assume o controle da alma ou da personalidade de sua vítima. Como era de esperar, um cientista é picado pelo inseto, e sua alma adentra o corpo deste; como se não fosse pouco, ele escreve uma mensagem no teto de sua sala mergulhando seu corpo de inseto na tinta e andando no teto. Essa conclusão grotesca e cheia de humor involuntário — que Lovecraft admite ter sido invenção sua — visa a ser claramente o ponto alto do horror, mas acaba sendo apenas grosseira.

Lovecraft enviou a história à *Strange Tales*, mas ela foi rejeitada porque, por incrível que pareça, outro conto que acabava de ser aceito se utilizara dessa ideia da escrita com inseto! Não sei que obra-prima da literatura levou Lovecraft a nocaute; a nota sobre o envio do conto à *Strange Tales*, contudo, é de algum interesse. Acho bem plausível que os primeiros contos de Heald tenham sido escritos com vistas a um mercado mais bem pago. Não há evidência de outros contos enviados à *Strange Tales*; até podem ter sido, mas apenas um deles foi escrito antes do fechamento da revista no fim do ano. Lovecraft ofereceu "Winged Death" a Farnsworth Wright, mas este deve ter levado algum tempo para aceitar, pois o conto foi publicado apenas na *Weird Tales* de março de 1934.

Desejo ardentemente que "The Horror in the Museum" seja uma paródia consciente — nesse caso, uma paródia do próprio ciclo mítico de Lovecraft. Aqui somos apresentados a um novo "deus", Rhan-Tegoth, que o curador do museu de cera, George Rogers, diz ter encontrado numa expedição ao Alasca. O conto pode ser lido como uma paródia de "The Pickman's Model" e "The Call of Cthulhu". Consideremos o absurdo da situação: não é uma simples representação de um deus escondido numa caixa no sótão do museu, mas *o próprio deus*!

O conto é mencionado numa carta de outubro de 1932: "Meu último trabalho de edição chegou tão perto do puro e simples *ghost-writing* que estou diante de todos os problemas de estruturação do enredo de meus antigos dias de autor".[15] Essa história parece ter sido prontamente aceita por Farnsworth Wright, pois foi publicada na *Weird Tales* de julho de 1933, no mesmo número de "The Dreams in the Witch House".

"Out of Aeons" — no qual Lovecraft estava trabalhando no início de agosto de 1933 — é talvez a única edição de fato bem-sucedida dentre as produzidas para Heald, embora também contenha elementos de extravagância que beiram a autoparódia. O conto trata de uma antiga múmia abrigada num museu acompanhada de um papiro indecifrável. Este acaba por expor seus segredos, contando a história de um homem que encontra o deus Ghatanothoa 175 mil anos atrás; é claro que a múmia é o homem em questão, cujo corpo está petrificado, mas cujo cérebro ainda vive.

É mais do que óbvio que a única contribuição de Heald ao conto é a noção central de uma múmia com um cérebro vivo; todo o resto é de Lovecraft. Ele confessa quando escreve: "No que concerne ao programado 'Out of Aeons' — devo dizer que *de fato há* meu dedo nele [...] eu *escrevi* aquela porcaria!".[16] O conto tem força; contudo, sua escrita também se faz de extravagâncias e falta de polimento, o que impede que ocupe um lugar entre os melhores contos de Lovecraft. Ele foi publicado na *Weird Tales* de abril de 1935.

"The Horror in the Burying-Ground", por outro lado, nos traz de volta à terra de maneira bastante enfática. Aqui estamos num lugar desconhecido do interior rural onde o agente funerário de um vilarejo, Henry Thorndike, chegou a um composto químico que, quando aplicado numa pessoa viva, simula sua morte, ainda que a pessoa esteja viva e consciente. Lovecraft não menciona esse trabalho de edição em nenhuma das cartas a que tive acesso, então não sei quando foi escrito; ele não apareceria na *Weird Tales* até maio de 1937.

Sem dúvida, Lovecraft foi pago regularmente por Heald, muito embora tenham transcorrido anos até que seus contos fossem publicados; pelo menos ele não faz qualquer reclamação quanto à demora com pagamentos, como fazia em relação a Zealia Bishop. Embora Lovecraft prossiga tratando-a como cliente de preparação e edição de originais até o verão de 1935, não parece que tenha feito muitos trabalhos para ela depois do verão de 1933.

Outra edição ou colaboração na qual Lovecraft acabou envolvido contra a vontade no outono de 1932 foi "Through the Gates of the Silver Key". E. Hoffmann Price ficara tão encantado com "The Silver Key" que, durante seu encontro com Lovecraft em New Orleans, em junho, "sugeriu uma sequência para dar notícia de seus feitos passado seu desaparecimento".[17] Não existe registro da resposta de Lovecraft a essa sugestão, embora talvez ela não tenha sido muito entusiástica. Por iniciativa própria, Price escreveu sua própria sequência, "The Lord of Illusion" — uma peça mais do que horrível que, sem qualquer controle, parodia a história da qual se diz ser a homenagem. Entretanto, Lovecraft sentiu-se na obrigação de fazer algo melhor com aquilo. Ele conclui, não sem razão: "Diabos, mas é como tirar leite de pedra!".[18] A correria de outro trabalho não permitiu que ele se ocupasse da peça por meses, e ele só a terminou no começo de abril.

O resultado não pode ser de forma alguma considerado satisfatório. Enquanto "The Silver Key" é uma profunda reflexão acerca de alguns dos mais íntimos sentimentos e crenças, "Through the Gates of the Silver Key" não é mais do que uma história fantástica de aventuras com estranhos e elaborados interlúdios matemáticos e filosóficos. Price comenta que Lovecraft "deixou intocadas menos de cinquenta palavras originais minhas",[19] o que levou muitos a acreditar que a versão final de "Through the Gates of the Silver Key" é radicalmente diferente do original de Price; mas Lovecraft na verdade faz uso tanto quanto pode da estrutura básica de Price. Price levou o conto à *Weird Tales* em 19 de junho, mas Farnsworth Wright o recusou. Fiel a suas contradições, no entanto, voltou atrás posteriormente. O conto saiu no número de julho de 1934.

No fim de 1932 Lovecraft foi atingido pela morte, em 23 de novembro, de Henry S. Whitehead, que finalmente sucumbiu à doença gástrica que o fragilizara por anos a fio. Lovecraft lhe fez um sincero tributo numa carta a E. Hoffmann Price.[20]

Já mencionei a edição de Lovecraft a "The Trap", de Whitehead. Há outras duas histórias nas quais ele lhe ofereceu ajuda, embora seja minha opinião que não houve contribuições com escrita em nenhuma delas. Uma é "Cassius", claramente baseada numa entrada do caderno de anotações de Lovecraft sobre um homem que tem um irmão siamês em miniatura. Whitehead seguiu com bastante rigor os detalhes dessa entrada em seu conto (*Weird Tales*, novembro de 1931), exceto por transferi-lo a sua tradicional ambiência nas Índias Ocidentais. Lovecraft mais tarde admitiu que seu próprio desenvolvimento da ideia teria sido bastante diferente da de Whitehead.[21]

A outra história em que Lovecraft auxiliou Whitehead era intitulada "The Bruise", mas ele não tinha certeza de o conto ter sido ou não completado. Esse assunto surgiu em abril de 1932, quando Lovecraft diz estar então "ajudando Whitehead a preparar um novo fim e um fundo para a história que Bates recusou". A história envolve um homem que machuca a cabeça e — na versão de Lovecraft — "desperta as células da memória hereditária, fazendo que o homem escute a destruição e o afundamento do fabuloso Mu 20 mil anos atrás!".[22] Alguns acreditaram que Lovecraft pode ter escrito ou editado esse conto, mas a partir de evidências internas parece-me que nada ali foi escrito por Lovecraft, embora ele talvez tenha oferecido algum tipo de sinopse. O conto não foi publicado até aparecer no segundo volume de Whitehead publicado pela Arkham House, *West India Lights* (1946).

Lovecraft escreveu um obituário de duas páginas sobre Whitehead e o enviou a Farnsworth Wright, pedindo que fosse utilizado no lugar de um calhau para anunciar o acontecimento na *Weird Tales*. Wright imprimiu a peça em separado como um artigo sem assinatura — "In Memoriam: Henry St. Clair Whitehead" — no número de março de 1933, porém utilizou apenas um quarto do que Lovecraft lhe enviara e, como este não manteve uma cópia do original, o texto completo se perdeu.

Uma peça bastante estranha escrita por Lovecraft na época foi "European Glimpses", cujo manuscrito apresenta-se datado de 19 de dezembro de 1932. Trata-se de um livro de viagens bastante convencional sobre os principais pontos turísticos da Europa ocidental (sobretudo Alemanha, França e Inglaterra), e é nada mais, nada menos que um trabalho de *ghost-writing* para Sonia, embora Lovecraft — nas poucas ocasiões em que falou do trabalho a correspondentes — tentasse de todas as formas esconder o fato. Sonia observa em suas memórias:

> Em 1932 fui à Europa. Estive tentada a convidá-lo, mas sabia que, não sendo mais sua mulher, ele não aceitaria o convite. Contudo, escrevi a ele da Inglaterra, da Alemanha e da França, enviando-lhe livros e imagens de toda paisagem possível e imaginável que pensava poder interessar-lhe [...] enviei a H.P. um diário de viagem, que ele editou para mim.[23]

"European Glimpses" é de longe o menos interessante dos diários de viagem de Lovecraft — se, de fato, pode ser chamado dessa forma —, em virtude de suas descrições estereotipadas de pontos turísticos que nenhum viajante burguês deixa de visitar. Talvez o único ponto de interesse seja o registro de Hitler em carne e osso, visto por Sonia em Wiesbaden.

No fim de 1932 Lovecraft instituiu o que seria um novo ritual de viagem ao passar mais ou menos uma semana com os Long em Nova York depois do Natal. Naturalmente, ele passou o Natal com Annie em Providence, mas já no dia seguinte pegou um ônibus para Nova York e chegou ao número 230 da West 97th Street para uma visita de sete ou oito dias. Loveman e Kirk ficaram surpresos de vê-lo na cidade, mas descobriu-se que Morton ficaria longe do museu por mais de uma semana, de modo que nenhum encontro pôde ser organizado. Lovecraft ficou na cidade até 3 de janeiro.

Como se pôde perceber, a própria carreira literária de Lovecraft não progredia muito bem: apenas uma história ("The Dreams in the Witch House") foi escrita em 1932, e nenhuma na primeira metade de 1933 (excluindo a colaboração em "Through the Gates of the Silver Key"). Lovecraft comenta com Donald Wandrei que em meados de fevereiro de 1933 "minha tia e eu tivemos uma conversa desesperada sobre as finanças familiares",[24] na qual se decidiu que Lovecraft se mudaria da Barnes Street e Annie do número 61 da Slater Avenue, para se reunirem numa só casa. Que Lovecraft e Annie não fossem capazes de pagar nem mesmo o aluguel magro que sem dúvida pagavam (o de Lovecraft era de dez dólares por semana, o de Annie provavelmente o mesmo), isso demonstra a completa penúria em que ambos viviam.

Mas a sorte, neste caso, estava com eles. Lovecraft e Annie encontraram uma casa agradável no número 66 da College Street, no topo da colina, logo atrás da John Hay Library. A casa era propriedade da universidade e era alugada na forma de dois grandes apartamentos, um em cada andar. O andar de cima — cinco quartos, mais dois cômodos no sótão — havia ficado subitamente vago, e Lovecraft e Annie ficaram com ele tão logo ouviram falar do aluguel — dez dólares por semana, provavelmente metade do aluguel combinado pelos dois apartamentos em separado. O melhor de tudo, segundo Lovecraft, era que a casa fora construída em estilo colonial, datando de aproximadamente 1825. O lugar ficou vago em 1° de maio, e Lovecraft mudou-se em 15 de maio. Annie se mudou duas semanas depois. Lovecraft não conseguia acreditar em sua boa sorte, e esperava apenas poder ficar ali por algum tempo. Ele permaneceu lá pelos quatro anos de vida que lhe restavam.

NOTAS

[1] HPL a August Derleth, 23 de dezembro de 1931 (manuscrito, SHSW).

[2] HPL a R.H. Barlow, 25 de fevereiro de 1932 (manuscrito, JHL).

[3] HPL a Lillian D. Clark, 8–10 de julho de 1931 (manuscrito, JHL).

[4] HPL a August Derleth, 16 de janeiro de 1931 (manuscrito, SHSW).

[5] HPL a Robert E. Howard, 7 de novembro de 1932 (SL IV.104).

[6] HPL a August Derleth, 9 de outubro de 1931 (manuscrito, SHSW).

[7] "Lovecraft's Cosmic Imagery", in Schultz e Joshi, *An Epicure in the Terrible*, p. 192.

[8] Ver Fritz Leiber, "Through Hyperspace with Brown Jenkin: Lovecraft's Contribution

to Speculative Fiction", in Lovecraft, *The Dark Brotherhood and Other Pieces* (Sauk City, WI: Arkham House, 1966), pp. 171–73.

[9] "An Interview with Harry K. Brobst", *Lovecraft Studies* nº. 22-23, outono de 1990): 24–26.

[10] HPL a August Derleth, 6 de junho de 1932 (manuscrito, SHSW).

[11] E. Hoffmann Price, "The Man Who Was Lovecraft" (1949), in *Lovecraft Remembered*, pp. 288–90.

[12] HPL a James F. Morton, 5 de julho de 1932 (SL IV.47).

[13] Cook, "*In Memoriam*", in *Lovecraft Remembered*, p. 131.

[14] Hazel Heald a August Derleth, 30 de setembro de 1944; citado numa nota de rodapé em *The Horror in the Museum and Other Revisions* (ed. 1970), p. 27.

[15] HPL a E. Hoffmann Price, 20 de outubro de 1932 (manuscrito, JHL).

[16] HPL a Clark Ashton Smith, 26 de março de 1935 (SL V.130).

[17] Price, "The Man Who Was Lovecraft", p. 291.

[18] HPL a J. Vernon Shea, 24 de março de 1933 (SL IV.158).

[19] "The Man Who Was Lovecraft", p. 291.

[20] HPL a E. Hoffmann Price, 7 de dezembro de 1932 (SL IV.116–17).

[21] HPL a Duane W. Rimel, 12 de setembro de 1934 (SL V.33).

[22] HPL a Clark Ashton Smith, 4 de abril de 1932 (SL IV.37).

[23] Davis, *Private Life*, p. 17.

[24] HPL a Donald Wandrei, 21 de fevereiro de 1933 (manuscrito, JHL).

18

Em minha própria caligrafia

(1933-35)

A CASA É UM PRÉDIO quadrado de madeira datado do início do século XIX [...] A bela entrada colonial é como meu *ex-libris* emergindo à vida, embora de um período ligeiramente posterior, com janelas laterais & caixilhos entalhados no lugar de um vitral superior. Nos fundos, um jardim amplo em nível mais elevado do que a frente da casa. No piso superior em que vivemos há cinco cômodos além do banheiro & da pequena cozinha no andar principal(o segundo), mais dois depósitos no sótão — um deles tão atraente que adoraria tê-lo para que fosse mais um cantinho particular! Meus aposentos — um escritório amplo & um pequeno quarto adjacente — estão ao sul, com minha escrivaninha sob uma janela a oeste oferecendo uma vista esplêndida dos telhados da parte mais baixa da cidade & do místico pôr do sol que flameja além deles. O interior é tão fascinante quanto o exterior — com lareiras coloniais, consolos & armários de chaminé, escadaria curvada em estilo georgiano, compridas tábuas de piso, trincos à moda antiga, janelas de caixilhos pequenos, seis portas com painéis de madeira, a ala de trás com o piso em desnível (três degraus abaixo), uma bela escada para o sótão &c. —, assim como as casas antigas transformadas em museus. Depois de admirar essas coisas por toda a vida, encontrei algo mágico & digno de sonhos na experiência de estar, na verdade, vivendo num museu [...] fico mais ou menos na expectativa de ser abordado & expulso por um guarda às cinco horas para o fechamento.[1]

Passagens como essa podem ser encontradas em quase todas as cartas que Lovecraft escreveu durante esse período e atestam o milagroso golpe de sorte advindo de uma mudança que ocorrera tão somente por razões econômicas — e depois de Lovecraft ter se sentido bem à vontade na Barnes Street, após sete anos de residência por lá —, o que resultou em sua ida para uma casa em estilo colonial, tal como ele sempre sonhara. Mesmo seu lar na infância, o número 454 da Angell Street, não era construído em estilo colonial, embora tenha permanecido caro a ele por outras razões.

Cruzando o jardim de trás no número 66 da College Street, havia uma pousada, na qual Annie costumava almoçar e jantar. Lovecraft ia apenas de vez em quando fazer suas refeições ali; ele preferia ir a restaurantes mais baratos no centro da cidade ou fazer ele próprio suas humildes refeições a partir de enlatados ou de frios comprados em mercearias e afins, como a Weybosset Food Basket (ainda em funcionamento).

Uma das particularidades que mais chamavam a atenção no lugar era um pequeno depósito ao lado do alojamento cujo telhado plano servia de solar para muitos gatos do bairro. Não levou muito tempo para que Lovecraft fizesse amizade com esses gatos. Vivendo no que era então a rua das fraternidades da Brown University, Lovecraft batizou esse grupo de felinos de Kapha Alpha Tau (K.A.T.), que, dizia ele, significava *Kompson Ailouron Taxis* ["Grupo de gatos elegantes"]. As idas e vindas desses animais ofereceriam grande satisfação — e uma pitada de sofrimento — a Lovecraft ao longo dos anos.

Uns poucos meses antes de ele se mudar para a College Street, por volta de 11 de março, Lovecraft fez uma viagem para Hartford, Connecticut — sobre a qual ele disse a um correspondente ter sido "um trabalho de pesquisa que um cliente estava conduzindo na biblioteca de lá".[2] Mais uma vez Lovecraft desconversa, e mais uma vez a razão é sua ex-mulher; pois essa foi a última vez que ele e Sonia se encontraram. Depois de retornar da viagem à Europa, Sonia fez um passeio pelos subúrbios de Farmington e Wethersfield; estava tão encantada com as antiguidades coloniais dessas cidades que escreveu a Lovecraft e pediu que se unisse a ela na viagem. Ele assim o fez, passando um dia e uma noite no lugar.

Naquela noite, antes de eles se recolherem, Sonia perguntou: "Howard, você não vai me dar um beijo de boa-noite?". Lovecraft respondeu: "Não, é melhor não". Na manhã seguinte eles caminharam pela cidade, e à noite, quando se despediram, Sonia não pediu outro beijo.[3] Eles nunca mais se veriam, nem, tanto quanto sei, voltaram a escrever um ao outro.

A vida na nova residência na College Street começou, literalmente, com um passo em falso, quando, em 14 de junho, Annie caiu da escada e quebrou o tornozelo. Ela permaneceu no Rhode Island Hospital por três semanas engessada e retornou em 5 de julho, ficando basicamente acamada e sob os cuidados de uma enfermeira; o gesso foi removido em 3 de agosto, mas Annie teve de usar muletas até o outono. Nada disso foi de muita utilidade no que toca às economias domésticas, e num momento de sinceridade maior Lovecraft chegou a mencionar as "terríveis dificuldades financeiras na presente conjuntura!".[4]

Havia o que o aliviasse, contudo. Em 30 de junho o peripatético E. Hoffmann Price fez uma visita de quatro dias a Lovecraft em Providence, passando pela cidade durante uma viagem de automóvel pelo país num Ford 1928 que Lovecraft julgou ser um modelo caminhão. Com o carro à mão, Lovecraft pôde ver regiões de seu próprio estado que ele nunca visitara antes, em particular o chamado Narragansett Country ou South County — extensão do interior partindo das áreas sul e oeste da Narragansett Bay, onde nos idos da colônia havia plantações semelhantes às do sul.

Harry Brobst participou de algumas festividades. Numa ocasião, quando Price preparava um banquete com curry indiano, Brobst cometeu a indelicadeza de levar um pacote de seis latas de cerveja. Aparentemente Lovecraft nunca vira tamanha quantidade de bebida alcoólica. Deixemos que Price conte mais uma vez a história:

> "E o que", ele perguntou com curiosidade científica, "você vai fazer com *tanto* líquido?"
>
> "Bebê-lo", disse Brobst. "Apenas três garrafas por pessoa."
>
> Nunca vou esquecer o olhar de absoluta incredulidade de HPL [...] e ele nos observou com uma curiosidade latente e com um toque de apreensão, já que bebemos toda a cerveja. Tenho certeza de que ele produziu uma entrada detalhada em seu diário para registrar o, para ele, estranho acontecimento.[5]

A terceira e última viagem ao Quebec ocorreu no início de setembro, quando Annie deu a Lovecraft um presente de aniversário atrasado — uma semana de folga de seus cuidados. Ele deu início à viagem visitando Cook em Boston em 2 de setembro, condensando então tanto quanto pôde seus passeios durante os quatro dias, visitando todos os lugares que visitara nas duas visitas anteriores. Lovecraft organizou-se para uma visita de um dia a Montreal, que ele considerou bastante atraente, apesar de completamente modernizada.

No fim do verão de 1933, Samuel Loveman falou com um editor da Alfred A. Knopf, Allen G. Ullman, sobre os contos de Lovecraft. A pedido de Ullman, Lovecraft enviou um total de 24 histórias — praticamente todo o trabalho que ele próprio não rejeitava.

Solidário como geralmente sou à incansável postura anticomercial de Lovecraft, tenho dificuldade de conter meu forte impulso de dar-lhe um belo de um safanão pela carta que escreveu a Ullman acompanhando essas histórias. Ao longo da carta Lovecraft repetidamente denigre seu próprio trabalho a partir do que ele pensa ser uma humildade cavalheiresca, mas que Ullman provavelmente entendeu ser a falta de confiança em seu próprio trabalho. Por exemplo: "The Tomb" é "de dicção dura"; "The Temple" "nada tem de especial"; "The Outsider" é "mecânico no clímax & bombástico no estilo"; e assim por diante.[6] Por alguma razão, talvez porque não estivessem publicados, Lovecraft não enviou *At the Mountains of Madness* ou "The Shadow over Innsmouth", dois de seus mais fortes trabalhos.

Não chega a ser uma surpresa que Ullman por fim tenha recusado a coletânea, levando Lovecraft a outra rodada de autorrecriminação. Neste caso, contudo, a recusa não foi inteiramente causada pela falta de tino comercial de Lovecraft. Ullman perguntara a Farnsworth Wright, da *Weird Tales*, se ele podia disponibilizar mil cópias da dita coletânea através da revista. Wright respondeu dizendo que não garantia tal vendagem, e Ullman prontamente recusou as histórias.

O acordo com Knopf provavelmente foi o mais próximo que Lovecraft chegou de ter um livro publicado em vida por um editor comercial. Se o tivesse feito, o resto de sua carreira — e não seria errôneo dizer toda a história subsequente da ficção fantástica norte-americana — talvez tivesse sido bem diferente. Contudo, depois do quarto fracasso na publicação de um livro (subsequente às recusas da *Weird Tales*, da Putnam's e da Vanguard), os últimos três anos e meio da vida de Lovecraft foram cada vez mais repletos de dúvida, timidez e depressão a respeito de seu trabalho, até que perto do fim ele veio a crer que havia fracassado inteiramente como escritor de ficção.

Em setembro de 1933 *The Fantasy Fan* entrou no mercado de revistas. Foi, em termos canônicos, a primeira revista de aficionados no universo da ficção de temática fantástica, e inaugurou uma tradição muito rica, complexa e, de certa forma, indomável — ainda próspera hoje em dia — de atividade de aficionados nesse campo.

Está além de meus poderes explicar por que os campos da fantasia, do horror e da ficção científica atraíram legiões de fãs que não se contentam em tão somente ler e colecionar literatura, mas também escrevem sobre essa mesma literatura e seus autores e publicam — muitas vezes a custos consideráveis — pequenas revistas ou livros dedicados ao assunto. Não há uma teia análoga de relações entre aficionados nos campos das histórias de detetive ou de faroeste, muito embora o primeiro desses campos certamente atraia um conjunto ainda maior de aficionados do que a ficção científica. Nem essa atividade de aficionados deve ser inteiramente desconsiderada: muitos dos principais críticos de ficção fantástica surgiram do universo dos fãs e ainda estabelecem ligações com ele. O mundo dos aficionados é talvez mais caridosamente visto como um espaço de preparo que permite a jovens escritores e críticos (muitos adentram esse campo quando adolescentes) polir suas habilidades nascentes; mas o campo tem sido visto com merecida suspeita, pois muitos de seus participantes parecem nunca ir além do nível essencialmente juvenil.

The Fantasy Fan era editada por Charles D. Hornig (nascido em 1916), de Elizabeth, New Jersey, que mal completara dezessete anos quando a revista foi lançada. Embora incensada nos dias de hoje, ela operou no vermelho durante toda a sua existência; teve uma circulação irrisória para os padrões de sua época — apenas sessenta assinaturas e tiragens que provavelmente não excederam os 3 mil exemplares — e parece bastante crua e amadora hoje em dia. Contudo, ela atraiu a atenção imediata no mundo da ficção fantástica, não apenas junto aos aficionados mas também junto a seus principais autores. Lovecraft viu nela uma oportunidade de desovar (sem pagamento, claro) seus contos muitas vezes recusados. Ele pediu veementemente a Clark Ashton Smith, Robert E. Howard e mesmo ao insistente profissional August Derleth que enviassem seus contos à revista, e a publicação de histórias desses e de outros escritores faz de *The Fantasy Fan* um ótimo item de coleção, pelo qual são pedidos altos preços.

Hornig cometeu, contudo, um erro de julgamento ao instituir no primeiro número uma coluna de leitores chamada "The Boiling Point" (ou "Ponto de ebulição"), na qual opiniões polêmicas e controversas eram deliberadamente lançadas. Como resultado, uma terrível batalha epistolar se deflagrou entre Forrest J. Ackerman (nascido em 1916) — que criticara duramente uma história de Clark Ashton Smith — e Lovecraft, Smith, Barlow e outros. Por volta de fevereiro de 1934 Hornig decidiu que "The Boiling Point" esgotara seus propósitos e, a bem da verdade, servira para alimentar muitos sentimentos ruins antes de ser produtiva. Controvérsias duras e vituperinas desse tipo permanecem comuns no mundo dos aficionados até os dias de hoje.

Hornig tomou uma sábia decisão quando aceitou a oferta de Lovecraft de preparar uma nova edição de "Supernatural Horror in Literature" para a serialização na revista. Lovecraft evidentemente revisou o ensaio todo de uma vez, não aos poucos no decorrer da serialização (outubro de 1933 a fevereiro de 1935); na verdade, ele parece ter simplesmente enviado a Hornig uma cópia anotada de *The Recluse*, com páginas separadas (ou mesmo escritas à mão) para as inserções mais importantes. A serialização progrediu de maneira bastante lenta, já que a revista podia acomodar apenas uma pequena porção de texto a cada lançamento; quando a revista fechou, em fevereiro de 1935, havia publicado o texto apenas até a metade do oitavo capítulo. Pelos dois anos seguintes de sua vida Lovecraft buscou em vão encontrar algum editor aficionado que desse continuidade à serialização. A versão editada e completa de "Supernatural Horror in Literature" não foi publicada até sair em *The Outsider and the Others* (1939).

Outro indivíduo que estabeleceu — ou tentou estabelecer — vários periódicos que oscilaram entre a revista de aficionados e a publicação semiprofissional foi William L. Crawford (1911–1984), com quem Lovecraft entrou em contato no outono de 1933. Com uma bem-intencionada malícia, Lovecraft caçoava da falta de cultura de Crawford, referindo-se a ele como Hill-Billy,[1] aludindo talvez tanto à residência de Crawford em Everett, Pensilvânia (nos Alleghanies) quanto a sua impassível insensibilidade à literatura mais elevada. Crawford, contudo, queria ajudar. Inicialmente ele pensou numa revista fantástica sem remuneração, *Unusual Stories*, mas não demorou a ter problemas, embora tenha aceitado para publicação "Celephaïs" e "The Doom that Came to Sarnath". No início de 1934 ele promoveu um novo periódico, *Marvel Tales*, tanto para unir-se à *Unusual* quanto para substituí-la. "Celephaïs" foi publicado no primeiro número (maio de 1934) da *Marvel*, enquanto "The Doom that Came to Sarnath" por fim apareceu no número de março e abril de 1935. Dois números da *Unusual Stories* vieram a público em 1935 (antecipados por um estranho "número adiantado" na primavera de 1934), mas não continham trabalhos de Lovecraft.

As tentativas ineptas de Crawford merecem cumprimentos por pelo menos um bom resultado. No outono de 1933 ele pediu a Lovecraft uma autobiografia de novecentas palavras para a *Unusual*, ao que tudo indica a primeira de uma série. Lovecraft teve grande dificuldade para condensar sua vida e suas opiniões em novecentas palavras, e assim, em 23 de novembro, escreveu uma versão mais longa, de aproximadamente 3 mil

1. Hill-Billy, indivíduo sem cultura habitante da zona rural. [N. do T.]

palavras, e tentou ajustá-la ao tamanho proposto. A versão mais curta, hoje perdida, nunca foi publicada; mas providencialmente Lovecraft enviou a mais longa a Barlow para que a preservasse, e é assim que temos a peça intitulada "Some Notes on a Nonentity" — de longe o melhor ensaio autobiográfico de Lovecraft.

A revisão de "Supernatural Horror in Literature" coincide com um amplo processo de releitura e análise dos clássicos fantásticos numa tentativa de reerguer o que Lovecraft acreditava ser o enfraquecimento de seus poderes criativos. As recusas continuavam a afetá-lo duramente, e ele começava a sentir-se literariamente esgotado. Talvez precisasse de um período de descanso da ficção, como o que tivera entre 1908 e 1917, ou talvez uma leitura crítica renovada dos marcos do gênero o pudesse revigorar. Qualquer que tenha sido a ideia, Lovecraft produziu muitos documentos interessantes como resultado desse trabalho. Provavelmente o mais significativo seja "Notes on Writing Weird Fiction", o registro canônico dos próprios objetivos de Lovecraft na ficção fantástica, bem como um resumo esquemático de como ele próprio escreveu suas histórias.

E no entanto essa pesquisa não parece ter ajudado muito Lovecraft a curto prazo, pois o primeiro conto que produziu então — "The Thing on the Doorstep", escrito freneticamente a lápis entre 21 e 24 de agosto de 1933 — é, como "The Dreams in the Witch House", um de seus mais fracos esforços.

O conto, narrado na primeira pessoa por Daniel Upton, fala de um jovem amigo deste, Edward Derby, que quando contava seus trinta anos sentiu-se atraído e casou-se com uma jovem mulher de Innsmouth chamada Asenath Waite. Descobre-se que Asenath — que tem poderes hipnóticos anômalos — é capaz de forçar a entrada de sua mente no corpo de outrem, restando à mente expulsa habitar o seu. Ademais, a própria Asenath é, na verdade, a mente de seu pai, Ephraim; à medida que se aproximava sua morte, ele trocara de corpo com a filha. Derby, um sujeito de más intenções, inicialmente sucumbe à troca de corpos, mas por fim se rebela e mata Asenath. A mente desta, contudo, é forte o suficiente para reter a vida, e ela mais uma vez troca de personalidade com Edward, lançando a mente deste no cadáver em decomposição a que se reduzira seu corpo. Edward, exercendo uma força sobre-humana, ressurge do túmulo e se torna "a coisa na soleira da porta" — aproximando-se de seu amigo Upton e, por meio de uma carta, pedindo que matasse a pessoa que ocupava seu próprio corpo.

"The Thing in the Doorstep" tem muitas falhas: a primeira, a obviedade do ambiente básico e a total falta de sutileza em sua execução; em segundo lugar, a escrita pobre, carregada (como "The Dreams in the Witch House") de hipérboles, expressões idiomáticas em desuso e verborragia. A história foi claramente influenciada por *The Shadowy Thing* (1928; primeiramente publicado na Inglaterra em 1925, como *The Remedy*), de H.B. Drake, um romance pessimamente escrito, porém estranhamente atraente sobre um homem de nome Booth, dotado de anômalos poderes de hipnose e transferência da mente. Lovecraft modificou o enredo ao introduzir a noção de transferência da mente; enquanto Drake não esclarece o que acontece à mente expulsa quando é dominada pela mente de Booth, Lovecraft pensa uma transferência exata segundo a qual a mente expulsa ocupa o corpo de seu antagonista. A noção de uma transferência de mente entre um homem e uma mulher pode ter sido tomada de empréstimo da incrível novela de Barry Pain *An Exchange of Souls* (1911), que sabemos ter sido lida por Lovecraft.

O fato de a troca de mentes ocorrer entre marido e mulher dá à história um pequeno interesse, ainda que de uma perspectiva biográfica. Várias características da vida de Edward Derby oferecem uma versão modificada da própria infância de Lovecraft; mas outras características parecem extraídas das vidas de alguns dos mais próximos associados de Lovecraft, mais especificamente Alfred Galpin e Frank Belknap Long.[7] O casamento de Derby com Asenath Waite, é claro, evoca alguns aspectos do casamento de Lovecraft com Sonia. Sonia era, com toda a certeza, a parte mais teimosa e intrépida do casal. Numa ocasião, Frank Belknap Long me disse que Sonia era uma mulher "dominadora", descrição que se aplica a Asenath Waite. Descontados esses pontos biográficos de interesse, "The Thing in the Doorstep" é cru, óbvio e desprovido de sutileza de execução ou profundidade de concepção, escrito que é de forma afetada.

Lovecraft estava se tornando o centro de uma rede cada vez mais complexa de aficionados e escritores de ficção científica e fantástica; e nos últimos quatro anos de sua vida atraiu um enorme número de jovens (a maioria garotos) que viam nele uma lenda viva. Foi anteriormente comentado que R.H. Barlow entrara em contato com Lovecraft quando contava treze anos de idade; agora outros adolescentes se apresentavam.

O mais promissor de todos — ou melhor, aquele que no fim superou os demais — foi Robert Bloch (1917–1994), que escreveu para Lovecraft pela primeira vez na primavera de 1933. Bloch, nascido em Chicago, mas então residente em Milwaulkee, acabara de completar dezesseis anos e lia *Weird Tales* desde 1927. No fim de sua vida, Bloch permaneceu grato a Lovecraft pela longa resposta a sua carta de fã e por escrever continuamente a ele pelos quatro anos seguintes. Lovecraft ofereceu ajuda irrestrita a Bloch, criticando meticulosamente suas primeiras histórias e pedindo que controlasse os excessos e extravagâncias estilísticas que emperravam seus contos (falhas que Lovecraft conhecera muito bem em seu próprio começo). O aconselhamento surtiu efeito rapidamente, pois em julho de 1934 Bloch publicou seu primeiro conto na *Weird Tales*. Desse ponto em diante ele rapidamente se fez *habitué* na revista, e — embora isso tenha se passado sobretudo depois da morte de Lovecraft — também enveredou pelos campos da ficção científica e do mistério.

Richard F. Searight (1902–1975) não era exatamente um adolescente aficionado quando começou a se corresponder com Lovecraft no fim do verão de 1933; na verdade, ele tivera parte na publicação de um conto coletivo num dos primeiros números da *Weird Tales* ("The Brain in the Jar", em novembro de 1924). Nativo de Michigan, Searight trabalhou como operador de telégrafo por muitos anos. No início da década de 1930 ele decidiu retomar a literatura, escrevendo uma série de contos e poemas, os quais desejou que Lovecraft editasse com vistas a uma publicação profissional. Lovecraft sentiu que não poderia ajudar Searight com suas habilidades editoriais, mas o encorajou a remodelar seu trabalho em linhas menos convencionais. Searight seguiu o conselho de Lovecraft e tentou publicar alguns contos na *Wonder Stories* e em outras revistas *pulp* de ficção científica, embora muitos tenham permanecido inéditos. Numa dessas histórias, "The Sealed Casket" (*Weird Tales*, março de 1935), Searight apareceu com um novo "livro" para ser incluído na pseudomitologia de Lovecraft, o Eltdown Shards; o próprio Lovecraft o citaria em histórias posteriores.

Helen V. Sully (1904–1997) conheceu Lovecraft em pessoa antes de se corresponder com ele. Filha de Genevieve K. Sully, uma mulher casada em Auburn, Califórnia, com quem Clark Ashton Smith teve um longo caso, Sully decidiu explorar a costa leste no verão de 1933, e Smith sugeriu-lhe que procurasse Lovecraft em Providence. Ela o fez, chegando à cidade no início de julho e sendo ciceroneada por ele em Providence, Newport e Newburyport, entre outras localidades. Lovecraft pagou todas as despesas de Sully — refeições, viagens e alojamento atravessando a rua na College Street — enquanto foi seu anfitrião; ela não tinha noção do tamanho do fardo que sua visita deve ter imposto à frágil condição financeira de Lovecraft. Uma noite ele a levou a um de seus lugares favoritos, o adro recôndito da Igreja Episcopal de São João:

Estava escuro, e ele começou a me contar estranhas e fantásticas histórias em tom sepulcral, e, a despeito do fato de eu ser uma pessoa bem pragmática, havia algo em seus modos, a escuridão, e uma luz misteriosa que parecia pairar por sobre os túmulos me assustou tanto que comecei a correr do cemitério com ele no meu encalço e o pensamento de que devia chegar à rua antes que ele, ou o que quer que fosse, me agarrasse. Cheguei a um poste de luz tremendo, resfolegante e quase chorando, e ele trazia no semblante o mais estranho e triunfante dos olhares. Nada foi dito.[8]

Que cavalheiro! E que seja dito que Sully era uma mulher muito atraente. Quando foi a Nova York, depois de visitar Lovecraft, ela surpreendeu todo o pessoal da prosa fantástica que ali vivia: de forma seca, Lovecraft diz ter precisado evitar um duelo entre Donald Wandrei e Frank Long por Sully.

Herman C. Koenig (1893–1959) estava, como Searight, bem longe da adolescência quando escreveu para Lovecraft, no outono de 1933. Empregado da Electric Testing Laboratories, em Nova York, Koenig tinha uma excelente coleção de livros raros, e perguntara a Lovecraft sobre o *Necronomicon* e como poderia consegui-lo. Não obstante tivesse acabado com as ilusões de Koenig sobre a realidade do volume, Lovecraft permaneceu em contato com Koenig, que por sua vez lhe emprestou um número significativo de livros de literatura fantástica que o influenciariam fortemente nos anos seguintes. Em particular, no verão de 1934, Koenig fez circular em meio ao grupo de Lovecraft cópias de uma obra esquecida de William Hope Hodgson, cujos romances e contos — mais especificamente, *The House on the Borderland* (1908) e *The Night Land* (1912) — são prodigiosos feitos da imaginação. August Derleth mais tarde publicaria boa parte do trabalho de Hodgson na Arkham House.

A temporada pós-Natal de 1933–34 mais uma vez teve Lovecraft em Nova York. Dessa vez, ele acabou encontrando-se com um grande número de colegas, novos e antigos, entre eles Desmond Hall (editor associado da *Astounding Stories*) e o irmão de enorme talento de Donald Wandrei, o artista plástico de temática fantástica Howard Wandrei.

No dia 31 Lovecraft assistiu ao fim do ano no apartamento de Samuel Loveman em Brooklyn Heights, onde retomou o contato com a mãe de Hart Crane, que conhecera em Cleveland em 1922. Crane, é claro, cometera suicídio em 1932. Foi nessa ocasião — se podemos confiar nas palavras de Loveman — que o colega de apartamento de Loveman Patrick McGrath misturou bebida alcoólica ao copo de Lovecraft, o que o fez conversar ainda mais animadamente do que de costume.[9] Lovecraft não dá indicação de nada assim, e se poderia imaginar que alguém tão sensível ao álcool (sentindo seu cheiro como quase insuportável) teria detectado o truque. Minha tendência é duvidar do caso, ainda que seja curioso.

O resto do inverno e início da primavera de 1934 transcorreu sem maiores acontecimentos, até que em meados de março R.H. Barlow fez um importante convite a Lovecraft: uma visita, a ser feita quando pudesse ou quisesse, à casa de sua família em De Land, Flórida. Lovecraft, cuja última viagem ao calor revigorante da Flórida havia acontecido em 1931, estava ansioso para aceitar; o único obstáculo era o dinheiro. Mas o dinheiro aparentemente surgiu, pois em meados de abril Lovecraft estava fazendo grandes planos de seguir rumo ao sul.

A viagem começou por volta de 17 de abril, e, depois dos tradicionais dias passados em Nova York, ele chegou a Charleston em 24 de abril, onde permaneceu por quase uma semana. Por fim, tomou um ônibus e chegou a De Land no início da tarde de 2 de maio. Barlow e sua família moravam, na verdade, a bons trinta quilômetros a sudoeste daquela cidade, às margens da atual estrada estadual 44; a residência era provavelmente mais próxima da pequena cidade de Cassia do que de De Land. Havia um lago na propriedade, e a vizinhança mais próxima ficava a cinco quilômetros de distância.[10]

Não sabemos ao certo o que Lovecraft fez ao longo de suas mais de seis semanas com Barlow. Nessa época é possível que Barlow tenha se tornado um de seus correspondentes mais próximos, se não dos mais íntimos e de maior frequência, superando Derleth, Wandrei ou Howard; na súbita ausência de cartas a Barlow, somos levados à reconstituição dos particulares da visita a partir de uma variedade de outros documentos, incluindo os diários de Barlow no período e suas memórias escritas posteriormente, "The Wind that Is in the Grass" (1944). Nessas memórias ele faz um relato subjetivo e impressionista da visita:

> Remávamos no lago e brincávamos com os gatos ou caminhávamos na estrada com esses gatos enquanto um sol inacreditável cobria ciprestes e pinheiros [...] e, mais do que tudo, conversávamos, principalmente sobre contos fantásticos que ele escreveu e eu tentava escrever. Durante o café da manhã ele me falava de seus sonhos.[11]

Antiguidade não era a marca dessa região da Flórida, mas Lovecraft e Barlow conseguiram ir a um engenho de açúcar espanhol construído em 1763 em De Leon Springs e a outros lugares nas imediações de New Smyrna, incluindo uma missão franciscana construída em 1696. No começo de junho, Lovecraft foi a Silver Springs, mais ou menos setenta quilômetros a noroeste de De Land. Ele tentou desesperadamente ir para Havana, mas não dispunha de dinheiro suficiente.

Evidentemente, os Barlow custearam toda a alimentação e abrigo de Lovecraft, e foram tão hospitaleiros que não permitiam sequer sua partida. Sem dúvida os pais de Barlow perceberam que seu filho e Lovecraft, a despeito dos quase trinta anos de diferença de idade entre os dois, haviam se tornado amigos próximos. Talvez Barlow tivesse uma vida solitária, com seu irmão muito mais velho, Wayne (nascido em 1908), no exército, sem estar por perto para acompanhá-lo em seu amadurecimento. Barlow, é claro, mantinha-se ocupado com todas as formas de projetos literários, artísticos e editoriais. Um deles envolvia a edição de W. Paul Cook de *The Shunned House*, cujas cópias impressas foram distribuídas informalmente na esteira do colapso nervoso e financeiro de Cook. Embora Barlow tivesse recuperado 265 dessas cópias, ele estava na época de tal forma envolvido num turbilhão de atividades que não foi capaz de distribuí-las, chegando tão somente a encadernar oito delas entre 1934 e 1935, uma em couro natural para Lovecraft.

Um projeto literário na verdade se materializou — a sátira conhecida como "The Battle that Ended the Century". Sem dúvida alguma a peça teve Barlow por gatilho, uma vez que as cópias datilografadas por ele sobreviveram, uma delas com extensivas revisões a caneta de Lovecraft. A ideia era fazer troça mencionando, ao longo do documento, colegas de ambos os autores; a intenção destes era divulgar a luta de pesos pesados entre Two-Gun Bob, O Terror das Planícies (Robert E. Howard) e Knockout Bernie, o Lobo Selvagem de West Shokan (Bernard Austin Dwyer). Mais de trinta pessoas são mencionadas. Barlow as citara inicialmente com seus nomes próprios, mas Lovecraft sentiu que essa não era uma estratégia interessante, e assim tratou de inventar nomes paródicos e engraçados para elas: no lugar de Frank Belknap Long, lê-se Frank Chimesleep Short. Ainda que a graça seja inócua, o texto funciona; mais divertido, no entanto, é o tom de conspiração com que Lovecraft trata do assunto nas cartas a Barlow. Observemos seu comentário quando ele vem a saber que Frank Long havia recebido o texto mimeografado:

Atenção à assinatura — Chimesleep Short — que indica que nossa piada funcionou & que ele pelo menos pensa que sei do que se trata. Lembre-se do que combinamos — que ou você nada sabe do assunto e o considera apenas um truque dele próprio, ou você apenas viu o texto, mas sequer o considerou digno de comentário. De minha parte, estou ignorando o assunto em minha resposta.[12]

Lovecraft seguiu para St. Augustine em 21 de junho, permanecendo por lá até o dia 28. Passou dois dias em Charleston, um em Richmond, um em Fredericksburg, dois em Washington (onde visitou Elizabeth Toldridge) e um na Filadélfia. Quando chegou a Nova York, soube que os Long estavam prestes a ir para as praias de Asbury Park e Ocean Grove, em New Jersey, e tratou de seguir com eles para um fim de semana. Voltou para casa em 10 de julho, mais ou menos três meses depois de ter partido.

Mas tudo isso se provou tão somente o prelúdio para uma viagem relativamente curta, mas de estímulo fortemente imaginativo. A ilha de Nantucket ficava a apenas 150 quilômetros da porta da casa de Lovecraft (seis horas de ônibus e barco), mas ele nunca a tinha visitado até o fim de agosto de 1934. Em que mundo de antiguidades ele tropeçou:

Paralelepípedos nos calçamentos das ruas tomadas de casas coloniais de ambos os lados — trilhas estreitas cercadas por jardins — antigos campanários — o quebra-mar pitoresco — tudo o que um antiquário poderia desejar! [...] Vasculhei velhas casas, o moinho de 1746, o Museu da Sociedade Histórica, o museu baleeiro etc. — e estou fazendo a pé cada milímetro dessas belas ruas e becos.[13]

De volta em casa, Lovecraft encontrou a legião de gatos batizada Kappa Alpha Tau descansando em seu lugar de costume. Mas a tragédia estava próxima. Um gato que Lovecraft batizara Sam Perkins, nascido em junho de 1934, foi encontrado morto em 10 de setembro sobre os arbustos. Lovecraft imediatamente escreveu uma elegia comovente, hoje intitulada "Little Sam Perkins".

R.H. Barlow e Robert Bloch não eram os únicos jovens a enviar a Lovecraft toneladas de textos de ficção confusos, ainda que promissores; outro que fez o mesmo, quase desde o começo de sua ligação com Lovecraft, foi Duane W. Rimel (1915–1996), um jovem aficionado e escritor em formação de Idaho. Em maio de 1934, quando estava na Flórida, Lovecraft examinou um conto de Rimel intitulado "The Tree on the Hill", ao qual ele tentou "dar um pouco de força em relação ao desfecho".[14] Por alguma razão a história só acabou sendo publicada na revista de aficionados *Polaris* em setembro de 1940. Ficou claro que Lovecraft ofereceu toda a terceira parte da história, bem como a citação de um volume mítico — a *Chronicle of Nath*, de Rudolf Yergler — na segunda.

Rimel se encaixa numa das duas categorias de clientes de edição para os quais Lovecraft estava disposto a trabalhar sem quaisquer honorários: "verdadeiros iniciantes em busca de um começo" e "pessoas velhas ou com deficiências de qualquer ordem que necessitam pateticamente de algo que as anime — essas, mesmo quando as reconheço incapazes de qualquer avanço".[15] Mesmo em seus trabalhos de edição profissional, Lovecraft adotou uma estranha forma de altruísmo:

> Quando preparava e editava a papa infantil e o ensopado de asilo, estava, em termos microscópicos, infundindo apenas um mínimo de ordem, coerência, direção e linguagem compreensível em algo cuja inaptidão digna de um neandertal já estava consolidada. Meu trabalho, por mais imbecil que fosse, pelo menos seguiu a direção correta — fazendo do que era totalmente amorfo, em nada diverso de baba, ao menos um pequeno passatempo não tão próximo do estágio protozoário.[16]

Mais trabalho gratuito estava sendo despejado nos ombros de Lovecraft nessa época, especialmente para a NAPA. Ele acabou escrevendo pelo menos parte das colunas da secretaria dos críticos na *National Amateur* para os seguintes números: dezembro de 1931, dezembro de 1932, março, junho e dezembro de 1935. Esses artigos são em essência similares aos do antigo departamento de crítica pública da *United Amateur* de 1914–19, mas muito mais breves e incorporando as mudanças bastantes radicais na sensibilidade estética de Lovecraft que ocorreram nesse intervalo de tempo.

Por volta de julho, Lovecraft escreveu um ensaio, "Homes and Shrines of Poe", para a *Californian*, de Hyman Bradofsky. Bradofsky (nascido em 1906) rapidamente se tornou uma das mais importantes figuras da NAPA, em meados da década de 1930, pois, embora fosse um escritor sem maiores talentos, sua *Californian* ofereceu espaço sem precedentes para escritores de artigos e de prosa ficcional. Durante os anos seguintes ele continuamente pediu a Lovecraft textos de considerável tamanho, e nesse caso Bradofsky quis um artigo de 2 mil palavras para o número do inverno de 1934. Lovecraft decidiu escrever um relato sobre todas as residências de Poe nos Estados Unidos, mas o resultado é meio artificial e condensado demais para ter força.

Outro ensaio publicado na *Californian* de Bradofsky (no número do inverno de 1935) é "Some Notes on Interplanetary Fiction", mas esse texto fora composto em julho de 1934 para uma das revistas de William L. Crawford, embora, como "Some Notes on Nonentity", nunca tenha sido publicado ali. Nesse ensaio Lovecraft copia passagens inteiras de "Notes on Writing Weird Fiction", e no fim não vê futuro muito promissor para a ficção científica, a não ser que algumas mudanças significativas de estilo fossem levadas a cabo pelos escritores:

> Falta de sinceridade, convencionalidade, uso de linguagem estereotipada, artificialidade, falsa emoção e extravagâncias pueris reinam triunfantes através desse gênero tão cheio de cultores, a ponto de pouquíssimos, raríssimos produtos poderem receber o nome de literatura madura. E o espetáculo de tão persistente vazio tem levado muitos a se perguntar se, de fato, qualquer tecido literário real poderia surgir a partir de tal assunto.

Embora sua opinião negativa acerca do gênero seja derivada de uma leitura esporádica de *pulps* de ficção científica, Lovecraft não pensa que "a ideia da viagem espacial e a outros mundos seja por si inadequada ao uso literário"; tais ideias devem, contudo, ser apresentadas com uma preparação emocional e uma seriedade muito maiores do que se fez até hoje.

A temporada de Natal de 1934 foi inusitadamente festiva na College Street. Lovecraft e Annie tiveram uma árvore de Natal pela primeira vez em 25 anos, e Lovecraft descreveu sua decoração com uma alegria toda ingênua:

> Todos os meus antigos enfeites estavam há muito perdidos, mas comprei um novo & barato conjunto na loja de meu velho conhecido Frank Winfield Woolworth. O produto final — com estrelas de ouropel, bolinhas & mais ouropel caindo dos galhos como musgo espanhol — é certamente algo de chamar atenção![17]

Já os dias do Ano-Novo de 1934–1935 mais uma vez levaram Lovecraft a Nova York. R.H. Barlow estava na cidade, e Lovecraft o encontrava com frequência. Na noite de Ano-Novo Lovecraft ficou até as três da manhã com Barlow revisando um conto deste — "'Till A' the Seas'" (*Californian*, verão de 1935). Essa história totalmente convencional de um "último homem" é de interesse apenas porque o original datilografado de Barlow, com revisão e edição de Lovecraft a caneta, sobreviveu, a ponto de o grau exato da autoria do último poder ser precisada. Lovecraft não fez alterações estruturais significativas, fazendo apenas algumas alterações cosméticas em estilo e dicção; no entanto, ele escreveu o grosso da conclusão, especialmente as supostas reflexões cósmicas quando o último homem da terra finalmente encontra sua morte irônica. Não é nada mais que o usual — mas Lovecraft estava naquele mesmo momento no processo de escrita de algo com tema semelhante, porém mais forte.

No outono de 1934, Lovecraft não escrevia um trabalho de ficção original há mais de um ano. Sua confiança em seus poderes como escritor de ficção vivia um momento de maré baixa. À medida que os meses se arrastavam, os colegas de Lovecraft começaram a pensar se qualquer nova história voltaria a surgir de sua pena. Em outubro E. Hoffmann Price pediu a ele que escrevesse outra história sobre Randolph Carter, mas Lovecraft se recusou.

Dadas todas as dificuldades experimentadas por Lovecraft em capturar suas ideias em ficção, não chega a ser surpreendente que a escrita de seu conto seguinte, "The Shadow out of Time", tenha levado mais de três meses (de 10 de novembro de 1934 a 22 de fevereiro de 1935, tal como datada no manuscrito) e tido dois ou talvez três esboços inteiros. Ademais, a gênese e a composição da história remontam a pelo menos quatro anos antes. Primeiro, antes de examinar o doloroso nascimento da história, vamos ter uma ideia de seu enredo básico.

A história trata de Nathaniel Wingate Peaslee, professor da Miskatonic University que sofre de amnésia ao longo de cinco anos (1908–13). Recuperando a memória, ele gradualmente aprende que seu tipo de amnésia é análogo àquele de um pequeno número de pessoas através da história que se acredita terem sido psiquicamente possuídas pela Grande Raça, um grupo de seres em forma de cones rugosos com três metros de altura que levou à perfeição a técnica da troca de mente ao longo do tempo e lança suas mentes através do tempo em quaisquer direções nos corpos de diferentes espécies para aprender os segredos do universo. Numa expedição à Austrália, Peaslee aprende da forma mais dolorosa que a Grande Raça existiu: descobre o manuscrito que ele mesmo deve ter escrito (pois está "em minha própria caligrafia") milhões de anos antes como a mente escravizada pelas criaturas de cabeça cônica.

O horizonte cósmico desse trabalho — atrás apenas de *At the Mountains of Madness* nesse aspecto — permite que "The Shadow out of Time" alcance um patamar bem alto no conjunto da ficção de Lovecraft; e a riqueza de detalhes circunstanciais em história, biologia e civilização da Grande Raça é tão convincente quanto em *At the Mountains of Madness*, mas talvez ainda mais bem integrada à história. A Grande Raça se torna o centro do conto, de tal forma que eles — como os Antigos em *At the Mountains of Madness* — chegam a parecer os "heróis" do conto.

O esquema de troca de mente desse conto parece ter sido extraído de pelo menos três fontes. Primeiramente, é claro, *The Shadowy Thing*, de H.B. Drake, que já vimos como influência de "The Thing on the Doorstep". Em segundo lugar, o obscuro romance de Henri Béraud *Lazarus* (1925), que Lovecraft tinha em sua biblioteca e leu em 1928.[18] Esse romance apresenta um homem, Jean Mourin, que permanece no hospital por dezesseis anos enquanto sofre de uma longa amnésia; durante esse período ele desenvolve uma personalidade muito diferente da original. A terceira influência dominante não é um trabalho literário, mas um filme: *Berkeley Square* (1933), que cativou Lovecraft pelo retrato de um homem cuja mente de alguma forma viaja de volta para a mente de seu ancestral no século XVIII. Ele assistiu ao filme quatro vezes e ficou visivelmente interessado.

Duas outras influências literárias podem ser percebidas, ainda que para ser descartadas. Diz-se com frequência que "The Shadow out of Time" é simplesmente uma extrapolação de *A máquina do tempo*, de Wells; mas há realmente muito pouca semelhança entre os dois trabalhos. Lovecraft realmente leu o romance de Wells em 1925, mas há pouco nele que possa se pensar como sustentação direta da história. *Last and First Men* (1930), de Olaf Stapledon, tem sido mencionado como influência sobre as imensas extensões de tempo refletidas na história, mas Lovecraft não o leria até agosto de 1935, meses depois de ter terminado seu conto.[19]

O cerne do enredo fora concebido já em 1930, surgindo de uma conversa entre Lovecraft e Clark Ashton Smith em relação à plausibilidade de histórias que envolvessem a viagem no tempo. Por volta de março de 1932 Lovecraft desenvolveu a ideia básica da troca de mentes no tempo, como esboçada em outra carta a Smith.[20] É importante mencionar essa carta para mostrar que a concepção da troca de mentes através do tempo fora pensada antes de Lovecraft assistir a *Berkeley Square*, o único outro trabalho que poderia de alguma forma tê-lo influenciado nesse ponto.

Lovecraft começou a escrever de fato "The Shadow out of Time" no fim de 1934. Ele diz em novembro: "Desenvolvi a história de *forma alusiva e nebulosa* em dezesseis páginas, mas não serve. Frágil e pouco convincente, com a revelação no clímax completamente injustificada pela bagunça de visões que o precedem".[21] O que sua versão em dezesseis páginas pode ter sido está além de qualquer conjectura. O discurso sobre a

Grande Raça deve ter sido radicalmente comprimido, e isso é o que claramente deixou Lovecraft insatisfeito sobre tal versão, pois ele compreendeu que essa passagem, longe de ser uma digressão irrelevante, era de fato o coração da história. Lovecraft finalmente escreveu um segundo (ou talvez mesmo um terceiro) esboço, finalizando-o no final de fevereiro de 1935. Em termos de concepção, esse é um dos contos mais complicados da obra de Lovecraft. E, contudo, de muitas formas é o ponto alto de sua carreira ficcional, jamais o fechamento inadequado de vinte anos de tentativas de captar a sensação de maravilhamento e assombro que ele tinha a respeito das infinitas extensões de tempo e espaço. Embora Lovecraft tenha escrito mais um conto original e trabalhado em algumas outras preparações e colaborações com colegas, sua vida como escritor de ficção termina, de forma apropriada, com "The Shadow out of Time."

NOTAS

[1] HPL a Carl F. Strauch, 31 de maio de 1933 (manuscrito, JHL).

[2] HPL a Carl F. Strauch, 18 de março de 1933 (manuscrito, JHL).

[3] Davis, *Private Life*, pp. 22–23.

[4] HPL a Alfred Galpin, 24 de junho de 1933 (SL IV.215).

[5] Price, "The Man Who Was Lovecraft", p. 293.

[6] HPL a Allen G. Ullman, 16 de agosto de 1933 (manuscrito, JHL).

[7] Ver meu ensaio "Autobiography in Lovecraft", *Lovecraft Studies* n°. 1 (outono de 1979): 7–19.

[8] Helen V. Sully, "Memories of Lovecraft: II" (1969), in *Lovecraft Remembered*, p. 278.

[9] Samuel Loveman, "Lovecraft as a Conversationalist" (1958), in *Lovecraft Remembered*, pp. 210–11.

[10] Para uma discussão mais ampla acerca das três viagens de Lovecraft à Flórida (1931, 1934 e 1935), ver Stephen J. Jordan, "H.P. Lovecraft in Florida", *Lovecraft Studies* n°. 42-43 (outono de 2001), pp. 32–45.

[11] Barlow, "The Wind that Is in the Grass", in *Lovecraft Remembered*, p. 58.

[12] HPL a R.H. Barlow, 29 de junho de 1934 (manuscrito, JHL).

[13] HPL a E. Hoffmann Price, 31 de agosto de 1934 (SL V.24–25).

[14] HPL a Duane W. Rimel, 13 de maio de 1934 (manuscrito, JHL).

[15] HPL a R.H. Barlow, 25 de setembro de 1934 (manuscrito, JHL).

[16] HPL a Kenneth Sterling, 14 de dezembro de1935; citado em "Caverns Measureless to Man" (1975), de Sterling. In *Lovecraft Remembered*, p. 376.

[17] HPL a August Derleth, 30 de dezembro de 1934 (manuscrito, SHSW).

[18] HPL a August Derleth [fevereiro de 1928] (manuscrito, SHSW).

[19] HPL a August Derleth, 7 de agosto de 1935 (manuscrito, SHSW).

[20] HPL a Clark Ashton Smith [11 de novembro de 1930] (SL III.217); HPL a Clark Ashton Smith [2 de março de 1932] (SL IV.25–26).

[21] HPL a E. Hoffmann Price, 18 de novembro de 1934 (SL V.71).

19

Preocupando-se com a civilização

(1929-37)

NO VERÃO DE 1936, Lovecraft fez um interessante comentário:

Eu era um *tory* inflexível por razões única e exclusivamente de tradição e antiguidade — e porque nunca havia verdadeiramente *refletido* sobre a sociedade e a indústria e o futuro. A Depressão — e a concomitante disseminação de seus problemas industriais, financeiros e governamentais — foi um duro golpe em minha letargia e me levou a reexaminar os fatos da história à luz da análise científica fria, desprovida de sentimento; e não demorou muito para que eu visse o idiota que fora.[1]

Essa é uma das pouquíssimas vezes que Lovecraft explicitamente menciona a Depressão como momento de uma mudança radical em suas fidelidades políticas, econômicas e sociais; mas talvez ele não precisasse fazer tal confissão, pois suas cartas de 1930 em diante retomam o assunto constantemente.

Há pouca coisa no contexto da formação pessoal de Lovecraft que o possa ter levado à adoção de um socialismo moderado; diferentemente de muita gente empobrecida, ele não se viu atraído por radicalismos políticos e econômicos apenas por ter se visto destituído. Em primeiro lugar, ele nunca foi verdadeiramente um destituído — pelo menos não em comparação com muitos outros na Depressão (incluindo alguns de seus próprios amigos), que perderam dinheiro e pertences e não tinham emprego ou teto; em segundo lugar, ele julgava o comunismo impraticável e culturalmente devastador, recomendando um sistema econômico consideravelmente à esquerda do praticado nos Estados Unidos na presidência de Roosevelt, não obstante apoiasse o New Deal como o único plano de ação com chances de êxito.

Ao mesmo tempo, a conversão de Lovecraft ao socialismo não foi inteiramente surpreendente, primeiramente porque o socialismo como teoria política e como alternativa concreta ao capitalismo experimentava um ressurgimento durante os anos 1930, e depois porque a forma de socialismo de Lovecraft mantinha muitas das marcas aristocráticas que haviam moldado seu pensamento político pregresso. Sobre esse último ponto gostaria de falar agora; o primeiro merece ser elaborado com mais vagar.

Os Estados Unidos nunca ofereceram um solo particularmente fértil para o socialismo ou o comunismo, mas houve momentos em que eles pareceram um pouco menos impopulares do que de costume. O socialismo teve boa aceitação nas duas primeiras décadas do século: a I.W.W. (Industrial Workers of the World), fundada em 1905, ganhava influência ao apoiar as greves de uma grande variedade de sindicatos de trabalhadores, e Eugene V. Debs ganhou praticamente 1 milhão de votos em 1912 como candidato do chamado "Terceiro Partido".[1] Mas no período imediatamente posterior à Primeira Guerra Mundial, com o seu "terror vermelho" e a virulenta supressão de todos os grupos radicais, o socialismo foi forçado a permanecer clandestino por quase uma década.

A Depressão levou a um ressurgimento no qual os socialistas uniram-se aos trabalhadores exigindo reformas nas condições de trabalho. O candidato socialista à presidência Norman Thomas amealhou pouco menos de 900 mil votos em 1932 — o que não era um grande resultado, mas muito melhor do que conquistara em quaisquer outras campanhas. Um grande número de intelectuais também tornou-se adepto do socialismo (fosse de tipo moderado ou marxista) ou do comunismo puro e simples.

Não obstante, a mudança para Lovecraft foi em muitos sentidos bem lenta, até titubeante, em seu início. Parece ter sido, a um só tempo, o resultado da observação de uma situação social cada vez mais desesperadora, produzida pela Depressão, e do pensamento sobre o que podia ser feito a respeito do problema. A firme crença de Hoover no voluntarismo

1. Rubrica que designa, nos Estados Unidos, todos os candidatos a cargos eletivos não alinhados com democratas ou republicanos, incluindo os independentes. No caso, Eugene V. Debs era candidato do Partido Social Democrata dos Estados Unidos. [N. do T.]

o fez relutar em permitir que o governo desse uma resposta direta ao desemprego. Mesmo Roosevelt só foi radical a ponto de sustentar políticas que mantivessem o país longe do colapso total, e foi apenas a Segunda Guerra Mundial que tirou os Estados Unidos e o mundo da Depressão.

O que realmente preocupava Lovecraft não era o bem-estar da população geral, mas uma revolução que levasse a civilização a seu fim caso essa mesma população não fosse satisfeita. Pois, apesar de tudo, "*A civilização* é tudo que me preocupa":

> *A manutenção de um elevado padrão cultural é o único entusiasmo político e social que tenho* [...] De fato, venero o princípio da aristocracia sem ser especialmente interessado nos aristocratas como pessoas. Não ligo para quem detém o poder, desde que essa dominação permaneça uma dominação de *certo tipo*, pensada intelectual e esteticamente.[2]

Até os anos finais de sua vida, Lovecraft acreditou que apenas uma aristocracia socialmente reconhecida poderia garantir tal condição — tanto através do patrocínio das artes como através do clima geral de refinamento da civilização, que axiomaticamente poderia ser imaginado como condição a ser almejada pela sociedade. Revoluções de qualquer tipo eram a última coisa que ele desejava, e essa era a razão pela qual abominou a Rússia bolchevique até o fim de seus dias — uma vez que ela promovera uma destruição *cultural* de forma alguma necessária à reforma econômica que seus líderes diziam ser seu grande objetivo. Levaria alguns anos para que Lovecraft modificasse sua posição em relação à aristocracia, mas ela foi finalmente articulada em 1936:

> O que eu costumava respeitar não era realmente a aristocracia, mas um conjunto de qualidades pessoais que a aristocracia desenvolvera melhor que qualquer outro sistema [...] um conjunto de qualidades, contudo, cujo mérito residia apenas numa psicologia desinteressada, não competitiva, não pautada por cálculos, verdadeira, corajosa e generosa, finalmente alimentada pela boa educação, pelas poucas preocupações econômicas e a posição assumida, E QUE É TÃO REALIZÁVEL PELO SOCIALISMO QUANTO PELA ARISTOCRACIA.[3]

Durante os primeiros anos da Depressão, Lovecraft imaginou que uma plutocracia — talvez o único equivalente de uma aristocracia nos Estados Unidos — poderia ela própria adotar a postura de uma verdadeira aristocracia. No decorrer do tempo ele percebeu o equívoco de suas posições e descartou esse posicionamento como solução para o problema.

Provavelmente não houve qualquer acontecimento específico que tenha levado Lovecraft à mudança; houve, sim, o acúmulo de muitos. Um fator significativo, talvez, tenha sido o Comitê Tecnocrata de 1932. Elaborada pelo economista e intelectual Howard Scott, a noção de tecnocracia conduziu Lovecraft a sua mais importante conclusão sobre o problema econômico do país: a de que a tecnologia tornara impossível, mesmo em princípio, o emprego pleno, pois as máquinas, que requeriam apenas uns poucos trabalhadores para sua operação, faziam o trabalho que seria feito antes por muitos indivíduos, tendência crescente à medida que máquinas cada vez mais sofisticadas eram postas em funcionamento. Qualquer sistema político e econômico sensível e realista deveria, então, ser baseado nessa premissa.

A eleição de 1932 foi, é claro, um marco. Roosevelt venceu com uma das mais maiores margens da história norte-americana; sua posse, contudo, só aconteceria em 4 de março de 1933, e em 22 de fevereiro Lovecraft escreveu um de seus mais apaixonados e intensos pedidos de reforma política e econômica — o ensaio "Some Repetitions on the Times".

Nesse ensaio — que ele aparentemente escreveu sem qualquer esforço de prepará-lo para publicação ou mesmo interesse de mostrar a seus colegas — Lovecraft propôs os seguintes pontos econômicos: (1) o controle governamental dos grandes acúmulos de recursos (incluindo serviços) e sua operação não visando ao lucro, mas atendendo à necessidade; (2) menos horas de trabalho (mas com pagamentos mais elevados), para que aqueles que fossem capazes de trabalhar recebessem salários confortáveis; (3) seguro-desemprego e pensões de aposentadoria. Nenhuma dessas ideias configurava uma contribuição original de Lovecraft — elas haviam sido discutidas por anos e décadas, e o próprio título do artigo de Lovecraft deixa claro que ele está tão somente ecoando o que outros haviam dito muitas e muitas vezes. Vamos elaborar com mais apuro a história desses pontos.

O menos problemático era o último. As aposentadorias foram instituídas na Alemanha já em 1889, na Austrália em 1903 e na Inglaterra de maneira provisória em 1908 e de maneira definitiva em 1925. Entre 1911 e 1914 o seguro-desemprego chegou à Inglaterra. Nos Estados Unidos, o Social Security Act foi assinado por Roosevelt em 14 de agosto de 1935, embora a liberação dos recursos não tenha começado antes de 1940.

O controle governamental das amplas acumulações de riqueza sempre fora um sonho distante nos Estados Unidos, mas o controle governamental (ou pelo menos a supervisão) dos serviços básicos e de outras instituições não era de modo algum uma concepção radical na década de 1930. A administração de Roosevelt não tomou tal providência até 1934, quando a Federal Communications Commission (FCC) foi constituída para regular taxas interestaduais de telégrafo e telefone. Em 1935 a Federal Power Commission passou a fiscalizar a venda interestadual de energia (o gás natural passou a ser controlado em 1938), o Public Utility Holding Company Act autorizara a Securities and Exchange Commission (SEC) a controlar abusos de companhias de acionistas (especificamente as que controlavam serviços), bancos passaram a ficar sob regulação governamental e altos impostos foram atribuídos aos mais ricos. Isso certamente não era socialismo — embora políticos reacionários e homens de negócios constantemente se valessem da palavra para assustar o eleitorado e preservar a própria riqueza —, contudo foi ao menos um passo naquela direção. É claro que muitos países estrangeiros passaram ao governo o controle completo dos serviços públicos, enquanto os Estados Unidos até hoje preservam o modelo de supervisão governamental.

O mais forte dos pontos de Lovecraft é a limitação da jornada de trabalho para que todos que estivessem aptos ao trabalho pudessem trabalhar. Essa ideia desfrutou uma efêmera popularidade entre os teóricos políticos e reformadores, mas por fim a fanática oposição dos representantes do empresariado levou-a à derrota. Em abril de 1933 o senador Hugo Black, do Alabama, e o chefe do House Labor Committee, William Connery, fizeram uma proposta de trinta horas de trabalho para que mais pessoas pudessem ser empregadas. Roosevelt não foi favorável ao projeto de lei e lançou em contrapartida a NIRA (National Industrial Recovery Act), que por fim transformou-se no NRA (National Recovery Act). Tal lei promulgava um salário mínimo de doze dólares para uma jornada de trabalho de quarenta horas. No entanto, apesar de comemorada como um marco da colaboração entre governo e representantes de capitalistas e trabalhadores, a NRA começou a ter problemas, pois seu diretor, o general Hugh Samuel Johnson, acreditava que os representantes do empresariado adotariam por si mesmos regras de competição e práticas de trabalho justas, algo que naturalmente não aconteceu. A NRA tornou-se objeto de crítica de todos os lados, especialmente dos sindicatos trabalhistas e dos pequenos empresários. Menos de dois anos depois de ter sido promulgada, em 27 de maio de 1935, ela foi derrubada pela Suprema Corte por inconstitucionalidade e foi oficialmente abolida em 1º de janeiro de 1936. Muito do que fora cedido aos trabalhadores, no entanto, acabou sendo absorvido por outra legislação.

Embora o movimento para a diminuição da jornada de trabalho tenha continuado até o fim da Depressão, ele nunca recobrou a força que teve no começo da década de 1930, antes de ser cooptado pela NRA. As quarenta horas de jornada de trabalho acabaram consolidadas como item sagrado para os empresários, e não era provável que um movimento de redução da jornada de trabalho — o principal aspecto dos planos de Lovecraft para o pleno emprego — fosse novamente levado adiante.

Roosevelt, é claro, percebeu que o desemprego era o maior problema a curto prazo (pelo menos 12 milhões estavam desempregados em 1932 — aproximadamente um quarto da força de trabalho), e uma das primeiras coisas que ele fez chegando ao poder foi estabelecer várias medidas de emergência na tentativa de promover algum alívio à questão. Entre elas estavam os CCC (Civilian Conservation Corps), que recebiam jovens entre dezessete e 24 anos para o reflorestamento de parques, controle de enchentes, desenvolvimento de fontes de energia e atividades similares.

Alguns se perguntam por que Lovecraft nunca fez qualquer tentativa de participar de tal programa. Ele, contudo, nunca ficou completamente desempregado; sempre teve trabalhos de edição e algumas esporádicas vendas de ficção original, e talvez temesse que perderia até suas modestas fontes de renda se se unisse a um programa financiado pelo Estado. E quanto à WPA (Works Progress Administration), instituída no verão de 1935? Esses trabalhos na maioria dirigidos a trabalhadores da construção civil obviamente não se adequavam a Lovecraft, mas o Federal Writer's Project era uma importante subdivisão do WPA e resultou na produção de um significativo número de obras de arte e acadêmicas. Lovecraft poderia ter trabalhado, talvez, no guia de Rhode Island publicado em 1937, mas nunca fez qualquer esforço nesse sentido.

Um efeito talvez acidental da crise econômica foi tirar a atenção de Lovecraft de outros problemas sociais. A 18ª emenda foi rechaçada em 6 de dezembro de 1933. Um ano e meio antes Lovecraft já havia anunciado que seu entusiasmo pela proibição de bebidas alcoólicas era coisa do passado,[4] mas deixou claro que isso só acontecia porque percebeu que a lei contra o álcool era essencialmente impraticável. Lovecraft certamente não estava feliz com a queda da emenda, mas sua referência ao alcoolismo como um "rato relativamente insignificante"[5] decerto contrasta com suas catilinárias contra a bebida uma década e meia antes.

Era em suas sugestões de reforma política que Lovecraft se afastava mais radicalmente tanto da administração Roosevelt quanto da opinião pública norte-americana mais consolidada. Ele via política e economia como fenômenos distintos que requeriam soluções distintas. Ao mesmo tempo que propunha a disseminação do bem-estar econômico para a maioria, Lovecraft defendia a restrição do poder político para poucos. Isso não deveria causar surpresa, dado o antigo (e romântico) apoio de Lovecraft à aristocracia e monarquia inglesas, suas posteriores leituras de Nietzsche e seu próprio ar de superioridade intelectual. E no entanto, como Lovecraft enunciou sua perspectiva de forma um tanto equivocada – ou, talvez, deliberadamente provocativa –, ele sofreu algumas críticas de comentadores futuros.

Em primeiro lugar, a "oligarquia da inteligência e da educação" de Lovecraft (como ele enuncia em "Some Repetitions on the Times") não é na verdade uma aristocracia ou mesmo uma oligarquia em sentido estrito. É de fato uma democracia – mas de tal modo que reconhece os efeitos negativos do sufrágio universal se o eleitorado consiste (como hoje) em pessoas politicamente ingênuas ou sem boa educação. O argumento de Lovecraft é bem simples, e mais uma vez trata-se de um desdobramento de sua percepção das complexidades socioeconômicas decorrentes da era da máquina: decisões governamentais são aqui complicadas demais para qualquer um que não seja um sofisticado especialista. Ele discute o assunto cinicamente com Robert E. Howard:

> A democracia – distinta da oportunidade universal e do bom tratamento – é hoje uma falácia e uma impossibilidade tão grande que qualquer tentativa séria de aplicá-la não pode ser considerada qualquer coisa senão uma piada [...] O governo "por voto popular" significa apenas a nomeação de homens de qualificação duvidosa por um pequeno e exclusivo grupo de políticos profissionais de autoridade igualmente duvidosa e raramente competentes representando interesses ignorados, seguida pela farsa de convencimento emocional em que os oradores com boa lábia e palavras fáceis cooptam para seu lado uma manada numericamente superior de gente estúpida e boçal que em sua maioria não tem a mínima ideia do que está em jogo com todo esse circo.[6]

As coisas não mudaram muito.

A primeira coisa que devia ser feita nesse contexto, segundo Lovecraft, era restringir o voto "àqueles que passassem por rigorosos exames educacionais (enfatizando assuntos cívicos e econômicos) e exames de inteligência científica" ("Some Repetitions on the Times"). Não precisamos dizer que Lovecraft incluía a si mesmo nesse grupo; em "Some Repetitions on the Times" ele se declara um "amador de tipo elevado" e prossegue dizendo: "Não há sujeito não especializado, seja ele artista, filósofo ou cientista, capaz de avaliar os problemas governamentais labirínticos com os quais essas administrações precisam lidar". Lovecraft não parece inteiramente ciente da dificuldade de garantir que esses testes fossem justos para todos, mas reafirmou que tal restrição do voto poderia ser justa, pois — como veremos logo a seguir — oportunidades educacionais seriam amplamente difundidas sob esse esquema político.

É uma pena que Lovecraft de vez em quando use o termo "fascismo" para dar nome a essa concepção; tampouco ajuda muito que ele tenha dito em certa ocasião: "Não julgue o tipo de fascismo que defendo com qualquer forma existente".[7] Lovecraft nunca chegou a desistir de Mussolini, mas seu apoio a ele na década de 1930 não parece ser tão ardente quanto era quando Mussolini chegou ao poder, em 1922. O problema, no entanto, é que na década de 1930 o termo "fascismo" passa a conotar não apenas Mussolini, mas vários extremistas ingleses e norte-americanos com os quais Lovecraft não tinha qualquer intenção de alinhar-se. Os fascistas norte-americanos de meados a fins da década de 1930 eram, na opinião de Lovecraft, não perigosos radicais, mas meros bufões incapazes de produzir verdadeiros estragos à estrutura política. Eles não eram de forma alguma um grupo coordenado, mas mesmo individualmente representavam ameaças ao governo com as quais tanto a administração quanto os pensadores políticos (mesmo de gabinete, como Lovecraft) tinham de se defrontar.

O primeiro era o respeitável senador Huey P. Long, da Louisiana. Eleito governador em 1928, Long rapidamente conquistou popularidade ao propor uma radical redistribuição de riqueza. Então, em 1934, como senador, ele fundou a Share Our Wealth Society, numa tentativa de colocar suas teorias em prática. Embora se possa pensar que a perspectiva política de Long era não pouco similar à de Lovecraft em sua união de socialismo econômico e fascismo político, deve-se esclarecer que Long não era de forma alguma um socialista — não acreditava em coletivismo e, em vez disso, nutria uma melancólica nostalgia da cidadezinha norte-americana na qual todos seriam pequenos empreendedores —, e seu fascismo manifestava-se de maneira bem dura, tratando de maneira tão brutal seus oponentes que acabou sendo baleado por um assassino em 8 de setembro de 1935. Ele morreu dois dias depois.

Havia também o reverendo Charles E. Coughlin, que em seu programa de rádio semanal (*The Golden Hour of the Little Flower*) vinha, desde 1930, fulminando comunistas e capitalistas e atacando mais especificamente os banqueiros. No fim de 1934 ele chegou a elaborar um plano de distribuição de riqueza formando a National Union for Social Justice.

Lovecraft prestou bastante atenção em Long e Coughlin, mas acabou por rejeitá-los — não tanto pelas políticas econômicas (com as quais mais concordava do que o contrário), mas por suas estratégias políticas terminantemente fascistas. Não obstante, ele nunca os viu como verdadeiras ameaças. Ele escreve sem muita preocupação no começo de 1937 que duvida "que o crescente movimento católico-fascista fará algum avanço nos Estados Unidos" (uma referência explícita a Coughlin),[8] e mais tarde observa, no que diz respeito a um grupo mais amplo de organizações pró-nazistas nos Estados Unidos:

> Julgando vaga a possibilidade de uma revolta de tipo franquista de Hoovers e Mellons e banqueiros polidos, e considerando que — a despeito do coughlinismo, da Black Legion, dos Silver Shirts e da K.K.K. —[2] o solo norte-americano não é de modo algum muito fértil para qualquer variante do nazismo, parece provável que já não reste chance para uma plutocracia livre nos Estados Unidos.[9]

Ele teria sido menos otimista se tivesse visto como Coughlin — que nos idos de 1936 começava a dar mostras de um antissemitismo crescente — eliminou sua pretensa ideia de justiça social em 1938 e se fez um pró-nazista sem cerimônia, atraindo milhões no processo.

Lovecraft sabia que Roosevelt estava tentando estabelecer uma rota intermediária entre extremismos da esquerda e da direita; e em geral aprovava tal postura. Logo depois da eleição de 1932 ele comenta que dar um voto ao socialista Norman Thomas "era o mesmo que simplesmente jogá-lo fora".[10] Não obstante, embora tenha desejado que Roosevelt fizesse progressos ainda mais rápidos e profundos em suas reformas, ficou rapidamente claro para ele que o New Deal limitava-se a uma série de medidas sem qualquer esperança de ser aprovadas, dada a violenta resistência de ambas as pontas do espectro político. Ele se referia a Coughlin, Long e outros radicais como gente "irritante e salutar"[11] que poderia ajudar a empurrar Roosevelt mais à esquerda (algo que realmente aconteceu no curso das eleições de meio de mandato em 1934, que deram ao Congresso uma diretriz mais progressista). Mas no começo de 1935 ele dizia que queria

---

2. Silver Shirts, ou ainda Silver Legion of America, era um grupo paramilitar adepto da supremacia branca e do antissemitismo fundado nos Estados Unidos em 1933. Em operação nos estados de Michigan e Ohio, a Black Legion era uma dissidência da sulista Ku Klux Klan. Ambas eram organizações ilegais segregacionistas. [N. do T.]

algo "consideravelmente à esquerda do New Deal",[12] embora não julgasse ser possível; e no verão de 1936 deu vazão a uma irritação ingênua contra o fato de o governo estar "muito subserviente ao capitalismo"[13] — como se Roosevelt tivesse qualquer intenção de encaminhar-se a um socialismo real (mesmo de uma variedade progressista, não marxista) em vez de apenas dar suporte ao capitalismo!

O último suspiro de um capitalismo moribundo estava sendo anunciado por muitos pensadores políticos da época, como era absolutamente natural na esteira da Depressão, a maior evidência do desastre do sistema. A declaração explosiva de John Dewey — "o capitalismo precisa ser destruído" — é exemplar. Alguns dos colegas mais jovens de Lovecraft — Frank Long, R.H. Barlow, Kenneth Sterling — adotavam abertamente a posição em prol do comunismo, a ponto de no fim de sua vida Lovecraft responder-lhes, entre o horror e o humor, com um "meu Deus, mas todos vocês, Garotos, vão acabar com o vovô aqui feito bolcheviques?".[14]

Ao mesmo tempo, à medida que o tempo passava, Lovecraft ia perdendo a paciência com o conservadorismo da classe média com a qual convivia. Chegou a entender o temperamento que levou jovens intrépidos como Long e Barlow ao comunismo, sem ser ele próprio totalmente inclinado a tanto. Ele sabia que essa guinada à esquerda da parte dos jovens era uma resposta natural ao crescente embotamento e às tendências reacionárias do outro lado:

> Em relação aos republicanos — como há quem leve a sério um grupelho de homens de negócios e sortudos *bon vivants* assustados, cobiçosos e nostálgicos que fecham seus olhos à história e à ciência, empedernidos ante a decência da compaixão humana, aferrados a ideais sórdidos e provincianos que tão somente exaltam as posses e aquisições, indiferentes à luta dos materialmente despossuídos, sentimental e presunçosamente apegados a um cosmos de sonhos distorcidos feito de saberes e princípios e posturas ultrapassadas baseados num mundo de manufaturas e agricultura que se foi, celebrando (consciente ou inconscientemente) falsas noções (como a de que a liberdade verdadeira é idêntica à ideia secundária de permissividade econômica irrestrita ou a de que um plano racional de distribuição de recursos iria contra uma vaga e mística "herança norte-americana" [...]) totalmente contrárias aos fatos e sem o mínimo respaldo na experiência humana? Intelectualmente, o ideal republicano merece a tolerância e o respeito que se dá aos mortos.[15]

As coisas não mudaram muito.

Quando a eleição ocorreu — com a vitória com ampla margem de Roosevelt contra o pobre Alf Landon e um candidato independente, William Lemke, títere de Coughlin e Francis E. Townsend, que falava em nome das pensões por aposentadoria —, Lovecraft ficou evidentemente contente com o resultado. Seus últimos meses foram talvez vividos com satisfação e o pensamento de que talvez Roosevelt desse continuidade a suas reformas e chegasse a um Estado socialista genuinamente moderado; enquanto se aproximava do fim, deve ter sido reconfortante ter essas ideias em mente.

A década de 1930 avançava, e Lovecraft ficava cada vez mais preocupado com o lugar da arte na sociedade moderna. Maduro, convenceu-se de que a arte não recuaria irrefletidamente ao passado, mas deveria — como ele próprio fizera num nível intelectual — entrar em algum tipo de entendimento com a era das máquinas se quisesse sobreviver e permanecer como parte viva da sociedade.

O que Lovecraft tinha diante de si era como encontrar um meio-termo entre a alta cultura, que em seu radicalismo estava conscientemente sendo dirigida a um número cada vez mais reduzido de devotos, e a cultura popular — mais especificamente a das *pulps* —, que aderia a padrões falsos, superficiais e obsoletos através do inevitável conservadorismo moral que tais formas de cultura sempre expuseram. Essa pode ser a principal razão para o fracasso comercial de Lovecraft em vida: seu trabalho não era convencional o suficiente para as *pulps*, mas também não era ousado o suficiente (ou ousado o suficiente da maneira correta) para os modernos. Lovecraft compreendeu corretamente que o capitalismo e a democracia deram vazão a essa ruptura no século XIX:

> O capitalismo burguês aplicou um golpe mortal à excelência artística e à sinceridade quando entronou a ninharia do *valor de diversão* às custas da excelência intrínseca da qual apenas pessoas de posição social elevada, cultivadas e desligadas da aquisição material poderiam desfrutar. O mercado fundamental de materiais escritos [...] e outros até aqui considerados de valor estético deixaram de ser o pequeno círculo de pessoas verdadeiramente educadas; tornaram-se um círculo substancialmente maior [...] de origem vária e numericamente dominado por uma massa de gente crua e mal-educada cujos ideais sistematicamente distorcidos [...] a impede de algum dia atingir o gosto e as perspectivas das gentes de cultura cujos modos, vestes e linguajar ela tão assiduamente macaqueia. Essa manada de caipiras gananciosos trouxe do comércio e das casas de finanças todo um conjunto de posturas artificiais, simplórias e excessivamente sentimentais que nenhuma arte sincera ou literatura será capaz de assumir — e de tal modo excede em número as gentes educadas que nos restam que a maioria dos empre-

endimentos editoriais e de mídia orientou-se de uma só vez para essas pessoas. A literatura e as artes perderam quase todo o seu mercado; e a escrita, a pintura, o drama etc. foram cada vez mais engolidos pelo domínio das *empresas de entretenimento.*[16]

O principal inimigo, mais uma vez, é o capitalismo, que incute valores hostis à criação artística:

> No passado o capitalismo premiou com seus maiores benefícios pessoas reconhecidamente superiores como Poe, Spinoza, Baudelaire, Shakespeare ou Keats? Ou será que os verdadeiros beneficiários do capitalismo não são as pessoas verdadeiramente superiores, mas apenas aqueles que escolheram devotar sua superioridade unicamente ao processo de aquisição pessoal e não ao serviço social ou à criatividade intelectual ou ao esforço estético [...] pessoas desse tipo e os sortudos parasitas que desfrutam ou herdam os frutos de sua superioridade estreitamente canalizada?[17]

Mas então o que fazer? Mesmo se se realizasse uma reforma econômica, como se poderia transformar a postura da sociedade no que toca à oposição entre o valor relativo do dinheiro e o desenvolvimento da personalidade? A solução era simples: educação. A diminuição da jornada de trabalho proposta pelo plano econômico de Lovecraft permitiria um aumento radical do tempo ocioso para todos os cidadãos, o qual poderia ser utilizado de maneira bastante proveitosa em educação e apreciação estética. Como ele coloca em "Some Repetitions on the Times":

> Educação [...] exigirá um campo mais abrangente para encontrar as necessidades de um ócio radicalmente disseminado por todas as classes da sociedade. É provável que o número de pessoas dotadas de uma cultura geral mais consistente aumente, com bons resultados para a civilização.

Esse era um projeto comum — ou sonho — entre os reformadores sociais e intelectuais mais idealistas. Lovecraft de fato imaginou que se concretizaria tal utopia de uma população amplamente educada que fosse inclinada às artes ou capaz de desfrutar os frutos estéticos da civilização? É o que parece; ao mesmo tempo, não podemos culpar Lovecraft por fracassar na previsão tanto do recrudescimento espetacular do capitalismo nas gerações que se seguiram à sua quanto do igualmente espetacular colapso da educação responsável pela produção de uma audiência massiva cujas mais elevadas experiências estéticas são a pornografia, as séries de TV e os eventos esportivos.

O aspecto interessante das elucubrações de Lovecraft ao longo da década de 1930 é que elas integraram gradualmente sua ficção bem como suas cartas e ensaios. Vimos que "The Mound" (1929–30) traz penetrantes paralelos entre a situação política e cultural dos habitantes dos subterrâneos do monte e a civilização ocidental; e em *At the Mountains of Madness* (1931) há uma leve sugestão ao fato de o governo dos Antigos ter sido socialista. As tentativas de discussão política alcançam seu ponto máximo com "The Shadow out of Time". A Grande Raça é uma verdadeira utopia, e na descrição de sua estrutura política e econômica Lovecraft está oferecendo abertamente sua ideia de um futuro para a humanidade:

The Great Race seemed to form a single, loosely knit nation or league, with major institutions in common, though there were four definite divisions. The political and economic system of each unit was a sort of fascistic socialism, with major resources rationally distributed, and power delegated to a small governing board elected by the votes of all able to pass certain educational and psychological tests [...]

Industry, highly mechanised, demanded but little time from each citizen; and the abundant leisure was filled with intellectual and aesthetic activities of various sorts.

Estas e outras passagens podem ser vistas como virtualmente idênticas às das cartas finais de Lovecraft sobre o assunto e em "Some Repetitions on the Times". A observação sobre uma indústria "altamente mecanizada" é importante por mostrar que Lovecraft por fim aceita completamente — como não o fizera quando escrevia "The Mound" e mesmo *At the Mountains of Madness* — a mecanicização como aspecto arraigado à sociedade moderna e imagina um sistema social que a acomode.

A única área do pensamento de Lovecraft que tem — e com justiça — suscitado as mais fortes reações de revolta entre os comentadores é sua postura em relação à raça. Meu ponto nessa discussão, entretanto, é que tanto Lovecraft tem sido criticado pelas razões erradas quanto, muito embora ele claramente defenda ideias reacionárias, intolerantes ou pura e simplesmente erradas cientificamente, seu racismo é pelo menos em termos lógicos separável do resto de seu pensamento filosófico e mesmo político.

Lovecraft prendeu-se até o fim de seus dias à crença na inferioridade biológica dos negros e também dos aborígines australianos, embora não fique claro por que ele elegeu estes últimos. De todo modo, Lovecraft defendia uma linha de cor absoluta contra casamentos inter-raciais para assim prevenir a "miscigenação". Essa noção não era de forma alguma incomum na década de 1920, e muitos biólogos e psicólogos norte-americanos escreveram em tom de alerta e calamidade sobre a possibilidade de a mistura inter-racial levar a anormalidades biológicas. É claro, leis contra o casamento inter-racial nos Estados Unidos sobreviveram até tempos constrangedoramente recentes.

Contudo, ao longo do tempo Lovecraft foi cada vez mais forçado a recuar no que tocava a sua defesa da superioridade dos arianos (ou nórdicos ou teutões) sobre outros grupos, descontados negros e aborígines. Como, então, ele poderia continuar a sustentar a segregação? Ele o fez simplesmente afirmando — a partir de uma ilegítima generalização de seus próprios preconceitos — um grau mais que exagerado de incompatibilidade e hostilidade entre diferentes grupos culturais. Há também aqui uma sutil e profunda hipocrisia: Lovecraft alardeia a conquista dos "arianos" sobre outras raças (a conquista europeia do continente americano, para dar um exemplo) como se esta se justificasse pela força e destreza da raça, mas, quando outras raças ou culturas — os franco-canadenses, em Woodsocket, os italianos e portugueses em Providence, os judeus em Nova York — fizeram análogas incursões no território ariano, Lovecraft as vê como contrárias à natureza. Ele é colocado numa situação ruim quando diz que os nórdicos são "mestres na arte do viver em ordem e segundo a preservação do grupo"[18] — e portanto não é capaz de explicar a crescente heterogeneidade da cultura nórdica.

Lovecraft, é claro, tem toda a liberdade de sentir-se pessoalmente desconfortável na presença de estrangeiros: ele tem até mesmo, creio eu, toda a liberdade de almejar uma sociedade cultural e racialmente homogênea. Esse desejo não é por si só pernicioso, assim como o desejo de uma sociedade racial e culturalmente diversa — como os Estados Unidos são hoje — não é em si mesmo virtuoso. Cada uma dessas ideias tem suas próprias vantagens e desvantagens, e Lovecraft declaradamente preferia as vantagens da homogeneidade (a unanimidade e a continuidade cultural e o respeito à tradição) a suas desvantagens (preconceitos, isolamento cultural, fossilização). Lovecraft perde o rumo em termos filosóficos quando atribui os próprios sentimentos a sua "raça" ou cultura de modo geral.

Segundo vejo, Lovecraft fica mais exposto à crítica no que toca à raça não pela simples fidelidade a tais ideias, mas por sua falta de abertura quanto ao tema e mais particularmente por sua resoluta relutância em estudar os mais recentes achados de biólogos, antropólogos e outros cientistas de inquestionável autoridade que, ao longo das primeiras décadas do século, destruíram sistematicamente cada prova pseudocientífica das teorias raciais. Nos demais aspectos de seu pensamento — metafísica, estética, ética e política —, Lovecraft estava constantemente se munindo de novas informações (mesmo que apenas através de reportagens de jornais, artigos de revistas e outras fontes informais) e reajustando suas ideias segundo as mesmas. Apenas no que tange à questão da raça seu pensamento permanece relativamente estático. Ele nunca percebeu que suas crenças haviam sido amplamente forjadas pela influência da sociedade e de seus familiares, suas primeiras leituras e a ultrapassada ciência do século XIX. O simples fato de que ele precisasse defender suas ideias tão duramente em suas cartas — em especial nas endereçadas a correspondentes como Frank Long e J. Vernon Shea — deveria tê-lo encorajado a repensar sua posição, mas ele nunca o fez de forma significativa.

A verdade é que já por volta de 1930 todas as justificativas "científicas" do racismo haviam sido demolidas. A ponta de lança científica contra o racismo era o antropólogo Franz Boas (1857–1942), mas não encontro qualquer menção a ele em nenhuma das cartas e ensaios de Lovecraft. A *intelligentsia* — em meio à qual Lovecraft certamente teria desejado se colocar— também rejeitara amplamente os termos do racismo em seu pensamento político e social. Coisas como a classificação de crânios por tamanho ou forma — que Lovecraft e Robert E. Howard perderam tanto tempo discutindo em suas cartas da década de 1930 — haviam se demonstrado absurdas e pouco científicas já em fins do século XIX.

Apesar de infelizes e horríveis, as ideias raciais não afetavam materialmente a validade do resto de seu pensamento filosófico. Elas permearam de forma significativa sua ficção (miscigenação e medo de alienígenas estão no centro de contos como "The Lurking Fear", "The Horror at Red Hook" e "The Shadow over Innsmouth"), mas não consigo ver como afetam suas ideias políticas mais maduras de qualquer forma significativa. Essas ideias não sustentam nem se apoiam em premissas racistas. Não tenho qualquer vontade de varrer o racismo de Lovecraft para debaixo do tapete, mas não acho que as muitas e importantes ideias que ele defende como pensador devam ser deixadas de lado devido a sua perspectiva equivocada da ideia de raça.

Se o racismo de Lovecraft é o aspecto de seu pensamento que mais tem suscitado censura, há ainda, no que toca a este ponto, seu relativo apoio a Hitler e sua hostilidade quanto à suposta influência dos judeus nos Estados Unidos. Ele tratou mais demoradamente do assunto com J. Vernon Shea no início dos anos 1930, e a datação avançada desse debate refuta enfaticamente o argumento de muitos dos defensores de Lovecraft de que ele teria "mudado" de alguma forma no fim da vida e expõe muitas das convicções que ele já despejava despreocupadamente em seus ensaios do *Conservative* vinte anos antes. Alguns de seus comentários não são pouco constrangedores:

> A visão dele [de Hitler] é evidentemente romântica & imatura & tingida de emoções contrárias à observação dos fatos [...] há de fato um perigo em Hitler — no entanto não podemos permanecer cegos à honesta retidão da convicção básica desse homem [...] repito que há uma grande & premente necessidade por trás de cada um dos principais tijolos do hitlerismo — a continuidade racial e cultural, os ideais de conservação cultural & o desvencilhamento do absurdo de Versalhes. Loucura não é o que Adolf quer, mas o modo como o vê & o busca. Sei que é um palhaço, mas, por Deus, eu *adoro* aquele menino![19]

Esses pontos aparecem mais bem elaborados nessa e em outras cartas. Segundo Lovecraft, Hitler está certo em suprimir a influência judaica na cultura alemã, já que

> nenhuma nação homogênea pode (a) admitir a presença de um ramo racial dela distinto a ponto de propiciar uma alteração da composição étnica dominante; ou (b) tolerar a diluição da corrente cultural com elementos intelectuais & emocionais estranhos ao impulso cultural original.

Hitler está, como crê Lovecraft, errado no extremismo de sua hostilidade em relação a qualquer um com mínimas quantidades de sangue judeu, já que é a cultura, e não o sangue, que deveria ser o critério determinante.

Toda a questão do apoio norte-americano e britânico a Hitler tem recebido atenção consideravelmente secundária do meio acadêmico. É certo que Lovecraft não estava sozinho entre as classes de intelectuais que, antes de 1937, expressaram algum nível de aprovação de Hitler; da mesma forma, Lovecraft não pode ser visto como sendo do mesmo tipo dos grupos pró-nazistas norte-americanos dos Estados Unidos, e muito menos de organizações como Amigos da Nova Alemanha e a Liga Teuto-Americana, que em geral atraíram um pequeno número de teuto-americanos ressentidos e eram mantidas em operação quase sempre por nazistas alemães. Lovecraft não pode sequer ser colocado no mesmo grupo dos norte-americanos antissemitas da década de 1930, a maioria dos quais figuras de extremo reacionarismo político que tentavam ligar os judeus aos bolchevismo. Minha hipótese é a de que Lovecraft chegou ao todo de suas perspectivas políticas e econômicas, bem como de sua postura racial, pensando com independência no que se referia à situação do país e do mundo.

Suas crenças são tão integral e claramente uma consequência de seu primeiro pensamento acerca desses temas que a busca por uma única influência intelectual parece descabida.

Harry Brobst oferece evidências da consciência tardia de Lovecraft no que toca aos horrores da Alemanha de Hitler. Brobst recorda que certa sra. Shepherd (vizinha de Lovecraft e Annie Gamwell na College Street) era alemã de nascimento e desejou retornar por um tempo à Alemanha. Ela o fez, mas (nas palavras de Brobst)

> era o tempo em que o nazismo começava a surgir, e ela viu judeus sofrerem maus-tratos e ficou tão horrorizada, irritada e emocionalmente agitada que deixou a Alemanha e retornou a Providence. E ela contou à sra. Gamwell e a Lovecraft o que vivera por lá, e ambos ficaram bastante assustados com aquilo.[20]

Lovecraft fala da partida da sra. Alice Shepherd, ocorrida no fim de julho de 1936. Não encontro, contudo, menção alguma em suas cartas a seu inesperado retorno, nem qualquer expressão de horror acerca do que quer que ela tenha revelado. Mas as referências a Hitler caem drasticamente no último ano da vida de Lovecraft; assim, é possível que ele, tendo escutado o relato da sra. Shepherd, simplesmente tenha se calado sobre o assunto, concluindo que estava errado. Seria um pensamento reconfortante.

A questão de Lovecraft sobre a dominação judaica da cultura germânica leva diretamente a sua crítica do que sente estar acontecendo nos Estados Unidos, mais especificamente em sua capital literária e editorial, Nova York:

> Quanto a Nova York — não resta dúvida de que seu acachapante semitismo a tirou completamente do eixo central norte-americano. No que diz respeito a sua influência na expressão literária e dramática — o caso não é que o país esteja sendo inundado diretamente por autores judeus, mas sim que os editores judeus determinam quais entre os autores arianos serão publicados & recomendados. Isso significa que aqueles de nós que menos dão expressão a nosso próprio povo têm a preferência. O gosto é insidiosamente moldado por uma frente de não arianos — de modo que, não importando quão intrinsecamente boa seja tal literatura, trata-se de uma literatura específica e sem raízes que não nos representa.[21]

Lovecraft chega a mencionar Sherwood Anderson e William Faulkner como escritores que, "escavando profundezas restritas, poucas vezes tocam qualquer nota a que o leitor prontamente responda". Se não é um caso de generalização da experiência pessoal, não sei o que possa ser! O jornalismo de Nova York também o deixa enfurecido:

Não há um único jornal em Nova York que ouse erguer-se para tratar dos judeus & das questões sociais e políticas que lhes concernem. Toda a imprensa é completamente escravizada nessa direção, de modo que por toda a extensão da cidade é impossível encontrar qualquer pronunciamento público norte-americano – qualquer expressão franca da mentalidade característica & das opiniões do verdadeiro povo norte-americano [...] Deus sabe que não quero machucar nenhuma raça sob o sol, mas realmente penso que algo deve ser feito para libertar a expressão norte-americana do controle de qualquer elemento que a queira restringir, distorcer ou remodelar em qualquer direção que fira seu curso natural.[22]

Mas o que é o curso natural da expressão norte-americana? E por que Lovecraft axiomaticamente acredita que ele e pessoas como ele são o "verdadeiro povo norte-americano" (o que significa que outros que não partilham de seus pontos de vista são necessariamente "não norte-americanos")? Lovecraft está mais uma vez sendo perseguido pelo espectro da mudança: Faulkner e Sherwood Anderson não escrevem do modo como os romancistas mais conservadores escrevem ou costumavam escrever, assim eles são considerados "artificiais" ou não representativos.

O que Lovecraft queria era simplesmente familiaridade – a familiaridade do senso comum na Providence racial e culturalmente homogênea que ele experimentara na juventude. Afirmando que mesmo a arte deve satisfazer nossa "saudade [...] das coisas que um dia conhecemos" ("Heritage or Modernism"), Lovecraft atesta a saudade que ele próprio sente quando, como "estranho não assimilado"[23] em Nova York ou mesmo na Providence de sua maturidade, testemunhou a crescente urbanização e a heterogeneidade racial de sua região e país. O racismo era para ele uma defesa contra a necessidade de reconhecer que seu ideal de um país puramente anglo-saxão não tinha mais qualquer relevância e nunca poderia ser recuperado.

De maneira mais geral, a crescente heterogeneidade racial e social de sua sociedade era para Lovecraft o maior símbolo da *mudança* – mudança que acontecia rápido demais para que ele a aceitasse. A frequência com que, nos anos finais, ele encarna a ladainha "a mudança é intrinsecamente indesejável",[24] "a mudança é a inimiga de tudo o que realmente vale a pena celebrar"[25] fala com eloquência do desejo de Lovecraft de estabilidade social e de sua mais sincera crença (que não deixa de ter sua verdade) em que tal estabilidade é uma precondição para uma cultura profunda e vital.

Os anos finais de Lovecraft foram marcados tanto por agruras (recusas dolorosas de seus melhores contos e as subsequentes insegurança e tristeza sobre o mérito de seu trabalho; a pobreza crescente; e, perto do fim, o surgimento de sua doença terminal) quanto por momentos de alegria (viagens por toda a costa leste; o estímulo intelectual com uma grande variedade de interessantes colegas; o elogio constante nos minúsculos universos do jornalismo amador e das revistas de aficionados). No fim, contudo, Lovecraft continuou a se debater, sobretudo em suas cartas, com os temas fundamentais da política, da economia, da sociedade e da cultura, com uma vasta gama de conhecimentos, acuidade lógica e profunda humanidade nascida da observação e da experiência que não podiam ser concebidas pelo "excêntrico recluso" que tão timidamente emergiu de seu autoimposto isolamento em 1914. É uma pena que seus debates, mormente privados, não tenham tido qualquer influência nos humores de sua época; mas seu inesgotável vigor intelectual, mesmo quando ele já se exauria nos estágios finais do câncer, é um testemunho mais que pungente de sua coragem e devoção à vida mental. O próprio Lovecraft, de todo modo, certamente não pensou que seu esforço tenha sido em vão.

NOTAS

[1] HPL a Jennie K. Plaisier, 8 de julho de 1936 (SL V.279).
[2] HPL a Woodburn Harris, 25 de fevereiro-1º de março de 1929 (SL II.290, 308).
[3] HPL a C.L. Moore [*circa* meados de outubro de 1936] (SL V.321).
[4] HPL a Robert E. Howard, 25 de julho de 1932 (SL IV.51).
[5] HPL a R.H. Barlow [17 de dezembro de 1933] (manuscrito, JHL).
[6] HPL a Robert E. Howard, 7 de novembro de 1932 (SL IV.106–07).
[7] HPL a James F. Morton [3 de fevereiro de 1932] (SL IV.13).
[8] HPL a Henry George Weiss, 3 de fevereiro de 1937 (SL V.392).
[9] HPL a C.L. Moore [7 de fevereiro de 1937] (SL V.402).
[10] HPL a Elizabeth Toldridge, 22 de dezembro de 1932 (SL IV.124).
[11] HPL a J. Vernon Shea, 13 de março de 1935 (SL V.122).
[12] HPL a J. Vernon Shea, 10 de fevereiro de 1935 (manuscrito, JHL).
[13] HPL a C.L. Moore [agosto de 1936] (SL V.297).
[14] HPL a R.H. Barlow, 27 de dezembro de 1936 (manuscrito, JHL).
[15] SL V.293–94 (nota 13).
[16] SL V.397–98 (nota 9).
[17] SL V.329 (nota 3).
[18] HPL a J. Vernon Shea, 25 de setembro de 1933 (SL IV.253).
[19] HPL a J. Vernon Shea, 25 de setembro de 1933 (SL IV.257).
[20] "An Interview with Harry Brobst", p. 29.
[21] HPL a J. Vernon Shea, 30 de julho de 1933 (SL IV.230–31).
[22] HPL a J. Vernon Shea, 8–11 de novembro de 1933 (SL IV.307).
[23] HPL a Clark Ashton Smith, 15 de outubro de 1927 (SL II.176).
[24] HPL a J. Vernon Shea, 8–11 de novembro de 1933 (manuscrito).

[25] HPL a Helen V. Sully, 28 de outubro de 1934 (SL V.50).

20

O fim de uma vida

(1935–37)

ENQUANTO LOVECRAFT ainda estava vivo, "The Shadow out of Time" permaneceu em manuscrito; seu autor estava tão incerto de seu valor que não sabia se o datilografava ou rasgava. Finalmente, num ato de desespero, ele enviou o caderno contendo o esboço escrito para August Derleth no fim de fevereiro de 1935 – como se quisesse se livrar do trabalho. Enquanto isso, uma quinta proposta de lançamento de uma coletânea dos contos de Lovecraft, pela Loring & Mussey, surgiu em meados de fevereiro – dessa vez intermediada por Derleth –, mas acabou sendo recusada em julho.

Lovecraft viajou para visitar Edward H. Cole em Boston entre 3 e 5 de maio, e a despeito do clima estranhamente frio estendeu a jornada até sua amada Marblehead. Em 25 de maio Charles D. Hornig, no passado editor da *Fantasy Fan*, visitou Lovecraft em Providence. Dessa vez, contudo, ele já estava envolvido com a organização de mais uma grande viagem pelo sul – a última que faria. No começo de maio, Barlow o convidara a viajar à Flórida para mais uma longa temporada. Lovecraft naturalmente estava disposto a aceitar, mas o dinheiro era um empecilho; em 29 de maio, entretanto, ele conclui com otimismo: "Contando sestércios, acho que conseguirei!".[1]

Mais uma vez não sabemos muito das atividades de Lovecraft durante sua longuíssima temporada com Barlow (9 de junho a 18 de agosto). A correspondência com outros é nosso único guia, e dessa vez não temos sequer o complemento das próprias memórias de Barlow. Num cartão-postal a Donald e Howard Wandrei escrito em julho, Lovecraft dá uma ideia de suas atividades:

> A programação é basicamente a mesma do ano anterior [...]. Bob construiu uma cabana num bosque de carvalhos do outro lado do lago, & está ocupado ali com muitos projetos de publicação — sobre os quais você ouvirá falar a respeito mais tarde [...] No mês passado exploramos um maravilhoso riacho tropical nas imediações da casa de Barlow. É chamado Black Water, & está coberto em ambas as margens por uma floresta de ciprestes com feixes de musgo espanhol. Raízes retorcidas se agarram à terra das margens, & palmeiras se inclinam precariamente por todos os lados. Cipós & trepadeiras — troncos afundados — cobras & crocodilos — todas as cores do Congo e da Amazônia.[2]

Dos projetos de publicação aos quais Lovecraft faz menção, conhecemos um em particular — uma edição de toda a poesia de Long escrita após *The Man from Genoa* (1926), intitulada *The Goblin Tower*. Lovecraft ajudou a preparar as páginas para a impressão do livrinho, que Barlow conseguiu imprimir e encadernar no fim de outubro. Lovecraft aproveitou a ocasião para corrigir os problemas de métrica de Long em alguns poemas. Barlow estava cheio de ideias para outros projetos, o mais importante deles uma coletânea dos poemas de Clark Ashton Smith chamada *Incantations*, mas, como tantos outros de seus ambiciosos empreendimentos, este enfrentou anos de atrasos até por fim dar em nada.

Outra ideia em que Barlow estava trabalhando nesse período era um volume dos melhores contos de C.L. Moore. Catherine Lucile Moore (1911–1987) apareceu pela primeira vez na *Weird Tales* em novembro de 1933 com a impressionante fantasia de "Shambleau". Ela seguiu publicando muitas outras histórias na *Weird Tales* que de modo bastante sugestivo combinavam o romance exótico ou mesmo o erotismo com a fantasia cósmica. Barlow colocara Lovecraft em contato com Moore para que tratassem do volume proposto, e teve início uma sólida correspondência, na qual Lovecraft praticamente implora a Moore que não se submeta aos padrões *pulp* e preserve sua independência estética, ainda que isso signifique perdas econômicas a curto prazo. Tivesse ele vivido mais, teria ficado satisfeito com a carreira posterior de Moore, uma das mais importantes e respeitadas vozes da geração seguinte da ficção científica e da literatura fantástica.

Mas talvez a mais importante função a ser cumprida por Barlow não fosse a de publicar, mas a de datilografar. Até meados de julho Derleth não dera qualquer retorno do manuscrito de "The Shadow out of Time", e, como Barlow queria muito vê-lo, Lovecraft pediu que Derleth o enviasse para a Flórida. No começo de agosto Lovecraft demonstrava alguma irritação por Barlow aparentemente não fazer muito esforço para o conto; contudo, em pouco tempo ele seria forçado, e com muito prazer, a engolir cada palavra. Pois na verdade Barlow estava datilografando o conto em sigilo.

Lovecraft ficou absolutamente emocionado com a generosidade e o cuidado de Barlow nessa empreitada. Embora tenha generosamente escrito que a transcrição de Barlow estava "datilografada de forma acurada",[3] mais tarde ele admitiu que havia um bom número de erros nela. Não obstante, Lovecraft enviou a versão datilografada para sua usual roda de leitores.

Lovecraft finalmente seguiu viagem em 18 de agosto, passando algum tempo em St. Augustine, Charleston, Richmond e outros pontos antes de chegar a Nova York em 2 de setembro. Ele chegou de volta a Providence em 14 de setembro.

Uma coisa que Lovecraft fez em Charleston e Richmond foi terminar o que ele chamou de um "conto múltiplo" — uma história coletiva chamada "The Challenge from Beyond". Tratava-se de uma invenção de Julius Schwartz, que queria dois contos coletivos de mesmo título, um fantástico e um de ficção científica, para o número comemorativo do terceiro aniversário de *Fantasy Magazine* (setembro de 1935). A parte fantástica foi escrita sucessivamente por C.L. Moore, A. Merritt, Lovecraft, Robert E. Howard e Frank Belknap Long. A parte de Lovecraft é a única que realmente faz o enredo avançar; e ao fazê-lo ele acaba por canibalizar seu próprio "The Shadow out of Time", introduzindo a ideia de uma troca de mentes entre seres humanos e entidades alienígenas. O resultado do processo é tão somente uma curiosidade literária, embora a seção de ficção científica seja ainda pior.

Outro conto no qual Lovecraft trabalhou nessa época — "The Disinternment", de Duane W. Rimel — traz uma proposta bem diferente. Esse conto — muito similar em termos de atmosfera a algumas das primeiras histórias macabras de Lovecraft, especialmente "The Outsider" — tanto pode ser um texto inteiramente escrito por Lovecraft como uma imitação especialmente fiel do estilo e das maneiras de Lovecraft. Rimel sustentou enfaticamente que o conto é quase totalmente seu, com Lovecraft trabalhando apenas em seu polimento; e a correspondência entre os dois

— especialmente a resposta inicial bastante entusiasmada de Lovecraft à história — parece reforçar essa ideia. Numa carta a Rimel em 28 de setembro de 1935, Lovecraft fala sobre fazer "pequenas mudanças verbais" no manuscrito, mas na ausência de manuscrito ou de versão datilografada, é difícil saber o que isso significa. No conto, Rimel (ou Lovecraft) se vale do lugar-comum batido do "médico louco", eliminando suas formas esvaziadas e propriamente inverossímeis mediante um retrato de corte bastante restrito, mais sugestivo que propositivo. "The Disinternment" foi publicado na *Weird Tales* em janeiro de 1937.

Em meados de outubro de 1935 Lovecraft quebrou sua regra autoimposta de colaboração revisando um conto de William Lumley intitulado "The Diary of Alonzo Typer". Lumley produzira um esboço praticamente ilegível do conto — ambientado numa casa abandonada próxima à sua cidade natal, Buffalo — e o enviou a Lovecraft, que, sentindo pena do velho excêntrico, reescreveu a história toda preservando ainda algumas das concepções de Lumley e mesmo sua prosa tanto quanto possível. O resultado, contudo, é ainda assim péssimo. Lovecraft sentiu a necessidade de produzir um final cataclísmico adequado, e assim fez que o narrador descesse a um manjado *locus* do horror — o porão da casa — apenas para ser pego por um monstro no final enquanto heroicamente escreve em seu diário: "Tarde demais — não consigo me desvencilhar — garras negras se materializam — arrastado em direção ao porão". Sem se deixar intimidar, Lumley envia a história a Farnsworth Wright, que a aceitou no começo de dezembro por setenta dólares; generoso, Lovecraft permitiu que Lumley ficasse com todo o dinheiro. A história não foi publicada na *Weird Tales* até fevereiro de 1938.

Era possível que Lovecraft estivesse de bom humor na época, devido a alguns importantes e positivos acontecimentos no âmbito de suas finanças. Provavelmente durante sua estadia em Nova York, no começo de setembro, Julius Schwartz fora a um encontro do grupo da ficção fantástica no apartamento de Donald Wandrei. Schwartz, que estava tentando se firmar como agente no ambiente das ficções científica e fantástica, estivera em contato com F. Orlin Tremaine, editor da *Astounding*, que deseja ampliar o horizonte de sua revista incluindo trabalhos de tais gêneros literários. Schwartz perguntou a Lovecraft se ele tinha quaisquer contos que se encaixassem em tais necessidades, e Lovecraft respondeu que *At the Mountains of Madness* fora rejeitado por Wright e não havia sido enviado a nenhum outro editor. Schwartz levou posteriormente a história a

Tremaine, ao que tudo indica no fim de outubro. Aqui está a descrição do que ocorreu:

> Da vez seguinte que me encontrei com Tremaine, eu disse algo como: "Tenho em minhas mãos uma história de 35 mil palavras escrita por H.P. Lovecraft". Ele então sorriu e disse mais ou menos algo como: "Você receberá o cheque na sexta". Ou "está comprada".
>
> Tenho quase certeza de que Tremaine nunca leu a história. Ou, se tentou, desistiu.[4]

O que isso mostra é que Lovecraft já era suficientemente conhecido no meio *pulp* das ficções científica e fantástica, a ponto de Tremaine sequer precisar ler a história para aceitá-la; o nome de Lovecraft num trabalho maior — cuja extensão exigiria que fosse serializado em vários números — bastava para que a revista se tornasse uma atração. Tremaine cumpriu sua palavra: pagou a Schwartz 350 dólares; pagos 35 dólares ao agente, Schwartz enviou o resto a Lovecraft.

Lovecraft ficou evidentemente feliz com essa guinada nos acontecimentos, mas em menos de uma semana ele teria ainda mais razões para ficar feliz. No começo de novembro ele soube que Donald Wandrei enviara "The Shadow out of Time" — que, como a situação comprova, havia sido posto em circulação entre os colegas de Lovecraft — a Tremaine, e a história acabou também sendo aceita, sob a paga de 280 dólares. É mais que provável que Tremaine também não tenha lido esse conto.

O bom momento financeiro de Lovecraft foi alardeado: ele o pensa sob a forma de gráfico quando escreve: "Nunca estive tão perto da linha da miséria quanto neste ano". Além dos 105 dólares por "Through the Gates of the Silver Key" e dos 32,50 dólares recebidos do agente londrino Curtis Brown por um projeto de reimpressão de "The Music of Erich Zann" que nunca chegou a se concretizar, Lovecraft não efetuou venda de ficção própria entre 1934 e 1935. Logo mais veremos que mesmo esses dois pagamentos bem-vindos da Street & Smith não foram capazes de poupar Lovecraft e Annie de um aperto severo na primavera que chegava.

A alegria de Lovecraft com as vendas para a *Astounding* mais tarde se tornaria tristeza, quando ele viu as histórias impressas, mas isso levaria alguns meses. Assim como a recusa — ou mesmo uma crítica desfavorável de um colega — era capaz de fazer Lovecraft mergulhar em depressão e dúvidas quanto a suas habilidades como escritor, a dupla aceitação serviu de estímulo direto para que retomasse a composição. Entre 5 e 9 de novembro ele produziu um novo conto inteiro, "The Haunter of the Dark".

Essa última história original de Lovecraft surgiu quase como um capricho. Robert Bloch escrevera uma história, "The Shambler from the Stars", na primavera de 1935, na qual uma personagem — nunca nomeada, mas sendo claramente Lovecraft — era morta. Lovecraft ficou encantado com a história e, quando ela foi publicada na *Weird Tales* (setembro de 1935), um leitor, B.M. Reynolds, a elogiou, aproveitando o ensejo para uma sugestão: "Na direção contrária da crítica anterior, Robert Bloch merece todos os elogios possíveis por 'The Shambler from the Stars'. Por que o sr. Lovecraft não responde à homenagem e dedica um conto ao autor?".[5] Lovecraft aceitou a sugestão, e sua história trata de certo Robert Blake que acaba como um cadáver de olhos vidrados olhando pela janela de seu escritório.

A leveza desinteressada da gênese de "The Haunter of the Dark" não deve nos enganar — este é um dos contos mais fortes de Lovecraft. Fala de Robert Blake, um jovem escritor de ficção fantástica que chega a Providence para lá trabalhar por algum tempo, mas acaba fascinado por uma igreja abandonada no bairro italiano, no Federal Hill. Adentrando o local, Blake encontra um curioso objeto — uma caixa de metal contendo uma curiosa gema ou mineral —, bem como o esqueleto de um velho repórter, cuja nota Blake lê. Essas notas falam da malvista Igreja da Sabedoria Estrelada, de um "Cristal Brilhante" e de um "espírito da escuridão" que não suporta a luz. Blake conclui que o objeto na coluna é o Cristal Brilhante. Subitamente assustado, ele fecha a tampa da caixa e deixa o lugar. Tal ação sem querer liberta um monstro confinado no sino da igreja, e essa criatura — uma manifestação de Nyarlathotep — escapa veloz de seu confinamento durante um blecaute, mas desaparece no momento em que sua mente se funde com a de Blake, que a vê do lado de fora de sua janela. Blake também morre.

Muitos dos detalhes superficiais do enredo foram diretamente tomados de "The Spider", de Hanns Heinz Ewers, que Lovecraft lera em *Creeps by Night*, de Dashiel Hammett (1931). Essa história envolve um homem que fica fascinado por uma estranha mulher que ele observa de sua janela num prédio de frente para o seu, até que ele finalmente parece perder o controle de sua personalidade.

Um grande número de lugares descritos na história é baseado em locais verdadeiros. A vista do escritório de Blake, como bem se sabe, não é outra coisa senão uma descrição precisa do que Lovecraft via de seu próprio escritório na College Street. A igreja que figura tão proeminente no conto é (ou melhor, era) também real: é a Igreja Católica de São João na Atwell's Avenue, em Federal Hill, destruída em 1992. Sendo ela nos idos de Lovecraft a principal igreja católica da região, era uma importante referência comunitária. A descrição do interior e do campanário da igreja é bastante exata. O pináculo fora destruído por um raio no fim de junho de 1935 (Lovecraft apenas soube do ocorrido, que se dera enquanto estava com Barlow na Flórida), e as autoridades da igreja, em vez de o reconstruírem, decidiram colocar em seu lugar uma cobertura cônica sobre a torre de tijolos. O incidente sem dúvida colocou sua imaginação para trabalhar.

No fim de 1935 encontraremos Lovecraft em sua quarta — e última — visita de Natal a Frank Long e seus demais colegas nova-iorquinos. Em meio aos tradicionais encontros com os velhos companheiros, ele também esteve em contato com novas figuras. Esteve pela primeira vez desde 1931 com Seabury Quinn e foi a um jantar da American Fiction Guild, uma organização a que, por anos, Hugh B. Cave quis que Lovecraft se unisse. Em duas ocasiões Lovecraft foi ao Hayden Planetarium do Museu de História Natural. Barlow o surpreendeu com um presente de Natal único — uma edição de 42 exemplares de *The Cats of Ulthar.*

Outro livrinho que parece ter surgido nessa época é *Charleston.* Feito em mimeógrafo, ele sobrevive em suas duas "edições", se assim podem ser chamadas. H.C. Koenig planejava viajar para Charleston no início de 1936 e pediu a Lovecraft uma breve descrição de alguns dos principais pontos da cidade. Em 12 de janeiro Lovecraft escreveu uma longa carta a Koenig, que combinava uma história concisa da cidade com um roteiro de caminhada. Nessa carta, Lovecraft parafraseia e abrevia seu incrível diário de viagem a Charleston de 1930, "An Account of Charleston", deixando de fora os usos de arcaísmos e também alguns dos apartes mais interessantes e pessoais. Koenig ficou tão encantado com a carta que a datilografou e mimeografou, produzindo algo em torno de vinte ou 25 cópias. Quando Lovecraft recebeu a cópia, encontrou uma série de incorreções na transcrição que desejava corrigir; ao mesmo tempo, Koenig pedira a Lovecraft que reescrevesse o começo e o fim para transformar a carta num ensaio. Depois dessas correções e mudanças, Koenig produziu algo entre 35 e cinquenta cópias, "encadernando-as" (como fez com a primeira versão) numa pasta de cartolina.

Não muito tempo depois de retornar de Nova York, Lovecraft — embora consumido por um trabalho de edição, uma crescente briga na NAPA e (mau presságio) um caso severo do que ele chamou de "gripe" — ainda encontrou tempo para colaborar em mais uma peça de ficção — dessa vez com Kenneth Sterling (1920–1995), um jovem aficionado que se apresentara a Lovecraft em março de 1935. O resultado é o interessante, embora fraco, conto de ficção científica "In the Walls of Eryx".

Sterling afirma que a ideia do labirinto invisível foi dele, e que o cerne dessa ideia foi adaptado do aclamado conto de Edmond Hamilton (do qual Lovecraft gostava) "The Monster-God of Mamurth" (*Weird Tales*, agosto de 1926), que trata de um edifício invisível no deserto do Saara. Sterling escreveu um esboço de 6 mil a 8 mil palavras; Lovecraft reescreveu inteiramente a história ("muito rapidamente", diz Sterling), levando-a a 12 mil palavras no processo.[6] O relato de Sterling sugere que a versão conhecida é toda ela de Lovecraft, e de fato soa como tal; é possível pensar, no entanto (uma vez que o original de Sterling se perdeu) que, como no caso dos contos em colaboração com Price e Lumley, Lovecraft tentou preservar ao máximo a prosa e as ideias de Sterling.

Os autores tornaram o conto divertido produzindo piadas internas sobre alguns colegas de ambos (por exemplo, as *farnoth-flies* ["moscas farnoth"] em lugar de Farnsworth Wright; as *effjay weeds* ["ervas effjay"] e as *wriggling akmans* ["akmans serpeantes"] em lugar de Forrest J. Ackerman); suspeito que essas sejam de autoria de Lovecraft. A narrativa, contudo, se transforma num *conte cruel* quando o desafortunado protagonista, preso num labirinto invisível cuja abertura ele não é capaz de localizar, revela num diário a deterioração de suas faculdades físicas e mentais enquanto tenta em vão escapar.

A história foi aparentemente enviada a *Astounding Stories*, *Blue Book*, *Argosy*, *Wonder Stories* e, talvez, *Amazing Stories*. Ela foi por fim publicada na *Weird Tales* de outubro de 1939.

Menos de um mês depois de Lovecraft se recuperar de sua "gripe", ele escreveu a seus correspondentes dizendo que sua tia Annie fora acometida de um caso ainda mais severo, o qual acabou por levá-la a ser hospitalizada (em 17 de março) e atravessar ainda duas semanas (de 7 a 21 de abril) de convalescença numa casa de repouso. Essa é uma das poucas oportunidades em que Lovecraft de fato mente em sua correspondência, o que neste caso é absolutamente compreensível. Na verdade, Annie Gamwell estava sofrendo de câncer de mama, e sua estadia no hospital envolvera uma mastectomia. Não se trata de um assunto que alguém como Lovecraft gostaria de discutir abertamente com seus colegas, mesmo os mais chegados.

O resultado para Lovecraft foi uma completa dissolução de seus cronogramas. A certa altura ele escreve, em frangalhos: "Minha organização se foi por completo, & estou à beira de um colapso nervoso. Tenho tão pouco poder de concentração que tenho levado uma hora para fazer coisas que costumava fazer em cinco minutos — & minha vista está um horror".[7]

O que a doença e a hospitalização de Annie trouxeram à tona foi o estado calamitoso das finanças da família — algo que se fez graficamente real num dos mais tristes documentos escritos por Lovecraft, um diário que manteve enquanto Annie estava no hospital e que ele levava a ela de poucos em poucos dias para falar-lhe de suas atividades.[8] Aqui temos um relato nu e cru das terríveis restrições — de comida, em especial — que Lovecraft fora obrigado a viver nesse período.

Somos informados que, em 20 de março, Lovecraft retomara um terrível hábito de seus tempos de Clinton Street — comer comida enlatada fria —, pois agora ele comenta suas "experiências com o *aquecimento*" de uma lata de *chili con carne.* As coisas pioram. Em 22 de março, ovos cozidos e meia lata de feijão se transformam num "suntuoso banquete". Por volta de 24 de março, Lovecraft sente a necessidade de usar latas de mantimentos que estavam por ali havia pelo menos três anos, já que foram trazidas da Barnes Street. Em 29 de março, ele acaba com um velho café Chase & Sanborn prestes a estragar, embora gostasse mais de Postum. O jantar de 30 de março foi de cachorros-quentes frios, biscoitos e maionese.

Em 10 de abril Lovecraft experimentou uma lata de achocolatado Rich comprada há dez anos e descobriu que "ele adquire um gosto terroso": "Não obstante, consegui liquidá-la de alguma forma". E era verdade: pelos três dias seguintes ele misturou o achocolatado com leite condensado e resolutamente o bebeu. Depois encontrou uma lata de achocolatado Hershey, um pote quase cheio de sal da Barnes Street e uma lata de cenouras em cubos na última prateleira de um armário da cozinha e os tirou de lá para eventual utilização, começando também a comer um velho pão preto enlatado, que parecia em boas condições.

O efeito de toda essa economia e consumo de comida velha e possivelmente estragada só pode ser imaginado. Chega a surpreender que, em 4 de abril, Lovecraft confesse sentir-se tão cansado no meio do dia que sente necessidade de descansar em vez de sair; e que em 13 de abril ele perceba, depois de um cochilo, que "eu estava fraco & letárgico demais para fazer qualquer coisa"? Deve ser enfatizado, é claro, que as refeições preparadas nesse período não representavam seus hábitos regulares de alimentação, embora estes já fossem ascéticos o suficiente. Terei mais a dizer sobre isso depois.

Nesse exato momento de sua vida, Lovecraft viu-se diante de outra catástrofe, a qual quase fez que deixasse de escrever. Em meados de fevereiro de 1936 ele vira a primeira parte da publicação de *At the Mountains of Madness* na *Astounding* e dissera ter gostado do resultado; em particular, foi elogioso em relação às ilustrações de Howard Brown para o texto. Mas o atrativo das ilustrações se dissipou quando Lovecraft passou à observação do texto publicado.

Quando consultou a terceira e última parte (abril de 1936), ele descobriu os terríveis cortes que os editores da *Astounding* impuseram ao texto, sobretudo em seu último segmento. Lovecraft escreve enfurecido:

> Inferno! Desgraça! [...] Para encurtar, aquele maldito excremento de hiena chamado Orlin Tremaine impôs ao "Mountains" os piores cortes que qualquer outro texto meu chegou um dia a receber — na *Tryout* ou em qualquer outra revista! Que eu seja enforcado se acreditar que a história chegou a ser publicada — a última parte é uma piada, faltam passagens inteiras [...]
>
> Tento desconsiderar algumas péssimas mudanças na estrutura das frases, mas torno a ficar louco quando deparo com a *paragrafação*. Pelo ódio de Tsathoggua! Você viu? *Todos os meus parágrafos foram cortados em pequenos pedaços* como aquelas coisas de criança que outros escritores *pulp* de quinta categoria escrevem. O ritmo, as modulações emocionais & os mínimos efeitos de atmosfera destruídos [...] Tremaine tentou produzir "ação rápida e envolvente" a partir de uma prosa lenta e antiga [...]
>
> Mas a coisa mais *supremamente* intolerável é o modo como o texto foi cortado na última parte — para tirar do caminho a sequência anterior. Passagens inteiras [...] foram omitidas — resultando na perda de vitalidade & cor, & no endurecimento da ação. Das partes finais, foram tantos os detalhes & impressões & sensações que se perderam que o efeito é o de um desfecho vazio. Depois de toda a aventura & detalhe *anterior* ao encontro com o *shoggoth* no abismo, as personagens vêm à superfície sem nada das experiências & emoções graduais que fazem o leitor *sentir* o retorno delas ao mundo dos homens depois dos milhões de anos de sombras do mundo dos Outros. Todo o sentido de *duração & dificuldade* da exaustiva escalada é perdido quando é transmitido objetivamente em poucas palavras, sem qualquer sugestão das reações dos fugitivos às cenas que atravessam.[9]

O que essa passagem mostra é quão consciente Lovecraft estava dos efeitos emocionais e psicológicos da prosa e da necessidade (na literatura séria, em oposição ao trabalho dos escrevinhadores da literatura *pulp*) de estabelecer um conto fantástico no mais cuidadoso realismo de cena e atmosfera. Talvez Lovecraft estivesse querendo demais — escrever uma história contendo concepções filosóficas e científicas muito avançadas numa "prosa lenta e antiga" e esperar que ela aparecesse intacta numa revista *pulp* de ficção científica.

O que Lovecraft fez, então, foi comprar três cópias de cada parte e corrigir laboriosamente o texto, tanto inserindo as partes que faltavam quanto ligando os parágrafos com lápis ou eliminando os excessos de pontuação rasurando-os com um estilete. Todo esse procedimento tomou quase quatro dias inteiros do início de junho. Tudo isso parece de uma meticulosidade excessiva, mas Lovecraft queria emprestar essas três cópias aos colegas que não conheciam o texto datilografado e leriam apenas o texto adulterado na *Astounding*.

Não bastasse tudo isso, a própria história foi recebida com alguma frieza pelos leitores da revista. A resposta negativa tem sido talvez exagerada pela crítica, mas certamente houve certo número de leitores que não foram capazes de compreender o que estava em questão na história ou a consideraram inapropriada para a *Astounding*. Robert Thompson comenta com dolorido sarcasmo: "Estou feliz por ler a conclusão de *At the Mountains of Madness* por razões que não agradariam ao sr. Lovecraft". Cleveland C. Soper, Jr., contudo, é o mais virulento:

> Por que, em nome da ficção científica, vocês publicaram uma história como *At the Mountains of Madness*, de Lovecraft? Vocês estão a tal ponto desesperados que precisam publicar esse tipo de estupidez? [...] Se são histórias como essa [...] que constituirão os futuros contos da *Astounding Stories*, então que os céus ajudem a causa da ficção científica!

"The Shadow out of Time" apareceu no número de junho de 1936 da *Astounding*. Lovecraft diz, para nossa surpresa, que "não parece estar tão terrivelmente modificado quanto 'Mountains'",[10] e a única cópia anotada que resta traz relativamente poucas correções; mas o manuscrito recém-descoberto deixa bem claro que a história sofreu o mesmo processo de reparagrafação que *At the Mountains of Madness*. Outros erros são ao que tudo indica decorrentes da incapacidade de Barlow de compreender a caligrafia de Lovecraft enquanto preparava a cópia datilografada. É um mistério por que Lovecraft não reclamou mais violentamente sobre os problemas na publicação desse texto, embora nenhuma passagem tenha sido omitida. Suspeito que ele tenha se sentido tão em dívida com Barlow (por datilografar a história) e Wandrei (por enviá-la) que quaisquer reclamações talvez lhe sugerissem algum sinal de ingratidão. De qualquer forma, num curto período outros assuntos o preocupariam mais do que esses temas relativamente inofensivos.

"The Shadow out of Time" foi mais negativamente recebido pelos leitores do que *At the Mountains of Madness.* O número de agosto de 1936 (o único que contém qualquer comentário significativo sobre a história) traz um bombardeio de críticas. Algumas pessoas, contudo, tanto saíram em defesa de Lovecraft em relação aos ataques recebidos por *At the Mountains of Madness* como se colocaram favoravelmente em relação à nova história. Esses últimos comentários negam a ideia de que o trabalho de Lovecraft foi universalmente rejeitado na *Astounding.*

Lovecraft, contudo, tinha pouco tempo para se incomodar com a reação a seu trabalho na revista: ele sabia que muito provavelmente não escreveria outras coisas que encontrassem guarida na *Astounding.* De todo modo, outros acontecimentos mais próximos ocupavam sua atenção naquele momento.

A única organização amadora ainda em atividade, a NAPA, atingia níveis até então desconhecidos de maledicência e conflito. O foco dessa nova disputa era Hyman Bradofsky (nascido em 1906), cujo *Californian* oferecia espaço sem precedentes para longas contribuições em prosa e a quem Lovecraft dera seu apoio em sua bem-sucedida eleição para a presidência da NAPA para o período entre 1935 e 1936.

Não está totalmente claro para mim por que Bradofsky gerou tanta hostilidade entre os demais membros. Ele estava sendo acusado de ser autoritário e arrogante em várias questões de regimento relativas à constituição da NAPA, e ele próprio respondeu às críticas de maneira pouco tolerante. Se o fato de Bradofsky ser judeu teve alguma coisa a ver com isso, também não fica claro; suspeito que fosse um fator, embora Lovecraft nunca o tenha reconhecido. De qualquer maneira, pesa a favor de Lovecraft que ele tenha saído em defesa de Bradofsky, já que, segundo o que todos dizem, muitos dos ataques a ele eram injustos, caprichosos e maldosos.

A principal resposta de Lovecraft foi um ensaio escrito em 4 de junho intitulado "Some Current Motives and Practices". Nele Lovecraft censura os oponentes de Bradofsky — ou, antes, as estratégias de todo maldosas que usavam contra ele —, refuta os ataques, apoiando sua conduta, e, em geral, pede um retorno da civilidade no universo amador. Lovecraft conseguiu que Barlow mimeografasse o ensaio, que seria então enviado a todos os membros da NAPA. Barlow deve tê-lo distribuído no fim de junho. Não sei de qualquer reação digna de nota.

No começo de junho Robert E. Howard escreveu a seu amigo Thurston Tolbert: "Minha mãe não está bem. Receio que ela não tenha muitos dias de vida".[11] Ele estava certo: na manhã de 11 de junho, Hester Jane Ervin Howard entrou em coma, do qual os médicos disseram que ela jamais sairia. Howard entrou em seu carro e se suicidou com um tiro na cabeça. Ele morreu oito horas depois; sua mãe morreu no dia seguinte, deixando o pai, já idoso, de Howard, o dr. I.M. Howard, duplamente arrasado. Robert E. Howard tinha trinta anos.

Numa época em que os telefones não eram tão comuns quanto hoje, as notícias se espalhavam mais ou menos lentamente. Lovecraft soube da notícia apenas por volta de 19 de junho, quando recebeu um cartão-postal escrito três dias antes por C.L. Moore. Ela soubera de toda a história três dias antes pelo pai de Howard.

Lovecraft foi engolido pelo choque e pela dor:

> Meu Deus, que perda! [...] Não consigo compreender a tragédia — pois embora R E H tivesse um lado depressivo que se expressava em sua raiva contra a civilização (base de nossa controvérsia epistolar interminável e volumosa), sempre pensei que esse fosse um sentimento mais ou menos impessoal [...] Ele próprio parecia bem acomodado — num ambiente que amava, cercado de almas semelhantes [...] para conversar e viajar e com pais que ele sem sombra de dúvida idolatrava. A doença pleural de sua mãe impusera um enorme peso a ele e seu pai, mas não consigo pensar que fosse suficiente para levar seu sistema nervoso, fortemente constituído, ao extremo da destruição.[12]

Em curto prazo Lovecraft auxiliou o dr. Howard com tudo o que pôde, enviando-lhe vários objetos — incluindo suas cartas de Howard — para uma coleção a ser abrigada pelo Howard Payne College, em Brownwood, Texas. As próprias cartas de Lovecraft a Howard encontraram um fim não tão venturoso, tendo sido, presume-se, inadvertidamente destruídas pelo dr. Howard em algum momento no fim dos anos 1940. Contudo, boa parte delas — talvez algo próximo de sua totalidade — fora transcrita sob a direção de August Derleth; um número relativamente pequeno delas foi publicada no volume *Selected Letters*. A correspondência entre Lovecraft e Howard reunida seria de grande valia.

Quase imediatamente Lovecraft escreveu um ensaio de memórias comovente e uma breve avaliação crítica, "In Memoriam: Robert Erwin

Howard", publicada na *Fantasy Magazine* de setembro de 1936. R.H. Barlow escreveu um emocionante soneto, "R.E.H.", sua primeira e última publicação na *Weird Tales* (outubro de 1936). A revista trazia um rico conjunto de tributos a Howard na coluna de cartas, um dos quais era, logicamente, de Lovecraft.

Várias viagens na primavera e no verão e visitas de grande número de amigos, novos e antigos, durante o segundo semestre mudaram a cara daquele ano de 1936, que não findaria como o desastre que fora até então. O calor do verão chegou estranhamente tarde, mas a semana de 8 de julho finalmente trouxe temperaturas na casa dos trinta graus e salvou Lovecraft "de algum tipo de colapso geral".[13] Em 11 de junho ele fez uma viagem de barco para Newport, produzindo bastante escrita nas altas colinas com vista para o oceano.

Quanto às visitas, a primeira no calendário era Maurice W. Moe, que não via Lovecraft desde os últimos dias gordos de 1923. Moe chegou com seu filho Robert para uma visita entre 18 e 19 de julho, e, como Robert fora de carro, eles tinham um bom meio de transporte para todos os tipos de passeio. Foram à velha vila pesqueira de Pawtuxet (na época já assimilada ao perímetro urbano de Providence), atravessaram o Roger Williams Park e visitaram a região de Warren e Bristol que Robert e Lovecraft haviam visto em março do ano anterior. Em Warren eles fizeram um jantar de sorvete.

Em 28 de julho, quem chegou foi R.H. Barlow, forçado a deixar sua casa na Flórida devido a problemas familiares que, por fim, fizeram que fosse viver com parentes de Leavenworth, no Kansas. Barlow ficou mais de um mês em Providence, hospedado no alojamento atrás da casa de Lovecraft na College Street até 1º de setembro. Durante esse período Barlow exigiu muito do tempo de Lovecraft; este, por sua vez, viu-se na obrigação de adaptar-se às vontades do amigo, sobretudo em face da grande hospitalidade que recebera na Flórida em 1934 e 1935.

Ainda outro visitante apareceu em Providence em 5 de agosto — Adolphe de Castro, que estivera em Boston para lançar as cinzas de sua mulher no mar. Então um homem arruinado — já na casa dos setenta anos, sem dinheiro e com sua amada mulher morta —, De Castro ainda tentava seduzir Lovecraft com vários projetos fantasiosos. Com o intuito de levantar o moral do amigo, Lovecraft e Barlow o levaram em 8 de agosto ao pátio da igreja de St. John na Benefit Street, onde a atmosfera espectral — e o fato de que Poe estivera ali fazendo a corte a Sarah Helen Whitman noventa anos antes — serviu de ensejo para que os três escrevessem "sonetos" acrósticos a partir do nome de Edgar Allan Poe (ou seja, com um verso a menos do que o verdadeiro soneto). Dentre os três, Barlow foi quem se saiu melhor. De Castro, contudo, foi o mais esperto do grupo, pois posteriormente revisou seu poema e o enviou à *Weird Tales*, onde foi rapidamente aceito. Quando Lovecraft e Barlow souberam da ideia de De Castro, ambos fizeram o mesmo — mas Farnsworth Wright quis apenas um. Lovecraft e Barlow foram forçados a relegar seus poemas a uma revista de aficionados, a *Science-Fantasy Correspondent*, onde foram publicados no número de março-abril de 1937.

Outro projeto literário no qual Lovecraft e Barlow provavelmente trabalharam durante a estadia deste em Providence foi "The Night Ocean". Com o manuscrito original recentemente descoberto, estamos hoje em posição de avaliar o nível de contribuição de Lovecraft nesse conto. Ele mostra que Lovecraft apenas fez pequenas correções à prosa da peça aqui e ali, produzindo melhorias substanciais mediante uma preparação de texto somente; tal como existe, a história é pelo menos 90% de Barlow. Barlow fazia importantes progressos como escritor: seu "A Dim-Remembered Story" (*Californian*, verão de 1936) é um conto muitíssimo bem escrito, porém que não parece trazer qualquer marca da pena corretiva de Lovecraft. Lovecraft ficou bastante impressionado com ele quando o leu em manuscrito. "The Night Ocean" — publicado na *Californian* do inverno de 1936 — é um trabalho ainda mais sofisticado. De todos os contos escritos por colegas de Lovecraft, este é o chega mais perto de captar o espírito essencial do conto fantástico, tal como Lovecraft o definiu tratando de alguns dos trabalhos de Blackwood em "Supernatural Horror in Literature": "Aqui arte e contenção em narrativa alcançam seu mais elevado desenvolvimento, e uma impressão incisiva duradoura se produz sem qualquer passagem forçada ou nota falsa [...] O enredo fica em segundo plano, e a atmosfera reina absoluta".[14]

A antiga colega de amadorismo de Lovecraft Anne Tillery Renshaw, que deixara de ser professora para abrir sua própria escola, a Renshaw School of Speech, em Washington D.C., ressurgiu nessa época. No começo de 1936 ela quis que ele fizesse a preparação e edição de um livrinho que ela estava escrevendo intitulado *Well Bred Speech*, elaborado para suas aulas para adultos. Lovecraft estava empolgadíssimo por trabalhar no projeto, não apenas porque ele fosse intrinsecamente interessante, mas porque poderia lhe trazer dividendos num tempo em que trabalhos de edição eram magros e esporádicos.

Lovecraft recebeu pelo menos um esboço parcial do texto em meados de fevereiro e percebeu que "o trabalho é de algum modo maior do que eu esperava — envolvendo o fornecimento de elementos originais, bem como a preparação de um texto específico"; contudo — a despeito da doença da tia nessa época — ele estava inclinado a assumir o trabalho desde que recebesse claras instruções sobre quão longe ele poderia ir. Ele animadamente acrescenta: "O pagamento pode ser discutido mais tarde — imagino que qualquer número que você mencione (com os atuais precedentes em mente) seria satisfatório".[15] Mais tarde, depois de todo o trabalho terminado, ele sentiu que Renshaw seria muito mesquinha se lhe pagasse menos de duzentos dólares. No fim, recebeu apenas cem dólares, mas a culpa parece ter sido toda sua; o valor estipulado teria sido de 150 dólares, que ele próprio reduzira a cem dólares por seu atraso.

Lovecraft inicialmente tentou realizar o trabalho até o prazo limite de Renshaw, 1º de maio, mas com todos os problemas da primavera e verão a conclusão tornou-se impossível. Com um novo prazo, 1º de outubro, Lovecraft trabalhou por *sessenta horas sem intervalo* em meados de setembro e conseguiu cumprir o combinado.

Boa parte do trabalho de Renshaw e Lovecraft em *Well Bred Speech* sobreviveu em manuscrito e permite avaliar precisamente o quanto cada um contribuiu para o texto. O resultado, não obstante, é medíocre, mesmo com os acréscimos de Lovecraft. Estes incidiram sobretudo nos capítulos I ("Os pressupostos do discurso"), III ("Palavras frequentemente mal pronunciadas"), VI ("Vamos acabar com os clichês") e X ("O que devo ler?"). Muito desse material foi cortado da versão publicada. O capítulo final (publicado postumamente como "Sugestões para um guia de leitura") foi removido, em particular a última seção — que cobre livros recentes sobre ciências. O capítulo como um todo (da maneira como Lovecraft o escreveu) é um bom guia para iniciantes sobre literatura e crítica produzidas até aquele momento.

Em seu último ano de vida Lovecraft continuou a atrair novos — e geralmente jovens — correspondentes, que, sem saber de sua saúde cada vez mais frágil, ficavam loucos para receber as respostas desse gigante da ficção fantástica. A maioria deles continuava a encontrá-lo a partir da *Weird Tales*, mas muitos entravam em contato mediante a cada vez mais complexa rede de aficionados da ficção científica e da prosa fantástica.

Entre os mais promissores estava Henry Kuttner (1915–1958). Amigo de Robert Bloch, ele publicara apenas um poema na *Weird Tales* antes de escrever a Lovecraft, no começo de 1936. Muitos colegas pensavam que Lovecraft ou escrevera ou editara "The Graveyard Rats", de Kuttner (*Weird Tales*, março de 1936), mas a história fora aceita antes mesmo de Kuttner entrar em contato com Lovecraft. Kuttner, no entanto, já havia nessa época escrito um conto cujo primeiro esboço – rejeitado pela *Weird Tales* – pode ter sido conscientemente lovecraftiano. Na segunda carta a Kuttner, em 12 de março, Lovecraft produz uma longa leitura crítica de "The Salem Horror"; e parece claro que Kuttner produziu importantes mudanças na história baseado apenas em tais comentários. O conhecimento geográfico, histórico e arquitetônico de Kuttner acerca de Salem estava todo errado, e Lovecraft procurou corrigi-lo; sua carta está repleta de desenhos de importantes casas de Salem, um mapa da cidade e mesmo esboços de vários túmulos encontrados em antigos cemitérios. Em outros momentos da carta de Lovecraft é sugerido que toda a avaliação e reparos do enredo e dos incidentes da história já haviam sido feitos.

Um pequeno detalhe nas cartas de Lovecraft a Kuttner provou ser mais que auspicioso para a história subsequente da ficção fantástica e científica. Em maio Lovecraft pediu sem quaisquer intenções que Kuttner enviasse algumas fotografias de Salem e Marblehead para C.L. Moore, já que Kuttner já as havia utilizado; foi dessa forma que Kuttner e Moore se conheceram. Casando-se em 1940, os dois escreveram juntos alguns dos mais importantes trabalhos da idade de ouro da ficção científica.

Um dos mais interessantes dos últimos associados de Lovecraft – não tanto por aquilo que produziu na época, mas pelo que fez depois – foi Willis Conover, Jr. (1921–1996). Na primavera de 1936, quando era um menino de quinze anos vivendo na pequena cidade de Cambridge, Maryland, Conover tivera a ideia de uma revista, a *Science-Fantasy Correspondent*. Além da publicação dos trabalhos de fãs, Conover quis dar prestígio a sua revista solicitando trabalhos menores de profissionais. Ele entrou em contato com Lovecraft em julho e mais tarde expressou sua frustração pelo fato de a serialização de "Supernatural Horror in Literature" ter acabado tão abruptamente. Lovecraft sugeriu por alto que Conover prosseguisse com a serialização do ponto em que esta parara em sua própria revista (a metade do capítulo oitavo); Conover abraçou imediatamente a ideia. A peça não poderia ser acomodada no primeiro número da *Science-Fantasy Correspondent* (novembro-dezembro de 1936), mas em setembro

Lovecraft já havia enviado a Conover a mesma cópia anotada de *Recluse* (com acréscimos anotados em folhas separadas) que ele emprestara a Hornig (e recebera de volta).

Pouco tempo depois, entretanto, Conover assumiu a *Fantasy Magazine*, de Julius Schwartz, pois este quis abandonar a edição de revistas de aficionados para se tornar agente de ficção científica em período integral. Conover então decidiu reimprimir "Supernatural Horror in Literature" desde o começo. O segundo número da *Science-Fantasy Correspondent* está datado de janeiro-fevereiro de 1937, mas não contém qualquer passagem do ensaio. Nenhum outro número da revista apareceu; parte de seu material foi mais tarde transferido para a *Amateur Correspondent*, de Stickney, incluindo "Notes on Writing Weird Fiction".

Sabemos bastante do relacionamento entre Conover e Lovecraft — que, com toda a franqueza, foi um relacionamento bem pouco importante quando considerada a vida de Lovecraft como um todo, embora claramente fosse significante para Conover —, não apenas porque as cartas de Lovecraft para ele sobreviveram, mas por causa do volume que Conover publicou em 1975 intitulado *Lovecraft at Last.* Esse livro é não apenas um dos melhores exemplos de projeto gráfico de um livro moderno como também o triste testemunho da amizade entre um homem de meia-idade à beira da morte e um jovem que o idolatrava.

Dois outros editores de revistas de aficionados com que Lovecraft trocou umas poucas cartas foram James Blish (1921–1975) e William Miller, Jr. (nascido em 1921), dois jovens que viviam em East Orange, New Jersey. Blish acabou por se tornar um dos mais importantes escritores de ficção científica de sua geração. A influência de Lovecraft sobre ele não se pode dizer especialmente significante, mas Blish parece ter se recordado de sua breve relação ao longo de sua própria vida prematuramente abreviada.

Além dos escritores e editores, Lovecraft também esteve em contato com artistas do gênero fantástico. O maior entre estes foi Virgil Finlay (1914–1971), cujo trabalho na *Weird Tales* Lovecraft admirou por muitos meses antes de entrar em contato com ele. Finlay é de fato reconhecido como um dos maiores artistas do desenho surgidos do mundo *pulp*, e seu trabalho maravilhoso em nanquim é mais do que marcante, dada sua precisão e horizonte imaginativo. Lovecraft teve notícias de Finlay em setembro de 1936, e sua correspondência foi cordial, não obstante Lovecraft tenha, por fim, escrito a ele apenas cinco cartas e um cartão-postal. Willis Conover havia combinado secretamente com Finlay que este desenhasse o conhecido retrato de Lovecraft como um cavalheiro do século XVIII para estampar a primeira seção de "Supernatural Horror in Literature" na *Science-Fantasy Correspondent.* Depois do fim da revista, o mesmo retrato apareceria na capa da *Amateur Correspondent* de abril-maio de 1937.

Em novembro de 1936 Lovecraft entrou em contato com um sujeito que corretamente identificou como "um belíssimo achado".[16] Fritz Leiber, Jr. (1910–1992) era filho de um aclamado autor shakespeariano, Fritz Leiber, sr., a quem Lovecraft assistira por volta de 1912 atuando na companhia dirigida por Robert Mantell quando esta foi ao Providence Opera House. O filho também se interessou por drama, mas aos poucos foi se envolvendo com a literatura. Ele lia as revistas *pulp* de ficção fantástica e científica desde tenra idade, e mais tarde chegou a dizer que "The Colour out of Space", da *Amazing Stories* de setembro de 1927, "deu-me calafrios sombrios por décadas".[17] Assim, quando *At the Mountains of Madness* e "The Shadow out of Time" foram publicadas na *Astounding*, o interesse de Leiber em Lovecraft foi renovado e aumentado — talvez porque esses trabalhos mergulhavam nos limites entre o horror e a ficção científica, que o próprio Leiber exploraria mais tarde em seu trabalho. E no entanto ele próprio era tímido demais para escrever a Lovecraft; assim, quem o fez foi sua mulher, Jonquil, por meio da *Weird Tales*, e por algum tempo Lovecraft chegou a se corresponder quase separadamente com cada um.

Em meados de dezembro Leiber enviou a Lovecraft uma novela, ou romance curto, "Adept's Gambit". O trabalho impressionou bastante Lovecraft. Foi o primeiro conto a contar com a dupla formada por Fafhrd e o Ratoneiro Gris — dois alegres e intrépidos aventureiros (baseados no próprio Leiber e seu amigo Harry O. Fischer, com quem Lovecraft manteve breve correspondência) que atravessam um nebuloso reino fantástico em busca de aventura —; Lovecraft escreveu uma longa carta tratando em detalhes da peça, elogiando-a efusivamente. A versão publicada da história (na coletânea de Leiber *Night's Black Agents*, de 1947) aparentemente difere de algum modo da versão conhecida por Lovecraft, donde se presume que Leiber a revisou consideravelmente a partir das indicações de Lovecraft.

Leiber fala muitas vezes e com bastante eloquência da importância de seu curto porém intenso relacionamento com Lovecraft. Escrevendo em 1958, ele diz: "Às vezes se pensa que Lovecraft foi um solitário. Ele fez minha vida muito menos solitária, não apenas durante o breve meio ano de nossa correspondência, mas também durante os vinte anos seguintes".[18] A carreira posterior de Leiber — com obras-primas da fantasia e da ficção científica como *Gather, Darkness!* (1950), *Conjure Wife* (1953), *The Big Time* (1958), *A Specter Is Hauting Texas* (1969), *Our Lady of Darkness* (1977) e outras histórias baseadas em Fafhrd e o Ratoneiro Gris — é igualmente eminente no conjunto da produção nesses nichos nos últimos cinquenta anos. Ele aprendeu muito com Lovecraft, mas, como os melhores discípulos e colegas de Lovecraft, fez-se independente dele como escritor.

No fim de 1936 Lovecraft finalmente viu algo que nunca pensou que veria — um livro publicado trazendo seu nome. Mas, como era de esperar, todo o processo foi, do início ao fim, um fracasso repleto de erros. É de pouco consolo que *The Shadow over Innsmouth* tenha, em virtude de ter sido o único livro publicado por Lovecraft em vida, se tornado um valioso item de colecionador.

William L. Crawford tinha alguns planos para lançar tanto *At the Mountains of Madness* quanto "The Shadow over Innsmouth", ou ainda ambos, num pequeno volume. Crawford vinha propondo todo tipo de projeto para as duas histórias, incluindo uma serialização em *Marvel Tales* ou *Unusual Stories* anterior a sua publicação em livro. Finalmente — ao que tudo indica depois de saber da aceitação de *Mountains* pela *Astounding* —, Crawford concentrou-se em "Shadow". O processo começou no início de 1936, e o livro foi produzido pelo *Saxton Herald*, o jornal local de Everett, Pensilvânia. Lovecraft começou a ler as provas na primavera, encontrando-as repletas de erros e, no entanto, corrigindo-as laboriosamente da melhor maneira possível. Algumas páginas estavam aparentemente tão ruins que se fez necessário refazê-las do zero.

Foi Lovecraft quem, no fim de janeiro ou começo de fevereiro, pediu que Crawford chamasse Frank Utpatel para produzir as ilustrações do volume. Utpatel fez quatro gravuras, e uma delas — uma imagem espetacularmente alucinatória dos telhados e torres da decadente Innsmouth, sugerindo alguma influência de El Greco — também foi usada para a capa da edição. Lovecraft gostou das ilustrações, apesar de o barbado Zadok Allen ter sido desenhado de cara limpa.

As ilustrações, no fim, provaram-se talvez o único item de alguma valia no volume, pois o texto estava seriamente comprometido. Lovecraft não recebeu uma cópia do livro até novembro — o que é curioso, já que a página de direitos autorais aparece datada de abril de 1936. Lovecraft diz ter encontrado 33 problemas de texto no volume, mas outros leitores encontraram ainda outros. Ele fez que Crawford imprimisse uma errata — cuja primeira versão tinha ela própria tantos problemas que podia ser declarada inútil — e também encontrou tempo e força para corrigir manualmente muitas cópias do livro.

Embora quatrocentas cópias das páginas tenham sido impressas, Crawford tinha dinheiro para encadernar apenas duzentas. Lovecraft diz que Crawford havia na verdade pedido dinheiro emprestado ao próprio pai para produzir o livro.[19] O livro — embora divulgado na *Weird Tales* e em alguns periódicos de aficionados — vendeu lentamente (por um dólar); pouco depois da publicação Crawford foi forçado a deixar o mundo editorial por sete anos, período em que os cadernos do livro ainda sem capa foram destruídos. E assim acaba o caso do "primeiro livro" de Lovecraft.

A própria carreira de Lovecraft como escritor de ficção não ia muito bem. No fim de junho Julius Schwartz, desejando algo na esteira de seu sucesso na mediação da publicação de *At the Mountains of Madness* na *Astounding*, propusera o que Lovecraft julgou ser uma ideia louca e impraticável: levar suas histórias à Inglaterra. Lovecraft enviou-lhe "muitos manuscritos"[20] (o que pode levar a crer que Schwartz estivesse pensando em entrar em contato com editoras de livros) e depois, para liquidar com o mercado norte-americano no que dizia respeito a suas histórias ainda inéditas, finalmente enviou "The Thing on the Doorstep" e "The Haunter of the Dark" à *Weird Tales* — os primeiros trabalhos que enviaria à revista desde "In the Vault", em 1932. Lovecraft diz ter ficado surpreso com a aceitação imediata de Farnsworth Wright, mas não era o caso. Os leitores da revista clamavam por seus trabalhos havia anos, e tinham de se satisfazer com reimpressões.

Na verdade, Lovecraft chegara a um estado psicológico que tornara praticamente impossível tanto a publicidade quanto a escrita de ficção. Já em fevereiro de 1936 — três meses depois da escrita de seu último conto original, "The Haunter of the Dark", e muitos meses antes dos problemas com suas histórias na *Astounding* — ele dizia:

> foi escrito em 1931 — e a recepção hostil de Wright e outros a quem foi mostrado provavelmente contribuiu mais que qualquer outra coisa para o fim de minha carreira ficcional concreta. O sentimento de que eu havia fracassado no enfeixamento da atmosfera que tentava reproduzir tirou de mim, de alguma maneira sutil, a capacidade de abordar esse tipo de problema da mesma maneira — ou com o mesmo grau de confiança e produtividade.[21]

Lovecraft já fala de sua carreira de escritor no passado.

É difícil saber quando exatamente ele percebeu que estava morrendo. Durante o verão de 1936 as temperaturas se elevaram a um ponto em que ele era capaz de realmente desfrutar a vida ao ar livre e encontrar energia para realizar seu trabalho. No outono, ainda o encontramos fazendo longas caminhadas, as quais resultaram em passeios por várias áreas de sua cidade natal ainda desconhecidas para ele. Uma viagem — em 20 e 21 de outubro — o levou à costa leste da Narragansett Bay, numa região chamada Squantum Woods. Em 28 de outubro Lovecraft foi às imediações da floresta de Neutaconkanut, cinco quilômetros a noroeste do College Hill.

O Natal era uma ocasião festiva. Lovecraft e Annie tinham uma árvore, e os dois saíram para a ceia na pensão vizinha. Lovecraft recebeu um presente que certamente não esperava mas do qual disse ter gostado muitíssimo: um crânio humano encontrado num antigo cemitério indígena e enviado a ele por Willis Conover. Conover foi muito criticado por ter lhe enviado esse presente nessa época, mas evidentemente ele não podia saber do estado de saúde de Lovecraft, e o prazer de Lovecraft de receber essa relíquia mortuária parece bastante sincero. Todo o inverno foi estranhamente quente, permitindo a Lovecraft realizar seus passeios pelo bairro em dezembro e mesmo em janeiro. As várias cartas desse período nada falam do aproximar-se da hora fatal.

No começo de janeiro, entretanto, Lovecraft diz sentir-se mal — "gripe" e má digestão, como ele coloca. No fim do mês ele começa a datilografar suas cartas — sempre um mau sinal. Então, em meados de fevereiro, ele diz a Derleth que recebera uma oferta (da qual nada se sabe) para a preparação editorial de alguns artigos de astronomia (ao que tudo indica, a série da *Asheville Gazette-News*), o que o fez desenterrar seus velhos livros de astronomia e conhecer novos. Ele escreve no fim da carta: "Engraçado como antigos interesses ressurgem quando se aproxima o fim da vida".[22]

Nessa época, Lovecraft já estava sendo assistido por um médico, que lhe prescreveu três medicamentos. Em 28 de fevereiro ele responde à insistência de Talman em relação a um acordo editorial com William Morrow: "Sinto dores constantes, só consigo ingerir comida líquida, e estou tão cheio de gases que não consigo me deitar. Passo o tempo todo na poltrona apoiado em travesseiros e só consigo escrever ou ler alguns poucos minutos por vez".[23] Dois dias mais tarde Harry Brobst, que andava bastante por perto nesses tempos, escreveu a Barlow: "Nosso velho amigo está bastante doente — e por isso eu estou escrevendo esta carta por ele.

Ele parece estar ficando cada vez mais fraco nos últimos dias".[24] Num cartão-postal enviado a Willis Conover em 9 de março, Lovecraft escreve a lápis: "Estou muito doente & provavelmente ficarei assim por um bom tempo".[25]

A natureza das várias doenças de Lovecraft não é bem compreendida, pelo menos em sua etiologia. A razão disso pode ser que Lovecraft esperou tempo demais para ser examinado por uma autoridade médica competente. Em seu atestado de óbito a principal causa da morte foi "carcinoma no intestino delgado"; já a secundária, "nefrite crônica".

A manifestação do câncer no intestino delgado é relativamente rara, sendo mais comum no intestino grosso; disto resulta que esse câncer cresça sem ser detectado por anos, mesmo quando o paciente é examinado. Lovecraft não foi examinado senão um mês antes de sua morte, quando já era tarde demais para fazer qualquer coisa além de aliviar-lhe a dor — e mesmo doses cavalares de morfina parecem ter feito pouco efeito. Pode-se aventar por que Lovecraft não foi a um médico antes, já que ele teve a primeira crise séria do que chamava de indigestão em outubro de 1934.[26] O termo mais usual de Lovecraft para esses problemas — *grippe* — é apenas uma forma antiquada e popular para a palavra *flu*, embora esteja claro (e talvez estivesse para Lovecraft) que não se tratava disso. Mas sua fobia de médicos e hospitais datava possivelmente de muito antes. Recordemos que a morte de sua mãe fora causada por uma operação da vesícula da qual ela não conseguiu se recuperar. Embora tenha sido, muito provavelmente, a debilidade física e psicológica de Susie que a levou a morte, e não qualquer erro médico, talvez Lovecraft tenha adquirido medo e desconfiança de médicos a partir dali.

As causas do câncer intestinal são várias. A principal é a dieta: refeições com alto teor de gordura e pouca fibra acarretam grande absorção de proteínas animais pelo sistema digestivo, donde pode decorrer o câncer. Tendo em vista a grande quantidade de comida enlatada que Lovecraft comia, é interessante lembrar que estudos têm demonstrado que os aditivos e conservantes modernos podem inibir o desenvolvimento do câncer intestinal.[27] Não que os conservantes na comida enlatada consumida por Lovecraft tenham sido a causa de seu câncer; a verdade pode ter sido o oposto.

É difícil saber se os problemas renais de Lovecraft estão relacionados ao câncer, se o produziram ou ainda se eram uma questão totalmente diversa; esta última hipótese parece a mais provável. Nefrite crônica é hoje um termo obsoleto para uma variedade de doenças dos rins. O mais provável é que Lovecraft tenha sofrido de glomerulonefrite crônica (antes conhecida como doença de Bright) — a inflamação dos glomérulos renais (pequenos bulbos de vasos sanguíneos nos rins). Não relacionada ao câncer, a origem dessa doença tampouco é clara. Em alguns casos, ela decorre de um colapso do sistema imunológico; em outros, a má nutrição pode ser um fator.[28] Em poucas palavras, uma dieta pobre pode ter sido a causa ou ter contribuído tanto para o câncer como para o colapso renal.

Neste ponto podemos também estudar a estranha sensibilidade de Lovecraft ao frio, embora seja impossível determinar que relação — se é que há alguma — essa sensibilidade teria com o desenvolvimento do câncer. Tem-se sugerido que Lovecraft sofria de uma suposta doença chamada poiquilotermia. Esta, contudo, não é uma doença, mas uma simples propriedade fisiológica de alguns animais, segundo a qual a temperatura do corpo varia com o ambiente; em outras palavras, é uma propriedade que se aplica a animais de sangue frio, como os répteis. Os mamíferos são todos homotérmicos, mantendo uma temperatura corporal constante (dentro de limites estreitos) a despeito do ambiente externo.

Não há evidência explícita de que a temperatura corporal de Lovecraft diminuísse no frio, embora pudesse acontecer; como ele nunca foi hospitalizado por sofrer com a exposição ao frio, não há testes que tenham sido feitos para verificar o comportamento de sua temperatura corporal em tais condições. Temos apenas o anedotário variado acerca de seus sintomas em tais circunstâncias: distúrbios cardiovasculares e/ou respiratórios; inchaço dos pés (geralmente índice de má circulação); dificuldade no uso das mãos; dores de cabeça e náusea, às vezes levando ao vômito; e em casos extremos (talvez três ou quatro vezes em toda a sua vida) perda da consciência. Não tenho ideia do que a reunião desses sintomas significa.

O que poderia ter causado essa situação clínica? Não parece haver qualquer doença que coincida com esses sintomas, mas uma hipótese se pode sugerir. Nos mamíferos, a temperatura corporal é quase sempre regulada pelo sistema nervoso central. Experiências com animais têm demonstrado que uma lesão na região caudal do hipotálamo pode levar animais homotérmicos a se tornarem praticamente poiquilotérmicos: eles não suam sob temperaturas elevadas, nem tremem de frio no inverno. [29] Lovecraft, é claro, dizia suar abundantemente sob temperaturas elevadas, mas também se referia a dispor nessas condições de uma energia quase inesgotável. Não obstante, creio ser no mínimo possível que algum tipo de problema no hipotálamo — que não afetava de qualquer forma suas capacidades estéticas e intelectuais — fosse a causa de sua sensibilidade ao frio.

E, no entanto, Lovecraft deixa bastante claro que sua "gripe" de fato melhorava sempre que o clima ficava mais quente. Esse, de todo modo, foi o caso durante o inverno de 1935–36. Isso deve ter levado Lovecraft a acreditar que seus problemas digestivos eram resultado de sua sensibilidade ao frio, que ele aparentemente pensava não ser tratável; se é o caso, isso deve ter contribuído para que ele não procurasse um médico antes que tudo se tornasse irreversível.

Chega a ser agonizante ler sobre o último mês de vida de Lovecraft; tê-lo experimentado é algo que só pode ser imaginado. Trata-se de um período que se torna mais vívido em um diário do progresso de sua doença, escrito por Lovecraft até ele mal ser capaz de segurar a caneta.[30] Lovecraft iniciou o diário no começo de 1937. Ele observa um persistente problema digestivo ao longo das três primeiras semanas de janeiro. Dr. Cecil Calvert Dustin visitou Lovecraft em 16 de fevereiro. De acordo com suas lembranças, o dr. Dustin já era capaz de afirmar que Lovecraft estava sofrendo de câncer terminal; assim, prescreveu uma série de analgésicos. A condição de Lovecraft não melhorou, e a medicação não parecia sequer aliviar a dor. Como não conseguia se deitar de maneira confortável, Lovecraft passou a dormir numa poltrona reclinável. Também havia uma enorme distensão em seu abdômen. Era um edema na cavidade peritoneal causado pela doença dos rins.

Em 27 de fevereiro Annie disse ao dr. Dustin que Lovecraft estava muito pior. Quando chegou, o dr. Dustin alega ter dito a Lovecraft que seu estado era terminal. Lovecraft, é claro, manteve uma boa postura ante seus amigos, dizendo apenas que estaria sem condições de trabalhar por tempo indeterminado. Em 1º de março Annie pediu a Dustin que chamasse um especialista em medicina interna. Dustin contatou o dr. William Leet, mas era claro àquela altura que não se podia fazer muita coisa. A entrada de 2 de março do diário conta a história: "dor — sonolência — dor intensa — descanso — grande dor". Em 3 e 4 de março Harry Brobst e sua mulher lhe fizeram uma visita; Brobst, com seus conhecimentos médicos, deve ter reconhecido imediatamente a natureza do problema de Lovecraft, embora tenha mantido uma postura positiva quando escrevia a seus amigos.

Em 6 de março o dr. Leet chegou e encontrou Lovecraft na banheira:

imersões em água quente aparentemente aliviavam a dor de algum modo. Nesse dia Lovecraft sofreu "dores horrendas". Em 9 de março ele não conseguia comer ou beber coisa alguma. Leet o visitou no dia seguinte e aconselhou que Lovecraft desse entrada no Jane Brown Memorial Hospital. Ele foi levado naquele dia mesmo, de ambulância. O diário de Lovecraft termina em 11 de março; é possível que já não fosse capaz de segurar a caneta.

Nos dias que se seguiram, Lovecraft teve de ser alimentado por via intravenosa, já que continuava a vomitar tudo que consumia, mesmo líquidos. Em 12 de março, Annie escreveu a Barlow:

> Já faz algum tempo que quero lhe escrever uma carta alegre, mas agora escrevo uma bem triste para lhe dizer que Howard está miseravelmente doente & fraco [...] nosso querido companheiro fica cada vez mais fraco — nada mais fica em seu estômago [...]
>
> Não preciso dizer que é comovente vê-lo passar por isso com tanta paciência & resignação [...][31]

Em 13 de março, Harry Brobst e sua mulher foram visitar Lovecraft no hospital. Brobst perguntou a Lovecraft como ele se sentia; Lovecraft respondeu: "Às vezes a dor é insuportável". Brobst, ao partir, disse a Lovecraft que se lembrasse dos filósofos antigos — uma referência, presumo, a seu estoicismo em face da morte. Lovecraft sorriu — e essa foi a resposta que Brobst recebeu.[32]

Em 14 de março o edema de Lovecraft estava tão severo que uma sonda colocada em seu estômago extraiu quase sete litros de fluídos. Naquele dia, Barlow, tendo recebido a carta de Annie, telegrafou de Leavenworth, Kansas: "GOSTARIA DE AJUDÁ-LA SE CONCORDAR DEIXO LEAVENWORTH ESTA NOITE".[33]

Howard Phillips Lovecraft morreu no início da manhã de 15 de março de 1937. Ele foi declarado morto às 7h15 da manhã. Naquela noite Annie telegrafou a Barlow:

> HOWARD MORREU ESTA MANHÃ NADA A FAZER OBRIGADO.[34]

NOTAS

1 HPL a R.H. Barlow [24–29 de maio de 1935] (manuscrito, JBL).

2 HPL a Donald and Howard Wandrei [julho de 1935] (cartão-postal) (manuscrito, JHL).

3 HPL a August Derleth, 19 de agosto de 1935 (manuscrito, SHSW).

4 Ver a entrevista a Will Murray, "Julius Schwartz on Lovecraft", *Crypt of Cthulhu* nº. 76 (Hallowmass, 1990): 14–18.

[5] HPL a J. Vernon Shea, 5 de dezembro de 1935 (SL V.210).

[6] *Weird Tales* 36, nº. 5 (novembro de 1935): 652.

[7] Sterling, "Caverns Measureless to Man", pp. 375–76.

[8] HPL a R.H. Barlow, 11 de março de 1936 (manuscrito, JHL).

[9] O diário sem título está em JHL.

[10] HPL a R.H. Barlow, 4 de junho de 1936 (manuscrito, JHL).

[11] *Ibid.*

[12] Robert E. Howard, *Selected Letters*, 1931–36 (West Warwick, RI: Necronomicon Press, 1991), p. 79.

[13] HPL a E. Hoffmann Price, 20 de junho de 1936 (SL V.272–73).

[14] HPL a R.H. Barlow, 23 de julho de 1936 (manuscrito, JHL).

[15] HPL a Anne Tillery Renshaw, 24 de fevereiro de 1936 (manuscrito, JHL).

[16] HPL a R.H. Barlow, 11 de dezembro de 1936 (manuscrito, JHL).

[17] Fritz Leiber, "Through Hyperspace with Brown Jenkin", p. 170.

[18] Fritz Leiber, "My Correspondence with Lovecraft" (1958), in *Lovecraft Remembered*, p. 301.

[19] HPL a Donald Wandrei, 8 de novembro de 1936 (manuscrito, JHL).

[20] HPL a Farnsworth Wright, 1º de julho de 1936 (SL V.274).

[21] HPL a E. Hoffmann Price [12 de fevereiro de 1936] (SL V.223–24).

[22] HPL a August Derleth, 17 de fevereiro de 1937 (SL V.412).

[23] HPL a Wilfred B. Talman, 28 de fevereiro de 1937 (SL V.419).

[24] "The Last Days of H.P. Lovecraft: Four Documents", *Lovecraft Studies* nº. 28 (primavera de 1993): 36.

[25] Willis Conover, *Lovecraft at Last* (Arlington, VA: Carrollton-Clark, 1975), p. 245.

[26] HPL a Duane W. Rimel, 8 de outubro de 1934 (manuscrito, JHL).

[27] Thomas J. Slaga, "Food Additives and Contaminants as Modifying Factors in Cancer Induction", in *Nutrition and Cancer: Etiology and Treatment*, ed. Guy R. Newell e Neil M. Ellison (Nova York: Raven Press, 1981), pp. 279–80.

[28] Stewart Cameron, *Kidney Disease: The Facts*, 2ª ed. (Oxford: Oxford University Press, 1986), capítulo 8.

[29] Ver John Bligh, *Temperature Regulation* in *Mammals and Other Vertebrates* (Amsterdam: North-Holland Publishing Co., 1973).

[30] Ver, em geral, R. Alain Everts, *The Death of a Gentleman: The Last Days of Howard Phillips Lovecraft* (Madison, WI: Strange Co., 1987). O "diário de morte" aparece transcrito nas pp. 25–28.

[31] "The Last Days of H.P. Lovecraft", p. 36.

[32] "An Interview with Harry K. Brobst", p. 32.

[33] "The Last Days of H.P. Lovecraft", p. 36.

[34] *Ibid.*

Epílogo: Não te foste

Na noite de 15 de março o *Providence Evening Bulletin* fez circular um obituário cheio de erros, maiores e menores; mas fez menção às "notas clínicas" que Lovecraft fez de sua condição no hospital — notas que "terminaram apenas quando ele não podia mais segurar um lápis". Esse artigo foi usado pelas agências de notícias, e outro obituário menor apareceu no *New York Times* em 16 de março. Frank Long, um dos melhores amigos de Lovecraft, soube de sua morte por meio desse obituário.

O velório aconteceu em 18 de março na capela Horace B. Knowles' Sons, no número 187 da Benefit Street. Apenas um pequeno número de amigos e parentes estava lá — Annie, Harry Brobst e sua esposa, e Edna Lewis, amiga de Annie. Essas foram as pessoas presentes ao enterro no Swan Point Cemetery, além de Edward H. Cole e sua mulher e Ethel Phillips Morrish, a segunda prima de Lovecraft. Os Eddy tentaram ir, mas chegaram quando a cerimônia já havia acabado. O nome de Lovecraft foi inscrito apenas no eixo central do túmulo dos Phillips, abaixo dos de seu pai e sua mãe: "Seu filho/ HOWARD P. LOVECRAFT/ 1890–1937". Levou quarenta anos para que Lovecraft e sua mãe recebessem placas tumulares próprias.

A manifestação de dor tanto da ficção fantástica quanto da imprensa amadora foi instantânea e irrestrita. O número de junho de 1937 da *Weird Tales* trazia apenas a primeira leva de cartas de colegas e aficionados. É incrível como perfeitos estranhos como Robert Leonard Russell, que conhecia Lovecraft apenas através de seu trabalho, eram capazes de escrever: "Sinto, como o sentem muitos outros leitores da *Weird Tales*, que perdi um verdadeiro amigo". Muitos amigos reais — de Hazel Heald a Robert Bloch, Kenneth Sterling, Clark Ashton Smith e Henry Kuttner — também escreveram cartas comoventes. Jacques Bergier, no número de setembro de 1937, concluiu: "A morte de Lovecraft parece-me marcar o fim de uma época na história da ficção fantástica norte-americana".

Um dos mais notáveis fenômenos suscitados pela morte de Lovecraft foi o número de tributos poéticos que ela inspirou. Henry Kuttner, Richard Elly Morse, Frank Belknap Long, August Derleth, Emil Petaja e muitos outros escreveram belas elegias; a inquestionavelmente melhor, no entanto, foi a de Clark Ashton Smith, "To Howard Phillips Lovecraft", escrita em 31 de março de 1937 e publicada na *Weird Tales* de julho. Sua conclusão merece citação:

And yet thou art not gone
Nor given wholly unto dream and dust:
For, even upon
This lonely western hill of Averoigne
Thy flesh had never visited,
I meet some wise and sentient wraith of thee,
Some undeparting presence, gracious and august.
More luminous for thee the vernal grass,
More magically dark the Druid stone,
And in the mind thou art forever shown
As in a magic glass;
And from the spirit's page thy runes can never pass.[1]

Vai além do escopo deste volume traçar a história subsequente da recepção de Lovecraft e seu trabalho; de qualquer forma, essa questão tem sido mais exaustivamente trabalhada em outro lugar. Podemos, não obstante, dar umas pinceladas no assunto, oferecendo uma ideia de como um escritor obscuro que morreu sem nenhum livro publicado por nenhuma grande editora é hoje internacionalmente conhecido como o maior autor de ficção fantástica do século XX.

Um herói não celebrado nessa transformação é R.H. Barlow, nomeado seu executor literário num documento escrito por Lovecraft perto do fim de sua vida, "Instructions in Case of Desease". Barlow chegou a Providence pouco depois da morte de Lovecraft e acabou por doar boa parte de seus manuscritos e material impresso à John Hay Library, da Brown University. Essa decisão permitiu a eventual correção dos textos de Lovecraft a partir da consulta de manuscritos e antigas fontes impressas.

August Derleth e Donald Wandrei uniram-se para fundar a Arkham House, editora inicialmente dedicada apenas à preservação do trabalho de Lovecraft em livro. A Arkham House rapidamente ampliou seu escopo para publicar os trabalhos de outros escritores de ficção científica e fantástica, e hoje sustenta seu lugar como a principal dentre as pequenas editoras dedicadas a esse gênero literário. Sobretudo através da influência de Wandrei, a Arkham House lançou cinco importantes volumes de correspondência de Lovecraft — *Selected Letters* (1965-76) —, revelando assim sua grandeza como epistológrafo e o complexo pensamento filosófico subjacente a seu trabalho criativo.

Edições populares de Lovecraft surgiram já no início da década de 1940, e a Ballantine Books deu início a suas frutuosas publicações no fim dos anos 1960, prosseguindo até os dias de hoje. A Ballantine, contudo, não tem se valido dos textos corrigidos do trabalho de Lovecraft publicados pela Arkham House sob meus cuidados editoriais em quatro volumes (1984-89); mas a Penguin começou, com *The Call of Cthulhu and Other Weird Stories* (1999), a lançar esses textos corrigidos em edições anotadas.

A crítica dedicada a Lovecraft — inicialmente produzida nos círculos de aficionados (incluindo famosos críticos como Fritz Leiber, George T. Wetzel e Matthew H. Onderdonk) — teve de lutar por seu lugar contra ataques ineptos e de má-fé dirigidos contra a obra do autor e produzidos por críticos profissionais insensíveis à ficção fantástica (sobretudo o conhecido artigo de Edmund Wilson "Tales of the Marvellous and Ridiculous", publicado na *New Yorker* em 24 de novembro de 1945); essa batalha acabou frutificando com a emergência de uma crítica academicamente qualificada na década de 1970, inicialmente conduzida por Dirk W. Mosig e levada adiante por críticos como Robert H. Waugh, Donald R. Burleson, Peter Cannon, David E. Schultz, Robert M. Price e eu. O periódico acadêmico *Lovecraft Studies* foi fundado em 1979 e tem publicado bastante crítica de interesse sobre a obra de Lovecraft.

Muitos dos colegas de Lovecraft escreveram testemunhos sobre ele, principalmente a pedido de August Derleth, que os publicou em vários volumes de miscelâneas lovecraftianas da Arkham House ao longo dos anos. Eles estão hoje reunidos no importante volume de Peter Cannon *Lovecraft Remembered* (1998). O volume *Lovecraft: A Biography*, de L. Sprague de Camp, apareceu em 1975, mas foi amplamente criticado por sua falta de conexão com o assunto e por trazer uma discussão inadequada de seu trabalho e pensamento.

Adaptações da obra de Lovecraft para outras mídias não apareceram com muita rapidez, e até hoje sua qualidade é bastante variável. O trabalho de Lovecraft foi ouvido no rádio já na década de 1940; algumas versões fílmicas surgiram na década de 1960 (*The Haunted Palace*, 1964; *Die, Monster, Die!*, 1965; *The Dunwich Horror*, 1970), mas são trabalhos medíocres, pouco fiéis à obra de Lovecraft. A série de filmes de Stuart Gordon, começando com *Re-Animator* (1985), traz adaptações autoparódicas e extravagantes de alguns dos piores contos de Lovecraft, contudo a sua maneira talvez boba fez um sucesso mediano, acabando por formar novos fãs de Lovecraft. Seu trabalho tem sido também adaptado aos quadrinhos, jogos de RPG (*role-playing games* — o mais famoso, *The Call of Cthulhu*, publicado pela Chaosium), jogos de computador interativos e outros. Mas a prosa densa e a ação lenta da obra de Lovecraft têm se provado de difícil adaptação para outros meios, e não se pode dizer que qualquer uma dessas adaptações seja, de um ponto de vista estético, totalmente bem-sucedida.

A imitação disseminada do que veio a se chamar "mito de Cthulhu" é difícil de discutir objetivamente. Através de pedidos de August Derleth, que parecia ser obcecado pelo mito, muitos escritores de horror e ficção científica tentaram imitar Lovecraft, mas com resultados quase uniformemente ruins. Talvez apenas Colin Wilson (*The Mind Parasites*, 1967) e uns poucos outros, que usaram Lovecraft como trampolim para suas próprias concepções, tenham produzido nesse filão trabalhos dignos de nota. Ramsey Campbell começou sua carreira ainda muito jovem, escrevendo um volume de imitações de Lovecraft, publicado pela Arkham House em 1964, mas muito rapidamente encontrou sua própria voz e se tornou o mais importante escritor do gênero, embora não tenha a popularidade de alguns de seus colegas líderes de vendas.

Lovecraft está morto há mais de setenta anos, e seu trabalho congrega um público mais amplo e diverso do que seu autor jamais conheceu em vida. Seus contos foram traduzidos para mais de uma dezena de idiomas e suscitaram uma imensa fortuna crítica; suas cartas, ensaios e poemas foram publicados, sua vida se tornou matéria de lenda, e ele próprio emergiu como um ícone da cultura de massas, a um só tempo sombrio e atraente. Lovecraft é um dos poucos autores cujo trabalho atrai professores universitários e adolescentes, hippies e homens de negócios, romancistas de alta cultura e produtores de filmes B.

No que se refere à vida de Lovecraft, talvez baste dizer que, em grande parte, ele viveu como quis. Todos gostaríamos que ele tivesse conquistado um pouco mais de sucesso comercial em vida; contudo, seu sacrifício do conforto pessoal para preservar a pureza de sua arte e a popularidade duradoura e sempre crescente de seu trabalho mostram que ele tomou a decisão certa. Assim, talvez seja hora de fazer as honras a um homem cuja devoção ao trabalho, generosidade em relação aos amigos e sensibilidade imaginativa não conheceram limites. Ele foi embora, mas sua obra permanece.

Dados Internacionais de Catalogação na Publicação – CIP

J78 Joshi, S. T.
A vida de H. P. Lovecraft: o grande mestre do horror. / S. T. Joshi.
Tradução de Bruno Gambarotto. – São Paulo: Hedra, 2014. 456 pp.

Título original: *A dreamer and a visionary: H.P. Lovecraft in his Time.*

ISBN 978-85-7715-398-5

1. Lovecraft, H. P. (1890 – 1937). 2. Biografia de H. P. Lovecraft.
3. Escritor Americano. 4. Literatura Americana. 5. Literatura Fantástica.
I. Título. II. A biografia de H. P. Lovecraft. III. Gambarotto, Bruno, Tradutor.
IV. Lovecraft, Howard Phillips. V. Joshi, Sunand Tryambak.

CDU 929:820(73)
CDD 920

Adverte-se aos curiosos que se imprimiu este livro na gráfica Yangraf, em 29 de setembro de 2014, em tipologia Libertine, com diversos sofwares livres, entre eles, LuaLaTeX, git & ruby.